OCÉANO ATLÁNTICO

Las Bahamas

...recho de Florida

...tanzas

Cienfuegos **CUBA**
• Camagüey

Guantánamo **REPÚBLICA** **PUERTO**
• **DOMINICANA** **RICO**
Santiago **HAITÍ** Mayagüez Islas Vírgenes Antigua
de Cuba Ponce • San
Santo Juan
Port-Au- Domingo
Prince

Kingston ★ Guadalupe
Dominica
JAMAICA
Martinique
Santa Lucía

San Barbados
Vicente

MAR CARIBE Granada

Antillas Menores

Aruba Isla de Tobago
Bonaire Margarita Trinidad
Curaçao Port of Spain

Caracas

Canal de R. Orinoco
Panamá
• Colón
★ **VENEZUELA** **GUYANA**
Panamá
PANAMÁ **SURINAM**
Golfo
de **AMÉRICA DEL SUR**
Panamá

R. Magdalena

★ Bogotá

COLOMBIA

BRASIL

¡Arriba!

Comunicación y cultura

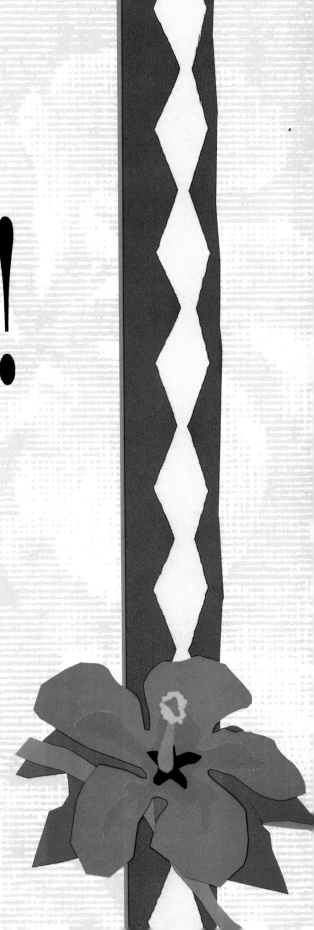

Eduardo Zayas-Bazán

EAST TENNESSEE STATE UNIVERSITY

José B. Fernández

UNIVERSITY OF CENTRAL FLORIDA

PRENTICE HALL

Englewood Cliffs, New Jersey 07632

Library of Congress Cataloging-in-Publications Data

Zayas-Bazán, Eduardo
 ¡Arriba!:Comunicación y cultura/Eduardo Zayas-Bazán, José B. Fernández.
  p. cm.
 Includes Index.
 ISBN 0-13-044306-9.—ISBN 0-13-044330-1 (AIE)
 1. Spanish language—Textbooks for foreign speakers—English.
 I. Fernández, José B.   II. Title.
 PC4112.z38 1993
 468.2′421—dc20

92-13344
CIP

Senior Editor: *Steve Debow*
Development Editor: *José A. Blanco*
Marketing Manager: *Rolando Hernández*
Design Supervisor: *Christine Gehring-Wolf*
Illustrations: *Andrew Lange*
Editorial Assistant: *María F. García*
Editorial/Production: *Jan Stephan/Robert A. Hemmer*
Text Design and Graphics: *Kenny Beck*
Cover Design: *Miguel Ortiz*
Cover Illustration: *Matt Walton*
Prepress Buyer: *Herb Klein*
Manufacturing Buyer: *Patrice Fraccio/Bob Anderson*

© 1993 by Prentice-Hall, Inc.
A Simon & Schuster Company
Englewood Cliffs, New Jersey 07632

Printed in the United States
10 9 8 7 6 5 4 3 2 1

Text ISBN 0-13-044306-9

Text with Cassettes ISBN 0-13-089830-9

Annotated Instructor's Edition ISBN 0-13-044330-1

Prentice-Hall International (UK) Limited, *London*
Prentice-Hall of Australia Pty. Limited, *Sydney*
Prentice-Hall Canada, Inc., *Toronto*
Prentice-Hall Hispanoamericana, S.A., *Mexico*
Prentice-Hall of India Private Limited, *New Delhi*
Prentice-Hall of Japan, Inc., *Tokyo*
Simon & Schuster Asia Pte. Ltd., *Singapore*
Editor Prentice-Hall do Brasil, Ltda., *Rio de Janeiro*

Contents

Contents

SCOPE AND SEQUENCE

COMUNICACIÓN

LECCIÓN 4
Las relaciones personales

LECCIÓN 5
¡A divertirnos!

LECCIÓN 6
La comida

LECCIÓN 7
¡De compras!

ESTRUCTURAS　　CULTURA

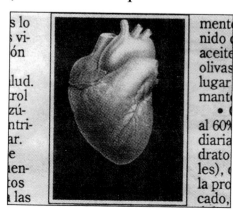

LECCIÓN 14
**La tecnología y el medio
ambiente**

¡Así es la vida!
- El impacto de la tecnología   461
- El medio ambiente: Hablan los
  jóvenes   474

¡Así lo decimos!
- The computer, computer programs,
  and accessories   462
- Electronic appliances   462
- Modern technology   475
- The environment and its
  problems   475

APPENDICES

ESTRUCTURAS

▶ CULTURA

Preface

¡Arriba! is a complete and versatile first-year Spanish program designed to offer a balanced approach to language and culture. Rich in pedagogy and supported by carefully integrated supplementary materials, the program is a result of years of market research, development, class testing, and revision.

¡Arriba! is necessarily eclectic in its design and approach. Its highly flexible format and broad ancillary package offer instructors and students a range of choices to suit individual goals, curricula, interests, and methodological preferences.

Features of the *¡Arriba!* Program

Design

As you review the *Annotated Instructor's Edition* and *Student Edition* of *¡Arriba!*, you will notice a less cluttered, lighter, and breezier format than other texts. Student evaluators, in particular, found the book more accessible and less intimidating than other books with which they were familiar.

Photographs and Illustrations

The photographs and illustrations in *¡Arriba!* set a new standard for foreign language textbook publishing. The illustrations are central to the instructional format of *¡Arriba!* and are therefore placed within the running text, rather than being used as supplementary marginal material.

High quality photographs by specialists in Hispanic culture have been used throughout *¡Arriba!* especially in chapter openers and the *Mundo hispánico* cultural readings. Designed to follow the format of magazine articles, the photographs of the *Mundo hispánico* greatly enhance the reading experience of the student.

In-text Video Program

Prentice Hall and *Univision,* the nation's premier Spanish-language television network, have entered into an exclusive agreement that integrates international, national, and local news programs, talk shows, *novelas,* sports programming, and other TV specials into the *¡Arriba!* program. Written by Douglas Morgenstern *(Massachusetts Institute of Technology),* viewing activities for each in-text video segment are available in the *Instructor's Resource Manual.*

In order to round out your curriculum at the intermediate and advanced levels of instruction, *Prentice Hall* and *Univision* can make additional video materials available on a case-by-case basis.

Engaging Readings

The development of systematic reading skills is accomplished through serial readings and the *Mundo hispánico* magazine collages. Each of the first seven chapters contains one episode of *Tirofijo va a Málaga*, an ongoing detective story with postreading strategies, exercises, and discussion activities.

The second half of *¡Arriba!* features a unique introduction to literary and magazine selections suitable for first-year students. Material has been carefully screened and selected to appeal to students' interests. The prereading and post-reading activities that accompany these selections help develop reading skills in an easy-to-follow, step-by-step approach.

Interviews with Business Professionals

Beginning with *Lección 3*, *¡Arriba!* spotlights current and former undergraduates whose job placement and career development have been influenced positively by their knowledge of Spanish language and culture.

Chapter Organization and Pedagogy

¡Arriba! contains fourteen *lecciones*, topically organized and designed to encourage communication and insight into the language and culture of over 300 million people. Each *lección* is divided into three equivalent sections: *Primera parte*, *Segunda parte* and *Síntesis*. Each *lección* maintains the following consistent structure:

¡Así es la vida! *(That's life!)* Each *parte* opens with a combination of lively conversations, drawings, photos, realia, or readings that sets the stage for the communicative functions, grammatical structures and culture in the *lección*.

¡Así lo decimos! *(That's how we say it!)* The vocabulary lists are grouped functionally wherever possible. Active vocabulary is listed within each section. Translations are aligned so that students may cover English during self-tests. Supplementary word sets appear in an appendix to facilitate the development of an active, personalized lexicon.

¡A escuchar! *(Let's listen!)* *¡Arriba!* features both in-text and laboratory audio components. The in-text *¡A escuchar!* sections contain recordings of each *¡Así es la vida!* Students are encouraged to complete accompanying listening comprehension activities at home.

Estructuras *(Structures)* The grammar explanations in *¡Arriba!* are clear and concise, heavily illustrated and contrast English and Spanish with clear examples wherever possible. The *Práctica* and *Práctica comunicativa* sections range from contextualized drills to guided, more communicative practice. *Study Tips* are included to assist students with structures that non-native speakers of Spanish often find particularly difficult.

A propósito... *(By the way...)* The authors have carefully designed each chapter within a culturally authentic framework. Key contrasts are highlighted in the

A propósito… sections, which also provide insightful questions as points of departure for classroom discussion.

El español en acción *(Spanish in Action)* Appearing in each *lección, El español en acción* columns feature the careers and interests of current and former Spanish students. A variety of student backgrounds and interests are represented, including those of community college students, adult learners, and traditional university students.

Síntesis *(Synthesis)* The contents of each *lección* come together in the *Síntesis.* Through a variety of activities in *¡A repasar!* and *¡A conversar!* students recombine structures, vocabulary, and cultural topics in open-ended situational, communicative contexts.

¡Lengua viva! *(Living language)* The video program to *¡Arriba!* is integrated into the body of the *Síntesis.* Each clip offers authentic or near-authentic video with pre- and postviewing activities. These sections are optional, as time and equipment vary from institution to institution.

Lectura *(Reading selection)* Each of the first seven *lecciones* concludes with an episode of an ongoing detective story, *Tirofijo va a Málaga,* whose plot gradually unfolds. The comic strip tells the saga of two university students who have mysteriously disappeared. The second half of *¡Arriba!* features a unique introduction to literary and magazine selections suitable for first-year students. Pre- and postreading activities accompany each selection.

Mundo hispánico *(The Hispanic World)* Ten *Mundo hispánico* collages provide brief introductions to Spanish-speaking countries, including the United States. Lavish collages are intended to motivate discussion and communicative interaction.

Components of *¡Arriba!*

Student Text or Student Text/Cassette Package

The student text is available for purchase with or without two sixty-minute cassettes that contain recordings of the in-text *¡A escuchar!* sections. Because each version of the text and text/cassette package has its own ISBN, please be sure to request the correct number when ordering *¡Arriba!*

Student Text: 0-13-044306-9
Text/Cassettes: 0-13-089830-9

Annotated Instructor's Edition and Teacher Training Video

Marginal annotations in the *Annotated Instructor's Edition* include warm-up and expansion exercises and activities, background cultural information for the *A propósito...* and *Mundo hispánico* sections, reading strategies and pre-reading activities (included as annotations in both the student text and the *Annotated Instructor's Edition*), and an array of tips and ideas specifically designed for novice teaching assistants or adjunct faculty who may be teaching Spanish for the first time in many years.

Customized Components

Each of the following print components can be custom published to your individual specifications. The **Prentice Hall Customized Components Program** permits departments to add syllabi, extra readings, activities and exercises, and other print materials to any of its supplements at a nominal cost.

Lab Manual, Cassettes, and Tapescript

The organization of the *Lab Manual* parallels that of the main text. Written by María González-Aguilar of Tufts University, this comprehensive manual contains scripted and semi-authentic recordings and has been designed to challenge the student to move beyond the in-text *¡A escuchar!* activities to guided, more realistic listening texts and contexts. One set of the cassettes that accompany the *Lab Manual* are made available to departments that adopt *¡Arriba!* for duplication and distribution to each student or for use in the language lab. The *Tapescript* is included in the *Instructor's Manual*.

Workbook

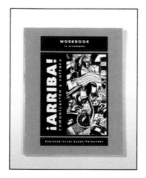

Each chapter of the *Workbook* features a variety of exercises including reading comprehension activities, sentence building and completion exercises, fill-ins, and realia- and picture-cued activities. The *Workbook* is completely integrated with the student text and recycles vocabulary, cumulative grammar topics, cultural information, and communicative goals.

Lab Manual/Workbook Combo

Students receive a ten percent discount on both items when they are ordered together from the Publisher in their shrinkwrapped package.

IBM and MacIntosh Tutorial Software

Completely integrated with *¡Arriba!,* both software packages have been designed for students with little or no computer experience. These full color software programs consist of 160 tutorial screens and over 500 screens of practice material including annotated screens with grammar tutorials. The practice material is supported by detailed hints, reference files, a Spanish-English, English-Spanish dictionary, and scoring machine.

Instructor's Resource Manual

The *Instructor's Resource Manual* is especially useful for schools offering multiple sections of first-year Spanish. It includes chapter-by-chapter lesson plans, ideas for additional classroom activities, bibliography of Hispanic organizations, embassies and cultural centers for countries, video tips and activities, the *Tapescript,* and general guidelines and hints for novice teaching assistants.

Testing Program, IBM-Testing and MacIntosh-Testing

The *Testing Program* for *¡Arriba!* consists of quizzes and tests for each chapter, and alternative midterm and final examinations. Prepared by Jorge Febles *(Western Michigan University)* and edited by a board of consultants of nationally renowned testing experts, the program utilizes a variety of techniques to address the skill areas of listening, reading, writing, and culture. The *Testing Program* is available in both IBM and MacIntosh formats.

Prentice Hall—Univision In-Text Video

Prentice Hall and *Univision* have collaborated to provide timely, comprehensive, and authentic video materials to enhance your presentation of language and culture. Written by Douglas Morganstern *(Massachusetts Institute of Technology)*, optional, in-text *¡Lengua viva!* sections are supported with pre- and postviewing activities in the *Instructor's Resource Manual*.

Transparencies

Forty beautiful transparencies with maps, illustrations, grammatical charts, and realia provide visual support materials for the student text. The transparency set will be expanded periodically as additional transparencies are requested and developed.

The Prentice Hall Library for Graduate Assistants

In recognition of the rising costs of books, shrinking departmental budgets, and continuous requests by supervisors to photocopy our publications, *Prentice Hall* offers complimentary copies of its methods and applied linguistics titles to departments adopting *¡Arriba!* Among our best selling titles: *Video in Action, More than Meets the Eye, Reading for Meaning, Crosscultural Understanding, Language Anxiety,* and *Success with Foreign Languages.*

Acknowledgments

¡Arriba! is the result of years of discussion, planning, and ongoing collaboration between our students, our publisher, you—our colleagues—and us. We sincerely hope that you will continue to tell us what you and your students need and want in a college language program.

We wish to express our gratitude and deep appreciation to our editors Steve Debow and José Blanco. When Steve first approached us, we were not contemplating a first-year text, but he persuaded us to do so. His energy, enthusiasm, and ability to engage students and colleagues in meaningful conversation about their teaching and learning materials have provided us with challenging ideas and suggestions. Steve understands the goals and needs of our profession and has an uncommon ability to inspire and create materials that reflect those goals and needs. He has gained our respect, the respect of his colleagues, and of Prentice Hall management, which has resulted in seemingly inexhaustible resources for the *¡Arriba!* program.

In addition to designing the concept and writing *Tirofijo va a Málaga,* José Blanco expertly guided us through every stage of *¡Arriba!* José's teaching experience, understanding of the essence (or *hispanicity,* as he calls it) of Hispanic culture, writing and editing talents grace every page of our exciting program. We also thank Ray Mullaney who provided much appreciated advice and counsel from the perspective of a seasoned editor as he offered insightful comments during the many drafts of *¡Arriba!*

We extend our heart-felt thanks to María García who has assisted us graciously throughout the development of *¡Arriba!* Many colleagues looked forward to her calls and to her pleasant and polite manner, and made time in their hectic schedules to closely review the second, third, and final draft of *¡Arriba!* We also thank Mark Tobey, Gina Russo, Tracey McPeake and Helene Capparelli who guided many of the ancillaries to completion and timely publication.

The production group at *Hispanex* deserves special thanks for seeing the project through its final phase. Bob Hemmer skillfully guided the project through all phases of production and was instrumental in helping us prepare the final draft of the manuscript. Bob's levelheadedness and expertise steered us through difficult waters with ease and unparalleled professionalism.

The Prentice Hall production team also deserves high praise for this, its first elementary Spanish text in twenty-five years. We would especially like to thank Jan Stephan, who can finally return to the tranquil life she led prior to her association with *¡Arriba!* and its many ancillaries; Christine Gehring-Wolf for her management of the design, art, and illustration program; Andrew Lange whose pens lend flair and whimsy to the many pages of the book; and Kenny Beck for his vivid interior design. We also recognize the contributions of Lori Morris-Nantz,

Tom Nery, Herb Klein, Patrice Fraccio, Stephanie Bruni, Janet Schmid-Durland, Bobbie Christenberry, Nancy Myers, and Maria Di Vencenzo.

We are indebted to Rolando Hernández for his inspiring marketing campaign. His style, humor, instinct and commitment to the foreign language profession are welcome relief in any department. We thank Joe Sengotta and Miguel Ortiz for the design of the extraordinary advertising materials.

Our collaboration with *Univision* has made it possible to integrate authentic, lively, high quality video materials with the *¡Arriba!* program. We gratefully acknowledge the assistance of Alison Reeves, Executive Editor for English texts at Prentice Hall, who first suggested the idea of an alliance with a Spanish television station. At *Univision*, we thank Mary Padilla and Dale Bills for their assistance and understanding of the needs of today's foreign language student.

Though we have taken our colleagues' comments into consideration in revising the *¡Arriba!* program, we placed our greatest emphasis on comments made by the hundreds of first-time Spanish students who used *¡Arriba!* in its pre-publication formats. We especially thank instructors and administrators at East Tennessee State University, Johnson City, TN; Prince Georges Community College, Largo, MD; San Antonio College, San Antonio, TX; William Paterson College, Wayne, NJ; and University of Central Florida, Orlando, FL for struggling through sometimes confusing copies in order to improve the book for future students.

We recognize that aspects of *¡Arriba!* may not perfectly fit every individual's teaching situation, but we hope that the program contains new or improved ideas and materials for everyone. Many colleagues contributed comments and reactions to the *¡Arriba!* program. We gratefully acknowledge their participation and candid commentary:

Thomas M. Capuano, *Northeast Missouri State University*
Inma Minoves Myers, *Indiana University Northwest*
Alfredo Torrejón, *Auburn University*
Keith Mason, *University of Virginia*
Susan de Carvalho, *University of Kentucky*
Dorothy W. Worth, *Georgia State University*
Bryant W. Giles, *Pasadena City College*
Janice Wright, *University of Kansas*
Joseph Collentine, *University of Texas at Austin*
Ardis Nelson, *Florida State University*
Rosa Fernández, *University of New Mexico*
Dianne Hobbs, *Virginia Polytechnic and State University*
Douglas Morgenstern, *Massachusetts Institute of Technology*
Teresa R. Arrington, *University of Mississippi*
Toby Tamarkin, *Manchester Community College*
Ellen C. Nugent McArdle, *Raritan Valley Community College*
Bonnie B. Busse, *Northeast Illinois University*
Teresa Blair, *College of DuPage*
John Wilhite, *Middle Tennessee State University*
Hildebrando Ruiz, *University of Georgia*
Mary Willix, *San Diego Mesa College*
Nasario García, *New Mexico Highlands University*
Karina Collentine, *University of Texas at Austin*
Joy Renjilian-Burgy, *Wellesley College*

Susan Bacon, *University of Cincinnati*
Sharon Foerster, *University of Texas at Austin*
Vicki Porras, *Prince Georges Community College*
María Redmon, *University of Central Florida*
Reinaldo Jiménez, *University of Florida*
Enrique Mallen, *University of Florida*
Hilda Dintiman, *John Tyler Community College*
Marie Sheppard, *University of Colorado*
Valorie Babb, *Prairie Public Television, Fargo, ND*
María González-Aguilar, *Tufts University*
Jorge Febles, *Western Michigan University*
Shaw Gynan, *Western Washington University*
Douglas Benson, *Kansas State University*
Claudia Sternberg, *San Antonio College*
Estelita Calderón-Young, *Collin County Community College*
Julio Hernández-Miyares, *Queensborough Community College*
Joan Turner, *University of North Carolina, Chapel Hill*
Octavio de la Suarée, *William Paterson College*
Barry Velleman, *Marquette University*
Steven M. DuPouy, *Georgia State University*
Debra D. Andrist, *Baylor University*
Juergen Kempff, *University of Wisconsin, Oshkosh*
Dennis Holt, *University of Massachussetts, Dartmouth*
Lila Guzmán, *Texas Lutheran College*
Justo Ulloa, *Virginia Polytechnic and State University*
Barbara Weissberger, *Old Dominion University*
Juana Amelia Hernández, *Hood College*
Stephen S. Corbett, *Texas Tech University*
Margaret E. Beeson, *Kansas State University*
Geraldine Fisher, *Delaware County Community College*
Judith G. Chandran, *Purdue University, Calumet*
Ronald J. Quirk, *Quinnipiac College*

One of the greatest challenges to authors of a Spanish text is determining how or where to include regional vocabulary, expressions, and so on. We hope we have achieved an acceptable linguistic balance in *¡Arriba!* We gratefully acknowledge the valuable comments and contributions of the following readers:

Julián L. Bueno, *Southern Illinois University, Edwardsville*
Ana M. Rambaldo, *Montclair State College*
Yolanda Ramil, *Glendale Community College*
Antonio L. Burón, *Bowling Green State University*
José A. Portugal, *Middlebury College*
Janett Hillar, *Houston Community College*
Ana Hnat, *Houston Community College*
Ema Barker, *Boston University*
Cristina Lambert, *County College of Morris*

Finally, our love and deepest appreciation go to our families: Carolyn, Melinda, John Thomas, Eddy, Elena, Mimi, Denyse, and Rosie.

E.Z.-B. and J.B.F.

LECCIÓN 1
Hola, ¿qué tal?

COMUNICACIÓN

- Introducing yourself to others
- Saying your name
- Greeting and saying good-bye to friends
- Talking about classroom objects
- Classroom expressions

CULTURA

- Introductions and greetings among Spanish-speaking peoples and cultures
- Regional variations in Spanish

ESTRUCTURAS

Primera parte

- The Spanish Alphabet

Segunda parte

- Definite and Indefinite Articles
- Gender and Number of Nouns
- Form, Position, and Agreement of Adjectives

¡Lengua viva!:	*Univision,* a Growing Spanish-Language Network
Lectura:	Tirofijo va a Málaga
	Episodio 1: Una llamada urgente
Mundo hispánico:	Introducción a los países hispanos

¡Así es la vida!¹

Buenos días, Rosa. ¿Qué tal?

Saludos y despedidas

—¡Hola! ¿Cómo te llamas?
—¡Hola! Me llamo Juan Carlos Fernández.
—Mucho gusto. Soy Elena Acosta.
—El gusto es mío.

    —Hola. ¿Cómo se llama usted?
    —Me llamo María Luisa Gómez.
    —Mucho gusto. Soy la profesora López.
    —Encantada.

—Buenos días, Rosa. ¿Qué tal? ¿Cómo estás?
—Muy bien, Jorge, ¿y tú?
—Más o menos.

    —Buenas noches, señora Peñalver, ¿cómo le va?
    —Bastante bien, José Manuel. ¿Cómo estás tú?
    —No muy bien.
    —¿Verdad? Lo siento, José Manuel.

—Hasta mañana, Raúl.
—Adiós, Eduardo.

¹ *That's life.*

1

¡Así lo decimos![2]

Saludos

Buenos días.	*Good morning.*
Buenas tardes.	*Good afternoon.*
Buenas noches.	*Good evening.*
Hola.	*Hello, hi.*
¿Qué tal?	*What's up? How goes it?*
¿Qué hay?	*What's new?*
¿Cómo estás? *(familiar)*	*How are you?*
¿Cómo está usted? *(formal)*	*How are you?*
¿Cómo le va? *(formal)*	*How are you doing?*
¿Cómo te va? *(familiar)*	*How are you doing?*

Respuestas

Bien.	*Fine.*
Muy bien.	*Very well, fine.*
Muy bien, gracias. ¿Y tú/usted? *(familiar/formal)*	*Fine, thank you. And you?*
Bastante bien.	*Pretty well.*
Regular.	*So, so.*
Mal.	*Not well, badly.*
Más o menos.	*More or less, so so.*
No muy bien.	*Not very well.*

Despedidas

Adiós.	*Good-bye.*
Hasta mañana.	*See you tomorrow.*
Hasta luego.	*See you later.*
Hasta pronto.	*See you soon.*

Presentaciones

¿Cómo se llama usted? *(formal)*	*What's your name?*
¿Cómo te llamas? *(familiar)*	*What's your name?*
Me llamo…	*My name is…*
Soy…	*I am…*
Encantado(a).	*Delighted.*
Mucho gusto.	*It's a pleasure (to meet you).*
El gusto es mío.	*The pleasure is mine.*
Igualmente.	*Likewise.*

Títulos

profesor *(masculine)*	*professor*
profesora *(feminine)*	*professor*
señor (Sr.)	*Mr.*
señora (Sra.)	*Mrs.*
señorita (Srta.)	*Miss*

Otras expresiones

gracias	*thank you*
muchas gracias	*thank you very much*
de nada	*you're welcome*
lo siento	*I'm sorry*
¿verdad?	*really?*

---

[2] *This is how we say it!*

Why Study Spanish?

At last count, Spanish was considered the native language of over 300 million people, spoken regularly in Spain, Mexico, Central and Latin America (except Brazil), Puerto Rico, the Dominican Republic, Cuba, and the United States. The United States is actually the fifth largest "Spanish-speaking" country in the world.

Whether you are taking Spanish for the first time, enrolled in the course to fulfill your college or university's language requirement, or back at school to "pick up" another language for business, travel, or pleasure, we hope you enjoy the *¡Arriba!* program and we wish you success in your study of the Spanish language.

📼 ¡A ESCUCHAR!

A. Saludos y despedidas. You will hear the conversations that appear in **¡Así es la vida!** on page 1 of your text. Listen to each conversation, and identify the speaker by writing the number of the conversation next to the speaker's name in the list below.

_____ Rosa   _____ Elena Acosta
_____ Juan Carlos Fernández   _____ Eduardo
_____ la profesora López   _____ María Luisa Gómez
_____ José Manuel   _____ la señora Peñalver
_____ Raúl   _____ Jorge

B. You will now hear the conversations a second time. Repeat each phrase or sentence at the pause.

◆ PRÁCTICA

1-1 Emparejar. Match the statements or questions in the left-hand column with the most appropriate answers or synonyms on the right.

_____ 1. Adiós.   a. Me llamo Pedro Arce.
_____ 2. ¿Qué tal?   b. De nada.
_____ 3. Gracias.   c. Igualmente.
_____ 4. ¿Cómo se llama Ud.?   d. Regular.
_____ 5. Mucho gusto.   e. Hasta luego.
_____ 6. No muy bien.   f. Lo siento.

1-2 Completar. Pair up with another student and complete the following conversation, using expressions presented in **¡Así lo decimos!**

—Hola... ¿_____?
—_____, gracias ¿_____?
—_____, gracias.
—_____.
—Hasta luego.

1-3 ¡Hola! The following people are meeting for the first time. What would they say to each other?

el profesor Solar
Ester Moniz

Sra. Aldo
Sra. García

Patricia
Marco

Eduardo
Samuel

1-4   El (la) asistente(a). You work as an assistant in the Spanish Department. How would you greet the following people in Spanish?

1. Prof. María García, 8:00 A.M.
2. Miss Perry, 3:15 P.M.
3. Mrs. Soto, 9:00 P.M.
4. José Luis, 10:00 A.M.
5. Mrs. Murphy, 5:00 P.M.
6. Prof. Ramón Suárez, 8:00 P.M.
7. Amanda, 9:00 A.M.
8. Mrs. Gómez, 12:30 P.M.

◆ PRÁCTICA COMUNICATIVA

1-5   ¿Cómo te llamas? It's the first day of class and you are anxious to meet the other students in your class. Introduce yourself to at least three people in Spanish and ask their names.

1-6   Hola, ¿qué tal? Find a partner and greet each other. Ask his or her name, how he or she is, and then say good-bye.

1-7   ¿Cómo está usted? Keep the same partner. One of you should assume the role of your instructor. How does this change the way you greet one another?

PRONUNCIACIÓN ───────────────

Spanish Vowels

Each Spanish vowel consists of *one* crisp, short sound that basically never varies in pronunciation. In English, some vowels consist of *two* sounds, as in the English words *note, mine,* and *made*. This pronunciation, called diphthonged glides, contrasts sharply with the crisp, distinct pronunciation of the vowels in Spanish.

- The Spanish **a** is pronounced like the *a* of the English word *father*.

casa	**mañana**	**papá**	**Marta**

- The Spanish **e** is pronounced like the *e* in the word *café*, but without the glide.

Pepe	**mesa**	**reloj**	**estudiante**

- The Spanish **i** is pronounced like the *e* in the English word *me*.

libro	**silla**	**sí**	**chico**

- The Spanish **o** is pronounced like the *o* in the English word *tone*, but without the glide.

profesor	**mucho**	**poco**	**Lola**

- The Spanish **u** is pronounced like the *oo* in the English word *pool*.

pupitre	**usted**	**uno**	**luna**

A PROPÓSITO... **Introductions and Greetings**

Many Hispanics use physical gestures quite frequently when interacting with one another. Such gestures will vary, depending on the social situation and on the relationship between the speakers. In general, people who meet each other for the first time shake hands both upon greeting and when saying good-bye.

Relatives and good friends, however, are usually more physically expressive in their dealings with one another. Men who know each other well will often greet with an **abrazo,** consisting of a hug and several pats on the back. Women tend to greet each other and their male friends by kissing lightly on the cheeks or hugging.

¡Vamos a comparar!

How do you greet people you're meeting for the first time? relatives? friends? Are physical gestures common? When do people embrace, hug, or kiss on the cheek?

María, ¿cómo estás?

¡Hola! ¿Qué tal? ¿Cómo les va?

Estructuras

1. The Spanish Alphabet

The Spanish alphabet contains thirty letters, including four letters that do not appear in the English alphabet. The letters **ch, ll, rr,** and **ñ** are considered individual letters. Except for the **rr,** which never begins a word in Spanish, these letters have their own sections in Spanish dictionaries.

Letter	Name	Examples
a	a	Anita
b	be (grande)	bebe
c	ce	casa, cero
ch	che	Charo
d	de	Dios
e	e	elegante
f	efe	feo
g	ge	gente, gordo
h	hache	hacer
i	i	indio
j	jota	José
k	ka	kiosco
l	ele	Lola
ll	elle	llamar
m	eme	mamá
n	ene	nada
ñ	eñe	año
o	o	oso
p	pe	Pepe
q	cu	química
r	ere	pero
rr	erre	perro, radio
s	ese	sí
t	te	Tomás
u	u	mucho
v	ve (chica) or uve	vamos
w	doble ve	Washington
x	equis	excelente, México
y	i griega	soy, Yolanda
z	zeta	zapato

- Spanish only uses the **k** and **w** in words that have been borrowed from other languages, such as **sándwich, karate, whisky,** and **kilómetro.**

- All names of letters are feminine. Thus, you would say: **la be, la jota, la eme,** etc.

- At the beginning of a word, the **r** is always pronounced as the trilled **rr.** For example: **Ramón, ramblas,** and **redondo.**

- The letter **y** can be pronounced like the semivowel **i,** as in **voy, hay, Paraguay.** It can also be pronounced as the letter **ll,** as in **yo, Maya,** and **Yadira.**

- Note that the letter **c** followed by the vowel **e** or **i** is pronounced with the [s] sound: **cero, cinco, cerca, cima.** When followed by the vowel **a, o,** or **u,** it is pronounced with the [k] sound as in: **casa, Colombia,** and **Cuba.**

- Also note that the **g** followed by the vowel **e** or **i** is pronounced like the Spanish **j** as in: **Germán, gitano,** and **gemido.** When followed by the vowel **a, o,** or **u,** it is pronounced with the [g] sound as in: **ganar, Gómez, Gutiérrez.**

¡Así es la vida!

En la clase

1 el borrador
2 un estudiante
3 una estudiante
4 el mapa
5 la silla
6 un cuaderno
7 los libros
8 un pupitre *desk*
9 el papel
10 la pizarra
11 una tiza
12 la profesora
13 el bolígrafo
14 el lápiz
15 la puerta
16 una mochila *back pack*
17 la luz
18 el reloj
19 el escritorio
20 la ventana
21 la pared
22 una mesa

¡Así lo decimos!

Expresiones para la clase

Abra(n)[1] **el libro.**	*Open the book.*
Cierre(n) el libro.	*Close the book.*
Conteste(n) en español.	*Answer in Spanish.*
Escriba(n) los ejercicios.	*Write the exercises.*
Escuche(n).	*Listen.*
Estudie(n) la lección.	*Study the lesson.*
Haga(n) la tarea.	*Do the homework.*
Lea(n) la lección.	*Read the lesson.*
Repita(n) las frases.	*Repeat the sentences.*
Vaya(n) a la pizarra.	*Go to the board.*
aquí	*here*
allí	*there*

Preguntas

¿Cuánto(s)...?	*How much? How many?*
¿Cuánto cuesta(n)...?	*How much is...? How much are...?*
¿Qué hay en...?	*What's in...?*
¿Qué es esto?	*What's this?*
¿De qué color es?	*What color is it?*
¿Cómo es...?	*What is ... like?*

Respuestas

Hay[2] **un/una/unos/ unas...**	*There is a..., There are some...*
Esto es un/una...	*This is a...*
Cuesta(n)...	*It costs..., They cost...*
Necesito un/una...	*I need a...*

Adjetivos

redondo(a)	*round*
cuadrado(a)	*square*
caro(a)	*expensive*
barato(a)	*cheap, inexpensive*

---

[1] In general, verb forms that end in **n** indicate that you are talking to or about more than one person or thing.
[2] **Hay** means *there is* and *there are*. Note that it has the same form for both singular and plural.

¿Qué colores hay?

AMPLIACIÓN

A. Los colores

blanco(a)	white
rojo(a)	red
negro(a)	black
amarillo(a)	yellow
anaranjado(a)	orange
morado(a)	purple
rosado(a)	pink
gris	gray
verde	green
marrón	brown
azul	blue

(Ampliación continues on next page.)

B. Los números 0–30

0	cero	16	dieciséis
1	uno	17	diecisiete
2	dos	18	dieciocho
3	tres	19	diecinueve
4	cuatro	20	veinte
5	cinco	21	veintiuno
6	seis	22	veintidós
7	siete	23	veintitrés
8	ocho	24	veinticuatro
9	nueve	25	veinticinco
10	diez	26	veintiséis
11	once	27	veintisiete
12	doce	28	veintiocho
13	trece	29	veintinueve
14	catorce	30	treinta
15	quince		

7 Sólidas razones para adoptarla:

1. Sabor auténtico: Es fruta.
2. Sin aditivos ni colorantes: Sólo es fruta.
3. Fruta para multiusos: Helados, Postres,...
4. Volumen crece 8 veces.
5. Larga conservación.
6. Frutas para escoger.
7. Envase cómodo.

- Before masculine nouns **uno** become **un**.

    un libro   **un** profesor

- Before feminine nouns **una** is used.

    una lección   **una** profesora

- In compound numbers **–uno** becomes **–ún** before a masculine noun and **–una** before a feminine noun.

    veint**iuna** profesoras   veint**iún** libros

- The numbers **dieciséis, diecisiete, dieciocho, diecinueve,** and **veintiuno** to **veintinueve** can be written as one word (shown here) or as three words: **diez y seis, diez y siete, diez y ocho, diez y nueve, veinte y uno,** etc. Throughout this text they appear as one word.

¿Cuál es el número del billete?

¡A ESCUCHAR!

¿Qué es esto? You will hear the question **¿Qué es esto?** followed by an answer. Indicate whether the answer matches the object in the drawing by placing a check mark in the **Cierto** (True) or **Falso** (False) column. You will hear the correct responses on the tape.

MODELO: ¿Qué es esto? Es una tiza.

Falso.

	Cierto	Falso			Cierto	Falso
1.	_____	_____		5.	_____	_____

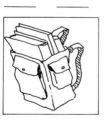

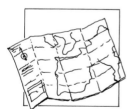

2. _____ _____   6. _____ _____

3. _____ _____   7. _____ _____

4. _____ _____   8. _____ _____

◆ PRÁCTICA

1-8 Completar. Complete the statements by identifying the objects or persons shown in the illustrations.

1. Hay una _____ en la clase.

2. Es una _____ grande.

3. Esto es un _____.

4. Es un _____.

5. Es una _____ de matemáticas.

6. Hay un _____ en el escritorio.

1-9 Problemas de matemáticas. Your fourth grade nephew needs some help with his math homework. As you help him solve the following problems, read them out loud in Spanish. The following terms are used in mathematical operations.

más (+)   menos (-)   por (x)   entre (÷)   son/es (=)

MODELOS: $2 + 3$ = Dos más tres son cinco.
          $4 - 2$ = Cuatro menos dos son dos.
          3×5 = Tres por cinco son quince.
          $10 \div 2$ = Diez entre dos son cinco.

1. $5 \times 5 =$
2. $16 \div 4 =$
3. $14 - 2 =$
4. $10 \times 2 =$
5. $8 + 9 =$
6. $11 + 11 =$
7. $9 \times 3 =$
8. $15 + 15 =$
9. $19 - 1 =$
10. $20 \div 2 =$

1-10   **¿De qué color es…?** Identify the colors of the following objects in your classroom.

MODELO: el papel → blanco

1.   la tiza
2.   la mochila
3.   la pizarra
4.   la pared
5.   la puerta
6.   la mesa
7.   las sillas
8.   los libros

1-11   **¿Cuánto cuesta…?**

MODELO: El libro cuesta veinte dólares.

1.

4.

2.

5.

3.

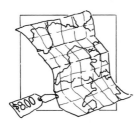

6.

◆ PRÁCTICA COMUNICATIVA

1-12 Tú eres el (la) profesor(a). How does your instructor...

1. tell students to respond in Spanish?
2. tell them to open the book?
3. tell them to read the book?
4. tell them to do the homework?
5. tell them to close the book?

1-13 ¿Qué hay en la clase? Working with another student, describe as many items in your classroom as you can in Spanish. Mention at least seven items.

MODELO: Hay una pizarra

PRONUNCIACIÓN ────────────────────

Syllabification

Spanish words are divided into syllables according to the following rules.

1. Single consonants (including **ch, ll, rr**) are attached to the vowel that follows: **na-da, mo-chi-la, bo-rra-dor.**

2. Two consonants are generally separated: **tar-des, i-gual-men-te.** If a consonant is followed by **l** or **r,** both consonants are attached to the following vowel: **li-bro, Pe-dro, Ga-brie-la;** except in the groups **nl, rl, sl, tl, nr** and **sr,** where they are divided: **Car-los.**

3. In groups of three or more consonants, only the last consonant, or the one followed by **l** or **r** (with the exceptions listed in rule (2) begin a syllable: **in-glés, es-cri-to-rio, cons-tar.**

4. Adjacent strong vowels (**a, e, o**) form separate syllables: **le-an, ma-es- tro.**

5. Generally, when **a, e** and **o** combine with **i** or **u,** they form a diphthong and both vowels appear in the same syllable: **E-duar-do, puer-ta, es-tu-dian-te.** However, in some instances the diphthong may be broken when the stress falls on either of the weak vowels **i** or **u.** In such cases, the weak vowel carries an accent mark: **bio-lo-gí-a, Ma-rí-a.**

Word Stress

1. Words that end with a vowel, **n** or **s** are stressed on the next to last syllable: **ma-ña-na, to-man, to-dos.**

2. Words that end with consonants other than **n** or **s** are stressed on the last syllable: **us-ted, to-tal, pro-fe-sor.**

3. Words that do not follow the previous rules require a written accent mark on the stressed syllable: **ú-til, Víc-tor, lec-ción.**

4. A written accent is also used to differentiate between words that are spelled the same but have different meanings: **tú** *(you),* **tu** *(your),* **él** *(he),* **el** *(the),* **sí** *(yes),* **si** *(if).* A written accent is also used on the stressed syllable of *all* interrogative and exclamatory words: ¿**cuántos**? *(how many?),* ¿**qué**? *(what?),* ¡**Qué lindo!** *(How nice!),* ¡**Cómo no!** *(Of course!).*

A PROPÓSITO... Regional Variations in the Spanish Language

There are well over 320 million Spanish speakers in the world today. The majority of them are concentrated in Spain, and North, Central and South America, but they can also be found in Asian countries such as the Philippines and in North Africa. An estimated 25 million Spanish speakers live in the United States.

The enormous diversity among Spanish speakers results in differences in pronunciation and vocabulary, similar to differences in expressions and accents in English.

The following chart contains some examples of regional vocabulary variations in Spanish.

¡Vamos a comparar!

What are some regional variations of English among the various nations where it is spoken? What are some variations of English within the United States?

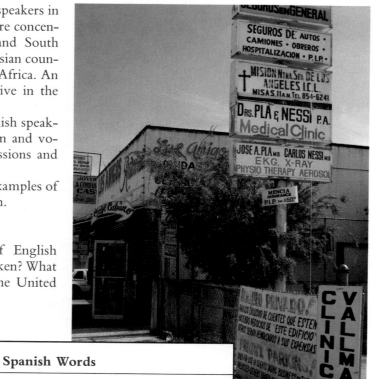

Avisos en español en la calle 8 de Miami.

English Word	Spanish Words			
	Spain	**Colombia**	**Mexico**	**Argentina**
car	coche	carro	coche	auto
apartment	piso	apartamento	apartamento	departamento
bus	autobús	bus	camión	ómnibus
sandwich	bocadillo	sándwich	sándwich	sándwich

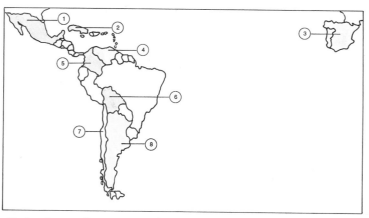

¿Qué países son?

 # Estructuras

2. Definite and Indefinite Articles

● Spanish, like English, has definite and indefinite articles. In Spanish, the forms of the definite and indefinite articles vary according to the gender and number of the noun to which they refer.

Definite Articles

● Note that Spanish has four forms that are equivalent to the English definite article *the:* **el, la, los, las.**

	Masculine		**Feminine**	
singular	**el** bolígrafo	*the pen*	**la** silla	*the chair*
plural	**los** bolígrafos	*the pens*	**las** sillas	*the chairs*

● The definite article is required with titles when talking about someone (indirect address).

    Es **el** profesor Gómez.   *It's Professor Gómez.*

● The definite article is omitted when addressing someone directly.

    ¡Buenos días, profesor Gómez!   *Good morning, Professor Gómez!*

Indefinite Articles

	Masculine		**Feminine**	
singular	**un** libro	*a book*	**una** mesa	*a table*
plural	**unos** libros	*some books*	**unas** mesas	*some tables*

- Note that **un** and **una** are equivalent to *a* (or *an*) in English. **Unos** and **unas** are equivalent to *some* (or *a few*).

Gender of Nouns

- Words that identify persons, places, or objects are called nouns. Spanish nouns—even those denoting nonliving things—are either masculine or feminine in gender.

Masculine		Feminine	
el muchacho	the boy	**la muchacha**	the girl
el hombre	the man	**la mujer**	the woman
el profesor	the professor	**la profesora**	the professor
el lápiz	the pencil	**la pluma**	the pen
el libro	the book	**la mesa**	the table
el mapa	the map	**la clase**	the class

- Most nouns ending in **-o** or those denoting male persons are masculine: **el libro, el hombre.** Most nouns ending in **-a** or those denoting female persons are feminine: **la mujer, la mesa.**

- Some common exceptions are: **el día** *(day)* and **el mapa** *(map)*, which end in **-a** but are masculine. Another exception is: **la mano** *(hand)*, which ends in **-o** but is feminine.

⊙ STUDY TIPS

Some nouns do not follow these patterns. The following basic rules may help you determine the gender of many Spanish nouns.

1. Many masculine nouns ending in **-o** have a corresponding feminine form ending in **-a: el muchacho/la muchacha** *(boy/girl)*.
2. Some masculine nouns ending in a consonant simply add an **-a** to form the corresponding feminine form: **el profesor/la profesora** *(male professor/female professor)*.
3. Certain nouns, which often end in **-e,** have the same form for both genders: **el estudiante/la estudiante** *(male student/female student)*.
4. The article that accompanies each noun will help you identify its gender: **un** pupitre, **una** clase.
5. Most nouns ending in **-ad** and **-ión**, such as **la verdad** *(the truth)*, **la mitad** *(half)* and **la nación** *(the nation)*, are feminine. Nouns ending in **-ez, -ud,** and **-umbre** are also feminine: **la pesadez** *(heaviness)*, **la juventud** *(youth)*, **la legumbre** *(vegetable)*.

◆ PRÁCTICA

1-14 Completar. Provide the correct form of the definite article.

1. _____ sillas
2. _____ pupitre
3. _____ puerta
4. _____ relojes
5. _____ pared
6. _____ borrador
7. _____ papel
8. _____ mochila
9. _____ cuaderno
10. _____ bolígrafo

1-15 Completar. Using the indefinite article, identify the objects that you see in the picture.

1-16 ¿Masculino o femenino? Indicate whether the following nouns are masculine or feminine by adding the correct definite article.

1. _____ libro
2. _____ microscopio
3. _____ pared
4. _____ mapa
5. _____ pupitre

6. _____ tiza
7. _____ lápiz
8. _____ luz
9. _____ pizarra
10. _____ borrador

◆ PRÁCTICA COMUNICATIVA

1-17 En la clase. In small groups, ask each other as many questions as possible about your classroom. Use the following questions to get started.

1. ¿Cuántos estudiantes hay en la clase?
2. ¿Qué hay en la pared?
3. ¿Cuántos mapas hay?
4. ¿Cómo se llama el (la) profesor(a)?
5. ¿Qué hay en la pizarra?
6. ¿Cuántos pupitres hay?
7. ¿Qué hay en el escritorio?
8. ¿Cuántas muchachas hay en la clase?

3. Number: Noun Plurals

Singular	**Plural**
el muchacho	**los** muchacho**s**
el hombre	**los** hombre**s**
la mujer	**las** mujer**es**
el profesor	**los** profesor**es**
el lápiz	**los** lápi**ces**
la mesa	**las** mesa**s**

● Singular nouns ending in a vowel add an **-s** to form the plural: **hombre → hombres, mesa → mesas.**

● Singular nouns ending in a consonant add **-es: mujer → mujeres, profesor → profesores.**

● Singular nouns ending in **-z** change the **z** to **c**, and add **-es: lápiz → lápices.**

ATENCIÓN When the last syllable of a word has an accent mark, the accent is omitted in the plural form: **lección → lecciones.**

◆ PRÁCTICA

1-18   Cambiar. Give the plural of the following nouns:

1. el borrador
2. la lección
3. el lápiz
4. la mochila
5. la ventana

6. el papel
7. el reloj
8. el día
9. la pluma
10. la mano

1-19   En la clase de español. Complete the following paragraph about your Spanish class using the correct form of the definite or indefinite article.

En _____ clase de español, hay _____ mapa, _____ pizarra, _____ escritorio, _____ sillas y _____ pupitres. _____ estudiantes son *(are)* muy inteligentes. _____ profesor/profesora es _____ señor/señorita/señora...

4. Form, Position, and Agreement of Adjectives

- Descriptive adjectives, such as those denoting size, color, shape, and so forth, are used to describe and give additional information about objects and people.

Un libro **interesante**.	An **interesting** book.
Una clase **grande**.	A **big** class.
Un cuaderno **azul**.	A **blue** notebook.

- Descriptive adjectives agree in gender and number with the noun they modify and are generally placed after the noun.

El profesor **colombiano**.	The **Colombian** professor.
La señora **mexicana**.	The **Mexican** lady.
Los libros **interesantes**.	The **interesting** books.

- Adjectives whose masculine form ends in **-o** have a feminine form ending in **-a**.

El profesor **mexicano**.	The **Mexican** professor.
La profesora **mexicana**.	The **Mexican** professor.

- Adjectives that end in a consonant or in **-e** have the same masculine and feminine forms.

Un libro **interesante**.	An *interesting* book.
Una clase **interesante**.	An *interesting* class.
Un coche **azul**.	A *blue* car.
Una silla **azul**.	A *blue* chair.

- Adjectives of nationality that end in a consonant, and adjectives that end in **-dor**, add **-a** to form the feminine. If the adjective ends in a consonant and has an accent in the last syllable, both the feminine and the plural forms will drop the accent. Adjectives of nationality are not capitalized in Spanish.

El profesor **español**.	The *Spanish* professor.
La estudiante **española**.	The *Spanish* student.
El señor **trabajador**.	The *hardworking* man.
La profesora **trabajadora**.	The *hardworking* profesor.
Un libro **francés**.	A *French* book.
Una mochila **francesa**.	A *French* backpack.

- Generally, adjectives follow the same rules as nouns to form the plural.

Singular		**Plural**
mexicano	→	mexicanos
española	→	españolas
inteligente	→	inteligentes
trabajador	→	trabajadores

◆ PRÁCTICA

1-20   En la clase. Describe your Spanish professor or one of the students in the class.

El/la profesor(a) es ⎯⎯⎯⎯⎯⎯⎯⎯⎯⎯⎯⎯⎯⎯⎯⎯⎯⎯.
El/la estudiante es ⎯⎯⎯⎯⎯⎯⎯⎯⎯⎯⎯⎯⎯⎯⎯⎯⎯⎯.

1-21   ¿De qué color es? Look for the objects listed below in your classroom, then give the colors for each object.

1. una pizarra ⎯⎯⎯⎯⎯⎯⎯
2. un lápiz ⎯⎯⎯⎯⎯⎯⎯
3. un pupitre ⎯⎯⎯⎯⎯⎯⎯
4. unos cuadernos ⎯⎯⎯⎯⎯

5. un mapa ⎯⎯⎯⎯⎯⎯⎯
6. una mochila ⎯⎯⎯⎯⎯⎯⎯
7. una tiza ⎯⎯⎯⎯⎯⎯⎯
8. unos libros ⎯⎯⎯⎯⎯⎯⎯

1-22   Completar. Complete the following descriptions of people and objects you know. Use colors, adjectives of nationality, descriptive adjectives, and so on.

1. El libro de español es ⎯⎯⎯⎯.
2. El cuaderno es ⎯⎯⎯⎯⎯.
3. El profesor/la profesora es ⎯⎯.

4. Las sillas son *(are)* ⎯⎯⎯⎯.
5. Los estudiantes son ⎯⎯⎯⎯.
6. La pizarra es ⎯⎯⎯⎯⎯⎯.

◆ PRÁCTICA COMUNICATIVA

1-23   Una descripción. Briefly describe yourself to a classmate. Follow the model.

MODELO: Me llamo... Soy norteamericano(a) y soy inteligente.

SÍNTESIS
¡Al fin y al cabo!

◆ ¡A REPASAR!

1-24 Conversaciones. Complete the following conversations with words and expressions you have learned in this lesson.

En la clase

PROFESORA: ¿Cómo se _____ usted?

MARTA: Me llamo _____.

PROFESORA: _____. Soy _____.

MARTA: _____.

Guillermo y Alejandra

GUILLERMO: ¡_____, Alejandra!

ALEJANDRA: _____.

GUILLERMO: ¿Cómo _____?

ALEJANDRA: _____.

GUILLERMO: _____, gracias.

ALEJANDRA: Hasta _____.

GUILLERMO: _____.

1-25 Cambiar a la forma femenina. Give the feminine equivalents of the following words and expressions.

MODELO: el muchacho inteligente → la muchacha inteligente.

1. el profesor mexicano
2. el estudiante español
3. el hombre inteligente
4. el muchacho grande
5. el señor simpático *(nice)*
6. el estudiante trabajador

1-26 Cambiar al plural. Give the plural forms of the following phrases.

1. el libro interesante
2. la pizarra negra
3. la profesora española
4. el bolígrafo rojo
5. el papel blanco
6. la pared azul
7. la mesa redonda
8. la luz amarilla

📼 ¡A ESCUCHAR!

A. You will hear six exchanges in which people are meeting one another for the first time. Indicate whether the greeting is **formal** or **informal** by marking the correct box. You will hear the correct answers on the tape.

	1	2	3	4	5	6
formal						
informal						

B. You will now hear several Spanish nouns. Indicate whether the nouns are singular or plural by placing a check mark in the appropriate column. The correct responses will be heard on the tape.

	Singular	Plural		Singular	Plural
1.	___	___	6.	___	___
2.	___	___	7.	___	___
3.	___	___	8.	___	___
4.	___	___	9.	___	___
5.	___	___	10.	___	___

◆ ¡A CONVERSAR!

1-27 Mis compañeros. In groups of three or four, practice saying hello to one another and telling each other your names.

1-28 En la fiesta. You are at a party where you do not know everyone. How would you greet the people you already know? What about those you don't know? Get together with a classmate and have him/her role-play some of the people listed below. Greet him/her according to how well you know the person.

You know
Ramón
Carmen
Marisa
Luis
Ofelia

You don't know
Carlos López
Marta Sánchez
Gonzalo Martínez
el profesor Recio
la señora Suárez

1-29 El Colegio Mayor Larraona. Supply the requested information so that your school knows where to send the bill for the costs you've incurred.

Avda. Pío XII, s/n
Teléfono 25 04 00
31008 PAMPLONA

COLEGIO MAYOR LARRAONA

ADMINISTRACION

DOMICILIACION DE PAGOS

Los recibos a cargo del alumno que a continuación se cita serán presentados al cobro y débito en el domicilio bancario que se señale.

FILIACION DEL ALUMNO

APELLIDOS   NOMBRE

1º

2º

DIRECCION POSTAL FAMILIAR

CALLE O PLAZA, NUM. PISO, MANO, ETC.   TELEF.

POBLACION CON D.P.   PROVINCIA

¡LENGUA VIVA! ◆ ◆ ◆

UNIVISION, A GROWING SPANISH-LANGUAGE NETWORK

Hispanics now comprise one tenth of the current population of the U.S. Virtually all households have access to *Univision*, the nation's largest Spanish-language network with over six hundred affiliated stations. Beginning with *Lección 2*, you will have the opportunity to view clips from various *Univision* programs in each *¡Lengua viva!* of the *Síntesis*.

Since these programs were originally intended for native speakers of Spanish, speech may seem quicker than you are accustomed to hearing in class. You are not expected to understand every word, or even large portions of what you hear. Concentrate on what you **can** understand and try not to become frustrated. Remember, you're only a beginner!

One helpful tip for dealing with unfamiliar language is to listen for *cognates* (words that sound similar and have the same meaning in both English and Spanish). Try to match the following vocabulary and names of Univision's programs with their English explanations.

1. noticieros   a. television ads
2. anuncios comerciales b. music concert show
3. Deportes: fútbol
   y boxeo   c. dating show
4. Fama y Fortuna   d. news programs
5. Cita con el Amor   e. sports presentation
6. Noche de Carnaval   f. celebrity lifestyles

LECTURA

TIROFIJO VA A MÁLAGA
EPISODIO 1: ¡Una llamada[1] urgente!

EL INSPECTOR ARMANDO TIROFIJO TRABAJA EN LA COMISARÍA DE POLICÍA DE LA CIUDAD DE MADRID. ES EL JEFE[2] DEL DEPARTAMENTO DE PERSONAS DESAPARECIDAS[3].
EL INSPECTOR TIROFIJO TIENE 47 AÑOS; ES BAJO Y UN POCO GORDO, Y TIENE UNOS BIGOTES[4] MUY FINOS. ADEMÁS DEL TRABAJO[5], LA PASIÓN DEL INSPECTOR TIROFIJO ES EL GOLF. ÉL PRACTICA EL GOLF TODOS LOS DÍAS[6].

INSPECTOR TIROFIJO

LA SECRETARIA DEL INSPECTOR TIROFIJO SE LLAMA BLANCA DELGADILLO. LA SEÑORITA DELGADILLO ES MEXICANA, PERO HACE SEIS AÑOS[7] QUE ELLA VIVE EN MADRID. ES ALTA, RUBIA[8] Y TIENE 25 AÑOS. LA SEÑORITA DELGADILLO ESTUDIA POR LAS NOCHES[9] EN UNA ESCUELA[10] DE ARTE DRAMÁTICO. ELLA QUIERE SER UNA ACTRIZ FAMOSA.

AHORA[11] EL INSPECTOR TIROFIJO NO TIENE MUCHO QUE HACER[12]. POR ESO[13] ÉL PRACTICA UN POCO DE GOLF EN SU OFICINA. DE PRONTO[14], LA SEÑORITA DELGADILLO ENTRA A SU[15] OFICINA.

INSPECTOR, HAY UNA LLAMADA TELEFÓNICA PARA UD.

¿SÍ? ¿QUIÉN ES?

ES EL COMANDANTE URBINA. ES URGENTE. DICE QUE[16] HAN DESAPARECIDO[17] DOS ESTUDIANTES.

¡AH! ÉSTE ES UN CASO QUE SÓLO[18] EL INSPECTOR TIROFIJO PUEDE RESOLVER[19].

[1] A call	[7] she's been living in Madrid for six years	[12] a lot to do	[15] enters his	[18] only
[2] director, head	[8] blonde	[13] That's why	[16] He says that	[19] can solve
[3] Missing Persons		[14] Suddenly	[17] disappeared	
[4] moustache	[9] at night			
[5] work	[10] school			
[6] everyday	[11] Now			

(Continúa en la próxima lección.)

Comprensión

A. Complete the following statements choosing the correct conclusion from the given options.

1. Armando Tirofijo es...
    a. inspector   c. estudiante
    b. profesor   d. secretario
2. La secretaria del señor Tirofijo se llama...
    a. Carmen   c. Blanca
    b. Luisa   d. Lola
3. La pasión de Armando Tirofijo es...
    a. la natación   c. el golf
    b. el béisbol   d. el fútbol
4. La señorita Delgadillo es...
    a. española   c. colombiana
    b. mexicana   d. norteamericana
5. El comandante Urbina llama *(calls)* por...
    a. carta   c. teléfono
    b. avión   d. la oficina

B. Answer the following questions with complete sentences in Spanish.

1. ¿Dónde trabaja el inspector Tirofijo?
2. ¿Quién es la señorita Blanca Delgadillo?
3. ¿Cómo es el inspector Tirofijo?
4. ¿Cómo es la señorita Delgadillo?
5. ¿Dónde estudia por las noches la señorita Delgadillo?
6. ¿Quién llama por teléfono al inspector Tirofijo?

MUNDO HISPÁNICO

Introducción a los países[1] hispanos

¡320 millones hablan español!

El mundo[2] hispánico es enorme. Tiene[3] un total de 20 países independientes. En estos países, situados[4] en 4 continentes, hay[5] más de[6] 320 millones de personas que hablan español. En los Estados Unidos[7] hay más de 25 millones de hispanohablantes[8].

El mundo hispánico comenzó[9] en Europa con España que, junto[10] con Portugal, forman la Península Ibérica y se extiende[11] hasta Tierra del Fuego, la Argentina, en la punta[12] de la América del Sur.

México forma parte de la América del Norte y está al sur de los Estados Unidos. La capital de México es la ciudad[13] más grande[14] del mundo. Su población[15] es dos veces[16] mayor que la[17] de Nueva York.

Hay 6 países hispanos en la América Central y 9 en la América del Sur.

En el Mar Caribe[18] hay dos países hispanos: la isla de Cuba y la República Dominicana. Aunque[19] Puerto Rico es un Estado Libre Asociado de los Estados Unidos, el idioma[20] principal es el español.

[1]countries [2]world [3]It has [4]situated
[5]there are [6]more than [7]United States
[8]Spanish speakers [9]began [10]together
[11]extends [12]tip [13]city [14]largest
[15]population [16]times [17]greater than that
[18]Caribbean Sea [19]Although [20]language

La Plaza Mayor en el centro de Madrid, España.

Países de mayor población		Países de mayor extensión (km²)	
1.	México—85.950.000	1.	Argentina—2.779.221
2.	España—43.522.000	2.	México—1.958.201
3.	Argentina—36.321.000	3.	Perú—1.285.215
4.	Colombia—33.800.000	4.	Colombia—1.141.748
5.	Perú—23.450.000	5.	Bolivia—1.098.581
6.	Venezuela—19.800.000	6.	Venezuela—916.445
7.	Chile—12.820.000	7.	Chile—736.902
8.	Cuba—11.950.000	8.	España—504.750
9.	Ecuador—10.230.000	9.	Paraguay—406.752
10.	Guatemala—9.073.000	10.	Ecuador—275.800

Ciudades principales (habitantes)

1. México, D.F. (México)—27.000.000
2. Buenos Aires (Argentina)—11.625.000
3. Bogotá (Colombia)—5.788.849
4. Santiago (Chile)—4.364.497
5. Lima (Perú)—4.164.597
6. Madrid (España)—3.188.297
7. Caracas (Venezuela)—2.386.367
8. La Habana (Cuba)—1.952.373
9. Ciudad de Guatemala (Guatemala)—1.629.189
10. Santo Domingo (República Dominicana)—1.313.172

MINIPRUEBA

Based on the material you've read in **Mundo hispánico,** indicate if the following statements are **Cierto** (true) or **Falso** (false).

1. En el mundo hispánico hay diez países.
2. España forma parte de Europa.
3. Colombia es el país de mayor extensión.
4. México tiene más de 80 millones de habitantes.
5. La ciudad hispana más grande es Lima.
6. Cuba está *(is)* en el Mar Caribe.
7. Caracas es la ciudad más grande de Venezuela.
8. La Argentina es el país hispano más grande en extensión.

ACTIVIDADES

1. With a classmate review the maps of the Hispanic world provided in the endpapers of your text. Together indicate on which continents or body of water the following countries are located.

Barrio de La Recoleta en Buenos Aires, Argentina.

Perfil de Bogotá, Colombia.

El Salvador	Paraguay
Bolivia	Panamá
México	Venezuela
Cuba	Puerto Rico
España	Honduras

2. With the same classmate now point out the countries in which the following major cities are located.

Buenos Aires	Montevideo
Santo Domingo	Caracas
San José	Madrid
Bogotá	San Salvador

3. Investigar. In your university or local public library consult an atlas, encyclopedia, or World Almanac to find out the following information.

- What are the 5 smallest nations of the Spanish-speaking world?

- What are their capital cities?

- What are the 3 longest rivers of the Spanish-speaking world?

- Name three important mountain ranges located in Hispanic countries.

Vista de Santiago de Chile y la cordillera de los Andes.

Mercado al aire libre en Chichicastenango, Guatemala.

Festival de la Virgen de Guadalupe en México.

LECCIÓN 2

¿De dónde eres?

COMUNICACIÓN

- Expressing nationality and place of origin
- Asking and responding to simple questions
- Describing yourself and others
- Talking about daily activities
- Expressing your age
- Expressing *to be* in Spanish

CULTURA

- Spanish names and nicknames
- Higher education in Spanish–speaking countries (Part 1)

ESTRUCTURAS

Primera parte

- Subject Pronouns and the Present Tense of **ser** *(to be)*
- Formation of Questions
- Negation

Segunda parte

- The Present Tense of **-ar** Verbs
- The Present tense of **tener** *(to have)*

¡Lengua viva!:	Saludos y despedidas
Lectura:	Tirofijo va a Málaga
	Episodio 2: En busca de los estudiantes
Mundo hispánico:	España, tierra de Don Quijote

¡Así es la vida!

¿Quién soy?

¡Hola! Me llamo José Ortiz.
Quiero presentarles a mis amigos.

Se llama Isabel Rojas Lagos.
Es argentina. Es inteligente y
muy trabajadora. También es
muy simpática. ¿De dónde
eres tú?

Se llama Daniel Gómez Mansur. Es de Madrid, la capital
de España. Es alto y delgado.
¿Cómo eres tú?

¿De dónde eres?

PACO: ¿De dónde eres tú, María?
MARÍA: Yo soy de Miami, pero mis padres son de
Cuba. Y tú, ¿de dónde eres?
PACO: Yo soy de Puerto Rico.

CARLOS: ¿Ustedes son colombianas?
LUPE: No, somos venezolanas.
CARLOS: ¿Verdad? Yo también soy de Venezuela.
LUPE: ¿Sí? ¿De qué ciudad eres?
CARLOS: De Maracaibo.
SARA: ¡Ay! ¡Nosotras también!
LUPE: ¡Qué pequeño es el mundo!

¡Así LO DECIMOS!

Para expresar origen

¿De dónde eres?	*Where are you from?*
Soy de...	*I'm from...*
Somos de...	*We're from...*
Son de...	*They're from...*
la capital	*capital city*
la ciudad	*city*
el país	*country*

Palabras interrogativas

¿Cómo...?	*How...?*
¿Cuál...?	*Which (one)...?*
¿Cuáles...?	*Which (ones)...?*
¿Cuándo...?	*When...?*
¿Dónde...?	*Where...?*
¿De dónde...?	*From where...?*
¿Qué...?	*What...?*
¿De qué...?	*From which...?*
¿Por qué...?	*Why...?*
¿Quién...?	*Who...? (singular)*
¿Quiénes...?	*Who...? (plural)*
¿De quién(es)...?	*Whose...?*

Adjetivos descriptivos

alto(a)	*tall*
grande	*big*
delgado(a)	*thin, slender*
bonito(a)	*pretty*
simpático(a)	*nice, friendly*
trabajador(a)	*hardworking*
bueno(a)	*good*
bajo(a)	*short*
pequeño(a)	*small*
gordo(a)	*heavy, overweight*
feo(a)	*ugly*
antipático(a)	*unfriendly*
perezoso(a)	*lazy*
malo(a)	*bad*

Adjetivos de nacionalidad[1]

argentino(a)	*Argentine, Argentinian*
colombiano(a)	*Colombian*
cubano(a)	*Cuban*
chileno(a)	*Chilean*
dominicano(a)	*Dominican*
español(a)	*Spanish*
mexicano(a)	*Mexican*
norteamericano(a)	*American[2]*
panameño(a)	*Panamanian*
puertorriqueño(a)	*Puerto Rican*
venezolano(a)	*Venezuelan*

Otras palabras y expresiones

amigo(a)	*friend*
¿Cómo eres?	*What are you like?*
¿Cómo son?	*What are they like?*
de	*of, from*
entonces	*then, therefore*
mis padres	*my parents*
muy	*very*
pero	*but*
¡Qué pequeño es el mundo!	*What a small place the world is!*
porque	*because*
¿Sí?	*Is that right? Really?*
también	*also*

---

[1]Note that adjectives of nationality are not capitalized in Spanish.

[2]The term **estadounidense** is also used to refer to someone from the United States. Latin Americans often object to using the term **americano** when referring to a U.S. citizen because they feel the term can identify anyone born in the Americas, not just somebody from the United States.

A PROPÓSITO... Spanish Names and Nicknames

People with Hispanic backgrounds are generally identified with both paternal and maternal surnames. A person named **María Fernández Ulloa** takes her first surname, **Fernández,** from her father, and the second, **Ulloa,** from her mother. In some Hispanic countries, women still keep their father's surname when they marry (giving up their mother's surname) and may attach their husband's paternal surname using the preposition **de.** Thus, if **María Fernández Ulloa** married **Carlos Alvarado Gómez,** her new name would be **María Fer-**nández **de Alvarado.** It would also be common for people to refer to her as **la señora de Alvarado** *(Mrs. Alvarado)* and to the couple as **los Alvarado.** The use of nicknames in place of first names is as common as it is in the United States.

¡Vamos a comparar!

What are the basic rules for last names in North America? Are there instances where people would use two last names? Should a woman's (or a man's) last name change when they marry?

MALE		FEMALE	
Alejandro	Alex, Alejo	Ana	Anita
Antonio	Tony, Toño	Carmen	Menchu
Enrique	Quique	Concepción	Concha
Francisco	Paco, Pancho	Dolores	Lola
Guillermo	Memo, Guille	Graciela	Chela
José	Pepe	Guadalupe	Lupe
Ignacio	Nacho	María Isabel	Maribel
Luis	Lucho	María Luisa	Marilú
Manuel	Manolo	Mercedes	Mencha, Meche
Ramón	Mongo	Rosario	Charo, Chayo
Roberto	Beto	Teresa	Tere

José Bernardo Fernández
Abogado

Calle 72 No. 54-72 Bogotá D.E.

Ceferino García González

2454- S.W. 10.S.T. (Apto-5)
Miami-Fla.--33135.

Teléfono--642-7959

Juan Carlos Etchart
Mirta M. C. Torres de Etchart

Consultores

MIRANDA 1690   (1665) JOSE C. PAZ - F.G.S.M.

CARMEN HERRERA SÁENZ
Ingeniera de Sistemas

Tva. Arquitecto Jover - Bloque B n.º 3-4.º B
Teléfono 965 - 26 54 48

ALICANTE 16

¡A ESCUCHAR!

A.   ¿Quién soy? You will hear José describe his friends as they appear in **¡Así es la vida!** (p. 31). After each description, indicate whether the statements that follow are **Cierto** or **Falso.** You will hear the correct answers on the tape.

	Cierto	Falso		Cierto	Falso
1.	____	____	3.	____	____
2.	____	____	4.	____	____

B.   ¿De dónde eres? You will now hear the conversations on page 31 of your text. First listen to the conversation, then mark **Cierto** or **Falso** after each statement. The correct responses will be heard on the tape.

	Cierto	Falso		Cierto	Falso
1.	____	____	4.	____	____
2.	____	____	5.	____	____
3.	____	____	6.	____	____

◆ PRÁCTICA

2-1   ¡Fuera de lugar! In each of the following sets of words, circle the letter corresponding to the word or expression that is out of place.

MODELO: a. argentino b. panameño ⓒ capital d. colombiano

1.	a. cómo	b. ciudad	c. cuál	d. dónde
2.	a. soy	b. son	c. simpático	d. somos
3.	a. capital	b. cuándo	c. país	d. ciudad
4.	a. mexicano	b. norteamericano	c. panameño	d. bueno
5.	a. español	b. gordo	c. grande	d. delgado
6.	a. antipático	b. perezoso	c. simpático	d. padres

2-2   Completar. Use words and expressions from **¡Así lo decimos!** to complete the following exchanges.

PEDRO: ¿De _____ eres tú, María?
MARÍA: Yo _____ de Buenos Aires.

JUANITA: ¿_____ son norteamericanos?
GLORIA: No, no _____ norteamericanos. Somos _____.

CARLOS: El profesor no es alto; es _____.
JORGE: Y también es _____.

2-3 ¿Cómo son? Describe the people in the following illustration.

1. El profesor Ramírez _____.
2. Anita _____.
3. Ramón _____.

4. El policía _____.
5. Amanda _____.

◆ PRÁCTICA COMUNICATIVA

2-4 Entrevista. Select a member of the class with whom you have not yet worked, and ask each other the following questions.

1. ¿De dónde eres?
2. ¿De qué ciudad eres?

3. ¿Cómo eres?
4. ¿Cómo es el (la) profesor(a)?

PRONUNCIACIÓN _____

Linking

In Spanish as well as English, speakers group words into units that are separated by pauses. Each unit, called a breath group, is pronounced as if it were one long word. Spanish speakers link words within a breath group, depending on whether the first word ends in a consonant or a vowel. In order to link words correctly in Spanish, it is important to learn some basic rules.

First word ending	Following word beginning	Action
vowel	vowel	link
consonant	vowel	link
vowel	consonant	do not link
consonant	consonant	do not link

(Our discussion of Linking continues on the following page.)

1. a. In a breath group, if a word ends in a vowel and the following word begins with a vowel, they form a syllable.

   Tú eres de la capital. (**Túe**-res-de-la-ca-pi-tal.)

   b. If the two vowels that are adjacent to each other are the same, they are pronounced as if they were one.

   Luisa actúa bien. (Lui-**sac**-tú-a-bien)

   c. If the two vowels that are adjacent to each other are strong vowels, but not the same, they are pronounced together as one syllable.

   ¿Cómo estás tú? (¿Có-**moes**-tás-tú?)

2. In a breath group, when a word ends in a consonant and the following word begins with a vowel, they also form a single syllable.

   ¿Él es de Puerto Rico? (¿É-**les**-de-Puer-to-Ri-co?)

 Estructuras

1. Subject Pronouns and the Present Tense of ser (to be)

ser *(to be)*					
Singular Forms			*Plural Forms*		
yo	**soy**	*I am*	**nosotros/nosotras**	**somos**	*we are*
tú	**eres**	*you are* (fam.)	**vosotros/vosotras**	**sois**	*you are* (fam. pl.)
usted	**es**	*you are* (formal)	**ustedes**	**son**	*you are* (pl.)
él	**es**	*he is*	**ellos**	**son**	*they are*
ella	**es**	*she is*	**ellas**	**son**	*they are*

Subject Pronouns

- Subject pronouns in Spanish are used to refer to people. Spanish does not generally use subject pronouns to refer to inanimate objects or animals.

- The pronouns **usted** and **ustedes** are commonly abbreviated as **Ud.** and **Uds.** or as **Vd.** and **Vds.**

- Quite frequently subject pronouns are omitted in normal usage. (See page 49 of this lesson for a more detailed explanation on how subject pronouns are used.)

¿Eres de Cuba?	*Are you from Cuba?*
Sí, soy de Cuba.	*Yes, I'm from Cuba.*

🌀 NOTES ON USAGE
Formal and Familiar Address

1. Spanish has two equivalents for the English singular *you:* **tú** and **usted. Tú** is used in informal situations when addressing people such as friends, family members, and children. **Usted** is used to denote formality or respect when addressing someone with whom you are not well acquainted or a person who holds a position of authority such as a supervisor at work, an instructor, or an elder.

2. Throughout most of Latin America, **ustedes** is used as the plural of **tú** as well as of **usted.** In Spain, however, the **vosotros/vosotras** forms are used almost exclusively when addressing more than one person in a familiar context. In this book, **ustedes** is used as the plural of **tú.**

The Verb ser *(to be)*

- The word **ser** is the infinitive form of one of the Spanish verbs meaning *to be.*[1] Although all infinitives in English are signalled by the use of *to* (*to be, to speak, to eat,* etc.), in Spanish the infinitive forms are identified by the endings **-ar, -er,** and **-ir.**

- The forms of **ser** are irregular; they do not follow the pattern of regular verbs that you will learn in this and other chapters of this text.

- **Ser** is used to express origin (where someone is from), occupation (what someone does), as well as to describe inherent qualities of people and things.

Yo **soy** de Madrid.	*I'm from Madrid.*
Ella **es** profesora.	*She's a professor.*
Los libros **son** interesantes.	*The books are interesting.*
Nosotros **somos** altos.	*We are tall.*

---

[1] The other verb is **estar.** You will learn the forms and uses of **estar** in *Lección 3.*

🌀 **STUDY TIPS: How to learn verbs**

A key ingredient for success in Spanish is the degree to which you understand both the meanings and forms of verbs.

1. **Usted, él** and **ella** have the same verb form as do **ustedes, ellos** and **ellas.** Thus, there are only six basic verb forms that you will need to learn as you study each tense.
2. There is probably no way to avoid memorizing verb forms. We suggest repeating the forms out loud many times until you are able to produce them "automatically," without thinking. You can test yourself by writing each subject pronoun on a separate index card. Mix up the cards and try to produce the verb form that corresponds to the subject pronoun on the card you pull out. Practicing verb forms a few minutes every day produces better results than practicing several hours only once a week.
3. Irregular verbs are generally more difficult to learn because they often do not follow set conjugation patterns when conjugated.

◆ PRÁCTICA

2-5   ¿De dónde son? Indicate where in the Hispanic world the following people are from based on the information provided on the map.

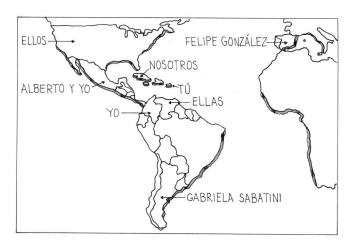

MODELO: Yo soy de Colombia.

1. Yo _____ .
2. Felipe González _____ .
3. Alberto y yo _____ .
4. Tú _____ .
5. Ellas _____ .
6. Nosotros _____ .
7. Gabriela Sabatini _____ .
8. Ellos _____ .

2-6 ¡A completar! Complete the following paragraph, using appropriate forms of **ser**.

¡Hola! Nosotros _____ Fernando Mendoza Vareta, Marta Pérez Caicedo y Adela Guzmán Soler. Nosotros _____ chilenos. Fernando _____ de Viña del Mar, Marta _____ de Valparaíso y yo _____ de Santiago, que _____ la capital del país. Santiago _____ una ciudad muy bonita. ¿De dónde _____ tú?

2-7 ¿Cuál es su nacionalidad? Identify the nationalities of the following people.

Julio Iglesias	→ España
Tú	→ Panamá
Barbra Streisand y	
Jodie Foster	→ Estados Unidos
Rita Moreno	→ Puerto Rico
José Canseco	→ Cuba
Gabriela Sabatini	→ Argentina
Yo	→ Colombia

MODELO: Carmen es mexicana.

1. _____.
2. _____.
3. _____.
4. _____.
5. _____.
6. _____.
7. _____.

◆ PRÁCTICA COMUNICATIVA

2-8 ¿De dónde eres? Introduce yourself to a student whom you do not already know. Then describe where you are from as in the model conversation below.

Sally y Peter

—Hola, me llamo Sally.
—¿Qué tal, Sally? Soy Peter.
—¿De dónde eres, Peter?
—Soy de Nueva York. ¿Y tú?
—Yo soy de Los Angeles.

2-9 ¿Cómo es...? In groups of three, describe five students in your class in as much detail as possible. Follow the model.

MODELO: —¿Cómo es Martin Tenney?
   —Es alto y delgado.
   —Es muy simpático.

   —¿De dónde es Martin?
   —Es de Tejas. Es de Austin.

2. Formation of Questions

Using Interrogative Words

- Interrogative words are commonly used at the beginning of a sentence to form questions in Spanish. The most commonly used interrogative words are:

¿Cómo...? How...?	**¿Qué...?** What...?
¿Cuál...? Which (one)...?	**¿De qué...?** From which...?
¿Cuándo...? When...?	**¿Quién...?** Who...? *(singular)*
¿Dónde...? Where...?	**¿Quiénes...?** Who...? *(plural)*
¿De dónde...? From where...?	**¿De quién...?** Whose...?
¿Por qué...? Why?	

- Note that questions in Spanish are punctuated with two question marks: an inverted, backward question mark at the beginning of the question (¿) and a standard question mark (?) at the end.

- A special intonation pattern is required for questions that use interrogative words (see *Lección 2,* p. 47). Note the descending pitch in the following example:

¿Cómo se llama el profesor?

Yes/No Questions

- A yes/no question can be easily formed by inverting the position of the subject and the verb in a declarative statement or by modifying the intonation pattern.

      Inversion: **Tú eres** de México. → **¿Eres tú** de México?
      Modified intonation: **Ellos son** de los Estados Unidos. →

      ¿Ellos son de los Estados Unidos?

- A yes/no question can also be formed by adding a "tag" phrase at the end of a declarative statement.

      Adela es de Madrid, **¿verdad?**   *Adela is from Madrid, **right?***
      Tú eres de Colombia, **¿no?**   *You're from Colombia, **aren't you?***

- Other frequently used tag questions are:

      ¿Cierto? Right?   **¿Sí?** Yes?   **¿De veras?** Truly? Really?

3. Negation

- To make a sentence negative in Spanish simply place the word **no** in front of the verb.

      Elena **no** es de la capital.   *Elena's **not** from the capital.*
      Nosotros **no** somos de España.   *We're **not** from Spain.*

      (Our discussion of Negation continues on the following page.)

- When answering a question in the negative, the word **no** also precedes the verb.

¿Son ellos de Caracas? *Are they from Caracas?*
No, ellos **no** son de Caracas. *No, they're **not** from Caracas.*

◆ PRÁCTICA

2-10 Completar. Complete the following exchanges using the correct interrogative expressions.

1. ¿De _____ eres tú, Carmen? Soy de Puerto Rico.
2. ¿De _____ ciudad son Carlos y Javier? Son de Valparaíso.
3. ¿_____ son esos *(those)* estudiantes? Son Pepe González y Mario Andrade.
4. ¿_____ es la clase de español? Es por la tarde *(in the afternoon)*.
5. ¿De _____ es el profesor? Es de España.
6. ¿_____ es tu *(your)* amiga. Es alta y muy simpática.

🌀 EXPANSIÓN

¿Qué? vs. ¿cuál? The interrogatives **qué** and **cuál** may cause some confusion for English speakers learning Spanish, because each may be translated as *what* or *which* in different circumstances.

- **¿Qué?**

When **¿qué?** is used alone, it is a request for a definition and is translated as *what?* in English. When followed by a singular or plural noun, **¿qué?** means *which?* and requests information about one or some among many.

¿**Qué** tienes? ***What** do you have?*
¿**Qué** es la vida? ***What** is life?*
¿**Qué** área(s) de estudio prefieres? ***Which** field(s) of study do you prefer?*

- **¿Cuál?**

¿Cuál?, meaning *which?,* is generally used alone and implies selection from a group. It may also be translated as *what?* in English.

¿**Cuál(es)** prefieres? ***Which** (one[s]) do you prefer?*
¿**Cuál** es la fecha de hoy? ***What** is today's date?*
¿**Cuál** es la capital de Colombia? ***What** is the capital of Colombia?*

2-11 Preguntas. Practice forming questions by inverting the subject and the verb in the following statements.

MODELO: Tú eres de Costa Rica. → ¿Eres tú de Costa Rica?

1. Elena y Pedro son puertorriqueños.
2. El profesor es inteligente.
3. Nosotros somos estudiantes.
4. Tú eres de la capital de México.
5. Ellas son perezosas.
6. Uds. son norteamericanos.

2-12 ¿Quiénes son? Answer the following questions affirmatively or negatively based on the information provided on the ID cards below.

UNIVERSIDAD NACIONAL

NOMBRE: Luisa

APELLIDOS: Pérez Saldívar

PAÍS DE ORIGEN: Colombia

DESCRIPCIÓN FÍSICA: baja y delgada

UNIVERSIDAD AUTÓNOMA

NOMBRE: Rodolfo

APELLIDOS: Cardona Gómez

PAÍS DE ORIGEN: República Dominicana

DESCRIPCIÓN FÍSICA: alto y delgado

1. Luisa es de Colombia, ¿verdad?
2. Rodolfo es muy delgado, ¿no?
3. Los apellidos de Luisa son Cardona Gómez, ¿cierto?
4. ¿Rodolfo es de la República Dominicana?
5. Luisa es muy alta, ¿verdad?

◆ PRÁCTICA COMUNICATIVA

2-13 Entrevista. First, have a classmate ask another student information, such as place of origin, nationality, and so on. Then interview your classmate and ask him/her questions about that student. Ask about where he/she is from, his/her nationality, and what he/she is like.

MODELO: —¿De dónde es Susan?
—Es de Wisconsin.

—¿Es ella norteamericana?
—Sí, es norteamericana.

—¿Cómo es ella?
—Es alta y muy simpática.

¡Así es la vida!

¿Qué haces?

Andrea Alvarado Gómez,
28 años, Santiago de Chile

Hablo español y alemán, y estudio medicina en la Universidad de Chile. Hoy tengo que estudiar mucho porque mañana tengo un examen de biología.

Carlos Alberto Mora Arce,
22 años, San José, Costa Rica

Hablo español y un poco de inglés. Estudio derecho en la Universidad Nacional y por las tardes trabajo en una librería. Hoy tengo que practicar el fútbol con mis amigos.

María Bermúdez Fiallo,
19 años, Santo Domingo

Estudio ingeniería. Esta noche mis amigos y yo vamos a bailar en una discoteca. No tenemos clases mañana.

¡ASÍ LO DECIMOS!

Actividades

bailar	*to dance*
caminar	*to walk*
conversar	*to converse, to chat*
escuchar	*to listen*
estudiar	*to study*
hablar	*to talk*
mirar	*to look, to watch*
nadar	*to swim*
practicar	*to practice*
regresar	*to return*
preparar	*to prepare*
trabajar	*to work*

Áreas de estudio

administración de empresas	*business administration*
arte	*art*
biología	*biology*
derecho	*law*
filosofía y letras	*humanities/liberal arts*
geografía	*geography*
historia	*history*
ingeniería	*engineering*
medicina	*medicine*

Idiomas

el alemán	*German*
el español	*Spanish*
el francés	*French*
el inglés	*English*
el italiano	*Italian*
el portugués	*Portuguese*

Algunos deportes

el béisbol	*baseball*
el fútbol	*soccer*
la natación	*swimming*
el tenis	*tennis*

Expresiones claves

tengo	*I have*
tengo que...	*I have to...*
estudio...	*I study...*
hablo...	*I speak...*
trabajo...	*I work...*

Otras palabras y expresiones

con	*with*
discoteca	*discotheque*
esta noche	*tonight*
el examen	*exam*
la galería	*gallery*
la librería	*bookstore*
mañana	*tomorrow*
mucho	*a lot, plenty, much*
por las tardes	*in the afternoons*
sobre	*about*
tener	*to have*
tener que + *inf.*	*to have to (do something)*
vamos a + *inf.*	*we are going to*

¡A ESCUCHAR!

¿Qué haces? You will hear the descriptions that appear in **¡Así es la vida!** (p. 44). Indicate whether the statements that follow each description are **Cierto** or **Falso.** You will hear the correct answers on the tape.

	Cierto	Falso		Cierto	Falso		Cierto	Falso
1.	____	____	4.	____	____	7.	____	____
2.	____	____	5.	____	____	8.	____	____
3.	____	____	6.	____	____	9.	____	____

◆ PRÁCTICA

2-14   ¡Fuera de lugar! Circle the letter corresponding to the word that is out of place.

1. a. mirar	b. francés	c. italiano	d. alemán
2. a. tenis	b. sociología	c. natación	d. fútbol
3. a. ingeniería	b. derecho	c. mañana	d. historia
4. a. trabajar	b. practicar	c. estudiar	d. mucho
5. a. portugués	b. examen	c. español	d. italiano
6. a. arte	b. derecho	c. geografía	d. béisbol

2-15   Completar. Complete the following description using words and expressions from **¡Así lo decimos!**

¡Hola! Me _____ Ana María Torres. _____ de Buenos Aires, Argentina. _____ 18 años y estudio _____ en la Universidad Nacional. _____ en una galería cerca de la universidad. Hoy tengo que _____ con el profesor de arte sobre el examen. Esta noche _____ con unos amigos.

2-16   ¿Qué hacen? Match the activities depicted in the illustrations with the following statements.

1. Ellos estudian para el examen.
2. Yo hablo francés.
3. Pablo trabaja en una librería.
4. Nosotros practicamos fútbol.
5. Jorge y Teresa conversan.
6. Ana mira la televisión.

PRONUNCIACIÓN _____

Spanish Intonation in Questions

Intonation is the process by which the voice pitch rises and falls in normal speech in accordance with the type of message that is being conveyed and the context in which it takes place. Intonation patterns in Spanish are very useful when posing questions. In questions that use interrogative words, the pitch level at the beginning is high and gradually falls toward the end of the question as in the following examples:

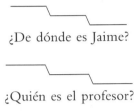

¿De dónde es Jaime?

¿Quién es el profesor?

With yes/no questions, the pattern is somewhat different. The tone of voice should rise to an above-normal pitch at the end of the question as in the following examples:

¿Ellos son de los Estados Unidos?

¿Tú eres de la capital?

A PROPÓSITO... Fields of Study in Hispanic Universities

The curriculum at universities in Spanish-speaking countries is structured differently than that in North American universities. Although students in the United States and Canada generally choose a major during their first or second year of college, students in Spain and Latin America must choose their field of study prior to enrolling in a university. Each specialization has a set of carefully prescribed courses to be taken each semester. Few, if any, elective courses are available to students outside the designated field of concentration.

¡Vamos a comparar!

What are some advantages and disadvantages in the way students choose their field of study in Hispanic countries? in the United States? Which system do you think is better?

Clase universitaria en Santiago de Chile.

Estructuras

4. The Present Indicative Tense of -ar Verbs

- In Spanish, verbs are classified into three groups, based on the ending (**-ar, -er,** and **-ir**) of their infinitive form, which is the verb form listed in the dictionary. Each category uses particular endings to produce verb forms ("conjugations") in various tenses.

- To form the present tense of verbs ending in **-ar,** consult the following chart:

hablar *(to speak, to talk)*							
Singular Forms				**Plural Forms**			
	stem	ending	verb form		stem	ending	verb form
yo	habl	+ **o**	→ **hablo**	nosotros(as)	habl	+ **amos**	→ **hablamos**
tú	habl	+ **as**	→ **hablas**	vosotros(as)	habl	+ **áis**	→ **habláis**
Ud. } él } ella }	habl	+ **a**	→ **habla**	Uds. } ellos } ellas }	habl	+ **an**	→ **hablan**

- All regular **-ar** verbs follow the same pattern of conjugation. Some of the more common **-ar** verbs are listed below.

bailar	to dance	**nadar**	to swim
conversar	to speak, to chat	**practicar**	to practice
escuchar	to listen	**trabajar**	to work
estudiar	to study	**caminar**	to walk
mirar	to look at	**preparar**	to prepare

⊙ NOTES ON USAGE

1. Spanish speakers frequently omit subject pronouns with conjugated verbs in day-to-day conversation as well as in written texts. In such cases, the verb form ending indicates who the speaker is.

    ¿Hablas español?   *Do you speak Spanish?*
    Sí, hablo muy bien el   *Yes, I speak Spanish very*
      español.   *well.*

2. In many instances, subject pronouns can be used for clarification or emphasis:

    ¿Estudias medicina?   *Are you studying medicine?*
    No, **yo** estudio derecho.   *No, **I'm** studying law.*
    Ella estudia medicina.   ***She** studies medicine.*

3. The Spanish present indicative tense has several equivalents in English. In addition to the simple present, it can also express ongoing actions and even the future tense. Note the following:

    Yo estudio ingeniería.   *I study engineering.*
                                    I am studying engineering.
                                    I will be studying engineering.

⊙ STUDY TIPS: Learning regular verb conjugations

1. The first step in learning regular verb conjugations is being able to recognize the infinitive stem. This can be done quite easily as the stem is the part that does not contain the ending.

Infinitive		Stem
habl~~ar~~	→	habl
estudi~~ar~~	→	estudi
trabaj~~ar~~	→	trabaj

2. Practice conjugating several **-ar** verbs in writing first. Identify the stem, then write the various verb forms by adding the present tense endings listed on page 48. Once you have done this, say the forms you have written out loud several times.

3. Next, you will need to practice **-ar** verb conjugations orally. Create two sets of index cards. On one, write down the subject pronouns listed on page 36 (one per card). On the other set, write some of the **-ar** verbs you have learned. Select one card from each set and conjugate the verb with the selected pronoun.

4. Providing conjugated verb forms may be somewhat difficult in the early stages of studying Spanish, especially when you must produce the forms in normal speech. The key is to internalize the forms so that they become "second nature." Initially, you might want to practice the forms everyday for a few minutes. After several days of doing this you will find that you don't have to "think" as much to produce verb forms in normal speech.

◆ PRÁCTICA

2-17 ¿Qué hacen?

1. Antonio _____.
2. Teresa y Francisco _____.
3. El señor López _____.
4. Gabriela _____.
5. La señora Urbina _____.
6. Elsa y María _____.

2-18 Combinar.
Combine one word or expression from each column to form at least six complete, logical sentences.

MODELO: Yo estudio la lección.

Yo			por teléfono
Alicia y Marta	estudiar		el tenis
Tú	bailar		en la discoteca
Rosa	trabajar		en la librería
Julio y yo	practicar		la lección
Ellos	hablar		italiano
Nosotros	mirar		la televisión
Ustedes			con el profesor

2-19 Preguntas personales.

1. ¿Qué estudias en la universidad?
2. ¿Qué idiomas hablas bien?
3. ¿Quién habla francés en la clase?
4. ¿Dónde bailas tú?
5. ¿Qué deportes practicas?
6. ¿Dónde trabajas tú?
7. ¿Qué programa miras en la televisión?

◆ PRÁCTICA COMUNICATIVA

2-20 En grupos. Now that you're able to use some verbs, work together in small groups to discuss which languages people speak, which sports they play, what they are studying, and other interests they may have.

1. ¿Quién habla francés? ¿alemán? ¿italiano?
2. ¿Quién estudia arte? ¿biología? ¿ingeniería?
3. ¿Quién practica el béisbol? ¿el fútbol? ¿el tenis?

Add new vocabulary to the **¡Así lo decimos!** list.

5. The Present Tense of the Verb tener *(to have)*

¡ MARIBEL TIENE MIEDO !

The verb **tener** is irregular in Spanish.

tener *(to have)*			
Singular Forms		***Plural Forms***	
yo	**tengo**	nosotros(as)	**tenemos**
tú	**tienes**	vosotros(as)	**tenéis**
usted	**tiene**	ustedes	**tienen**
él	**tiene**	ellos	**tienen**
ella	**tiene**	ellas	**tienen**

● In addition to expressing possession, the verb **tener** is used in many day-to-day expressions. In English these are frequently expressed with the verb *to be*. Note the following examples.

Yo **tengo** hambre.	*I am hungry.*
Adela **tiene** frío.	*Adela is cold.*
Nosotros **tenemos** prisa.	*We're in a hurry.*

● The following list contains some of the more common expressions with **tener.**

tener hambre	to be hungry	**tener prisa**	to be in a hurry
tener sed	to be thirsty	**tener miedo**	to be afraid
tener frío	to be cold	**tener cuidado**	to be careful
tener calor	to be hot	**tener razón**	to be right (correct)
tener sueño	to be sleepy		

*(Our discussion of **tener** continues on the following page.)*

- **Tener** is also used in Spanish to express age.

María **tiene** dieciséis años.	*María is sixteen years old.*
Yo **tengo** veintidós años.	*I'm twenty-two years old.*
Ellos **tienen** doce años.	*They are twelve years old.*

🌀 **EXPANSIÓN**

The verb **tener** may be used with **que** and an infinitive to express the idea of obligation. In English, **tener que** + *infinitive* is the equivalent of *to have to*. Note these examples:

Yo **tengo que estudiar** para el examen.	*I **have to** study for the exam.*
Tenemos que practicar hoy.	*We **have to** practice today.*
Tú tienes que hablar con la profesora.	*You **have to** talk with the professor.*

◆ PRÁCTICA

2-21 ¿Qué tienes? Describe how the following people feel.

1. Yo...

2. Alicia y Juanita...

3. José Luis...

4. Tú...

5. Rosa y yo...

6. Los chicos...

2-22 Completar. Complete the statements using the correct form of **tener.**

1. Tú _____ veintidós años.
2. Él y yo _____ que estudiar esta noche.
3. Carlos y Adela _____ dos clases esta tarde.
4. Ud. _____ mucha hambre, ¿no?
5. Yo _____ miedo cuando miro programas de horror.
6. Uds. _____ que practicar el béisbol hoy.
7. Nosotras _____ que hablar con María.

◆ PRÁCTICA COMUNICATIVA

2-23 ¿Cuántos años tienen...? With another student, practice guessing the ages of the following people.

1. Oprah Winfrey
2. Madonna
3. Your professor
4. Michael Jackson
5. George Bush

2-24 ¿Qué tienes que hacer? Now discuss what you *have to do* tomorrow, following the model. Some possible answers are depicted below.

MODELO: —¿Qué tienes que hacer mañana?

  —Mañana tengo que practicar el fútbol y tengo que hablar con el profesor. ¿Y tú?

  —Yo tengo que hablar por teléfono con mi novio(a).

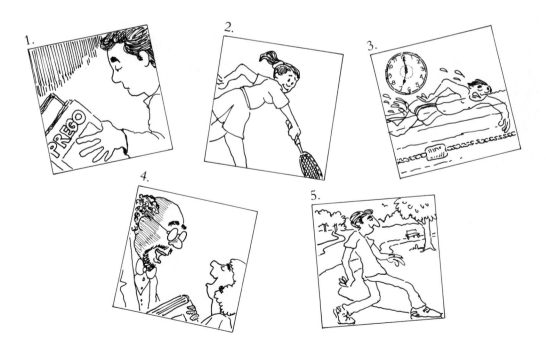

SÍNTESIS
¡Al fin y al cabo!

◆ ¡A REPASAR!

2-25 Emparejar. Match the words in Column A with a related expression in Column B.

	A		**B**
_____ 1.	italiano	a.	malo
_____ 2.	alto	b.	la música
_____ 3.	mirar	c.	los Estados Unidos
_____ 4.	tener	d.	la ciudad
_____ 5.	estudiar	e.	la televisión
_____ 6.	la capital	f.	un idioma
_____ 7.	norteamericano	g.	bajo
_____ 8.	escuchar	h.	cuidado
_____ 9.	bueno	i.	derecho

2-26 Describir. Give brief physical descriptions of the people in the photos. Use **ser, tener,** and other verbs you have learned in this lesson. Look up any new words you might need in the End Vocabulary or in a dictionary.

1. Maribel Cruz

2. Gustavo Salas

3. la profesora Zaldívar

2-27 Completar. Complete the following description of Maribel and Lola, using words and expressions you have learned in **¡Así lo decimos!**

¡Hola! Somos Maribel y Lola Pérez. Somos de la _____ de Puerto Rico. Las dos (the two of us) somos _____. Yo tengo 16 años y Maribel _____ 20 años. Maribel estudia _____ en la Universidad de Puerto Rico. Yo estudio _____ en los Estados Unidos. Las dos somos bilingües; hablamos inglés y _____. Yo también hablo un poco de _____. Maribel es _____ y delgada. Yo soy completamente diferente; soy baja y _____.

2-28 Completar. Complete the following descriptions with the correct forms of the verbs in parentheses.

1. **Montserrat Pons**

   Montserrat Pons (ser) _____ de Barcelona. (Ser) _____ española y (tener) _____ 19 años. Montserrat (estudiar) _____ derecho en la Universidad de Nebraska. De noche (trabajar) _____ en una librería. Después de trabajar, ella y sus amigas (bailar) _____ en una discoteca.

2. **Pedro López y Raúl Andrade**

   Pedro y Raúl (ser) _____ colombianos y (estudiar) _____ filosofía y letras en la Universidad de Clemson. Hoy, ellos (tener) _____ que estudiar para el examen de español. Después de estudiar, Pedro (mirar) _____ la televisión y Raúl (hablar) _____ por teléfono con María.

¡A ESCUCHAR!

A. You will hear a short conversation between Toño and Isabel. After the conversation indicate whether the statements that follow are **Cierto** or **Falso.** You will hear the correct answers on the tape.

	Cierto	Falso		Cierto	Falso
1.	_____	_____	3.	_____	_____
2.	_____	_____	4.	_____	_____

B. You will hear a short description about Lola and her friend Eduardo. After the description, indicate whether the statements that follow are **Cierto** or **Falso.** You will hear the correct answers on the tape.

	Cierto	Falso		Cierto	Falso
1.	_____	_____	3.	_____	_____
2.	_____	_____	4.	_____	_____

2-29 Entrevista. Denyse Fernández is a candidate for admission in the freshman class at Florida State. Complete her conversation with an alumnus in the screening interview.

¿ _____?
Yo soy de la Florida.

¿ _____?
De Orlando.

¿ _____?
Yo tengo diecisiete años.

¿ _____?
No hablo francés. Hablo inglés.

2-30 ¡A escribir! Write a brief description in Spanish of your favorite public figure. It can be a movie star, an athlete, a politician, businessperson, etc. Include the following information in the description.

Name
Age and nationality
Place of origin

Physical description
Type of work he/she does

◆ ¡A CONVERSAR!

2-31 Discusión. In small groups discuss the public figures listed below. Talk about each person's physical appearance, nationality, age, profession, and so on. Add any new words you learn to the list in the **¡Así lo decimos!** section of this chapter.

Madonna
George Bush
Michael Jackson

Fidel Castro
Princess Diana

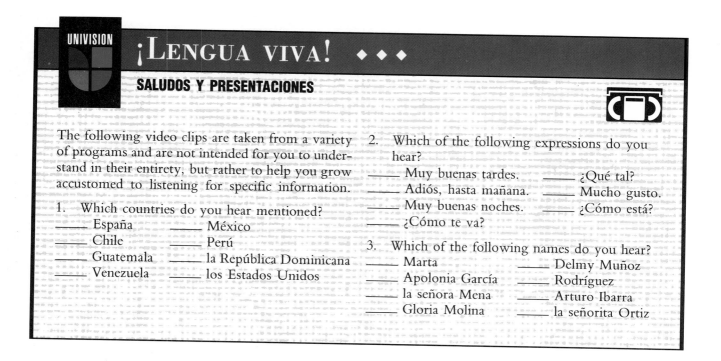

UNIVISION ¡LENGUA VIVA! ◆ ◆ ◆

SALUDOS Y PRESENTACIONES

The following video clips are taken from a variety of programs and are not intended for you to understand in their entirety, but rather to help you grow accustomed to listening for specific information.

1. Which countries do you hear mentioned?
_____ España   _____ México
_____ Chile   _____ Perú
_____ Guatemala   _____ la República Dominicana
_____ Venezuela   _____ los Estados Unidos

2. Which of the following expressions do you hear?
_____ Muy buenas tardes.   _____ ¿Qué tal?
_____ Adiós, hasta mañana.   _____ Mucho gusto.
_____ Muy buenas noches.   _____ ¿Cómo está?
_____ ¿Cómo te va?

3. Which of the following names do you hear?
_____ Marta   _____ Delmy Muñoz
_____ Apolonia García   _____ Rodríguez
_____ la señora Mena   _____ Arturo Ibarra
_____ Gloria Molina   _____ la señorita Ortiz

 **LECTURA**   **TIROFIJO VA A MÁLAGA**

EPISODIO 2: **En busca[1] de los estudiantes**

AHORA SON LAS TRES Y CUARTO DE LA TARDE. EL INSPECTOR TIROFIJO HABLA POR TELÉFONO CON EL COMANDANTE URBINA. EL COMANDANTE ESTÁ BASTANTE PREOCUPADO[2]. LOS DOS HOMBRES ESTÁN AL TELÉFONO.

¡TENGO MUY MALAS NOTICIAS[3], TIROFIJO! DOS ESTUDIANTES NORTEAMERICANOS HAN DESAPARECIDO[4]. EL EMBAJADOR DE ESTADOS UNIDOS ESTÁ MUY PREOCUPADO.

NO SE PREOCUPE[5], COMANDANTE. ¿DÓNDE VIVEN ESTOS DOS ESTUDIANTES?

LOS DOS ESTUDIANTES VIVEN EN LA RESIDENCIA ESTUDIANTIL PLAZA MAYOR. UD. TIENE QUE IR ALLÍ INMEDIATAMENTE PARA HABLAR CON LA SRA. PIEDRAHITA. ELLA TIENE INFORMACIÓN SOBRE LOS ESTUDIANTES.

AHORA MISMO[6] VOY A HABLAR CON ELLA.

VOY A LA RESIDENCIA ESTUDIANTIL PLAZA MAYOR. SI LLAMA MI ESPOSA[7], INFÓRMELE[8] QUE VOY A LLEGAR A CASA A LAS SIETE DE LA NOCHE.

MUY BIEN. HASTA LUEGO, INSPECTOR.

HACE TRES DÍAS[9] QUE LOS ESTUDIANTES NO LLEGAN A SUS HABITACIONES[10]. SE LLAMAN SUSAN TIMMER Y JIM WEST.

DÍGAME[11] SEÑORA, ¿TIENE ALGUNA FOTO DE ELLOS?

NO, PERO HAY UNA NOTA ESCRITA POR ELLOS. AQUÍ ESTÁ.

HMMM... ESTO ES MÁS INTERESANTE DE LO QUE CREÍA[12].

Querida, Señora,
Estamos en peligro[13].
Somos prisioneros.
Por favor, llamar
a la policía lo
antes posible[14].
Adiós,
Susan y Jim

[1] search	[4] have disappeared	[7] wife
[2] pretty worried	[5] don't worry	[8] inform her
[3] I have bad news	[6] Right now	[9] It's been three days since

[10] haven't gone to their rooms	[13] danger
[11] Tell me	[14] as soon as possible
[12] than I believed	

(Continúa en la próxima lección.)

Comprensión

A.   Complete the following sentences based on information contained in this episode of **Tirofijo va a Málaga.** There may be more than one correct response.

1.   El comandante Urbina y el inspector Tirofijo hablan...
    a. sobre dos estudiantes   c. francés
    b. por la mañana   d. en la universidad
2.   Los dos estudiantes desaparecidos son...
    a. inspectores   c. italianos
    b. franceses   d. norteamericanos
3.   Los estudiantes viven...
    a. en una residencia estudiantil   c. en Madrid
    b. en la universidad   d. cerca de la Plaza Mayor
4.   La Sra. Piedrahita trabaja en...
    a. la residencia estudiantil   c. la oficina
    b. la universidad   d. Nueva York
5.   Los nombres de los estudiantes son...
    a. Tom y Kim   c. Sarah y Roy
    b. Jim y Susan   d. John y Kerry
6.   Al final de la lectura el inspector...
    a. lee una nota   c. llama a su jefe
    b. escribe una carta   d. va a la oficina

B.   Now answer the following questions about the reading.

1.   ¿Por qué menciona el comandante Urbina al embajador de los Estados Unidos?
2.   ¿Cómo está el comandante Urbina cuando habla por teléfono?
3.   ¿Dónde viven los dos estudiantes desaparecidos?
4.   ¿Quién es la Sra. Piedrahita?
5.   Según la nota que lee, ¿dónde están los estudiantes ahora?
6.   En su opinión, ¿por qué están en peligro?

MUNDO  HISPÁNICO

España, tierra[1] de Don Quijote

Estadísticas[2] de España

Nombre oficial: Reino[3] de España

Población: 43.522.000

Ciudades principales:
Madrid (Capital) 3.200.000, Barcelona 1.800.000,
Valencia 780.000, Sevilla 690.000, Zaragoza 620.000,
Málaga 600.000, Bilbao 410.000

Rey: Juan Carlos I

Forma de gobierno[4]: democracia parlamentaria

Jefe[5] del gobierno: Felipe González

Productos principales: automóviles, maquinarias[6],
aceite de oliva[7], frutas, acero[8]

Monumento a Miguel de Cervantes
en La Plaza de España, Madrid.

◆ La maravillosa España

España tiene una posición privilegiada entre[9] las naciones de Europa porque está entre el mar Mediterráneo y el Océano Atlántico, y entre dos continentes, Europa y África. Como el perímetro[10] de su territorio está formado por cordilleras de montañas[11], España parece[12] un gran castillo[13]. Su extensión total es de 504.750 km^2, un área similar al estado de Texas. Después de Suiza[14], España es el país más montañoso de Europa, y Madrid, su capital, es la capital más elevada[15]. España tiene 2.732 kilómetros de playas[16] y es el

[1]homeland [2]statistics [3]kingdom
[4]government [5]Head [6]machinery [7]olive
oil [8]steel [9]among [10]perimeter
[11]mountain ranges [12]looks like [13]castle
[14]Switzerland [15]elevated [16]beaches

Las Ramblas en Barcelona.

país favorito de los turistas europeos. Más de 50.000.000 de visitantes[17] de todas partes del mundo van[18] a España todos los años. Sus playas están llenas[19] de extranjeros[20] que disfrutan[21] de un mar, un clima[22] y un sol[23] incomparables.

◆ **Madrid: Guía[24] turística**

Madrid, situada en el centro geográfico de la Península Ibérica, es una ciudad con muchos atractivos[25] turísticos. En esta bella[26] ciudad llena de cultura y arte, el visitante puede[27] admirar magníficos edificios y amplias avenidas, fuentes y parques maravillosos, grandes museos y antiguas[28] iglesias[29].

◆ **Palacio Real**

Este impresionante palacio, también conocido[30] como[31] el Palacio de Oriente, fue inaugurado en 1764 por el Rey Carlos III y es el mejor ejemplo[32] de arquitectura neoclásica de Madrid. El exterior es de un estilo italiano frío[33] y el interior es de un estilo francés espléndido. El palacio se edificó[34] sobre las ruinas del antiguo Alcázar[35] que fue destruido por el fuego[36] en 1734.

El Rey Juan Carlos I de España.

Vista del Palacio Real en Madrid, España. (above)

Café al aire libre en la Plaza Mayor. (right)

◆ **Museo del Prado**

El Prado, junto con el Museo del Louvre en París y El Hermitage en Leningrado, es uno de los grandes museos del mundo. El museo fue diseñado durante el reinado[37] de Carlos III por el arquitecto Juan de Villanueva como un museo de ciencias naturales. Desde[38] 1819 contiene más de 6.000 obras[39] de las colecciones de los reyes españoles.

◆ **La Plaza Mayor**

La enorme Plaza Mayor fue construida[40] en el corazón[41] de Madrid en 1619 por el Rey Felipe III. Está formada por una galería cubierta[42] con nueve grandes arcos[43] por donde entra el público. En el centro de la plaza hay una gran estatua ecuestre[44] de Felipe III. La plaza es uno de los lugares[45] favoritos de los turistas que se mezclan[46] con los nativos para tomar aperitivos en sus bares y cafés antes de comer en los numerosos restaurantes que la rodean[47].

[17] visitors   [18] go   [19] full   [20] foreigners
[21] enjoy   [22] climate   [23] sun   [24] Guide
[25] attractions   [26] beautiful   [27] can   [28] ancient
[29] churches   [30] known   [31] as   [32] example
[33] cold, uninviting   [34] was built   [35] palace, fortress   [36] fire   [37] reign

[38] Since   [39] works of art   [40] was built   [41] heart   [42] covered

[43] arches   [44] equestrian statue   [45] places
[46] mingle   [47] surround

Playa de Sitges cerca de Barcelona. (top)
Grupo de amigos en un café en Málaga. (bottom)

11. El primer palacio real de Madrid fue destruido por el fuego.
12. Madrid es la ciudad de mayor población de España.

ACTIVIDADES

A. Identificar. Get together with a classmate to identify and discuss where the following cities, rivers, and mountains of Spain are located. Consult the map on the front endpapers of your text (inside front cover) and use the model as a guide.

MODELO: Málaga
Málaga se encuentra *(is found)* en el sur de España, frente al Mar Mediterráneo.

los Pirineos	Sevilla
San Sebastián	Toledo
Córdoba	Islas Baleares
Madrid	Salamanca
Río Ebro	la Sierra Nevada

B. ¡Un viaje? With 3 or 4 classmates plan a summer trip to Spain. Based on the information provided in the **Mundo hispánico** and other sources, make a list of the major cities and towns you will visit.

C. Atracciones turísticas. Some of the major tourist sites of Madrid are featured in this **Mundo hispánico.** Consult a travel guide, encyclopedia, or World Almanac to determine the major tourist attractions in the following Spanish cities.

Barcelona	Toledo
Sevilla	Valencia
Córdoba	San Sebastián

Choose one of the cities on which to report.

MINIPRUEBA

Based on what you now know about Spain, indicate if the following statements are **Cierto** or **Falso.**

1. España es el país de Europa que más turistas tiene.
2. Casi todas las obras del Museo del Prado eran *(were)* de los reyes españoles.
3. El rey de España es Carlos II.
4. En España hay un gobierno democrático.
5. El Palacio Real de Madrid es un ejemplo de arquitectura moderna.
6. La mayoría de los turistas van a la Plaza Mayor después de comer.
7. Madrid está al sur de España.
8. España tiene muchas montañas.
9. El Prado fue originalmente un museo de ciencias naturales.
10. La Plaza Mayor está en el centro de Madrid.

LECCIÓN 3
¿Qué estudias?

COMUNICACIÓN

- Exchanging information about classes
- Asking for and telling time
- Expressing possession and location
- Expressing the way you and others feel
- Extending simple invitations
- Asking for and giving simple directions

CULTURA

- Universities in Spanish-speaking countries
- University classes in Spanish-speaking countries

ESTRUCTURAS

Primera parte

- Telling Time
- Giving the Date
- Possessive Adjectives
- The Present Tense of **ir** *(to go)*

Segunda parte

- The Present Tense of **estar**
- The Present Tense of Regular **-er** and **-ir** Verbs

¡Lengua viva!: Los números y los estudios
Lectura: Tirofijo va a Málaga
Episodio 3: Siguiendo la pista

PRIMERA PARTE
¡Así es la vida!

¿Qué materias vas a tomar?

ALBERTO: ¡Oye, Luis! Ya tienes tu horario de clases, ¿verdad?

LUIS: Sí, ¿y tú? ¿Qué materias vas a tomar?

ALBERTO: Mi horario es bastante complicado. Voy a tomar cinco materias: álgebra, química, historia, inglés y computación.

LUIS: ¡Estás loco! Yo solamente voy a tomar cuatro materias este semestre… ¡Y eso ya es mucho!

ALBERTO: ¿Vas a tomar la clase de inglés con el profesor Smith?

LUIS: ¡No, chico! Es una clase muy difícil.

¿Dónde se encuentra esta universidad?

En la Universidad de Barcelona.

¿Qué hora es?

LUISA: Carmen, ¿qué hora es?

CARMEN: Son las nueve en punto.

LUISA: ¿De veras? ¿Ya son las nueve?

CARMEN: Sí, mira el reloj.

LUISA: Me voy ahora mismo. ¡Mi clase de biología es en cinco minutos! ¿Tú no tienes clase ahora?

CARMEN: No, los martes no tengo clases por la mañana.

¿Adónde vas?

ANA: ¡Hola, Roberto! ¿Qué tal?

ROBERTO: ¡Muy bien, Ana! ¿Y tú? ¿Adónde vas?

ANA: Voy al departamento de idiomas. Tengo clase de francés a las diez y cuarto.

ROBERTO: Pero, ¿vas a tomar idiomas?

ANA: Pues sí, Roberto. En el mundo de hoy, aprender idiomas no es un lujo, es una necesidad.

¡ASÍ LO DECIMOS!

Algunas materias

el álgebra	*algebra*
la computación	*computer science*
la economía	*economics*
la literatura	*literature*
las matemáticas	*math*
la música	*music*
la química	*chemistry*

Adjetivos

complicado(a)	*complicated*
fácil	*easy*
difícil	*hard*
exigente	*challenging, demanding*
interesante	*interesting*
aburrido(a)	*boring*

Adverbios

bastante	*rather*
solamente	*only*

Expresiones de tiempo

por la mañana	*in the morning*
por la noche	*in the evening*
por la tarde	*in the afternoon*
de la mañana	*in the morning* (A.M.)
de la tarde	*in the afternoon* (P.M.)
de la noche	*at night* (P.M.)

Palabras y expresiones claves

¿Adónde vas?	*Where are you going?*
el curso	*course, class*
el horario de clases	*class schedule*
la materia	*academic subject*
mi	*my*
¿Qué hora es?	*What time is it?*
Son las nueve en punto.	*It's nine o'clock sharp (on the dot).*
el semestre	*semester*
tomar	*to take*
tu	*your (familiar)*
vas a + *infinitive*	*you are going to + infinitive*
me voy	*I'm going; I'm leaving*

Lugares universitarios

la biblioteca	*library*
la cafetería	*cafeteria*
el centro estudiantil	*student center*
el gimnasio	*gymnasium*
la librería	*bookstore*

Otras palabras y expresiones

ahora mismo	*right now*
la calculadora	*calculator*
chico(a)	*boy, girl; man, kid (colloquial)*
la computadora	*computer*
el diccionario	*dictionary*
es un lujo	*it's a luxury*
es una necesidad	*it's a necessity*
estás loco(a)	*you are crazy (familiar)*
llegar tarde	*to arrive late*
el microscopio	*microscope*
el mundo de hoy	*today's world*
¡oye!	*listen!*
pero	*but*
pues sí	*yes, indeed*
ya	*already*

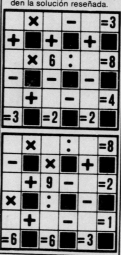

¿Te gustan las matemáticas?

AMPLIACIÓN

A. Los días de la semana

- The days of the week in Spanish are not capitalized and are all masculine.

- Calendars begin the week with Monday, not Sunday.

- The definite article is not used after **ser.**

  Hoy es jueves.   *Today is Thursday.*

- The plural is formed by using the plural definite article **los: los lunes, los martes,** etc. In their plural forms, the days of the week express the idea of doing something regularly.

  *On Monday...on Tuesday...*is expressed by using the definite article + the singular: **el lunes...**, **el martes...**

- Days that end in **s** have the same forms in the singular and plural.

  Estudio español **los lunes.**   *I study Spanish **on Mondays.***
  La clase de biología es **los**   *Biology is **on Tuesdays** and*
  martes y **los jueves.**   ***Thursdays.***

B. Los meses del año

enero	January	**julio**	July
febrero	February	**agosto**	August
marzo	March	**septiembre**	September
abril	April	**octubre**	October
mayo	May	**noviembre**	November
junio	June	**diciembre**	December

Months are also not capitalized in Spanish unless they begin a sentence.

C. Las estaciones del año

el verano	summer	**el invierno**	winter
el otoño	fall	**la primavera**	spring

Note that in Spanish the definite article is used with the seasons, and they also are not capitalized unless they begin a sentence.

¿Cómo es la **primavera** aquí? *What is the **spring** like here?*

D. Los números 30–1.000.000

30	treinta	200	doscientos, –as
31	treinta y uno *(and so on)*	300	trescientos, –as
40	cuarenta	400	cuatrocientos, –as
41	cuarenta y uno *(and so on)*	500	quinientos, –as
50	cincuenta	600	seiscientos, –as
60	sesenta	700	setecientos, –as
70	setenta	800	ochocientos, –as
80	ochenta	900	novecientos, –as
90	noventa	1.000	mil
100	cien(to)	4.000	cuatro mil
101	ciento uno	100.000	cien mil
		1.000.000	un millón (de)
		3.000.000	tres millones (de)

- **Cien** is used when it precedes a noun or when counting.

  Aquí hay **cien** estudiantes.
  noventa y nueve, **cien,** ciento uno, etc.

- **Ciento** is used in compound numbers between 100 and 200.

  ciento diez, ciento treinta y cuatro, etc.

- When 200–900 modify a noun, they agree in gender with it.

  cuatrocient**os** libros   quinient**as** tizas   doscient**as** pesetas

- **Mil** is never used with **un** and is never used in the plural for counting.

  mil, dos mil, tres mil, etc.

- The plural of **millón** is **millones,** and when followed by a noun, both take the preposition **de:** dos **millones de** dólares.

- In Spain and most of Latin America, thousands are marked by a period, and decimals by a comma.

U.S./Canada	**Spain/Latin America**
$1,000	$1.000
$2.50	$2,50
$10,450.35	$10.450,35

📼 ¡A ESCUCHAR!

El horario de clases. You will hear the conversations that appear in **¡Así es la vida!** (page 63). Indicate whether the statements that follow each conversation are **Cierto** or **Falso.** You will hear the correct answers on the tape.

	Cierto	Falso			Cierto	Falso
1.	_____	_____		5.	_____	_____
2.	_____	_____		6.	_____	_____
3.	_____	_____		7.	_____	_____
4.	_____	_____		8.	_____	_____

◆ PRÁCTICA

3-1 ¡Emparejar! Match the words in column A with the school subjects in column B.

	A		B
1.	_____ *Romeo y Julieta*	a.	matemáticas
2.	_____ mapa	b.	geografía
3.	_____ George Washington	c.	biología
4.	_____ diccionario	d.	computación
5.	_____ microscopio	e.	música
6.	_____ computadora	f.	literatura
7.	_____ piano	g.	español
8.	_____ más, menos, por y entre	h.	historia

3-2 Completar. Complete the following exchange using words and expressions from **¡Así lo decimos!** and **¡Así es la vida!**

MABEL: _____, Eduardo. ¿Tienes tu _____ de clases?

EDUARDO: Sí, pero es muy _____ porque voy a tomar seis

_____. ¿Y tú?

MABEL: Yo solamente tengo cuatro materias: _____,

_____, _____ y _____.

EDUARDO: ¿Vas a _____ español con el profesor Correa?

MABEL: ¡_____! Él es muy _____.

3-3   Completar. Complete the statements with the academic subject depicted in the illustrations.

1.   Yo estudio...

2.   Tú practicas...

3.   Jorge tiene clase de...

4.   Clemencia estudia...

5.   Teresita y Manolo estudian...

3-4   Los días de la semana. Look at the calendar and indicate the days of the week on which the following dates fall.

17	21	30
4	27	8

3-5   Los meses y las estaciones. Match the months with the corresponding season of the year.

1.   otoño
2.   verano
3.   invierno
4.   primavera

_____ febrero   _____ mayo
_____ agosto   _____ septiembre
_____ julio   _____ enero
_____ diciembre   _____ abril
_____ marzo   _____ noviembre
_____ octubre   _____ junio

3-6 Escribir. Write the numbers in Spanish.

1. 747 mesas
2. 816 profesoras
3. 101 relojes
4. 326 diccionarios
5. 579 alumnas
6. 110.000 casas
7. 161 materias
8. 1.002 pupitres
9. 444 chicas
10. 52 mapas
11. 201 mochilas
12. 2.700.000 chicos

3-7 En la clase de matemáticas. Solve the following math problems. Read the problems and answers out loud in Spanish.

1. $596 + 401 = ?$ 2. $720 - 301 = ?$ 3. $333 \times 2 = ?$ 4. $840 \div 4 = ?$

3-8 ¿Cuántos años tiene...? Take a guess if you don't know.

MODELO: George Bush
George Bush tiene sesenta y cinco años.

1. Madonna
2. Meryl Streep
3. Robert DeNiro
4. Barbara Bush
5. Julio Iglesias
6. Tu profesor(a) de español

◆ PRÁCTICA COMUNICATIVA

3-9 Las clases. Complete the following chart, indicating your present class schedule. Then compare schedules with another student.

MODELO: —Yo tengo español los lunes. ¿Y tú?
—Yo tengo francés y álgebra los lunes. ¿Qué tomas los martes?

	LUNES	MARTES	MIÉRCOLES	JUEVES	VIERNES

3-10 Situaciones. What would you say in the following situation? Enact each **situación** with a classmate/partner when possible.

1. Ask your partner what classes he/she will take this semester.
2. Ask your partner if he/she has classes right now.
3. Ask your partner on what days he/she has Spanish classes.

3-11 ¿Cuánto cuesta...? Ask a classmate, who will play the role of the clerk at Budget, the following questions about prices for different vehicles.

MODELO: —¿Cuánto cuesta un Minibus por día?
—Cuesta diecisiete mil doscientas cincuenta pesetas por día.

1. ¿Cuánto cuesta un Renault 5 por siete días?
2. ¿Cuánto cuesta un Fiat Uno por día adicional?
3. ¿Cuánto cuesta un Minibus por siete días?
4. ¿Cuánto cuesta un Renault 21 por un día y por siete días?
5. ¿Cuánto cuesta en dólares americanos un Seat Ibiza por un día? (US$1 = Pt100)

> ## A PROPÓSITO... University Classes in Spanish-speaking Countries
>
> Generally speaking, classes at universities in Spanish-speaking countries are conducted in a very formal and structured environment. In Spanish-speaking countries:
>
> - classes tend to be larger, ranging from 50 to 500 students per class.
>
> - classes almost always take the form of a lecture, with little time allowed for discussion.
>
> - final grades quite often depend on the results of one all-encompassing final exam.
>
> - classes generally tend to meet once or twice per week.
>
>
>
> **¡Vamos a comparar!**
> What is the average number of students per class in your college/university? How frequently do these classes meet? Are most of your classes conducted as lectures or as discussion sessions?
>
> Estudiantes de la Universidad de Madrid.

PRONUNCIACIÓN ————————————————

Sounds of Spanish b, v and p

1. In Spanish the letters **b** and **v** are pronounced in exactly the same manner. They have two possible pronunciations.

   - At the beginning of a breath group or after the letters **m** or **n,** the **b** and **v** are pronounced like the *b* in the English word *boy,* as in the following examples.

     buen   **vaso**   **bastante**   **vino**

   - In any other position, the **b** and **v** are pronounced with the lips slightly open, which allows air to pass through them, creating a little friction.

     una biblioteca   **ellos van**   **nosotros vivimos**

2. The **p** is pronounced like the English *p,* but without the strong puff of air.

     papá   **papel**   **poco**

 Estructuras

1. Telling Time

¿Qué hora es? *(What time is it?)*

- The verb **ser** is used to express the time of day in Spanish. Use **es + la** with **una** *(one o'clock)*. With all other times, use **son + las.**

Es la una.	*It's one o'clock.*
Son las dos de la tarde.	*It's two o'clock in the afternoon.*
Son las siete.	*It's seven o'clock.*

- The equivalent of *past* or *after* is **y.** The equivalent of *to* or *till* is **menos.**

Son las tres **y** cinco.	*It's five **past** three.*
Son las siete **menos** diez.	*It's ten **to** seven.*

- The term **cuarto** and **media** are equivalent to the English expressions *quarter* and *half.*

Son las cinco menos **cuarto.**	*It's a **quarter** to five.*
Son las cuatro y **media.**	*It's **half** past four.*

- As in English, numbers can be used in place of the expressions **cuarto** y **media.**

Son las cinco menos **quince.**	*It's **fifteen** minutes to five.*
Son las cuatro y **treinta.**	*It's four **thirty**.*

- To ask at what time an event takes place, **¿A qué hora...?** is used. To answer, use **a + las** + *time.*

¿A qué hora llega Carmen?	***At what time** does Carmen arrive?*
Llega **a la una o a las dos.**	*She arrives **at one or two.***

🌀 **EXPANSIÓN**

1. **El mediodía** is the equivalent of *noontime*, while **la medianoche** is the equivalent of *midnight*.

Es **el mediodía**.	*It's **noontime**.*
Bailamos **a la medianoche**.	*We'll dance **at midnight**.*

2. Quite frequently, the expressions **de la mañana, de la tarde,** or **de la noche** are used when telling specific time. **En punto** is used as the equivalent of *on the dot* and *sharp*.

Miro la televisión a las ocho **de la noche**.	*I watch T.V. at eight o'clock **in the evening**.*
La clase es a las nueve **en punto**.	*The class is at nine **sharp**.*

◆ PRÁCTICA

3-12   ¿Qué hora es...?

1. _____   2. _____   3. _____   4. _____

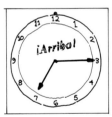 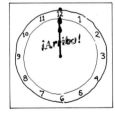  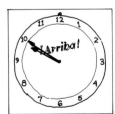

5. _____   6. _____   7. _____   8. _____

3-13   El horario de Gloria. Answer the following questions by looking at Gloria's class schedule.

1. ¿Qué clases tiene Gloria por la mañana?
2. ¿A qué hora es la clase de computación?
3. ¿A qué hora es la clase de español?
4. ¿Qué clase tiene Gloria por la noche?
5. ¿A qué hora es la clase?
6. ¿A qué hora es la clase de historia?
7. ¿Cómo es el horario de Gloria?

inglés	9:00 A.M.
química	11:00 A.M.
computación	1:10 P.M.
español	3:30 P.M.
historia	4:45 P.M.
biología	7:15 P.M.

◆ PRÁCTICA COMUNICATIVA

3-14 ¿A qué hora? Ask another student at what time (s)he...,

1. arrives at the university.
2. has classes in the morning.
3. works in the afternoon.
4. returns home from the university.
5. watches T.V. in the evening.
6. studies Spanish in the evening.

3-15 ¿Qué hora es en...? In small groups, discuss what time it is in the cities that appear in the chart below. Follow the model.

MODELO: —Son las cinco de la tarde en San Diego. ¿Qué hora es en Asunción?
         —Son las nueve de la noche.

San Francisco	San Diego	5:00 P.M.
Santa Fé	Boise	6:00 P.M.
Houston	Tegucigalpa	7:00 P.M.
Miami	San Juan	8:00 P.M.
Buenos Aires	Asunción	9:00 P.M.
Madrid	Bilbao	1:00 A.M.

3-16 En el aeropuerto. You work at Arrivals Information at the Las Américas Airport in Santo Domingo. With another student assuming the role of a tourist, answer questions about flight arrival times. Use the information provided in the chart.

MODELO: —¿A qué hora llega el vuelo de Iberia de San José?
         —Llega a las siete y cinco de la mañana.

Llegada de vuelos

Aerolínea	Vuelo No.	Procedencia	Hora de llegada	Puerta
Iberia	551	San José	7:05	15
Avianca	972	Bogotá	8:45	10
Lacsa	333	Madrid	9:15	4
American	76	Nueva York	13:30	16
Iberia	951	Londres	14:25	12
Dominicana	23	Miami	15:55	11
Air France	643	París	18:34	9
Varig	223	Río de Janeiro	21:38	10

2. Giving the Date

L M M J V S D	L M M J V S D	L M M J V S D
ABRIL	**MAYO**	**JUNIO**
1 2 3 4 5 6 7	1 2 3 4 5	1 2
8 9 10 11 12 13 14	6 7 8 9 10 11 12	3 4 5 6 7 8 9
15 16 17 18 19 20 21	13 14 15 16 17 18 19	10 11 12 13 14 15 16
22 23 24 25 26 27 28	20 21 22 23 24 25 26	17 18 19 20 21 22 23
29 30	27 28 29 30 31	24 25 26 27 28 29 30
JULIO	**AGOSTO**	**SEPTIEMBRE**
1 2 3 4 5 6 7	1 2 3 4	1
8 9 10 11 12 13 14	5 6 7 8 9 10 11	2 3 4 5 6 7 8
15 16 17 18 19 20 21	12 13 14 15 16 17 18	9 10 11 12 13 14 15
22 23 24 25 26 27 28	19 20 21 22 23 24 25	16 17 18 19 20 21 22
29 30 31	26 27 28 29 30 31	23/30 24 25 26 27 28 29
OCTUBRE	**NOVIEMBRE**	**DICIEMBRE**
1 2 3 4 5 6	1 2 3	1
7 8 9 10 11 12 13	4 5 6 7 8 9 10	2 3 4 5 6 7 8
14 15 16 17 18 19 20	11 12 13 14 15 16 17	9 10 11 12 13 14 15
21 22 23 24 25 26 27	18 19 20 21 22 23 24	16 17 18 19 20 21 22
28 29 30 31	25 26 27 28 29 30	23/30 24/31 25 26 27 28 29

¿Cuál es la fecha de hoy?	*What's today's date?*
Hoy es el veintiuno de marzo.	*Today is March twenty-first.*
Es el ocho de septiembre.	*It's September eighth.*
El primero de abril es mi	*My birthday is April first.*
cumpleaños.	

ATENCIÓN When asking for the date, some Spanish speakers also say:

¿A qué fecha estamos hoy?	*What's today's date?*
Hoy estamos a 15 de octubre.	*Today's the 15th of October.*

◆ PRÁCTICA

3-17 Las fechas. Give the date of the following celebrations.

1. Independence Day
2. Christmas
3. New Year's Eve
4. Valentine's Day
5. New Year's Day
6. Flag Day
7. St. Patrick's Day
8. Halloween
9. Martin Luther King Day
10. April Fools' Day

¿Cuándo
celebras tu cumpleaños?

3-18   Admisiones. Answer the questions based on the advertisement below.

1. ¿Cómo se llama la universidad?
2. ¿Cuál es el teléfono del Departamento de Admisiones?
3. ¿Cuántos exámenes de admisión hay?
4. ¿Cuáles son las fechas del examen de admisión?
5. ¿Cuál es la fecha límite para depositar documentos para el examen de admisión del 17 de marzo?

◆ PRÁCTICA COMUNICATIVA

3-19   Preguntas. Ask another student the following question to get the information you want.

1. What's today's date?
2. When is his/her birthday?
3. When are your next exams scheduled?
4. When is the next holiday?
5. When is your spring vacation?

3-20   Fechas importantes. Pair up with a classmate and ask each other about two events you are looking forward to in the near future. Say on what dates these events will take place. Follow the model.

MODELO: El jueves, tres de marzo, voy a una fiesta.

3. Possessive Adjectives (Short forms)

Possessive Adjectives			
	Singular	**Plural**	**Pronoun**
yo	**mi**	**mis**	my
tú	**tu**	**tus**	your *(familiar)*
usted ⎫			your *(formal)*
él ⎬	**su**	**sus**	his
ella ⎭			her
nosotros	**nuestro(a)**	**nuestros(as)**	our
vosotros	**vuestro(a)**	**vuestros(as)**	your *(familiar)*
ustedes ⎫			your *(formal)*
ellos ⎬	**su**	**sus**	their
ellas ⎭			

● Possessive adjectives agree in number with the nouns they modify, not with the possessor. Note that **nuestro(a)** and **vuestro(a)** are the only possessive adjectives that show both gender and number agreement.

(Our discussion of Possessive Adjectives continues on the next page.)

● Spanish possessive adjectives are placed before the noun they modify and, unlike English, they never receive intonational stress.

Mis libros son azules.	*My books are blue.*
Nuestros amigos llegan a las ocho.	*Our friends arrive at eight o'clock.*
Tu profesora es muy simpática.	*Your professor is very nice.*
Nuestras amigas son chilenas.	*Our friends are Chilean.*

◉ EXPANSIÓN

1. In Spanish, the construction **de** + *noun* can also be used to indicate possession. It is equivalent to the English apostrophe.

El libro **de Raúl** es interesante.	*Raúl's book is interesting.*
La hermana **de Laura** estudia derecho.	*Laura's sister studies law.*

2. When the preposition **de** is followed by the definite article **el,** it contracts to **del.**

   $$de + el \rightarrow del$$

Los libros **del** profesor son interesantes.	*The professor's books are interesting.*

3. The preposition **de** does not contract with **la, las, los,** or the subject pronoun **él.**

Los lápices **de la** estudiante son amarillos.	*The student's pencils are yellow.*

◉ NOTES ON USAGE

Because the possessive adjectives **su** and **sus** can have different referents *(your, their, his, her),* the context in which they are used can often help clarify who the possessor is.

María estudia **su** lección.	*María studies **her** lesson.*
Ramón y José hablan con **sus** amigos.	*Ramón and José speak with **their** friends.*

When the context does not clearly indicate the identity of the possessor, the construction **de** + *noun* or **de** + *subject pronoun* is used for clarification.

¿De quién es el libro?	*Who's book is it?*
Es **su** libro. Es el libro **de Paco.**	*It is **his** book. It is **Paco's** book.*
¿Son **sus** amigas?	*Are they **her** friends?*
Sí, son las amigas **de ella.**	*Yes, they are **her** friends.*

◆ PRÁCTICA

3-21   En la cafetería. Complete the following description using the correct possessive adjectives. In each sentence, the subject and the possessor are the same.

Nosotros vamos mucho a la cafetería de _____ universidad. En la cafetería, hablamos con _____ amigos y con _____ amigas. Yo practico el inglés con _____ amigos norteamericanos y _____ amigas Carol y Kim practican el español con _____ amigos mexicanos. ¿Vas tú a la cafetería de _____ universidad?

3-22   Preguntas. Using the correct possessive adjective, answer each question affirmatively. Follow the model.

MODELO: —¿Es el libro de la profesora?
                 —Sí, es su libro.

1.   ¿Es el diccionario de Luis?
2.   ¿Es la mochila de Alicia?
3.   ¿Es mi bolígrafo?
4.   ¿Es tu cuaderno?
5.   ¿Son los mapas de Ángel?
6.   ¿Son los lápices de nuestro profesor?
7.   ¿Es tu calculadora?
8.   ¿Son los bolígrafos de ustedes?

◆ PRÁCTICA COMUNICATIVA

3-23   ¿De qué color es? Pair up with a classmate and take turns asking each other questions about items in the classroom. Follow the model.

MODELO: tu mochila
STUDENT 1: ¿De qué color es tu mochila?
STUDENT 2: Mi mochila es azul.

1.   tus cuadernos
2.   mi pupitre
3.   nuestras sillas
4.   el libro del (de la) profesor(a)
5.   tus lápices
6.   nuestra mesa
7.   mi mapa
8.   el reloj de…

3-24   Nuestras clases. In small groups, discuss your classes and professors at the university. Use the model to guide your conversation.

MODELO: STUDENT 1: ¿Qué tal es tu clase de español?
                 STUDENT 2: Mi clase de español es muy buena.
                 STUDENT 1: ¿Y tu profesor?
                 STUDENT 3: ¡Mi profesor es muy exigente!

4. The Present Tense of ir *(to go)*

ir			
singular		**plural**	
yo	**voy**	nosotros(as)	**vamos**
tú	**vas**	vosotros(as)	**vais**
usted		ustedes	
él	**va**	ellos	**van**
ella		ellas	

- The Spanish verb **ir** is irregular.

- The construction **ir** + **a** + *infinitive* is used in Spanish to express future action. It is equivalent to the English construction *to be going to* + *infinitive.*

¿Qué **vas a hacer** esta noche?	*What **are you going to do** tonight?*
Voy a estudiar en la biblioteca.	*I'm going to study in the library.*

---

⑨ EXPANSIÓN

1. When the definite article **el** follows the preposition **a,** they contract to **al.**

Luis y Ernesto van **al** centro estudiantil.	*Luis and Ernesto are going to the student center.*

2. The preposition **a** does not contract with **la, las, los** or with the subject pronoun **él.**

Carmen va **a la** cafetería.	*Carmen is going to the cafeteria.*

🌀 **N O T E S   O N   U S A G E**

The Spanish verb **dar** is also conjugated like the verb **ir**.

yo	doy	nosotros(as)	damos
tú	das	vosotros(as)	dais
usted		ustedes	
él	da	ellos	dan
ella		ellas	

Besides its basic meaning, *to give,* **dar** is used in a number of common expressions.

dar una fiesta	to give a party
dar un examen	to give an exam
dar una película	to show a film
dar un paseo	to take a walk
dar las tres	to strike three o'clock

◆ PRÁCTICA

3-25   Los amigos. Complete the following paragraph using the correct forms of **ir.**

José, Marta, María y yo somos buenos amigos. Nosotros _____ juntos *(together)* a la universidad todos los días. José _____ a la clase de español a las nueve y luego _____ a la clase de inglés. Marta y María _____ a la clase de geografía a las once y a las doce _____ a la clase de biología. Yo también _____ con ellas a la clase de geografía pero después _____ a la cafetería. Nosotros _____ a la biblioteca a las tres y por la tarde regresamos a casa. ¿A qué hora _____ tú a la universidad?

3-26   Combinar. Form complete sentences combining elements from the two boxes. Add the article or the contraction **al** as necessary.

Los jóvenes		cafetería
Tú		restaurante
La profesora		biblioteca
Tomás		clase
Nosotros	ir a	librería
Elvira y Luisa		gimnasio
Las chicas		oficina
Yo		Departamento de Español

Tony Hernández

¡EL ESPAÑOL EN ACCIÓN!

TONY HERNÁNDEZ

Political Science Major Student, University of California, San Diego, 1993

At the time of publication, Tony was completing his political science degree at the University of California, San Diego. Tony is studying Spanish in order to interact better with the Spanish community when he enters his profession.

"Some people still question the value of learning a language other than English. I can only speak for myself, but knowledge of Spanish has already enabled me to communicate with clients when my competitors have been unable to…"

3-27 El fin de semana. Describe your plans for the upcoming weekend. Name at least two things you are going to do each day.

El viernes por la noche: _____

El sábado: _____

El domingo: _____

◆ PRÁCTICA COMUNICATIVA

3-28 Un día típico. Write down your daily routine using the verb **ir.** Compare notes with another student to see which activities you have in common.

MODELO: Por la mañana, a las nueve voy a la clase de…

3-29 Los planes. In groups of 3 or 4, make plans to do something together. Use the following questions to guide your discussion.

- ¿Con quiénes vamos a ir?

- ¿Qué día vamos a ir?

- ¿Adónde…?

- ¿A qué hora…?

- ¿Cuándo vamos a regresar?

After the discussion, select one member of your group to summarize your plans for the rest of the class.

¡Así es la vida!

¿Dónde está la librería?

Son las once y media de la mañana. Ana Rosa y Carmen conversan en un café cerca de la universidad mientras comen un sándwich y beben un refresco.

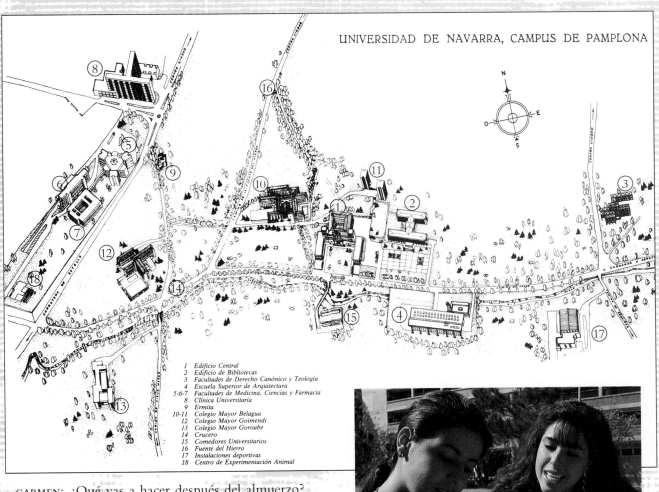

UNIVERSIDAD DE NAVARRA, CAMPUS DE PAMPLONA

1   Edificio Central
2   Edificio de Bibliotecas
3   Facultades de Derecho Canónico y Teología
4   Escuela Superior de Arquitectura
5-6-7 Facultades de Medicina, Ciencias y Farmacia
8   Clínica Universitaria
9   Ermita
10-11 Colegio Mayor Belagua
12 Colegio Mayor Goimendi
13 Colegio Mayor Goroabe
14 Crucero
15 Comedores Universitarios
16 Fuente del Hierro
17 Instalaciones deportivas
18 Centro de Experimentación Animal

CARMEN: ¿Qué vas a hacer después del almuerzo?

ANA ROSA: Chica, tengo que ir a la librería para comprar un diccionario inglés–español. Necesito escribir una composición para mañana.

CARMEN: ¿Y dónde está la librería? Yo también tengo que ir mañana.

ANA ROSA: Está detrás de la biblioteca. ¿Por qué no vamos juntas ahora?

CARMEN: No, gracias Ana Rosa. Ahora tengo que ir a la casa de mi novio que está enfermo, y él vive muy lejos.

¡Así lo decimos!

Para expresar ubicación

está a la derecha	it's to the right
está a la izquierda	it's to the left
está al lado (de)	it's next to
está cerca (de)	it's near
está delante (de)	it's in front of
está detrás (de)	it's behind
está lejos (de)	it's far
está enfrente (de)	it's in front of
está entre	it's between

Actividades

asistir a	to attend
beber	to drink
comer	to eat
comprar	to buy
escribir	to write
hacer	to do or to make
leer	to read

Edificios universitarios

la facultad de...

arte	school of art
ciencias	school of science
derecho	school of law
ingeniería	school of engineering
medicina	school of medical
el laboratorio de lenguas	language laboratory
la rectoría	administration building
la residencia estudiantil	student residence, dorm

Comidas y bebidas

el café	coffee
la ensalada	salad
la hamburguesa	hamburger
el jugo	juice
la leche	milk
el refresco	refreshment, soda

Expresiones de cortesía

Con permiso,...	Excuse me,...
Perdón,...	Pardon me,...
Por favor,...	Please,...

Otras palabras y expresiones

el almuerzo	lunch
doblar	to turn
después (de)	after
enfermo(a)	sick
es necesario	it's necessary
junto(a, os, as)	together
hay que	one has to
mientras	while
el (la) novio(a)	boyfriend/girlfriend
taquilla	ticket booth

FACULTAD DE INFORMATICA

CÓD.	PRIMER CURSO
001	Cálculo Infinitesimal
002	Algebra
003	Física
004	Tecnología de los Computadores
005	Laboratorio de Tecnología de Computadores
006	Elementos de Programación
007	Laboratorio de Programación I

¿Dónde se encuentra un anuncio de este tipo?
¿Qué cursos te gustaría tomar?

¡A ESCUCHAR!

A. Carmen y Ana Rosa. You will hear the conversation that appears in ¡**Así es la vida!** (page 83). Indicate whether the statements that follow the conversation are **Cierto** or **Falso.** You will hear the correct answers on the tape.

	Cierto	Falso
1.	_____	_____
2.	_____	_____
3.	_____	_____
4.	_____	_____
5.	_____	_____
6.	_____	_____

B. ¿Dónde está? Look at the campus map on page 83. Listen to the statements and indicate whether they are **Cierto** or **Falso** based on the map. You will hear the correct responses on the tape.

	Cierto	Falso
1.	_____	_____
2.	_____	_____
3.	_____	_____
4.	_____	_____
5.	_____	_____

◆ PRÁCTICA

3-30 ¡Fuera de lugar! Circle the letter corresponding to the word or expression that is out of place in the following sets of words.

1. a. biblioteca   b. jugo   c. leche   d. refresco
2. a. ensalada   b. hamburguesa   c. sándwich   d. librería
3. a. Facultad de Arte b. almuerzo   c. rectoría   d. residencia estudiantil
4. a. beber   b. comer   c. leer   d. refresco
5. a. novio   b. estudiante   c. profesor   d. profesora
6. a. enfrente   b. mientras   c. al lado   d. delante

3-31   ¿Dónde está? Where are the people depicted in the illustrations? Remember to use definite articles when expressing the location.

1. El profesor Robles
2. Waleska
3. Vicente

4. Juana y Germán
5. Alfredo y Jacobo

3-32   En la cola. It's the first basketball game of the season and students are waiting in line to buy tickets. Indicate where each student is in line by choosing the correct word in parentheses.

1. Pepe está _____ Marcela y Paula. (entre/al lado de)
2. Mercedes y Adrián están _____ la taquilla. (cerca de/lejos de)
3. Marcela está _____ la taquilla. (enfrente de/detrás de)
4. Adrián está _____ de Mercedes. (al lado de/enfrente de)
5. Marcela, Pepe y Paula están _____ Mercedes y Adrián. (delante de/detrás de)

Pronunciación

Sounds of Spanish k, c and z

1. The **k,** and the combinations **qu, ca, co** and **cu,** are pronounced like the English *c* in the word *cut,* but without the puff of air.

   kilómetro   **Quito**   **casa**   **color**   **cuna**

2. The letter **c** before **e** or **i,** and the letter **z** are pronounced like the English *s* of the word *sense.*

   cine   **cena**   **ciudad**   **zapato**   **zona**   **manzana**

 # Estructuras

5. The Verb estar *(to be)*

The English verb *to be* has two equivalents in Spanish, **ser** and **estar.** You have already learned the verb **ser** in *Lección 2.* The following chart shows the present tense forms of **estar.**

	estar		
yo	**estoy**	nosotros(as)	**estamos**
tú	**estás**	vosotros(as)	**estáis**
usted		ustedes	
él	**está**	ellos	**están**
ella		ellas	

- **Estar** is used to indicate the location of objects and people.

   Ana Rosa y Carmen **están** en la cafetería.

   La cafetería **está** en el centro centro estudiantil.

   *Ana Rosa and Carmen **are** in the cafeteria.*

   *The cafeteria **is** in the student center.*

   *(Our discussion of **estar** continues on the following page.)*

- **Estar** is also used to express a condition or state, such as how someone is feeling.

¡Hola, Luis! ¿Cómo **estás**?	*Hi, Luis! How **are** you?*
¡Hola, Carmen! **Estoy** apurado.	*Hi, Carmen! **I'm** in a hurry.*
Tengo que ir al hospital. Elena **está** enferma.	*I have to go to the hospital. Elena **is** sick.*

- Some common expressions used to describe a condition or state are:

estar **apurado(a)**	to be in a hurry
estar **ocupado(a)**	to be busy
estar **enfermo(a)**	to be sick
estar **triste**	to be sad
estar **contento(a)**	to be happy
estar **aburrido(a)**	to be bored
estar **cansado(a)**	to be tired
estar **enfadado(a)**	to be angry
estar **perdido(a)**	to be lost

◎ EXPANSIÓN

1. Note that **estar** is used to indicate the location of a specific, definite subject:

La librería **está** en la Avenida Central.	*The bookstore **is** on Avenida Central.*

2. **Hay** *(there is, there are)* is used when the subject is indefinite.

Hay una librería detrás de la biblioteca.	***There is** a bookstore behind the library.*

◎ NOTES ON USAGE

Since **estar** is used to express a state or condition, it appears in the following expressions.

estar **soltero(a)**	to be single
estar **casado(a) (con)**	to be married (to)
estar **divorciado(a)**	to be divorced
estar **muerto(a) de...**	to be dead...

Antonio **está casado** con Rosario.	*Antonio **is married** to Rosario.*
El profesor Martínez **está divorciado.**	*Professor Martínez **is divorced.***
¡**Estoy muerto** de cansancio!	***I'm dead** tired!*

◆ PRÁCTICA

3-33 Una conversación telefónica. Paco and Manolo are talking on the telephone. Complete their conversation with the correct form of **estar.**

MANOLO: Hola, ¿cómo _____ tú?

PACO: Muy bien, ¿y tú?

MANOLO: Yo _____ bastante bien, gracias.

PACO: Oye, ¿dónde _____ tú ahora?

MANOLO: _____ en la cafetería.

PACO: ¿ _____ Raúl y Roberto allí?

MANOLO: No, ellos _____ en la residencia estudiantil.

PACO: ¿ _____ enfermos?

MANOLO: No, _____ cansados. Y, ¿dónde _____ María Aurora?

PACO: _____ en la biblioteca porque _____ muy ocupada.

MANOLO: Nosotros también _____ muy ocupados.

PACO: Bueno, hasta luego.

MANOLO: Adiós.

3-34 ¿Cómo están? Follow the model to describe how each of the following people is feeling.

MODELO: Bárbara está apurada.

1. La señora Reyes...
2. La señora Martínez...
3. Ana y María Aurora...
4. José Francisco...

◆ PRÁCTICA COMUNICATIVA

3-35 ¡Estoy perdido! Working with another student, assume the role of a new student looking for specific buildings on campus. Use words and expressions from the list below.

MODELO: —¡Estoy perdido(a)! Tengo que ir a la biblioteca.
—La biblioteca está al lado de la rectoría.
—¿Está lejos de aquí?
—No, está cerca.
—Gracias.
—De nada.

a la derecha	enfrente de
a la izquierda	cerca (de)
delante de	lejos (de)
al lado de	entre

3-36 Entrevista. Interview one of your classmates. Ask him/her the following questions.

1. ¿Cómo estás hoy?
2. ¿Estás triste o contento(a)?
3. ¿Estás casado(a) o soltero(a)?
4. ¿Estás aburrido(a) en la clase de español?
5. ¿Dónde está tu habitación *(room)* o apartamento?

A PROPÓSITO... Student Life in Hispanic Countries

Most universities in Spanish-speaking countries do not have dormitories like those in North American colleges and universities. Students live either at home with their families or, if studying away from home, rent rooms in a boarding house known as a **residencia estudiantil,** a **casa de huéspedes,** or a **pensión.** These boarding homes are usually run by a family and students often must share a room without amenities such as telephone, television, or private bathroom. Most **residencias** include meals served at set times.

¡Vamos a comparar!
Do you live on or off campus? Where do most of the students attending universities in Spanish-speaking countries live? Which arrangement would you prefer?

Estudiantes de la Universidad de Santiago de Chile.

6. The Present Tense of -er and -ir Verbs

You have already learned the present tense forms of regular **-ar** verbs in *Lección 2*. The following chart adds the forms for regular **-er** and **-ir** verbs.

	trabajar *(to work)*	**comer** *(to eat)*	**vivir** *(to live)*
yo	trabaj**o**	com**o**	viv**o**
tú	trabaj**as**	com**es**	viv**es**
usted él ella	trabaj**a**	com**e**	viv**e**
nosotros(as)	trabaj**amos**	com**emos**	viv**imos**
vosotros(as)	trabaj**áis**	com**éis**	viv**ís**
ustedes ellos ellas	trabaj**an**	com**en**	viv**en**

- The present tense endings of **-er** and **-ir** verbs are identical except for the **nosotros** and **vosotros** forms.

- Some common **-er** and **-ir** verbs are:

abrir	to open
añadir	to add
aprender (a)	to learn
asistir a	to attend
beber	to drink
creer	to believe
deber	to ought to, to owe
decidir	to decide
escribir	to write
insistir en	to insist
leer	to read
vender	to sell
recibir	to receive

⊙ **STUDY TIPS:** More about learning verbs

1. Now that you have learned **-ar** verbs, learning **-er** and **-ir** verbs should be an easier task. Note that the present tense endings for all three verb groups are identical for the first person singular. All other verb forms merely undergo a vowel change.

-ar endings		**-er/-ir** endings	
-o	-amos	-o	-emos/-imos
-as	-áis	-es	-éis/-ís
-a	-an	-e	-en

2. The two irregular verbs which have been presented in this lesson, **ir** and **estar,** also have patterns that make them easy to remember. Note that, with the exception of the first person singular, all other endings are similar to regular **-ar** endings.

estar		**ir**	
estoy	estamos	voy	vamos
estás	estáis	vas	vais
está	están	va	van

You will have to remember that the second and third person singular and plural forms of **estar** have a written accent.

◆ PRÁCTICA

3-37 Enrique y Laura. Enrique and Laura are good friends. Complete the following statements with the correct form of the verbs in parentheses to describe a typical day for them at the university.

1. Enrique y yo (asistir) _____ a la universidad.
2. Él (vivir) _____ en una residencia estudiantil pero yo (vivir) _____ en un apartamento.
3. Nosotros (comer) _____ en la cafetería por la noche porque la comida que (vender) _____ en la cafetería es buena.
4. Enrique siempre (beber) _____ refrescos y yo (beber) _____ leche.
5. Nosotros siempre (insistir) _____ en estudiar en la biblioteca por la noche.
6. Nosotros (aprender) _____ español.
7. Enrique (leer) _____ la lección de español.
8. Yo (escribir) _____ los ejercicios en español.
9. Nosotros (creer) _____ que el español es interesante.

3-38   ¿Qué hacen? Use **-er** and **-ir** verbs from the list on page 91 to describe what the following people are doing.

MODELO: Anita y Pedro comen un sándwich.

3-39   ¡Un baile! One of the groups on campus is sponsoring a dance-a-thon to raise money. Combine elements from columns A and B to describe what each student does.

A	B
Tomás	vender las entradas
Cheo y yo	vender los refrescos
Marta y María	abrir la puerta del centro estudiantil
Yo	insistir en bailar con Rosa
Tú	aprender a bailar con Raquel
Lola y Pepe	beber refrescos
Usted	comer sándwiches

◆ PRÁCTICA COMUNICATIVA

3-40   Mi compañero(a). Chat briefly with another student using the following questions as a guide.

1. ¿Dónde vives?
2. ¿Con quién vives?
3. ¿Dónde comes el almuerzo?
4. ¿Qué comes en el almuerzo?
5. ¿Qué bebes en el almuerzo?
6. ¿Por qué aprendes español?
7. ¿A qué hora asistes a la clase de español?
8. ¿A qué hora lees el libro de español?

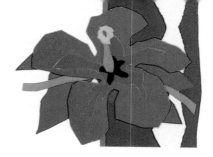

SÍNTESIS
¡Al fin y al cabo!

◆ ¡A REPASAR!

3-41 Una carta a Lupe. Help Rodrigo complete the following letter to his sister Lupe, using words from the list below.

nuestro	economía	francés	comemos	vivo
semestre	vamos	lunes	recibir	escribo
materias	enfrente	la mañana	fácil	miércoles

Querida Lupe,

  ¿Qué tal? ¿Cómo estás? Espero *(I hope)* que bien. _____
para contarte *(tell you)* un poco sobre mis clases este
_____. El _____ fue el primer día del semestre y
estuve *(I was)* en la universidad toda _____ y toda la tarde.
  Creo que va a ser un semestre muy _____. Sólo tengo
cuatro _____. Los martes y jueves tengo clases de
_____ y literatura. Los lunes y _____ tengo
clases de _____ y química.
  Ahora _____ en un apartamento con dos amigos,
Eduardo y Fulgencio. Por lo general nosotros _____ el
almuerzo juntos y _____ a la universidad en el carro de
Fulgencio. _____ apartamento está _____ del
centro estudiantil y vamos allí con frecuencia.
  Bueno, esto es todo por ahora. Espero _____ una carta
de ti *(from you)* muy pronto.

                              Un abrazo,
                              Rodrigo

3-42 Completar. Complete each sentence with the correct forms of **estar** or **ir**.

1. Pepe y Adrián _____ en la clase de español pero a las doce
_____ a la cafetería.
2. Yo _____ en casa los lunes por la noche pero los sábados por la
noche _____ a bailar.
3. Tú _____ con tus amigos en la cafetería pero después
_____ a la biblioteca.
4. El profesor _____ en la clase a las diez pero a las once
_____ al Departamento de Español.
5. Alberto y yo _____ en la Facultad de Derecho por la tarde pero
luego _____ a ir a la discoteca.
6. Carol y Kim _____ en la oficina, y después _____ a
casa.

🔊 ¡A ESCUCHAR!

A.   You will hear a conversation twice between two students discussing their class schedules. The first time, listen for general information. The second time, complete the schedules below with as much information as you can. You will hear the correct answers on the tape.

El horario de Ana María

lunes	martes	miércoles	jueves	viernes

El horario de Gonzalo

lunes	martes	miércoles	jueves	viernes

B.   You will hear several short conversations. After listening to each one, identify the picture that best illustrates the conversation. You will hear the correct answers on the tape.

a.

b.

c.

d.

3-43 Un día típico. Retell the following story, changing the narrator first to your roomate, then to two of your best friends.

> Vivo en una residencia estudiantil. Como en la cafetería todos los días. A menudo como sándwiches o ensalada. Tengo clases por la mañana y por la tarde. Escribo y leo mucho en la biblioteca. Aprendo mucho. A veces escribo cartas por la noche. Todos los sábados voy a bailar. ¡Qué vida!

3-44 ¿A qué hora? Use the expressions **de la mañana, de la tarde, del mediodía, de la noche** to describe when the following activities take place.

MODELO: Marina va a la escuela a las ocho y media de la mañana.

1.

3.

5.

2.

4.

6.

◆ ¡A CONVERSAR!

3-45 Una encuesta. Ask the other students in your class what they think of the courses they're taking. For each student you interview, complete a chart like the one below.

materia	interesante	aburrida	fácil	difícil
Español				
Historia				
Literatura				
Otras				

After your poll is completed, report the following results to the class, if available.

La materia más interesante es _____.
La materia más aburrida es _____.
La materia más fácil es _____.
La materia más difícil es _____.

¡LENGUA VIVA! ◆ ◆ ◆

A. Los números

The following video clips are previews of programs for subsequent lessons. Focus on the numbers you hear and complete the phrases below.

1. Guadalajara, México
   a. a través de _____ años de historia
   b. con cuatrocientos cincuenta mariachis y _____ de tapatíos
   c. Guadalajara y sus _____ de habitantes
2. Expo '92 en Sevilla, España
   a. _____ grados Fahrenheit o _____ centígrados
   b. _____ árboles, cincuenta _____ metros
3. El medio ambiente
   a. un _____ de especies animales y _____ de acres de árboles

B. Los estudios

Which of the following phrases did you hear in the segment on Florida International University?

_____ la vida universitaria
_____ cosas negativas
_____ estudiar en una universidad
_____ ciencias y matemáticas
_____ aquí en la universidad
_____ una conversación más inteligente

3-46 Entrevista. Ask another student the following questions.

1. ¿Qué clases tomas este semestre?
2. ¿Qué días no tienes clases?
3. ¿A qué hora vas a la universidad por la mañana?
4. ¿Dónde comes el almuerzo? ¿A qué hora?
5. ¿Dónde vives? ¿Está la habitación o apartamento cerca o lejos de la universidad?
6. ¿Cómo es tu horario de clases este semestre? ¿Fácil o complicado?

3-47 ¿Dónde está? Get together in groups of three or four. Point out the location of one of the university buildings listed and try to give simple directions for getting there from your Spanish class.

MODELO: la cafetería
    La cafetería está enfrente de la Facultad de Derecho. Para llegar a la cafetería tienes que ir primero a la rectoría, luego doblar *(turn)* a la izquierda y caminar unos *(about)* 100 metros. ¡Y allí está!

el laboratorio de lenguas   al Facultad de Arte
la rectoría   el estadio de la universidad
la Facultad de Ciencias   la Facultad de Ingeniería

 **LECTURA**

TIROFIJO VA A MÁLAGA

EPISODIO 3: Siguiendo la pista[1]

EL INSPECTOR TIROFIJO ESTÁ AHORA EN LA UNIVERSIDAD COMPLUTENSE DE MADRID. HABLA CON ALFREDO MARCOS, UN AMIGO DE SUSAN TIMMER.

¿HACE CUÁNTO TIEMPO QUE UD. CONOCE A SUSAN TIMMER?[2]

CONOZCO A SUSAN DESDE HACE SEIS MESES[3]. CON FRECUENCIA SALIMOS JUNTOS AL CINE Y A LOS BARES.

¿CUÁNDO VIO[4] UD. A SUSAN POR ÚLTIMA VEZ[5]?

HACE CUATRO DÍAS LA VI[6]. TOMAMOS[7] UN CAFÉ MUY CERCA DE LA PLAZA MAYOR, EN UN CAFÉ LLAMADO "EL TABLÓN DE MANOLO".

AHORA MISMO[8] ESTOY EN EL BAR "EL TABLÓN DE MANOLO". ESTOY HACIENDO MÁS INVESTIGACIONES SOBRE SUSAN TIMMER. ¿HE RECIBIDO ALGUNA LLAMADA?[9]

SÍ, SEÑOR INSPECTOR. ACABA DE RECIBIR[10] UNA LLAMADA DEL EMBAJADOR DE LOS ESTADOS UNIDOS. ¡QUIERE HABLAR INMEDIATAMENTE CON UD.!

TIROFIJO LLEGA A LA EMBAJADA NORTEAMERICANA. EL EMBAJADOR HA SOLICITADO[11] UNA ENTREVISTA PARA UN ASUNTO DE "EXTREMA" URGENCIA.

INSPECTOR TIROFIJO, LA DESAPARICIÓN DE JIM WEST Y SUSAN TIMMER ES UN PROBLEMA MUY SERIO. SUSAN Y JIM HAN SIDO RAPTADOS.[12] UN GRUPO DE DESCONOCIDOS[13] ESTÁ SOLICITANDO SESENTA Y CINCO MILLONES DE PESETAS POR SU RESCATE.[14]

¿65 MILLONES DE PESETAS? ¡NO LO PUEDO CREER![15]

[1]Following the trail
[2]How long have you known Susan Timmer?
[3]I've known Susan for the last six months.
[4]did you see
[5]for the last time
[6]It's been four days since I saw her.
[7]We drank
[8]Right now
[9]Have I received any calls?
[10]You have just received
[11]has requested
[12]have been kidnapped
[13]unknown people
[14]ransom
[15]I can't believe it!

Comprensión

A. Complete the following statements.

1. Alfredo Marcos es...
   - a. inspector
   - b. estudiante
   - c. profesor
   - d. embajador
2. Susan y Alfredo tomaron una clase de...
   - a. historia
   - b. historia del arte
   - c. matemáticas
   - d. química
3. El café se llama...
   - a. El Tablón de Manolo
   - b. El Complutense
   - c. Urbina
   - d. El Embajador
4. Tirofijo acaba de recibir una llamada del...
   - a. embajador norteamericano
   - b. estudiante
   - c. inspector
   - d. comandante

B. Answer the following questions with complete sentences in Spanish.

1. ¿Con quién está hablando el inspector Tirofijo en la Universidad Complutense de Madrid?
2. ¿Quiénes son Susan Timmer y Jim West?
3. ¿Dónde está El Tablón de Manolo?
4. ¿Quién quiere hablar inmediatamente con Tirofijo?
5. ¿Cuánto quieren los delincuentes por el rescate?

LECCIÓN 4
Las relaciones personales

COMUNICACIÓN

- Talking about the family
- Extending and responding to invitations
- Planning activities
- Making comparisons
- Expressing ongoing actions

CULTURA

- The extended family
- Social gatherings

ESTRUCTURAS

Primera parte

- Comparisons of Equality and Inequality
- Superlatives
- The Present Progressive

Segunda parte

- The Present Tense of Stem-Changing Verbs (e → ie)
- Summary of **ser** and **estar**
- **Saber** and **conocer**

¡**Lengua viva!**: Anuncios comerciales
El mundo de los adolescentes
Lectura: Tirofijo va a Málaga
Episodio 4: Rosa del Sur
Mundo hispánico: ¡México lindo!

PRIMERA PARTE
¡Así es la vida!

Una carta

Dan Geary recibe una carta de su amiga Marilú Suárez, una joven mexicana que estudia en la universidad con él. Marilú está pasando unos días con su familia.

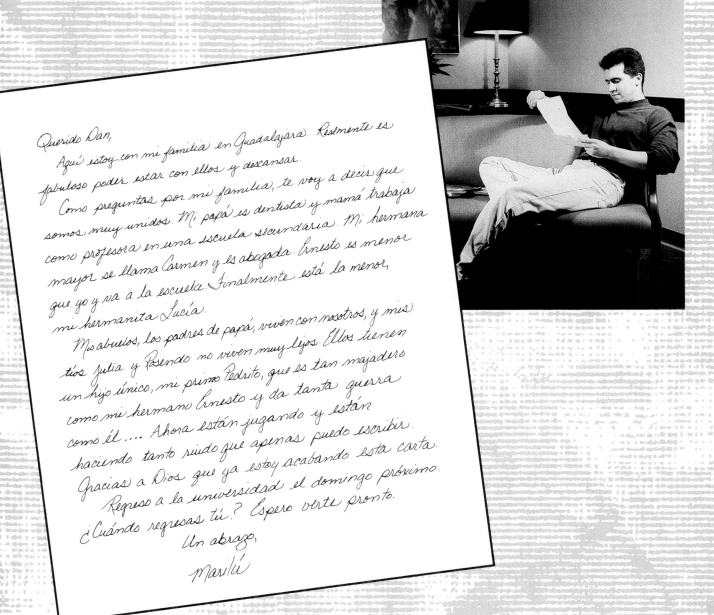

Querido Dan,

Aquí estoy con mi familia en Guadalajara. Realmente es fabuloso poder estar con ellos y descansar.

Como preguntas por mi familia, te voy a decir que somos muy unidos. Mi papá es dentista y mamá trabaja como profesora en una escuela secundaria. Mi hermana mayor se llama Carmen y es abogada. Ernesto es menor que yo y va a la escuela. Finalmente está la menor, mi hermanita Lucía.

Mis abuelos, los padres de papá, viven con nosotros, y mis tíos Julia y Rosendo no viven muy lejos. Ellos tienen un hijo único, mi primo Pedrito, que es tan majadero como mi hermano Ernesto y da tanta guerra como él.... Ahora están jugando y están haciendo tanto ruido que apenas puedo escribir. Gracias a Dios que ya estoy acabando esta carta.

Regreso a la universidad el domingo próximo. ¿Cuándo regresas tú? Espero verte pronto.

Un abrazo,

Marilú

¡ASÍ LO DECIMOS!

La familia

la abuela	grandmother
el abuelo	grandfather
el (la) cuñado(a)	brother/sister-in-law
la esposa	wife
el esposo	husband
la hermana	sister
el hermano	brother
la hermanastra	stepsister
el hermanastro	stepbrother
la hija	daughter
el hijo	son
la hijastra	stepdaughter
el hijastro	stepson
el (la) hijo(a) único(a)	only son/daughter
la nieta	granddaughter
el nieto	grandson
la nuera	daughter-in-law
la madrastra	stepmother
la mamá, madre	mother
el papá, padre	father
el padrastro	stepfather
los padres	parents
el (la) primo(a)	cousin
la sobrina	niece
el sobrino	nephew
el (la) suegro(a)	father/mother-in-law
la tía	aunt
el tío	uncle
el yerno	son-in-law

Acciones en ejecución

estoy acabando	I am finishing
están haciendo	they are doing
están jugando	they are playing
está pasando	s/he is spending

Para comparar personas y objetos

el (la) más bonito(a)	the prettiest one
mayor	older
menor	younger
el (la) menos tímido(a)	the least timid one
tan...como	as...as
tanto...como	as...as

Adverbios

apenas	hardly, barely
realmente	really
tanto	so much

Saludos para cartas

Querido(a)(s)...	Dear...
Mi(s) querido(a)(s) amigo(a)(s)	My dear friend(s)
Queridísima familia	Dearest family

Despedidas para cartas

Cariñosamente	Love
Un abrazo de...	A hug from...
Un beso de...	A kiss from...
Con todo el cariño	With all my love

Otras palabras y expresiones

el (la) abogado(a)	lawyer
la boda	wedding
la carta	letter
como	since, as
da tanta guerra como	causes as much trouble as
descansar	to rest
enseñar	to teach; to show
es fabuloso	it's great
gracias a Dios	thank God
preguntar por	to ask about (someone or something)
el ruido	noise
el casamiento	wedding

Adjetivos

alegre	happy
amable	kind
atractivo(a)	attractive
bueno(a)	nice
elegante	elegant
famoso(a)	famous
fascinante	fascinating
fuerte	strong
guapo(a)	handsome, beautiful
majadero(a)	annoying
paciente	patient
responsable	responsible
rico(a)	rich
unido(a)	close, close-knit

¡A ESCUCHAR!

> **Una carta.** You will hear the letter that appears in **¡Así es la vida!** (page 101). Indicate whether the statements that follow are **Cierto, Falso,** or **No se sabe** (Unknown). You will hear the correct answers on the tape.
>
> | | Cierto | Falso | No se sabe | | | Cierto | Falso | No se sabe |
> |-------|--------|-------|------------|-------|-------|--------|-------|------------|
> | 1. | ____ | ____ | ____ | | 5. | ____ | ____ | ____ |
> | 2. | ____ | ____ | ____ | | 6. | ____ | ____ | ____ |
> | 3. | ____ | ____ | ____ | | 7. | ____ | ____ | ____ |
> | 4. | ____ | ____ | ____ | | 8. | ____ | ____ | ____ |

◆ PRÁCTICA

4-1 ¿Quién es quién? Complete the following description based on the family tree.

Ana es la esposa de un hijo de los García. Ana es la _____ de los García. Ellos son los _____ de Ana. Juan está casado con una hija de los García. Juan es el _____ de los García. Ellos también son los _____ de Juan.

4-2   Abuelos fanfarrones. Like all grandparents, Blanca and Javier love to brag about their family. What are they saying? Be sure to change nouns, verbs and adjectives, as necessary.

MODELO: nieto / Tito / paciente
Nuestro nieto Tito es muy paciente.

1. nieto / Isabel / inteligente
2. hijo / Rosaura / bueno
3. hijo / Humberto / alegre
4. nieto / Joaquín y José / guapo
5. sobrino / Ramona y Meche / simpático
6. nieto / Andrea / trabajador
7. hijo / Mabel y Susana / bonito
8. sobrino / José Miguel / responsable

4-3   Un árbol genealógico. Draw a family tree and describe it to other members of the class.

4-4   El casamiento. Answer the following questions based on the wedding.

1. ¿Cómo se llama el padre de la novia?
2. ¿Cómo se llama la madre?
3. ¿Cuál es el nombre completo de Marcela?
4. ¿Quién es el novio?
5. ¿En dónde es el casamiento?
6. ¿Cuándo es el casamiento y a qué hora?
7. ¿Qué apellidos va a usar Marcela después del casamiento?
8. ¿En qué ciudad es el casamiento?

ADRIAN J. SPERANZA

Y

MERCEDES MAGNASCO DE SPERANZA

PARTICIPAN A USTED EL CASAMIENTO DE SU HIJA

MARCELA

CON EL SEÑOR

FERNANDO ALBERTO VAUDAGNA

Y LE INVITAN A ACOMPAÑARLOS EN LA CEREMONIA RELIGIOSA

QUE SE EFECTUARA EN LA

IGLESIA STELLA MARIS

EL SABADO 13 DE JULIO A LAS 19.

BUENOS AIRES, 1991.

LOS NOVIOS SALUDARAN EN EL ATRIO
COMODORO PY Y CORBETA URUGUAY

¿Cuál será el apellido de Marcela después de la boda?

A PROPÓSITO... **The Extended Family**

Hispanic families tend to be fairly large and stay together for longer periods than families in the United States. Unmarried sons and daughters usually live at home, even while holding full-time jobs or attending school. It is not uncommon for family members such as grandparents, aunts, uncles, and even cousins to live under the same roof. This "extended family" is very loyal and affords stability and security to each of its members. Most relatives outside the nuclear family live in the same city and often in the same neighborhood.

Una familia española celebrando un matrimonio.

¡Vamos a comparar!

Which members of your family live in the same house or apartment? Where do your other relatives live? Have you been living "away" from home for a long time?

◆ PRÁCTICA COMUNICATIVA

4-5   Preguntas personales. Interview another student about his/her family using the following questions.

1. ¿Dónde vive tu familia?
2. ¿Es grande o pequeña tu familia?
3. ¿De dónde son tus padres?
4. ¿Dónde trabajan?
5. ¿Cómo son tus padres?

6. ¿Cuántos hermanos tienes?
7. ¿Cómo se llaman?
8. ¿Cuántos años tienen?
9. ¿Viven en casa tus hermanos?
10. ¿Trabajan o estudian tus hermanos?

4-6   El informe. Now write a brief description about your classmate's family based on the conversation you have just had.

PRONUNCIACIÓN

Sounds of Spanish d and t

1. The Spanish **d** has two distinct sounds. At the beginning of a breath group or after the letters **l** or **n,** the **d** is pronounced with the tip of the tongue pressed against the back of the upper front teeth (called a dental sound). In all other cases, the **d** is interdental, that is, it is pronounced by placing the tip of the tongue between the upper and lower teeth, like the weak English *th* in *that*. Note the following examples.

dar	**andar**	**caldera**
Daniel	**Aldo**	**senda**
modo	**cada**	**verdad**

2. The Spanish **t** is pronounced by pressing the tip of the tongue against the upper front teeth rather than against the ridge above the teeth as in English. The Spanish **t** is also pronounced without the puff of air that normally follows the English *t*. Note the following examples.

torre	**meta**	**tú**
Tomás	**puerta**	**otoño**
tanto	**octubre**	**taco**

 Estructuras

1. Comparisons of Equality

- In Spanish, one can form comparisons of equality with nouns and pronouns using the following construction.

  tanto (-a, os, as) + noun/pronoun + **como**

Marta tiene **tantos** hermanos **como** mi amigo Carlos.	*Marta has **as many** brothers as my friend Carlos.*
Tú tienes **tanta** paciencia **como** ellos.	*You have **as much** patience **as** they.*

- **Tanto** agrees in gender and number with the noun or pronoun it modifies, and the English translation is *as much as* or *as many as*.

- One uses **tan...como** (*as...as*) to form comparisons of equality with adjectives and adverbs.

Pedro es **tan** amable **como** Rafael.	*Pedro is **as** nice **as** Rafael.*
María habla **tan** rápido **como** su hermana.	*María speaks **as** rapidly **as** her sister.*

2. Comparisons of Inequality

● The following construction is used to express comparisons of inequality.

$$
\begin{array}{c}
\textbf{más} \\
\text{or} \quad + \text{ adjective/adverb} + \textbf{que} \\
\textbf{menos}
\end{array}
$$

Mercedes es **más simpática que** Carmen.

Mercedes is nicer than Carmen.

Pedro es **menos** inteligente **que** Julio.

Pedro is less intelligent than Julio.

Tu casa está **más** lejos **que** mi casa.

Your house is farther than my house.

● If a numerical expression is expressed, **de** is used instead of **que.**

Tengo **más de** cinco buenos amigos.

I have more than five good friends.

◉ **EXPANSIÓN**

Some Spanish adjectives have regular and irregular comparative forms.

Adjective	Regular Form	Irregular Form	
bueno(a)	más bueno	mejor	better, best
malo(a)	más malo	peor	worse, worst
grande	más grande	mayor	bigger, biggest
viejo(a)	más viejo	mayor	older, oldest
pequeño(a)	más pequeño	menor	smaller, smallest
joven	más joven	menor	younger, youngest

1. The irregular forms **mejor** and **peor** are more commonly used than the regular forms **más bueno** and **más malo. Mejor** and **peor** are used to describe quality and performance related to both people and objects, while **más bueno** and **más malo** usually refer to moral, ethical and behavioral qualities. Note these examples.

El coche de Lucinda es **mejor que** el de Carlos.

*Lucinda's car is **better than** Carlos's.*

Pedro es **más bueno que** Luis.

*Pedro is **nicer** (he's a kinder person) **than Luis.***

2. **Más grande** and **más pequeño** are often used to refer to size, while **mayor** and **menor** refer primarily to age.

Mi casa es **más grande que** la casa de Domingo.

*My house is **bigger than** Domingo's house.*

Lucía **es menor** que Beba y yo soy **mayor** que Lucía.

*Lucía is **younger** than Beba and I am **older** than Lucía.*

The following chart gives you a quick overview of the comparative structures in Spanish.

Equal Comparison
nouns/pronouns   **tanto(a, os, as)** + *noun/pronoun* + **como**
adjectives/adverbs   **tan** + *adj./adv.* + **como**

Unequal Comparison
nouns   **más/menos** + *noun* + **que**
adjectives/adverbs   **más/menos** + *adj./adv.* + **que**

One way to distinguish between the use of **tanto** and **tan** is to note that **tanto** functions as a quantifier and refers to comparisons dealing with *amounts* and *quantities*. **Tan,** on the other hand, functions as a qualifier and often compares the *manner* or *aspect* in which actions are carried out.

3. Superlatives

- To express the superlative in Spanish, the definite article is used with **más** *(more)* or **menos** *(less).*

$$\text{definite article} + \begin{array}{c}\textbf{más}\\ \text{or}\\ \textbf{menos}\end{array} + \text{adjective}$$

Mercedes es **la más inteligente** de la clase.

*Mercedes is the **most intelligent** one in the class.*

- When a noun is used, the definite article precedes the noun in Spanish.

  Pepe es **el** muchacho más alto
  de la clase.   *Pepe is the tallest boy in the class.*

- The equivalent of *in* or *of* after a superlative is **de.**

  Pepe es el chico **más simpático**
  de la residencia estudiantil.   *Pepe is **the nicest** guy **in** the dorm.*

◆ PRÁCTICA

4-7 ¡Arreglar! Form comparisons using **tanto(a)...como** or **tantos(as)...
como.** Follow the model.

MODELO: Yo / trabajar / mi hermano
          Yo trabajo tanto como mi hermano.

1. Mi / hermana / beber / agua / mi / prima
2. Yo / comer / sándwiches / mi / primo
3. Mi / abuelo / tener / dólares / nuestros / padres
4. Nuestras / tías / comprar / cosas / tu / abuela
5. Tu / madre / hablar / español / mi / cuñado
6. Su / cuñada / escribir / cartas / su / hermano

4-8 Opiniones. Express your opinions by forming comparisons similar to the
model.

MODELO: El español y el inglés (fácil)
          El español es tan fácil como el inglés.
          El inglés es más fácil que el español.

1. Donald Trump y Lee Iacocca
    (inteligente, simpático, trabajador, paciente)
2. España y los Estados Unidos
    (interesante, bonito, rico, fascinante)
3. Jodie Foster y Meryl Streep
    (hermoso, elegante, famoso, atractivo)

4-9 Una persona alardosa. Pretend that you like to brag a lot and compare
yourself to famous people by completing the statements below. Follow the
model.

MODELO: Soy tan simpático(a) como...
          Soy tan simpático(a) como Chevy Chase.

1. Soy tan alto(a) como...
2. Soy tan inteligente como...
3. Soy tan atractivo(a) como...
4. Soy tan bueno(a) como...
5. Tengo tantos carros como...
6. Soy tan famoso(a) como...
7. Tengo tanto dinero como...
8. Tengo tantos amigos como...

4-10   La familia de Rodrigo. Compare Rodrigo to the rest of his family using the cues provided and following the model.

MODELO: Rodrigo / su hermana / grande
         Rodrigo es más grande que su hermana.

1. Sus primos / Rodrigo / pequeño
2. Sus hermanos / Rodrigo / menor
3. Rodrigo / su hermano / gordo
4. Rodrigo / primo / inteligente
5. Sus tíos / Rodrigo / mayor

4-11   ¡A cambiar! Change the following statements to the superlative. Follow the model.

MODELO: Mi primo Nacho es un chico simpático. (la familia)
         Mi primo Nacho es el chico más simpático de la familia.

1. Mi tío Jacinto es una persona trabajadora. (la ciudad)
2. Mi prima Amalia es una chica alegre. (la clase)
3. Nuestros abuelos son unas personas amables. (el país)
4. Mi cuñado Raúl es un hombre alto. (el grupo)
5. Mi tía Rosa es una mujer interesante. (la familia)
6. Mis hermanas Ana y Paula son unas estudiantes inteligentes. (la universidad)

4-12   Una encuesta. Read the following chart and make comparisons based on the ratings each person has received for each category.

	inteligente	atractivo(a)	simpático(a)	popular
Rosa	5	4	1	2
Antonia	2	5	3	3
Manuela	3	3	4	5
Guadalupe	4	2	5	4

MODELO: Rosa es más inteligente que Antonia.
         Rosa es la más inteligente del grupo.

1. _____   4. _____
2. _____   5. _____
3. _____   6. _____

◆ PRÁCTICA COMUNICATIVA

4-13 Humberto y Remberto. Look at the pictures and read the accompanying descriptions. With another student, make at least five comparisons of inequality based on the information provided.

Humberto tiene 19 años. Es alto y fuerte pero no es popular porque no es inteligente y es muy malo.

Remberto tiene 17 años. Es pequeño y delgado. Es popular porque es inteligente, simpático y muy bueno.

4-14 Preguntas personales. Find a partner and ask each other the following questions.

1. ¿Quién es más fuerte, tú o tu papá?
2. ¿Quién es más alto, tú o tu mamá?
3. ¿Quién es más liberal, tu papá o tu mamá?
4. ¿Quién es más simpático, tú o tu hermano?
5. ¿Quién es más trabajador, tú o tu hermana?

4-15 La familia. Use the adjectives below to make comparisons between you and other members of your family. You may use an adjective more than once.

alto(a)	trabajador(a)	bajo(a)	menor
inteligente	guapo(a)	delgado(a)	mayor
feo(a)	conservador(a)	paciente	liberal

4-16 Una encuesta. Conduct a survey of restaurants, clubs, and stores in the area. Select at least three of each and rate them in each of the categories below. In small groups, compare your opinions to those of other members of the class.

	bueno(a)	malo(a)	el/la mejor	el/la peor
restaurante				
discoteca				
tienda				

Barbara McKenzie

¡EL ESPAÑOL EN ACCIÓN!

BARBARA McKENZIE

McKENZIE RESOURCES, Dallas, TX
BFA Journalism, Southern Methodist University, 1974
MA International Management, University of Dallas, 1982

In 1987, Barbara McKenzie founded McKenzie Resources, a company designed to assist firms in identifying candidates for job searches. One of its largest clients is a major executive recruiting firm in Mexico City that needs Barbara to work stateside to interview candidates for positions in Mexico.

"When I enrolled in the study-abroad program at SMU, little did I know that it was the start of a lifetime of love for a foreign language. The months in Spain twenty years ago proved to be pivotal in my life. While I always found my study of Spanish to be interesting and rewarding, I did not foresee the tangible employment benefits knowledge of a language other than English would bring. I know that the success of my relationship with my clients in Mexico is based in part on their confidence in my language ability and cultural knowledge…"

4. The Present Progressive

- The present progressive tense describes an action that is in progress at the time the statement is made.

- The present progressive is formed using the present indicative of **estar** and the present participle of the main verb.

Present Progressive of *hablar*		
yo	estoy	hablando
tú	estás	hablando
usted él ella	está	hablando
nosotros(as)	estamos	hablando
vosotros(as)	estáis	hablando
ustedes ellos ellas	están	hablando

● To form the present participle of regular **-ar** verbs, add **-ando** to the verb stem.

hablar: **habl-** + **-ando** → **hablando**

● To form the present participle of **-er** and **-ir** verbs, add **-iendo** to the verb stem.

comer: **com-** + **-iendo** → **comiendo**
escribir: **escrib-** + **-iendo** → **escribiendo**

● The present participle is invariable. It never changes its ending regardless of the subject. Only the verb **estar** is conjugated when using the present progressive forms.

◉ EXPANSIÓN

Here are some commonly used irregular present participles.

caer	to fall	**cayendo**	falling
decir	to say	**diciendo**	saying
dormir	to sleep	**durmiendo**	sleeping
leer	to read	**leyendo**	reading
pedir	to ask for	**pidiendo**	asking for
repetir	to repeat	**repitiendo**	repeating
reír	to laugh	**riendo**	laughing
servir	to serve	**sirviendo**	serving
seguir	to follow	**siguiendo**	following

◉ NOTES ON USAGE

Unlike English, the Spanish present progressive is not used to express future time. Instead, Spanish uses the present indicative.

Vamos al cine el domingo próximo.

We are going to the movies next Sunday.

Salgo mañana para Buenos Aires.

I am leaving for Buenos Aires tomorrow.

◆ PRÁCTICA

4-17 ¿Qué están haciendo?

MODELO: Mi hermana / una carta
Mi hermana está escribiendo una carta.

1. Mi hermano / la televisión

2. Mis padres / un libro

3. Yo / un refresco

4. Mis tías / sándwiches

5. Mi abuela / por teléfono

6. Mi hermana / la siesta

4-18 ¡Imagínate! Using the present progressive, form complete sentences joining items from Columns A and B.

A	B
El rey Juan Carlos	jugar al béisbol
Julia Child	preparar una comida
José Canseco	charlar con George Bush
Meryl Streep	hacer una película
Billy Joel	tocar el piano

◆ PRÁCTICA COMUNICATIVA

4-19 No puede. Think of six different excuses to make for someone who refuses to come to the phone.

MODELO: ¿Puedo hablar con...?
No, él (ella) está comiendo.

¡Así es la vida!

Entre jóvenes

LAURA: Aló.

RAÚL: Sí, con Laura, por favor.

LAURA: Habla Laura.

RAÚL: Laura, es Raúl. ¿Cómo estás?

LAURA: Muy bien. Y esta sorpresa, ¿a qué se debe?

RAÚL: Pues, te llamo para ver si quieres ir al cine esta noche.

LAURA: ¿Qué están presentando?

RAÚL: En el Cine Rialto pasan una de tus películas favoritas, "Lágrimas de amor"…

LAURA: ¡Sí! Pues vamos. ¿A qué hora es la función?

RAÚL: Es a las siete. A las seis y media paso por ti.

LAURA: De acuerdo.

En una fiesta

¡ASÍ LO DECIMOS!

Expresiones claves

aló; bueno (México)	hello (answering the phone)
¿A qué hora es la función?	At what time is the show?
dar un paseo	to take a stroll
de acuerdo	fine with me; O.K.
¿Qué están presentando?	What are they showing?
vamos	let's go

Expresiones de afecto

el amor	love
el cariño	love
estás muy guapo(a)	you look very handsome/pretty (today/tonight)
mi amor	my love
mi cielo	sweetheart, darling (figurative)
mi vida	darling (figurative)
¡qué bonita estás!	you (female) look so pretty! (today/tonight)

Actividades y pasatiempos

correr por el parque	to jog in the park
ir al cine	to go to the movies
ir a la playa	to go to the beach
bailar en una fiesta	to dance at a party
bailar en una discoteca	to dance at a discotheque
pasear por el centro	to take a walk downtown
visitar a los amigos	to visit friends
conversar en un café	to chat at a cafe
pasar una película	to show a movie
presentar una película	to show a movie
tomar el sol	to sunbathe

Cómo hacer una invitación

¿Vamos a...?	Should we go...?
¿Quieres ir a...?	Do you want to go to...?
¿Puedes ir a...?	Can you go to...?

Cómo rechazar una invitación

Gracias, pero no puedo...	Thanks, but I can't...
Lo siento, tengo que...	I'm sorry, I have to...

Cómo aceptar una invitación

Sí, claro.	Yes, of course.
Me encantaría.	I would love to.

Otras palabras y expresiones

¿A qué se debe...?	What's the reason for...?
divertido(a)	fun, enjoyable
la lágrima	tear
la orquesta	orchestra
Paso por ti.	I'll come by for you.
la sorpresa	surprise
Te llamo...	I'm calling you...
la verdad	truth

Me encantaría...

📼 ¡A ESCUCHAR!

Una invitación. Listen to the short conversation on page 115. Then indicate whether the statements that follow are **Cierto** or **Falso**. You will hear the correct answers on the tape.

	Cierto	Falso			Cierto	Falso
1.	___	___		4.	___	___
2.	___	___		5.	___	___
3.	___	___				

◆ PRÁCTICA

4-20 ¡Escoger! Complete each sentence by selecting one of the options given.

1. Nosotros corremos por...
   a. el parque   b. la discoteca   c. el restaurante

2. Alicia toma el sol en...
   a. la playa   b. la discoteca   c. el cine

3. Voy a ver una película en...
   a. el club   b. la playa   c. el cine

4. Yo camino todos los días por...
   a. la playa   b. el restaurante   c. la clase de español

5. La fiesta no está muy buena. Está muy...
   a. cariñosa   b. aburrida   c. de acuerdo

◆ PRÁCTICA COMUNICATIVA

4-21 Conversación. Extend a party invitation to two members of the class. One should decline the invitation and give you a reason; the other student accepts your invitation. Use the expressions in **¡Así lo decimos!**

4-22 El fin de semana. In groups of four, make plans for this coming weekend. Use the following questions to guide your discussion.

1. Where are you going to go?
2. Who is going?
3. What are you going to do there?
4. On what day are you going?
5. At what time will everybody arrive?

A PROPÓSITO... Hispanic Festivities

In general, young people in Spanish-speaking countries enjoy similar forms of entertainment as their counterparts in the United States. Going to bars, cafes, restaurants, discotheques, films, concerts, plays, etc. are all popular activities and pastimes. The following festivities are unique to the Hispanic world.

Verbenas are usually outdoor celebrations and parties which take place in a particular neighborhood or town. The purpose of the celebration can vary greatly from one community to the other and the festivities usually include live music, dancing, and eating.

Ferias are large celebrations which take place over several days and involve different types of activities such as bullfighting, sports games, fireworks, dancing, parades, theater and others. Some of the more famous **ferias** are the **Feria de Sevilla,** which takes place during Easter and the **Feria de Pamplona** *(los sanfermines),* in which the running of the bulls takes place in early July.

Romerías are religious in nature and usually take place in small villages and towns. The purpose of the celebration is to pay homage to the patron saint of a particular community or parish.

¡Vamos a comparar!

Which celebrations do you think are unique to the United States? Canada? to your home town or community? Which would you want to change and why?

Bailarinas andaluzas bailando flamenco en Sevilla.

PRONUNCIACIÓN

Sounds of Spanish j and g

1. The Spanish **j** is pronounced like a forceful English *h* in the word *hat.* The letter **x,** in words such as **Xavier** and **México,** is pronounced similar to the **j** sound. Note the following examples.

jamón	**Texas**	**caja**
jugar	**Jaime**	**jarra**

2. The letter **g** has three distinct sounds.

    - Before **e** or **i** it is pronounced like a forceful English *h* in *hat* as in these examples.

gitano	**Germán**	**agitar**	**gemir**

- At the start of a breath group or after **n**, the combinations **ga, go, gu, gue** and **gui** are pronounced like a weak English *g* as in *gate* as in these examples.

guerra	**gol**	**mango**
ganar	**guitarra**	**manga**

- Everywhere else (except for the combination **ge** and **gi**) the sound is weaker, with the breath continuing to pass between the palate and the back of the tongue. Note these examples.

algo	**agricultura**	**agua**
albergue	**ogro**	**negro**

 # Estructuras

---

5. Stem-changing Verbs (e → ie)

- We have already presented how to form regular **-ar**, **-er**, and **-ir** verbs, and a few irregular verbs. Some verbs require a change in the stem vowel of the present indicative forms. Note the conjugation of the verb **querer**.

querer *(to want, to love)*			
yo	qu**ie**ro	nosotros(as)	queremos
tú	qu**ie**res	vosotros(as)	queréis
usted ⎫ él ⎬ ella ⎭	qu**ie**re	ustedes ⎫ ellos ⎬ ellas ⎭	qu**ie**ren

(Our discussion of Stem-changing Verbs continues on the following page.)

- Note that changes in the stem occur in the first, second and third person singular, and in the third person plural, because these syllables are stressed.

Other common **e → ie** verbs are:

pensar	to think
preferir	to prefer
entender	to understand
comenzar	to begin

⊙ EXPANSIÓN

Other common **e → ie** verbs, like **tener** and **venir** *(to come)*, are also irregular in the first person singular. Note the insertion of the **g** between the stem and the ending.

	tener	venir
yo	tengo	vengo
tú	tienes	vienes
usted él ella }	tiene	viene
nosotros(as)	tenemos	venimos
vosotros(as)	tenéis	venís
ustedes ellos ellas }	tienen	vienen

◆ PRÁCTICA

4-23 María DiVencenzo y Pedro Janzow. María DiVencenzo and her fiancé, Pedro, have plans for the weekend but there is a slight problem. Find out what it is by completing the paragraph with the correct form of the verbs in parentheses.

Mi novio y yo (tener) _____ planes para este fin de semana. Nosotros (querer) _____ ir al cine el sábado por la noche. Pedro (querer) _____ ver una película cómica porque no (entender) _____ las películas de misterio. Yo (preferir) _____ las películas de misterio y (querer) _____ ir a ver una. ¡Qué problema! Las dos películas (comenzar) _____ a las nueve. ¿Qué (pensar) _____ tú de esta situación?

4-24 La fiesta de graduación. You are organizing a graduation party for a friend. Discuss your plans with a classmate.

1. ¿Cuándo piensas dar la fiesta?
2. ¿A qué hora comienza la fiesta?
3. ¿Vienen todos tus amigos?
4. ¿Piensas invitar a los padres de tu amigo(a)?
5. ¿Quiénes más vienen a la fiesta?
6. ¿Tienes un estéreo?
7. ¿Qué música prefieres para la fiesta?

◆ PRÁCTICA COMUNICATIVA

4-25 Una entrevista. Interview a fellow student and find out...

1. si entiende las películas en español.
2. el tipo de película que prefiere ver.
3. la película que piensa ver el sábado.
4. la hora que comienza la película.
5. quiénes van a ver la película.

Now write a brief summary of his/her responses.

4-26 Las películas. In groups of 3 or 4, read the following movie ads. Decide which movie each of you wants to see and explain your reasons. Select one member in your group to report to the class which movie is the most popular.

MODELO: Quiero ver *Gemelos* porque prefiero las películas cómicas.

▼▼ **Delicias turcas**, de *Paul Verhoeven.* En su momento causó cierto escándalo en Europa, y hoy se une ese aliciente al de la posterior carrera de su realizador, autor de *Robocop.* Comedia.

▼▼ **Hombres, hombres...**, de *Doris Dörrie.* Oportunidad de repescar algo tan insólito como una comedia alemana. Dörrie ha seguido después una trayectoria irregular, pero este vodevil sobre lo peculiares que son los hombres cara a los celos tiene mucha miga. Comedia.

▼▼▼ **Adiós muchachos**, de *Louis Malle.* El director francés, curtido en el cine americano, vuelve a sus raíces con una historia autobiográfica sobre la ocupación alemana, relatada con emoción. Drama.

▼ **Las aventuras del barón Munchausen**, de *Terry Gillian.* El creador de **Brazil** vuelve con una comedia disparatada, ideada especialmente para los críos: la historia del oficial de caballería que dijo haber estado en la Luna. Comedia.

▼▼▼ **Salaam Bombay**, de *Mira Nair.* Una imagen real de la India, rodada con gente de la calle y sin concesiones a lo que en Occidente se entiende por melodrama. Drama.

6. Summary of uses of ser and estar.

Ser

BOB ES DE CALIFORNIA.

- **Ser** is used with the preposition **de** to indicate origin, possession, and to describe physical characteristics.

Evelio **es de** Guatemala.	*Evelio **is from** Guatemala.*
Es una camisa **de** seda.	*It's a silk shirt.*
Los libros **son de** Luisa.	*The books **are** Luisa's.*

- When combined with an adjective, **ser** expresses characteristics that define the subject such as size, color, shape, religion, nationality and occupation.

Tomás **es** alto y delgado.	*Tomás **is** tall and thin.*
El coche de Raúl **es** azul.	*Raúl's car **is** blue.*
Los jóvenes **son** católicos.	*The young men **are** Catholic.*
Somos españolas.	*We **are** Spaniards.*
Mi hermana **es** abogada.	*My sister **is** a lawyer.*
Nuestra casa **es** grande.	*Our house **is** large.*

- **Ser** indicates where and when events take place.

La fiesta **es** en mi casa.	*The party **is** at my house.*
El concierto **es** a las ocho.	*The concert **is** at eight.*

- **Ser** is also used to express dates, days of the week, months, seasons of the year, and time.

Es primavera.	*It's spring.*
Es el 28 de octubre.	*It's October 28.*
Son las cinco de la tarde.	*It's five o'clock in the afternoon.*
Es la una de la mañana.	*It's one o'clock in the morning.*

Estar

- **Estar** indicates location of persons and objects.

La librería **está** allí.	*The bookstore **is** there.*
Rosa **está** en el hotel.	*Rosa **is** at the hotel.*

- **Estar** is used with the **-ndo** form of the main verb to form the progressive construction.

Marcia **está hablando.**	*Marcia **is talking**.*
Carlos y Ana **están comiendo.**	*Carlos and Ana **are eating**.*

- **Estar** is used with adjectives to describe the state or condition of the subject.

Las chicas **están** contentas.	*The girls **are** happy.*
Pedro **está** enfermo.	*Pedro **is** sick.*

✆ EXPANSIÓN

Some adjectives have different meanings when used with **ser** or **estar**.

With *ser*	Adjective	With *estar*
to be good, kind	**bueno(a)**	to be well, fit, recovered
to be funny	**divertido(a)**	to be amused
to be clever	**listo(a)**	to be ready
to be bad, evil	**malo(a)**	to be sick, ill
to be handsome	**guapo(a)**	to look handsome
to be pretty	**bonito(a)**	to look pretty
to be ugly	**feo(a)**	to look ugly
to be alert, smart	**vivo(a)**	to be alive

◆ PRÁCTICA

4-27 Completar. Complete the sentences with the correct form of **ser** or **estar.**

1. Mi familia _____ grande, _____ quince personas.
2. Ana _____ hablando por teléfono.
3. Manolo tiene fiebre; _____ enfermo.
4. ¿Qué hora _____?
5. El partido de béisbol _____ en el estadio que _____ cerca de la universidad.
6. El reloj _____ redondo.
7. Nuestro padre _____ dentista.
8. Nosotras _____ argentinas, pero _____ en México.

4-28   La familia Hernández. Use the correct form of **ser** or **estar** to complete the descriptions of the Hernández family.

La familia Hernández _____ una familia hispana que ahora _____ en Miami. Roland, el papá, _____ cubano y muy trabajador. Vivian, la mamá, _____ puertorriqueña y _____ muy amable. Ellos tienen tres hijos. Jon-Erik _____ muy responsable y _____ en el Miami–Dade Community College. Alexys _____ muy inteligente y _____ en la Universidad de Miami. Marc _____ todavía muy joven. Esta noche la familia _____ muy contenta porque van a ir a un concierto. El concierto _____ a las nueve de la noche. _____ en el Orange Bowl, un estadio que _____ cerca de su casa. Ya _____ hora de salir y todos _____ listos.

◆ PRÁCTICA COMUNICATIVA

4-29   Describir. Get together with several classmates and describe what you see in the photos using **ser** and **estar.**

4-30   Un(a) compañero(a) de clase. Describe one of your friends to the rest of the class. Here are some things you might mention.

- age
- physical features
- place of origin

- where he/she is now
- what he/she is like as a person

7. Saber **and** conocer

- Although the verbs **saber** and **conocer** both translate to the English verb *to know,* they are not interchangeable.

saber			
yo	**sé**	nosotros(as)	**sabemos**
tú	**sabes**	vosotros(as)	**sabéis**
usted		ustedes	
él	**sabe**	ellos	**saben**
ella		ellas	

conocer			
yo	**conozco**	nosotros(as)	**conocemos**
tú	**conoces**	vosotros(as)	**conocéis**
usted		ustedes	
él	**conoce**	ellos	**conocen**
ella		ellas	

- The verb **saber** means *to know a fact* or *to have knowledge or information* about someone or something.

    ¿**Sabes** dónde está la librería?   ***Do you know*** *where the bookstore is?*

- When used with an infinitive, the verb **saber** means *to know how to do something.*

    Sabemos cocinar bien.   ***We know how*** *to cook well.*

    *(Our discussion of **saber** and **conocer** continues on the following page.)*

- The verb **conocer** means *to be acquainted* or *to be familiar with a person, thing or place.*

Tina **conoce** a Gerardo, pero no **sabe** donde él vive.

¿**Conocen** Uds. Nueva York?

*Tina **knows** Gerardo, but she doesn't **know** where he lives.*

*Are you **familiar** with New York?*

🌀 NOTES ON USAGE

The verb **conocer** cannot be followed by an infinitive. When it expresses *to know a person*, it is always followed by the preposition **a.**

La profesora **conoce** bien **a** sus estudiantes.

*The professor **knows** her students well.*

◆ PRÁCTICA

4-31 Completar. Complete the following sentences with the correct form of **saber** or **conocer.**

1. Yo _____ a Marcela Rodríguez.
2. Nosotros _____ que ella es mexicana.
3. Luis _____ que ella está en su clase de química.
4. Ramona _____ que Marcela habla inglés.
5. Julio _____ a los padres de Marcela pero no _____ dónde viven.
6. Roberto _____ que Marcela tiene novio.
7. ¿ _____ tú al novio de Marcela?

◆ PRÁCTICA COMUNICATIVA

4-32 ¿Conoces a...? Find a partner and ask him/her about another student you'd like to get to know better. Use the following conversation to get the information you want. Use forms of **saber** and **conocer.**

—¿_____ a...?
—¿_____ cuántos años tiene?
—¿_____ a sus padres?
—¿_____ si es bonita/guapo?
—¿_____ si tiene novio(a)?
—¡Qué lástima!

—Sí, conozco a...
— _____
— _____
— _____
— _____

4-33 Entrevista. Ask someone in your class the following questions.

1. ¿Conoces a alguna persona famosa?
2. ¿Qué países hispanos conoces?
3. ¿Cuántos idiomas sabes hablar?
4. ¿Qué deportes sabes jugar?
5. ¿A quiénes de la clase conoces mejor?

4-34 Buscando información. You've heard someone is having a party. Using **saber** and **conocer** ask a friend the date, time and place of the party, if he/she knows the person giving the party, and if he/she knows how to get there.

SÍNTESIS
¡Al fin y al cabo!

◆ ¡A REPASAR!

4-35 Find the nouns listed below in the box and circle them.

tía	hermana	abuelo
tío	madre	primo

```
R  A  C  M  V  B  K  L  O  D
P  T  I  O  L  M  O  P  Q  R
R  A  B  U  E  L  O  S  A  M
I  P  H  I  J  M  C  A  N  A
M  T  I  E  Q  C  D  E  F  D
O  I  H  N  R  S  T  M  N  R
N  A  B  O  N  M  W  H  I  E
M  K  A  R  O  C  A  T  I  N
N  I  T  O  S  V  O  N  P  R
Y  Z  X  H  B  I  L  R  A  S
```

4-36 Una familia. Answer the questions based on the family tree.

MODELOS: —¿Es Carmen la abuela de Pablo?
—Sí, Carmen es la abuela.
—¿Es Armando el hermano de Pablo?
—No, Armando no es el hermano, es el primo.

1. ¿Qué relación hay entre María y Pablo?
2. ¿Son Paco y Teresa los tíos de Carmen?
3. ¿Es Amalia la prima de Carlos?
4. ¿Se llama Ramón el hermano de Gustavo?
5. ¿Qué es Carmen de Pablo?
6. ¿Es Elena la esposa de Gustavo?
7. ¿Es Elena la cuñada de Teresa?
8. ¿Qué relación hay entre Rosendo y María?

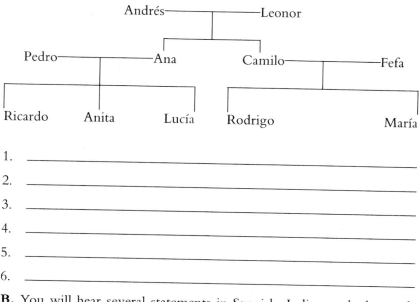

¡A ESCUCHAR!

A. You will hear several of Anita's relatives describe themselves. Using Anita's family tree, identify each speaker by writing his or her name in the blank provided. You will hear the correct answers on the tape.

1. _____

2. _____

3. _____

4. _____

5. _____

6. _____

B. You will hear several statements in Spanish. Indicate whether each statement uses the comparative or the superlative by checking the appropriate box. You will hear the correct answers on the tape.

	1	2	3	4	5	6	7	8
Comparativo								
Superlativo								

4-37 ¿Dónde están? Match the phrases from the box with the given situation to describe what each person is doing.

MODELO: Julio Antonio está en la biblioteca.
Está leyendo un libro.

leer un libro	escuchar al profesor
bailar mucho	jugar al béisbol
comer sándwiches	comprar un libro

1. Mario y Alicia están en una fiesta.
2. Nosotros estamos en la cafetería.
3. Tú estás en la librería.
4. Juan Carlos y Ana están en la clase de español.
5. Mi hermano está en el estadio.

¡LENGUA VIVA! ◆ ◆ ◆

A. Anuncios comerciales

De antemano

Los hispanos que viven en los Estados Unidos muchas veces tienen familia en América Latina. Usan varios servicios de comunicación para mantener la unidad familiar por razones prácticas y sentimentales. Esta *¡Lengua viva!* se dedica a tres anuncios comerciales.

Palabras claves

compartir *to share* **envío** *I send*
ahorrar *to save* **se fue** *went away, left*
familiares *relatives* **unir** *to unite*

Prisma

¿AT&T, Western Union o MCI? Identify the commercial in which each of the following words or phrases appears by placing a check mark in the appropriate column. Some items appear in more than one commercial.

	AT&T	Western Union	MCI
distancia	____	____	____
amigos	____	____	____
familiares en América Latina	____	____	____
está ahorrando más de $300	____	____	____
su dinero llega a México	____	____	____
llamar a mis padres en Colombia	____	____	____
120 años uniendo familias	____	____	____

B. El mundo de los adolescentes

Los adolescentes hablan. After viewing the short segments on pressures *(la presión)* felt by teenagers, test your listening ability by identifying which of the following words you heard.

____ adultos ____ primo ____ su papá
____ abuela ____ sus tíos ____ una joven
____ hermanos ____ esposa ____ mi universidad

4-38 Completar. Complete the following descriptions with the correct form of **ser** or **estar**.

—¡Hola! ¿Cómo te llamas? ¿De dónde _____?
—Me llamo José Antonio Rojas Díaz. _____ mexicano
pero mis padres _____ venezolanos. Nosotros
_____ de Mérida pero ahora _____ viviendo
en la Ciudad de México que _____ la capital del país.
La ciudad de México _____ una ciudad muy linda y
_____ mucho más grande que Mérida. En la capital voy a
muchos conciertos. Esta noche voy a ir al concierto de Mongo Clip-
per. El concierto _____ a las diez de la noche.
_____ en el teatro que _____ cerca de mi casa.
Voy con un amigo porque mi novia _____ enferma.

◆ **¡A CONVERSAR!**

4-39 Una encuesta. Fill in the chart below by asking four students what they normally do on weekends.

Nombre	Actividad	Día	Hora	Con quien va
Rosa	cine	viernes	8:00 P.M.	María

4-40 ¿Qué película vamos a ver? With two other students, decide which movie you would like to see this weekend.

4-41 ¿Cómo es mi familia? Describe several of your family members to a classmate using comparatives and superlatives; then exchange roles.

 **LECTURA**

TIROFIJO VA A MÁLAGA

EPISODIO 4: ROSA DEL SUR: AGENTE SECRETO

EL EMBAJADOR LE HA INFORMADO[1] AL INSPECTOR TIROFIJO QUE HAN RECIBIDO[2] INFORMACIÓN SOBRE SUSAN TIMMER Y JIM WEST...

DÍGAME[3], SEÑOR EMBAJADOR, ¿CÓMO LOGRARON[4] OBTENER ESTA INFORMACIÓN SOBRE LOS DOS JÓVENES?

ACABAMOS DE RECIBIR UNA LLAMADA DE NUESTRO AGENTE SECRETO EN MÁLAGA. SEGÚN[5] ESTE AGENTE, LOS DOS JÓVENES ESTÁN EN MANOS[6] DE UN GRUPO DE DELINCUENTES.

¡HMMM!... ¡MÁLAGA! TENÍA QUE SER[7] EN ESA CIUDAD. PUES CREO QUE VOY A TENER QUE HACER UN VIAJE A LA FAMOSA COSTA DEL SOL.

NOS PARECE UNA MUY BUENA IDEA. EL NOMBRE CLAVE[8] DEL AGENTE SECRETO ES ROSA DEL SUR. AQUÍ TIENE SU TELÉFONO Y DOS FOTOS DE LOS JÓVENES DESAPARECIDOS.

HAY ALGO QUE NO ENTIENDO AQUÍ...

¿POR QUÉ ES QUE LOS HAN TRAÍDO[9] A MÁLAGA? HMMM... TENGO QUE HABLAR CON ESTA ROSA DEL SUR.

AQUÍ HABLA TIROFIJO. ¿ES ROSA DEL SUR?

SEÑOR TIROFIJO, HE ESTADO ESPERANDO[10] SU LLAMADA. TENEMOS QUE REUNIRNOS[11] INMEDIATAMENTE. ¿QUÉ TAL SI NOS ENCONTRAMOS[12] EN EL CLUB COSTAMAR, FRENTE A LA PLAYA EN UNOS 15 MINUTOS?

ESTÁ BIEN, EN 15 MINUTOS NOS VEMOS[13] EN EL CLUB COSTAMAR.

[1] has informed him
[2] that they have received
[3] Tell me
[4] did you manage
[5] According to
[6] are in the hands
[7] It had to be
[8] code name
[9] have brought them
[10] I've been waiting for
[11] get together
[12] if we meet
[13] we'll see each other

(Continúa en la próxima lección.)

Comprensión

A. Complete the following statements by filling in the blanks with information provided in the reading.

1. El inspector Tirofijo continúa su conversación con _____.
2. El embajador norteamericano piensa que los dos jóvenes han sido raptados por _____.
3. El inspector Tirofijo va a hacer un viaje a _____.
4. En Málaga, el inspector Tirofijo se va a reunir con _____.
5. El agente Rosa del Sur y el inspector Tirofijo van a reunirse en
   _____.

B. Answer the following questions about the reading with complete sentences in Spanish.

1. ¿Quién es Rosa del Sur?
2. ¿Por qué va a viajar Tirofijo a Málaga?
3. ¿Qué es lo que no entiende el inspector Tirofijo sobre el caso de los jóvenes desaparecidos?
4. ¿A quién llama por teléfono Tirofijo desde el hotel?
5. En su opinión, ¿por qué tiene que hablar Tirofijo con Rosa del Sur?

MUNDO HISPÁNICO

¡MÉXICO LINDO!

México es el país hispano más conocido[1] por los norteamericanos, porque es nuestro vecino[2] del sur. Esta nación mágica tiene un pasado[3] antiguo que excita la imaginación de los viajeros[4]. Sus pirámides, sus bellos templos construidos en honor a los dioses y sus leyendas mayas y aztecas[5] forman parte de una herencia[6] perdurable[7].

◆ Arqueología

Hay más de 14.000 ruinas arqueológicas en México y continuamente se hacen nuevos descubrimientos[8]. En la Ciudad de México y sus alrededores[9] se encuentran[10] varias ciudades aztecas y las famosas ruinas toltecas de Teotihuacán, con su magnífica Pirámide del Sol. En la costa del Golfo de México hay ruinas olmecas que datan de[11] 1.200 a.C.[12] En la jungla de Chiapas y la Península de Yucatán está la tierra de los mayas, cuyas[13] mejores ruinas se encuentran en Chichén Itzá y Palenque.

[1]known [2]neighbor [3]past [4]travelers
[5]Mayan and Aztec legends [6]heritage
[7]everlasting [8]new discoveries are made
[9]surrounding areas [10]there are (literally are found) [11]date back to [12]antes de Cristo (B.C.) [13]whose

Pirámide del Mago en Uxmal, península de Yucatán.

Datos básicos de México

Nombre oficial: Estados Unidos Mexicanos

Población: 90.600.000

Ciudades principales: Ciudad de México (área metropolitana) 22.500.000, Guadalajara 3.350.000, Monterrey 2.720.000, Netzahualcóyotl 2.400.000, Tijuana 1.550.000, Puebla 870.000.

Centros turísticos: Acapulco, Cancún, Cozumel, Mazatlán, Puerto Vallarta.

Área: 1.958.201 km^2

◆ Ciudades coloniales

Imagínese poder[14] volver[15] a la época de Tenochtitlán, la antigua capital del imperio azteca. O pasar la noche en la hacienda[16] donde Hernán Cortés vivió. En México hay ciudades pintorescas[17] llenas de tradición que datan del siglo XVI. Allí la vida es apacible[18] y las calles y las plazas son adoquinadas[19], y podemos ver magníficas catedrales y elegantes haciendas con patios llenos de flores. Algunas[20] de las más conocidas son Guanajuato, San Miguel de Allende, Morelia, Cuernavaca, Mérida, Puebla, Oaxaca y Taxco.

Paseo de la Reforma, avenida principal de la Ciudad de México.

◆ Artesanía[21]

México es un país de artistas y artesanos fantásticos. Pocas naciones del mundo ofrecen[22] su rica[23] cultura con tanta creatividad y con tan vibrantes colores. El origen de esta artesanía es regional y el turista siempre puede comprar sarapes[24] en Saltillo, platería[25] en Taxco, alfarería[26] en Oaxaca y Puebla, y cestas[27] y hamacas en Mérida.

◆ Playas

México tiene unos 10.000 kilómetros de magníficas playas. Cancún, en la punta[28] de la Península de Yucatán, ofrece su arena[29] blanca y sus cristalinas aguas color turquesa. Cerca de[30] allí, en Islas Mujeres y Cozumel, se puede[31] observar el mágico mundo submarino. En Acapulco, en la costa del Pacífico, las montañas y la playa forman un contraste incomparable. Y si

Playa cerca de San Miguel en la isla de Cozumel.

usted quiere pescar[32], no hay mejores lugares que Puerto Vallarta y Mazatlán.

MINIPRUEBA
¿Cierto o falso?

1. México tiene menos de 90.000.000 de habitantes.
2. México es nuestro vecino del norte.
3. La Pirámide del Sol está cerca de la Ciudad de México.
4. La tierra de los mayas está en la costa del Pacífico.
5. Chichén Itzá es una ruina maya.
6. Las ciudades coloniales de México datan del siglo XVII.
7. La vida en estas ciudades es muy tranquila.
8. La artesanía de México no tiene muchos colores.
9. Cada región de México tiene una artesanía diferente.
10. Mazatlán es el mejor lugar para observar el mundo submarino.

[14] to be able [15] to return [16] ranch [17] picturesque [18] pleasant, calm [19] tiled, cobblestoned [20] Some [21] Handcrafts [22] offer [23] rich [24] colorful Mexican shawl [25] items made of silver [26] pottery [27] baskets [28] tip [29] sand [30] Close to [31] one can

[32] to fish

La ciudad
colonial de Taxco.

Tejedora *(weaver)* zapoteca en Oaxaca.

ACTIVIDADES

A. ¿Dónde están? Get together with a classmate to identify and discuss the location of the following cities, rivers, and mountains of Mexico. Consult the endpapers (inside cover) of your text and use the model as a guide.

MODELO: Acapulco
Acapulco está en la costa del Pacífico.
Está cerca de la ciudad de México.

Guadalajara	Sierra Madre
Oaxaca	Río Grande
Mérida	Ciudad Juárez

B. Recomendaciones. In groups of three or four students, make recommendations to the people making the statements below. Suggest to them, based on their expressed interests, where in Mexico they would have the best time. Use the information provided in this **Mundo hispánico.**

1. Quiero visitar unas ciudades antiguas.
2. Yo quiero comprar muchas artesanías y productos de plata.
3. Quiero visitar las ciudades coloniales de México.
4. Yo quiero pasar dos semanas en una playa hermosa.

C. Investigar. In your university or public library, research one of the following topics related to Mexican culture and history. Come to class prepared to give a very brief report in Spanish.

1. Hernán Cortés
2. los mayas
3. los aztecas
4. la revolución mexicana
5. el turismo en México
6. la Ciudad de México

LECCIÓN 5
¡A divertirnos!

COMUNICACIÓN

- Making suggestions
- Reacting to suggestions
- More on extending and responding to invitations
- Expressing interest, emotion, indifference
- Expressing likes and dislikes

CULTURA

- Los pasatiempos
- Los deportes

ESTRUCTURAS

Primera parte

- The Present Tense of **salir, ver, traer, decir, poner,** and **hacer**
- The Direct Object and Direct Object Pronouns
- The Personal **a**

Segunda parte

- The Present Tense of Stem-changing Verbs: **o → ue**
- The Indirect Object and Indirect Object Pronouns
- The Verb **gustar**
- Prepositional Pronouns

¡Lengua viva!:	Una victoria en el fútbol mexicano
	Gabriela Sabatini
Lectura:	Tirofijo va a Málaga
	Episodio 5: Un viaje a Málaga
Mundo hispánico:	Los países hispánicos del Caribe:
	Cuba, la República Dominicana y
	Puerto Rico

PRIMERA PARTE

¡Así es la vida!

El fin de semana

Escena 1

Karen Banks, Ricardo Rubio, Linnette Ortiz y Scott Breslow estudian en la Universidad de Puerto Rico. Es sábado por la mañana. Karen y su novio Ricardo no saben qué van a hacer y están leyendo algunos anuncios que aparecen en el centro estudiantil de la universidad.

RICARDO: Oye, Karen, ¿por qué no vamos al partido de básquetbol?

KAREN: No sé. Hoy hace buen tiempo y no quiero estar dentro de un gimnasio.

RICARDO: Tienes razón. ¿Qué tal si vamos a la feria internacional?

KAREN: ¡Buena idea! Pero, mira, allí están Scott y Linnette. Vamos a ver qué piensan hacer ellos.

Escena 2

KAREN: Hola, ¿qué hay de nuevo? ¿Qué piensan hacer hoy?

LINNETTE: Pues, hoy es un día perfecto para ir a la playa. Hace sol y mucho calor. ¿Por qué no vamos a Luquillo a nadar en el mar y después hacemos un picnic?

RICARDO: ¡Bárbaro! ¡Es una estupenda idea!

SCOTT: Yo hago los sándwiches.

LINNETTE: No, mejor los hago yo.

SCOTT: Entonces, yo voy a comprar los refrescos.

KAREN: ¿Y quién trae la sombrilla?

RICARDO: No te preocupes. Yo la traigo.

Escena 3

Al llegar a la playa.

KAREN: ¡Qué bonito está el mar!

SCOTT: ¡Fabuloso! Está ideal para nadar.

LINNETTE: Oye, Scott, ¿dónde está la bolsa con los trajes de baño? No la veo en el baúl.

SCOTT: ¡Qué desgracia! Están en la residencia de estudiantes.

LINNETTE: ¡Ay bendito! ¡Qué suerte la nuestra! No vamos a poder nadar en el mar.

Hoy es un día perfecto.

¿Qué cantan?

137

¡Así lo decimos!

Actividades para el fin de semana

dar un paseo	to go out, to take a walk
ir a un partido	to go to a game
ir a un concierto	to go to a concert
nadar en el mar	to swim in the ocean
hacer un picnic	to have a picnic

Cómo pedir opiniones y sugerencias de los demás

¿Qué piensas?	What do you think?
¿Qué crees?	What do you think?
¿Qué te parece?	What do you think?

Cómo reaccionar ante opiniones y sugerencias

Tienes razón.	You're right.
No tienes razón.	You're wrong.
No sé.	I don't know.
Es una buena/mala idea.	It's a good/bad idea.
Me da igual.	It's all the same to me.

Expresiones de entusiasmo

¡Magnífico!	Great! Wonderful!
¡Estupendo!	Terrific!
¡Ideal!	Ideal!
¡Fabuloso!	Great!
¡Bárbaro!	Awesome!
¡Fantástico!	Fantastic!

Expresiones claves

Hace buen tiempo.	The weather is nice.
No te preocupes.	Don't worry.
¿Por qué no vamos...?	Why don't we go...?
¿Qué tal si...?	What if...?
¿Qué piensan hacer hoy?	What are you thinking of doing today?
Es un día perfecto para...	It's a perfect day for...

Otras palabras y expresiones

los anuncios	announcements
el baúl	trunk
la bolsa	big bag
el cesto	basket
la heladera	cooler
el hielo	ice
la sombrilla	umbrella
la toalla	towel
el traje de baño	bathing suit
¡Ay, bendito!	Oh, no!
¡Qué suerte la nuestra!	It's our tough luck!
llevar	to take, to bring

AMPLIACIÓN

Para hablar del clima

The verb **hacer** *(to do* or *to make)* is used in the third person singular with weather expressions in Spanish.

¿Qué tiempo hace?	What's the weather like?
Hace buen tiempo.	It's nice out.
Hace (mucho) calor.	It's (very) hot.
Hace (mucho) frío.	It's (very) cold.
Hace (mucho) sol.	It's (very) sunny.
Hace (mucho) viento.	It's (very) windy.
Hace fresco.	It's cool.
Hace mal tiempo.	The weather is bad.

- **Hace** is not used when talking about rain or snow, but rather **llueve** *(it's raining)* and **nieva** *(it's snowing).*

📼 ¡A ESCUCHAR!

El fin de semana. You will hear the conversations that appear in **¡Así es la vida!** (page 137). Indicate whether the statements that follow each conversation are **Cierto, Falso** or **No se sabe,** based on the information given in the conversation. You will hear the correct answers on the tape.

	Cierto	Falso	No se sabe			Cierto	Falso	No se sabe
1.	_____	_____	_____		4.	_____	_____	_____
2.	_____	_____	_____		5.	_____	_____	_____
3.	_____	_____	_____		6.	_____	_____	_____

◆ PRÁCTICA

5-1 ¿Qué hacer? Some friends are talking about their plans for the weekend. Complete their statements below with an appropriate word from **¡Así lo decimos!**

1. Yo quiero ir a escuchar música. Voy a ir a un _____.
2. Hace buen tiempo. ¿Por qué no vamos al parque, llevamos sándwiches y hacemos un _____?
3. Hoy hace sol. Voy a dar un _____ por el parque.
4. Los refrescos están en la _____.
5. El sábado va a hacer mucho calor. ¿Por qué no vamos a nadar en el _____?
6. Mira este anuncio. El domingo hay un _____ de básquetbol en el gimnasio.

5-2 El tiempo. Describe the weather in each drawing using expressions from **¡Así lo decimos!**

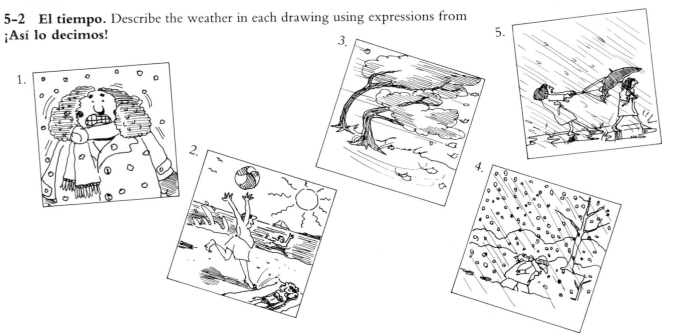

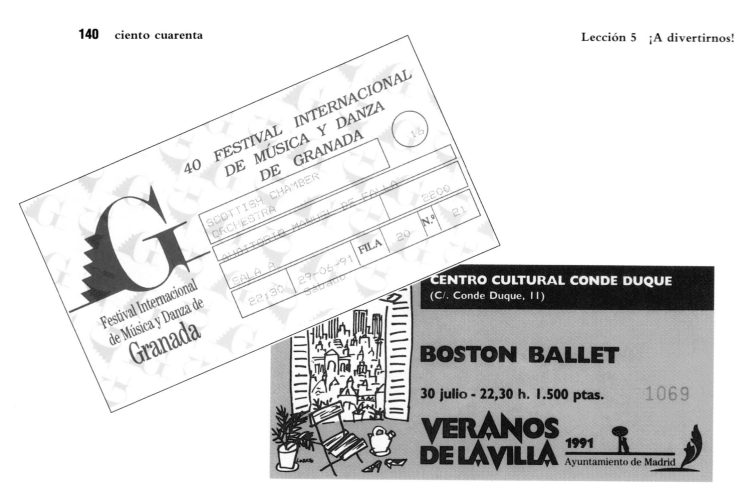

5-3   Las entradas. Your professor has two tickets to give away and she has just offered you one. Answer the following questions to help you decide which of the tickets above you will accept.

1.   ¿Qué hay en el Centro Cultural Conde Duque?
2.   ¿En qué ciudad es el Festival Internacional?
3.   ¿En qué ciudad es el ballet?
4.   ¿Cuándo es el ballet?
5.   ¿Cómo se llama la orquesta que va a tocar en el festival?
6.   ¿A qué hora es la actividad en el Conde Duque?
7.   ¿Cuándo toca la orquesta? ¿A qué hora?
8.   ¿Cuánto cuesta el ballet? ¿la orquesta?
9.   ¿A cuál de estas actividades quieres ir?

◆ PRÁCTICA COMUNICATIVA

5-4   Situaciones.

1.   Your friends invite you to a concert, but you are not sure whether you want to go or not.
2.   You have forgotten to bring your bathing suit to a beach party.
3.   You want to go to the beach today but would like to find out if your roommate knows what the weather will be like.
4.   It's a nice day and your professor suggests holding class outside.

A PROPÓSITO... Los pasatiempos

Como a los norteamericanos, a los hispanos les gusta disfrutar de *(to enjoy)* la vida y les dedican una gran cantidad de tiempo a las actividades recreativas. En general estas actividades son de tipo social y ocurren por la noche: visitar a la familia y a los amigos íntimos; salir en grupo al cine, al teatro, a un concierto, a dar un paseo por el parque; ir a un partido de fútbol, béisbol o básquetbol; o simplemente quedarse *(to stay)* en la casa para ver la televisión o para jugar con la familia juegos de azar *(games of chance)* como canasta, y ajedrez *(chess)*. Durante el fin de semana es muy común ir a pasarse el día al club social, donde los padres y los hijos se reúnen *(get together)* con sus respectivos amigos para participar en actividades deportivas o para jugar juegos de azar.

Un partido de fútbol entre España y Uruguay.

¡Vamos a comparar!

¿Con quién disfrutas tú de las actividades recreativas? ¿Con tus padres? ¿Con tus hermanos? ¿Con tus amigos? ¿Qué haces para pasar el tiempo? Nombra cuatro de tus pasatiempos favoritos. ¿Cuáles son algunas diferencias entre los pasatiempos de los hispanos y los pasatiempos de los norteamericanos?

5-5 No es verdad. With a classmate, make five statements about the weather. Your partner will contradict you every time. Follow the model.

MODELO: —Nieva.
—No es verdad, llueve.

5-6 Entrevista. Use the following questions to guide your conversation with another student in the class.

1. ¿Qué haces cuando hace calor?
2. ¿Qué haces cuando llueve?
3. ¿Qué haces cuando hace mucho frío?
4. ¿Qué haces cuando hace fresco?
5. ¿Qué haces cuando nieva?
6. ¿Qué haces cuando hace buen tiempo?

PRONUNCIACIÓN

The Sounds of Spanish r and rr

The Spanish **r** has two distinct sounds. The **rr** represents a strongly trilled sound and is produced by having the tip of the tongue strike the gums behind the upper front teeth in a series of rapid vibrations. When a single **r** appears at the beginning of a word or after the consonants **l, n** or **s,** it is pronounced like the **rr.** Note the following examples.

Roberto	**repetir**	**correr**	**cerro**
cerrar	**ratón**	**enredo**	**Israel**

The single **r** in all other positions is pronounced with one "flap" of the tongue against the gums directly behind the upper front teeth. Known as the "flap" **r,** its sound is similar to the English *dd* and *tt* in the words *ladder* and *putter.* Note the following examples.

cero	**oro**	**arena**	**abrir**
ladra	**mira**	**pero**	**cara**

Estructuras

1. The Present Indicative Tense of salir, ver, traer, decir, poner and hacer

● Some Spanish verbs are irregular *only* in the first person singular form of the present tense. All other forms follow the regular conjugation patterns.

		yo	tú	él, ella Ud.	nosotros	vosotros	ellos, ellas Uds.
salir	*(to leave, to go out)*	**salgo**	sales	sale	salimos	salís	salen
ver	*(to see)*	**veo**	ves	ve	vemos	veis	ven
traer	*(to bring)*	**traigo**	traes	trae	traemos	traéis	traen
decir	*(to say, to tell)*	**digo**	dices	dice	decimos	decís	dicen
poner	*(to put)*	**pongo**	pones	pone	ponemos	ponéis	ponen
hacer	*(to do, to make)*	**hago**	haces	hace	hacemos	hacéis	hacen

---

🌀 **EXPANSIÓN**

Each of the following expressions with **salir** has its own meaning.

- **salir de:** to leave a place, to leave on a trip

Salgo de casa a las nueve.	*I leave home at nine.*
Salimos de viaje el lunes que viene.	*We leave on a trip next Monday.*

- **salir para:** to leave for (a place), to depart

Mañana **salen para** Santo Domingo.	*They leave for Santo Domingo tomorrow.*
Salimos para las montañas a las dos de la tarde.	*We leave for the mountains at 2 P.M.*

- **salir con:** to go out with, to date

Anita **sale con** Adolfo.	*Anita is dating Adolfo.*
Rosa **sale con** sus amigas esta noche.	*Rose is going out with her friends tonight.*

- **salir a:** to go out (to do something)

Salen a cenar todos los viernes.	*They go out for dinner every Friday.*
¿**Sales a** caminar por las tardes?	*Do you go out walking in the afternoons?*

◆ PRÁCTICA

5-7 Mis planes para hoy. Complete the following paragraph using the correct first person singular form of the verbs in parentheses.

Hoy (salir) _____ para la playa con Karen muy temprano. Antes de salir, (hacer) _____ unos sándwiches para el grupo. Después, los (poner) _____ en el baúl y (ver) _____ si Karen está lista. Como hoy hace mucho calor, (traer) _____ muchos refrescos. También, como queremos nadar, (poner) _____ los trajes de baño y dos toallas en la bolsa de Karen.

5-8 Los planes. Describe what Linnette does during the week by completing each sentence with an appropriate form of the verb **salir** and the correct preposition.

1. Linnette _____ Scott todas las noches.
2. Ellos siempre _____ Ricardo y Karen.
3. Todos los sábados ellos _____ bailar.
4. Linnette y Scott _____ la residencia de estudiantes a las siete.
5. Después de la película todos _____ comer a un restaurante.
6. Ellos siempre _____ el restaurante a las once de la noche y van directamente a su casa.

◆ PRÁCTICA COMUNICATIVA

5-9   Preguntas. Exchange answers to the following questions with another student.

1. ¿A qué hora sales para la playa?
2. ¿Con quiénes vas a la playa?
3. ¿Quién hace los sándwiches cuando van a la playa?

4. ¿Dónde pones los refrescos?
5. ¿Quién lleva la sombrilla?
6. ¿Qué ves en la playa?
7. ¿A qué hora salen de la playa?

2. The Direct Object and Direct Object Pronouns

Direct Objects

- A direct object is the noun that generally follows and is affected directly by the verb. The direct object is illustrated in the following sentences.

Pablo va a comprar **un helado.**	*Pablo is going to buy **an ice cream.***
Anita está llamando a **su amiga Julia.**	*Anita is calling **her friend Julia.***
Veo a **Jorge** y a **Elisa** allá.	*I see **Jorge** and **Elisa** there.*

  Note that the direct object can either be an object, **un helado,** or a person, **su amiga Julia.**

The Personal *a*

- When the direct object is a specific person or persons, Spanish requires that an **a** precede the noun. This is known as the personal **a.**

Juan llama **a** Lucía.	*Juan is calling Lucía.*
Veo **a** Juan todos los días.	*I see John every day.*
Quiero mucho **a** mi papá.	*I love my father a lot.*
Beso **a** mi novio antes de irme.	*I kiss my boyfriend before leaving.*

- The personal **a** followed by the definite article **el** contracts to form **al.**

| Llaman **al** hombre. | *They are calling the man.* |
| Alicia visita **al** abuelo. | *Alice visits her grandfather.* |

- If the direct object is an indefinite or unspecific person, the personal **a** is *not* used.

      Ana quiere un novio inteligente.   *Ana wants an intelligent boyfriend.*

- When interrogative **quién(es)** requests information about the direct object, the personal **a** precedes it.

      ¿**A quién** está llamando Juanita?   *Whom is Juanita calling?*

- The personal **a** is required before every specific, human, direct object in a series.

      Visito **a** Jorge y **a** Elisa.   *I'm visiting Jorge and Elisa.*

- The personal **a** is not normally used with the verb **tener.**

      Marta y Tomás tienen un hijo.   *Marta and Tomás have a son.*

Direct Object Pronouns

- A direct object noun is often replaced by a direct object pronoun. The following chart shows the forms of the direct object pronouns.

	Singular		Plural
me	me	**nos**	us
te	you *(informal)*	**os**	you *(informal)*
lo	you *(masculine),* him, it *(masculine)*	**los**	you *(masculine),* them
la	you *(feminine),* her, it *(feminine)*	**las**	you *(feminine),* them

- Direct object pronouns agree in gender and number with the noun to which they refer.

      Quiero **el libro.**   **Lo** quiero.
      Quiero **los bolsos.**   **Los** quiero.
      Llamo a **Teresa.**   **La** llamo.
      Llaman a **las chicas.**   **Las** llaman.

- Direct object pronouns are usually placed immediately *before* the conjugated verb.

¿Dónde ves a **Jorge** y a **Adela?**	*Where do you see* **Jorge** *and* **Adela?**
Los veo en clase.	*I see* **them** *in class.*
¿Quieres **la blusa,** Mili?	*Do you want* **the blouse,** *Mili?*
Sí, **la** quiero.	*Yes, I want* **it.**

- In constructions that use the infinitive or the present progressive forms, direct object pronouns may either precede the conjugated verb, or be attached to the infinitive or the present participle (**-ndo**).

Adolfo va a comprar **un helado.**	*Adolfo is going to buy an* **ice cream.**
Adolfo va a comprar**lo.** ⎫ Adolfo **lo** va a comprar. ⎭	*Adolfo is going to buy* **it.**
Ana está llamando a **Pepa.**	*Ana is calling* **Pepa.**
Ana está llamándo**la.** ⎫ Ana **la** está llamando. ⎭	*Ana is calling* **her.**

- In negative sentences, the direct object pronoun is placed between **no** and the conjugated verb. The direct object pronoun may also be attached to the infinitive or to the present participle in negative sentences.

Adolfo no **lo** va a comprar. ⎫ Adolfo no va a comprar**lo.** ⎭	*Adolfo is not going to buy* **it.**

🌀 NOTES ON USAGE

Learning to use direct object pronouns correctly in any foreign language can be difficult. The following general tips on usage may be helpful.

- In English, direct object pronouns are placed after the verb. In Spanish, a direct object pronoun usually precedes the conjugated verb.

- The direct object pronouns **lo, la, los, las** can refer to animate *and* inanimate objects.

- In both English and Spanish, direct object pronouns should only be used once the noun to which it refers has been introduced by any participant in the conversation. Pronouns are used to minimize repetition, but should be avoided if they cause ambiguity.

◆ PRÁCTICA

5-10 Completar. Complete the following paragraph with the personal **a,** wherever necessary.

¿_____ quién ves todos los días? Yo siempre veo _____ Karen en la universidad. Karen y yo visitamos _____ Linnette y _____ Scott todas las tardes. Karen tiene _____ una compañera de cuarto muy simpática, pero el compañero de cuarto de Scott es muy antipático. Esta noche todos, excepto él, vamos a ver _____ una película muy interesante.

5-11 El (La) olvidadizo(a). You and your roommate have forgotten who is doing what.

MODELO: ¿Quién va a comprar los sándwiches?
           Tú vas a comprarlos.

1. ¿Quién va a llamar a las chicas?
2. ¿Quién va a buscar el hielo?
3. ¿Quién va a preparar el cesto con la comida?
4. ¿Quién va a llevar un radio?
5. ¿Quién va a comprar los refrescos?
6. ¿Quién va a traer a las chicas a la residencia de estudiantes?

◆ PRÁCTICA COMUNICATIVA

5-12 Vamos a la playa. With some friends, organize a day at the beach.

MODELO: ¿Quién lleva la bolsa?
           Yo la llevo.

1. ¿Quién hace los sándwiches?
2. ¿Quién compra los refrescos?
3. ¿Quién busca la heladera?
4. ¿Quién lleva la sombrilla?
5. ¿Quién lleva el cesto?
6. ¿Quién pone el hielo en la heladera?

5-13 Preparando el fin de semana. With two or three students, make plans to attend an outdoor concert this weekend.

MODELO: ¿Quién va a llevar la sombrilla?
           ¿Quiénes preparan los sándwiches?

¡EL ESPAÑOL EN ACCIÓN!

CLARETA CZELUSTA

VOICE INSTRUCTOR, Midlothian, VA
B.A. English/Theatre, The Ohio State University, 1992.

Although Spanish fulfilled a college language requirement, Clareta says she was first attracted to the language as a music minister for a Catholic church. At the beginning of her career, Clareta taught "Pan de vida" in both English and Spanish in order to foster an appreciation for the increasingly diverse population in the United States.

"While studying voice, I learned to sing in several languages. Knowledge of Spanish has greatly enhanced my ability to interpret subtle emotions and meanings in a variety of songs. As many of my students eventually perform in languages other than English, this training has been invaluable…"

Clareta Czelusta

¡Así es la vida!

Los deportes

María Luján Wierna *(argentina)*
Me encantan los deportes. En verano, cuando hace calor, juego al tenis y practico ciclismo y natación. En invierno, cuando hace frío, me gusta esquiar en Bariloche. Mi deportista favorita es la tenista argentina, Gabriela Sabatini.

Daniel Prenat Anzola *(uruguayo)*
Soy entrenador de un equipo de fútbol. Yo les enseño a mis jugadores a ser agresivos y disciplinados. Cuando ellos juegan bien, los aliento gritando: "¡Arriba!" "¡Buena jugada!" "¡Qué pase!" No me caen bien los árbitros pero respeto sus decisiones.

Fernando Vázquez Soto
(dominicano)
Yo practico vólibol, básquetbol y béisbol, pero el deporte que más me gusta es el béisbol. Soy jardinero izquierdo del equipo de la universidad. No soy una estrella pero generalmente bateo bastante bien. La temporada de la liga de béisbol dominicana es de noviembre a enero.

Alejandra Sánchez Sandoval *(mexicana)*
Hay deportes que me gustan mucho y hay otros que no. El tenis me fascina, porque es un deporte muy rápido; pero el golf no me gusta, porque lo encuentro lento y muy aburrido. El boxeo no me gusta porque es violento y, aunque no entiendo el fútbol americano, lo encuentro emocionante.

¡Así lo decimos!

Algunos deportes

el atletismo	track and field
el boxeo	boxing
el ciclismo	cycling
el esquí	skiing
el esquí acuático	water skiing
el fútbol americano	football
la gimnasia	gymnastics
el golf	golf
el hockey	hockey
el tenis de mesa	table tennis
el vólibol	volleyball

Algunos términos deportivos

el (la) aficionado(a)	fan
el árbitro	referee
el balón	ball (soccer, basketball, volleyball)
el bate	bat
la cancha	court, playing field
el (la) campeón(a)	champion
el campeonato	championship
el (la) deportista	one who participates in a sport; a sports fan
el entrenador	coach
los esquís	skis
el equipo	team
la estrella	star
el fanático	fan
el guante	glove
el jardinero	outfielder
el (la) jugador(a)	player
la pelota	baseball, tennis ball
la raqueta	racquet
el (la) tenista	tennis player
la temporada	season

Actividades deportivas

batear	to bat
correr	to run
empatar	to tie (the score)
esquiar	to ski
ganar	to win
gritar	to shout
jugar	to play
patear	to kick
patinar	to skate
perder	to lose

Expresiones deportivas

¡Abajo!	Down with…!
¡Ahora!	Now!
¡Arriba!	Yea!
¡Buena jugada!	Good play!
¡Dale!	Come On! Go!
¡Qué jugada!	What a play!
¡Qué pase!	What a pass!
¡Viva!	Hurray!
¡Vamos!	Let's go!

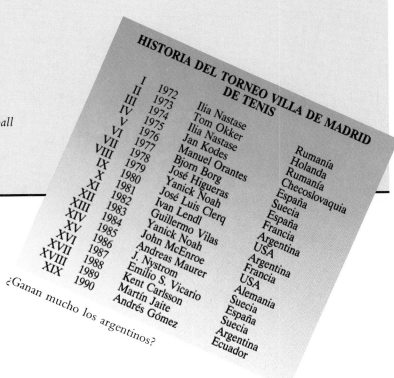

HISTORIA DEL TORNEO VILLA DE MADRID DE TENIS

I	1972	Ilia Nastase	Rumanía
II	1973	Tom Okker	Holanda
III	1974	Ilia Nastase	Rumanía
IV	1975	Jan Kodes	Checoslovaquia
V	1976	Manuel Orantes	España
VI	1977	Bjorn Borg	Suecia
VII	1978	José Higueras	España
VIII	1979	Yanick Noah	Francia
IX	1980	José Luis Clerq	Argentina
X	1981	Ivan Lendl	USA
XI	1982	Guillermo Vilas	Argentina
XII	1983	Yanick Noah	Francia
XIII	1984	John McEnroe	USA
XIV	1985	Andreas Maurer	Alemania
XV	1986	J. Nystrom	Suecia
XVI	1987	Emilio S. Vicario	España
XVII	1988	Kent Carlsson	Suecia
XVIII	1989	Martín Jaite	Argentina
XIX	1990	Andrés Gómez	Ecuador

¿Ganan mucho los argentinos?

¡A ESCUCHAR!

Listen to the people featured in **¡Así es la vida!** (page 148) as they talk about their favorite sport. Then indicate on the chart below whether the statements that follow are **Cierto, Falso,** or **No se sabe.** You will hear the correct answers on the tape.

	Cierto	Falso	No se sabe			Cierto	Falso	No se sabe
1.	____	____	____		6.	____	____	____
2.	____	____	____		7.	____	____	____
3.	____	____	____		8.	____	____	____
4.	____	____	____		9.	____	____	____
5.	____	____	____					

◆ PRÁCTICA

5-14 ¿Qué necesito para jugar? Match the object in the drawings with the sport for which it is needed.

1. béisbol
2. tenis
3. fútbol
4. natación
5. ciclismo
6. boxeo

5-15 En las Olimpiadas. Identify the Olympic sports depicted in the drawings.

1.

2.

3.

4.

5.

6.

7.

8.

1. _____   5. _____
2. _____   6. _____
3. _____   7. _____
4. _____   8. _____

5-16   **Un partido.** Look at the advertisement below. Answer the following questions to see if you are interested in going.

1. ¿Qué hay el 3 de mayo?
2. ¿A qué hora es?
3. ¿De dónde son los equipos?
4. ¿Cómo se llaman los equipos?
5. ¿Cuánto cuestan las entradas?
6. ¿Dónde van a jugar los equipos?
7. ¿Dónde puedes comprar las entradas?

◆ PRÁCTICA COMUNICATIVA

5-17   **En el estadio.** What might you say in each of the following situations? Use expressions from **¡Así lo decimos!**

1. The opposing team takes the field.
2. Your favorite team's star player scores a goal.
3. The referee makes a bad call.
4. Your team takes the lead.
5. One of your favorite players makes a great play.
6. Your team wins the championship.

A PROPÓSITO... Los deportes

Un deporte muy popular en el mundo hispano es el fútbol. En cualquier *(any)* país hispano podemos ver a los niños pequeños pateando una pelota de fútbol en los parques, en los terrenos vacíos *(empty lots)* y en las calles *(streets)*. Los jugadores profesionales de fútbol son extremadamente populares y las estrellas *(stars)* de un equipo como Hugo Sánchez de México y Emilio Buitragueño de España son verdaderos héroes nacionales. En el Caribe, el béisbol es un deporte muy popular. Peloteros *(baseball players)* de Cuba, la República Dominicana y Puerto Rico son estrellas de las Grandes Ligas norteamericanas. En Colombia hay muchos aficionados al ciclismo, y en la Argentina, Chile y España el esquí es cada vez más *(more and more)* popular. En España y ciertos países hispanoamericanos como México, Venezuela, Perú, Ecuador y Colombia, las corridas de toros *(bullfighting)* todavía tienen muchos aficionados.

¡Vamos a comparar!

1. En tu opinión, ¿cuáles son los dos deportes más populares en los Estados Unidos? ¿en el Canadá?
2. ¿Cuál es la diferencia entre el fútbol y el fútbol americano?
3. ¿Cuál piensas que es el deporte más violento en los EE.UU.?
4. ¿Cuál crees que es el deporte más violento en el mundo hispano?

Jóvenes practicando fútbol en Buenos Aires.

5-18 Mis opiniones. Get together with another student to discuss sports. Follow the model and use the adjectives below in your conversation.

emocionante	aburrido	fácil	difícil
interesante	divertido	violento	fascinante

MODELO: Creo que el golf es muy interesante.
Pues yo lo encuentro muy aburrido.

5-19 Entrevista. Ask another student questions using the cues given.

MODELO: ser un fanático de los deportes
¿Eres un fanático de los deportes?

1. tu deporte favorito
2. tu equipo favorito
3. la descripción del equipo
4. la estrella del equipo
5. tu jugador favorito
6. la descripción de él/ella

PRONUNCIACIÓN

Sounds of Spanish s, n and l

1. The Spanish **s** is pronounced like the *s* in the English word *set*.

casa	**soy**	**soñar**
sábado	**mesa**	**tos**

2. The Spanish **n** is pronounced like the English *n* in the word *never*.

nunca	**andar**	**nada**
nadie	**pan**	**lunes**

However, before the letters **b, v, m** and **p,** it is pronounced like the letter *m*.

un beso	**en vano**	**inmediato**
un padre	**sin mamá**	**con prisa**

3. To pronounce the **l**, place the tip of your tongue slightly higher above the front teeth of your mouth than for the English *l*.

Luis	**vela**	**sal**
lunes	**Lola**	**loro**

Estructuras

3. The Present Tense of Stem-changing Verbs o → ue

volver *to return, to come back*			
yo	**vu**elvo	nosotros(as)	volvemos
tú	**vu**elves	vosotros(as)	volvéis
usted él ella	} **vu**elve	ustedes ellos ellas	} **vu**elven

- You have already learned about stem-changing verbs in *Lección 4,* page 119. Verbs like **volver** and **encontrar** *(to find)* belong to a different category of stem-changing verbs in which the **o** changes to **ue.**

- As with **e → ie** verbs, there is no stem change in the **nosotros** and **vosotros** forms.

- Other commonly used **o → ue** stem-changing verbs are:

-ar:	**almorzar**	to have lunch
	mostrar	to show
	costar	to cost
	encontrar	to find
	contar	to tell; to count
	volar	to fly
	soñar (con)	to dream (about)
-er:	**poder**	to be able, can
	llover	to rain
-ir:	**dormir**	to sleep

⊚ EXPANSIÓN

The verb **jugar** *(to play)* follows the same conjugation pattern as **o → ue** verbs, even though its stem vowel is **u.**

Nuestro equipo **jue**ga bien.   *Our team plays well.*
Ellos **jue**gan al tenis.   *They play tennis.*

◆ PRÁCTICA

5-20   ¡Los deportes! Fernando is talking with María about her skiing photos. Complete the conversation with the correct forms of the stem-changing verbs in parentheses.

FERNANDO: Oye, María. ¿Me (mostrar) _____ las fotos de Bariloche?
MARÍA: Yo no (poder) _____ porque están en casa. Te (contar)_____ que yo (soñar) _____ que estoy esquiando en Bariloche casi todas las semanas. El próximo mes yo (volver) _____ de mis vacaciones y si yo (encontrar) _____ las fotos, las vas a poder ver.

5-21   Descripciones. Complete each description with the present tense of the appropriate verb from the column on the right.

1. Miguel y Susana _____ en la cafetería.
2. El equipo _____ en avión.
3. Los boletos _____ veinte dólares.
4. Juan y yo _____ con ser jugadores de béisbol.
5. Mi hermana _____ ocho horas todas las noches.
6. El señor _____ su dinero.
7. Yo no _____ batear bien.
8. Hoy no hay partido porque _____ mucho.

a. llover
b. poder
c. dormir
d. soñar
e. almorzar
f. contar
g. costar
h. volar

◆ PRÁCTICA COMUNICATIVA

5-22   El (La) curioso(a). Interview a classmate to find out more about him/ her. Use the following questions to get started.

1. ¿Me muestras una foto de tu novio(a)?
2. ¿Dónde almuerzas todos los días?
3. ¿Duermes una siesta *(to take a nap)* después de almorzar?
4. ¿Qué haces después de la clase si llueve?
5. ¿Puedes ver algo de televisión todas las tardes? ¿Qué ves?
6. ¿Sueñas mucho o poco? ¿Con qué sueñas por lo general?

4. The Indirect Object and Indirect Object Pronouns

- An indirect object indicates *to* or *for whom* an action is carried out. In Spanish the indirect object pronoun is also used to indicate *from whom* something is bought, borrowed or taken away. The following chart shows the forms of the indirect object pronouns.

Singular		**Plural**	
me	(to) me	**nos**	(to) us
te	(to) you *(familiar)*	**os**	(to) you *(familiar)*
le	⎰(to) you *(formal)*	**les**	⎰(to) you *(formal)*
	⎨(to) him,		⎩(to) them *(masculine and feminine)*
	⎩(to) her)		

- The indirect object pronouns are identical to the direct object pronouns, except for the third person singular and plural.

- Indirect object pronouns agree only in number with the noun to which they refer. There is no gender agreement.

Le acaban de traer una bicicleta.   *They have just brought **her** a bike.*
(a María)   *(Mary)*

- The indirect object pronoun usually precedes the conjugated verb.

  Le escribo una carta.   *I write **her** a letter.*
  Te presto mi estéreo pero tienes   *I'll lend **you** my stereo, but you*
  que cuidarlo mucho.   *have to take good care of it.*

- In negative sentences, the indirect object pronoun is placed between **no** and the conjugated verb.

  No **les** escribo una carta.   *I won't write **them** a letter.*

- In constructions with an infinitive or progressive verb form, the indirect object pronoun may either precede or follow the verb.

  Andrés **les** quiere enseñar a
    jugar al fútbol.   *Andrés wants to teach **them** to play*
  Andrés quiere enseñar**les** a jugar   *soccer.*
    al fútbol.

  Le estoy diciendo la verdad.   *I am telling **you/her** the truth.*
  Estoy diciéndo**le** la verdad.

- The familiar plural for **os (vosotros)** is used only in Spain. In Hispanic America, Mexico and Puerto Rico, **les** is used as the plural of **te.**

🌀 NOTES ON USAGE

When a noun is expressed as the indirect object of a verb, the corresponding indirect object pronoun is usually added. These forms are called *redundant* or *repetitive* object pronouns and have no equivalent in English.

Le doy el dinero **a Julia.**   *I give the money **to Julia.***
Les escribo una carta **a mis**   *I write a letter **to my parents.***
  padres.

◆ PRÁCTICA

5-23 Completar. Complete the following sentences with the correct form of the indirect object pronoun.

1. _____ doy las raquetas. (a ustedes)
2. _____ traigo el balón. (a ti)
3. ¿_____ llevas una toalla? (a mí)
4. _____ enseño a jugar al tenis. (a ellos)
5. _____ dices dónde están los esquís. (a él)
6. _____ pides que te presten la pelota. (a ellas)
7. ¿_____ gusta el esquí acuático? (a usted)

5-24   Cambiar. Change the following sentences by placing the indirect object pronouns before the verb.

MODELOS: Voy a escribirle una carta.
            Le voy a escribir una carta.

            Estoy diciéndole la verdad.
            Le estoy diciendo la verdad.

1. Vamos a enseñarle a jugar al básquetbol.
2. Quieren prestarles nuestros guantes.
3. Paco piensa pedirles los patines.
4. Están mostrándole el bate.
5. ¿Estás explicándoles cómo patinar?
6. Estamos enseñándole cómo ganar.

5-25   ¡A contestar! Answer the following questions in the affirmative or in the negative.

1. ¿Les escribes a tus padres?
2. ¿Le cuentas tus problemas a tu mejor amigo(a)?
3. ¿Le dices siempre la verdad a tu novio(a)?
4. ¿Les prestas dinero a las personas que no conoces?
5. ¿Le enseñas a jugar al tenis a tu amigo(a)?
6. ¿Les gritas a los árbitros?
7. ¿Les das regalos a tus amigos especiales?

5. The Verb gustar

- The verb **gustar** is used to express preferences, likes and dislikes. Though the meanings are virtually identical, it is probably best for you to translate **gustar** as "to be pleasing to" rather than "to like" since this verb is always accompanied by an indirect object pronoun.

  Me gusta la natación.   *I like swimming. (Swimming is pleasing to me.)*

  Le gustan los zapatos italianos.   *He likes Italian shoes. (Italian shoes are pleasing to him.)*

- The subject of the verb **gustar** is whatever is doing the pleasing. Like all verbs, **gustar** agrees in person and number with its subject. Because we generally use **gustar** to express that something or some things are pleasing, **gustar** is most often conjugated in the third person singular or plural. The indirect object pronoun indicates who is being pleased.

Nos gusta el coche de Luis.	*We like Luis's car.*
¿Te gustan mis pantalones nuevos?	*Do you like my new pants?*
¿Te gusto, Alfredo?	*Do you like me, Alfredo?*

- To express the idea that one likes *to do something,* **gustar** is followed by an infinitive. In such cases the singular form is used.

Me gusta jugar al tenis.	*I like to play tennis.*

Some verbs that are grammatically similar to **gustar** are:

encantar	to love *(colloquial)*
molestar	to bother
interesar	to be interested
faltar	to lack, miss
quedar	to have left
caer bien	to like (a person)
caer mal	to dislike (a person)

⟳ NOTES ON USAGE
To express liking someone in Spanish: gustar vs. caer bien

- Use **caer bien** or **caer mal** to say that you like or dislike someone in a general sense.

Nos cae bien el profesor.	*We like the professor* (he is a great teacher).
A Pedro **le caen mal** las hermanas de Adela.	*Pedro does not like Adela's sisters* (he doesn't care for them).

- Use **gustar** to express the idea that you are "attracted" to a person.

Me gusta María.	*I like Mary* (I am attracted to her).
A Elena **le gustan** los hombres rubios.	*Elena likes blond men* (she is physically attracted to them).

- When referring specifically to qualities or defects of a person, the verb **gustar** is often used.

Me gusta cómo la profesora enseña.	*I like how the professor teaches.*
No **me gustan** las personas arrogantes.	*I don't like arrogant people.*

◆ PRÁCTICA

5-26 Una carta. Complete the following letter with the correct forms of the verb **gustar**.

Querida Ana María,

Hoy te voy a hablar de los deportes. Me ———— mucho todos los deportes, pero a mi hermano Carlos no. Por ejemplo, a Carlos no le ———— el boxeo porque dice que es muy violento. A mis padres les ———— el fútbol pero no el fútbol americano porque dicen que es demasiado violento. ¿Qué deportes te ————? ¿Te ———— la natación? Si te ———— nadar, este verano vamos a ir a la playa todos los días.

Hasta pronto,
Eduardo

5-27 Mis opiniones. Express your opinion about the following using **gustar** and other similar verbs.

1. swimming
2. your Spanish professor
3. boxing
4. springtime
5. American football
6. winter
7. summertime
8. mystery movies
9. television
10. homework

◆ PRÁCTICA COMUNICATIVA

5-28 ¿Quiénes te caen bien/mal? Discuss with another student several people whom you like and others whom you dislike and explain why. You may use some of the descriptive adjectives listed in the box below.

MODELO: Me cae bien María porque es muy buena persona.

simpático	agradable
agresivo	egoísta
interesante	chismoso *(loves to gossip)*
	hablador *(talks too much)*

6. Prepositional Pronouns

mí	me	**nosotros(as)**	us
ti	you *(familiar)*	**vosotros(as)**	you *(Spain)*
usted	you *(formal)*	**ustedes**	you
él	him	**ellos**	them *(masculine)*
ella	her	**ellas**	them *(feminine)*

- Prepositional pronouns are pronouns that follow a preposition. They have the same forms as subject pronouns, except the first person singular **mí,** and the second person singular **ti.**

Para **mí** es importante estudiar.	*For **me** it is important to study.*
No vamos a la playa sin **ustedes.**	*We're not going to the beach without **you.***
No es de **ella,** es de **él.**	*It's not from **her,** it's from **him.***

- The preposition **con** has special forms for the first and second person singular: **conmigo** *(with me)* and **contigo** *(with you).*

¿Vas **conmigo?**	*Are you going **with me?***
No, no voy **contigo.**	*No, I'm not going **with you.***

- In addition to the direct or indirect object pronoun, a phrase consisting of **a** + *prepositional pronoun,* is often used for emphasis or clarification.

A ti te llama Carolina.	*Carolina is calling **you.***
A mí me gusta Carlos.	*I like Carlos.*

◆ PRÁCTICA

5-29 Completar. Complete the following exchanges with the correct prepositional pronouns.

> MARÍA: Para _____ (for us) el fútbol americano es muy interesante, ¿verdad?
>
> FERNANDO: Sí. Aunque para _____ (for them) es muy violento, a _____ me fascina.

> DANIEL: No vas sin _____ (without me) a la fiesta, ¿verdad?
>
> MIRTA: Sin _____ (Without you), no voy.

> LYNN: ¿Vienes a la fiesta con _____ (with me)?
>
> KAREN: No puedo ir con _____ (with you) porque voy con Ricardo.

5-30 Combinación. Complete each sentence by selecting the appropriate item from the box below.

conmigo	ella	mí
ustedes	contigo	ti

1. Eduardo, voy al partido de béisbol _____.
2. Reutilio no te ve a _____ en el estadio.
3. Celina, ¿quieres ir al estadio _____?
4. El entrenador les habla a _____.
5. Yo le compro los boletos a _____.
6. Ustedes me dan las entradas a _____.

◆ PRÁCTICA COMUNICATIVA

5-31 ¡A ti te lo digo! A classmate will ask you the following questions. Be emphatic in your response. Follow the model.

MODELO: —¿Me quieres, mamá?
          —Sí, Paulina, **a ti te** quiero mucho.

1. ¿Me ves cuando juego al béisbol?
2. ¿Te cae bien el árbitro?
3. ¿Les gusta cómo juegan los jugadores?
4. ¿Te interesa ir al Supertazón (Superbowl)?
5. ¿Te molesta ir a un concierto de música clásica?
6. ¿Me escuchas?
7. ¿Les gusta tener que practicar el tenis todos los días?

SÍNTESIS
¡Al fin y al cabo!

◆ ¡A REPASAR!

5-32 ¡Emparejar! Match the words and expressions in column A with those in column B.

	A	**B**
_____	1. hace frío	a. en el mar
_____	2. ganar	b. en la playa
_____	3. un partido	c. diciembre, enero, febrero
_____	4. el otoño	d. una discoteca
_____	5. el tenis	e. el béisbol
_____	6. hacer un picnic	f. llueve
_____	7. bailar	g. nieva
_____	8. ¡Magnífico!	h. septiembre, octubre, noviembre
_____	9. hace mal tiempo	i. perder
_____	10. el jardinero	j. una raqueta
_____	11. nadar	k. de básquetbol
_____	12. el invierno	l. ¡Fabuloso!

5-33 Completar. Your friends are telling you what they're planning for the weekend. Complete the following descriptions with the correct form of the verbs in parentheses.

1. Graciela y yo (hacer) _____ un picnic en la playa. Yo (llevar) _____ los refrescos y Graciela los (poner) _____ en la heladera.
2. Si (hacer) _____ buen tiempo, yo (salir) _____ para la playa. Si (llover) _____, no voy.
3. Todos los fines de semana yo (dormir) _____ hasta muy tarde. Por las tardes mis amigos y yo (salir) _____ a pasear en el parque.
4. Hoy sábado Elena (almorzar) _____ conmigo en la pizzería Regina. Después, ella (venir) _____ a mi casa a estudiar.
5. El domingo Marta y yo (volver) _____ a casa. Pedro y José (volver) _____ el sábado.

🔊 ¡A ESCUCHAR!

Listen to the description to determine whether the statements that follow are **Cierto** or **Falso.** You will hear the correct answers on the tape.

	Cierto	Falso		Cierto	Falso
1.	_____	_____	5.	_____	_____
2.	_____	_____	6.	_____	_____
3.	_____	_____	7.	_____	_____
4.	_____	_____			

5-34 ¡Contestar! Complete the following exchanges with statements that use direct and indirect object pronouns.

MODELO: VERA: Francisco, ¿me vas a invitar al baile esta noche?
            FRANCISCO: Sí, voy a invitarte al baile.

1. PEDRO: ¿Vas a comprar los refrescos ahora?
   LUIS: Sí, _____.
2. ADELA: ¿Quién va a llevar la sombrilla?
   MARTA: Luisa _____.
3. JOSÉ: ¿Te gusta jugar al tenis?
   INÉS: No, _____.
4. CONCHA: ¿Le escribes a Teresa?
   TERESA: Sí, _____.
5. PABLO: Hernando, ¿me puedes dar tu dirección?
   HERNANDO: Sí, _____.
6. ALFREDO: ¿Quién nos va a traer las raquetas?
   MARÍA: Pedro _____.
7. LUPE: Celia, ¿me llamas por teléfono esta noche?
   CELIA: No, _____.
8. JULIA: ¿Qué te parece si vamos a un partido el sábado?
   CARLOS: _____.

◆ ¡A CONVERSAR!

5-35 Una encuesta. Ask five students in the class which sport they like best and why.

5-36 Una invitación. Include the following in the information when inviting someone to do something with you this weekend.

● time, date and location

● nature of event/activity

● meeting place

● what they should prepare or bring along

5-37 ¿Adónde vamos? With a new friend from a summer exchange program, look at the schedule of events below and discuss those events that interest you the most, your likes and dislikes, etc. Arrange to go to at least two events together.

¡LENGUA VIVA! ◆ ◆ ◆

A.   Una victoria en el fútbol mexicano

De antemano

Es difícil exagerar la importancia del fútbol en muchos países hispanos. Uds. van a ver un breve segmento del programa *Titulares deportivos*. Se habla de un encuentro del 1992 entre semifinalistas y finalistas del fútbol mexicano. León es una ciudad industrial de un millón de habitantes, localizada en el estado de Guanajuato.

Palabras claves

el titular	*headline*	**gran entusiasmo**	*great enthusiasm*
la primera mitad	*the first half*	**un golazo**	*an important goal*
el arquero	*goalie*	**la agresividad debida**	*deserved*
empatar	*to tie*		*aggressiveness*

Prisma

¿Cierto o falso?

1. El partido de esta tarde es muy emocionante.
2. El jugador, Tita, es de Brasil.
3. El gol de Tita ocurre al final del partido.
4. León es finalista.
5. Mario Ordiales está muy contento con la actuación de su equipo.

Preguntas

1. ¿Cuáles son los deportes que aparecen en la introducción al programa?
2. ¿Cuántos finalistas quedan para disputar el campeonato mexicano?
3. ¿Cuándo es el partido y entre qué equipos va a ser?
4. ¿Cuáles son los equipos de los semifinales? ¿Cuál es el equipo victorioso?

B.   Gabriela Sabatini

La argentina, Gabriela Sabatini, es una jugadora de tenis de renombre mundial. No hay que entender todo lo que dice ella en esta entrevista. Hay algunas palabras en inglés, por ejemplo, *Grand Slam,* y la pronunciación es muy diferente.

¿Cuáles de estas palabras o frases aparecen en este segmento?

_____ el tenis internacional

_____ es alta y fuerte

_____ triunfadora

_____ también juego baloncesto

_____ las cosas que me gustan hacer

_____ está lejos, lo veo lejos todavía

_____ una promesa inicial

_____ en 1992

_____ tener una familia

LECTURA   TIROFIJO VA A MÁLAGA

EPISODIO 5: Un viaje a Málaga

[1] How strange	[5] what you tell me (to do).	[10] In a very short while	[13] Did you have
[2] I've been waiting for more than a half an hour	[6] is waiting for you	[11] you'll realize that we are only doing this to help you.	[14] what manners you have for meeting people!
[3] If you don't follow	[7] discovers	[12] I've heard so much about you	[15] we have to be very careful
[4] understood	[8] kidnapped		
	[9] There is no reason to get mad.		

(Continúa en la próxima lección.)

Comprensión

A. Complete the following statements with information provided in the reading.

1. Al comienzo, el inspector Tirofijo está

_____ .

2. Uno de los hombres le dice a Tirofijo que

_____ .

3. Los dos hombres que se llevan a Tirofijo trabajan para

_____ .

4. Rosa del Sur tiene una oficina en

_____ .

5. Rosa del Sur es joven y

_____ .

B. Answer the following questions about the reading with complete sentences in Spanish.

1. ¿En qué piensa Tirofijo mientras espera al agente secreto, Rosa del Sur?
2. ¿Quiénes son los dos hombres que se le acercan?
3. ¿Qué les contesta Tirofijo a los dos hombres?
4. ¿Cómo es Rosa del Sur?
5. ¿Le caen bien a Tirofijo los hombres que ayudan a Rosa del Sur?

MUNDO HISPÁNICO

Los países hispánicos del Caribe

Estadísticas de Cuba

Nombre oficial: República de Cuba

Población: 10.600.000

Ciudades principales: La Habana (capital) 2.000.000, Santiago de Cuba 375.350, Camagüey 274.850, Holguín 210.100

Forma de gobierno: dictadura comunista

Productos principales: azúcar, ron, frutas cítricas, níquel

◆ **Cuba, ''La perla de las Antillas''**

Vista del capitolio en La Habana, Cuba.

Cuba fue descubierta por Cristóbal Colón el 27 de octubre de 1492. Esta fértil isla verde es la más grande del hemisferio occidental y la séptima en tamaño[1] del mundo. Cuba tiene un área de 111.000 kilómetros cuadrados, más o menos el tamaño del estado de Tennessee.

Antes de la revolución de Fidel Castro, esta acogedora[2] isla era la favorita de los turistas norteamericanos por sus playas magníficas, sus monumentos históricos, sus bellas avenidas, su excelente pesca[3] y caza[4] y la famosa vida nocturna de La Habana con sus incomparables cabarets que atraían[5] a las más famosas estrellas[6] internacionales.

[1]size [2]welcoming [3]fishing [4]hunting
[5]would attract [6]stars

Estudiantes en la playa de Varadero, Cuba.

◆ La Española

En la isla de la Española hay dos países: Haití, donde se habla francés, y la República Dominicana, donde se habla español. La Española fue descubierta por Colón el 5 de diciembre de 1492. Toda la isla perteneció[7] a los españoles hasta el año 1697, año en que los españoles firmaron[8] el Tratado[9] de Ryswick que les daba a los franceses Haití, el tercio[10] occidental de la isla.

La República Dominicana ocupa los dos tercios orientales de la isla. Santo Domingo, su capital, fue fundada en 1496 por Bartolomé Colón, el hermano de Cristóbal, y es la ciudad más antigua del hemisferio occidental. Hoy día la República Dominicana es un importante centro turístico adonde van los viajeros a admirar sus verdes valles, sus palmeras[11] majestuosas y sus blancas playas.

[7]belonged [8]signed [9]Treaty [10]third
[11]palm trees

Estadísticas de la República Dominicana

Nombre oficial: República Dominicana

Población: 7.100.000

Ciudades principales: Santo Domingo (capital) 1.500.000, Santiago de los Caballeros 298.000, La Romana 115.000

Forma de gobierno: democracia representativa

Productos principales: oro, azúcar, café, níquel

Catedral de Santa María, la menor en Santo Domingo.

Mujer puertorriqueña en las calles de San Juan.

Estadísticas de Puerto Rico

Nombre oficial: Estado Libre Asociado de Puerto Rico

Población: 3.400.000

Ciudades principales: San Juan (capital) 475.000, Bayamón 215.000, Ponce 200.000, Carolina 175.000

Forma de gobierno: democracia representativa

Productos principales: productos químicos, farmacéuticos, alimentos

La calle Sol en San Juan, Puerto Rico.

Playa de Luquillo en Puerto Rico.

3. Antes de Fidel Castro, muchos turistas norteamericanos visitaban *(would visit)* Cuba.
4. La República Dominicana ocupa dos tercios de la isla La Española.
5. Santo Domingo fue fundada por Cristóbal Colón.
6. Bayamón es la capital de Puerto Rico.
7. El nombre indio de Puerto Rico fue Boriquén.
8. El Yunque es el bosque pluvial de Puerto Rico.

ACTIVIDADES

A. ¿Dónde están? With a classmate, identify and discuss the location of the following cities, rivers and mountains. Consult a world atlas.

La Habana	San Juan
Mayagüez	Puerto Plata
Santo Domingo	la Sierra Maestra
el Panto	Yaque del Sur
el río Grande de Loíza	el Pico del Yunque

B. In groups of three or four, plan a 10-day cruise to Cuba, Puerto Rico and the Dominican Republic. Discuss what you want to see, how long to stay, what you need to take, etc. Don't forget your passport!

MODELO: Primero, vamos a Puerto Rico, a la ciudad de San Juan…

C. La universidad. The oldest university in the Americas is *la Universidad Autónoma de Santo Domingo,* which was founded in 1538. Find out something about the educational system in Cuba, Puerto Rico or the Dominican Republic. Prepare a short report to be given orally to the class in Spanish.

◆ La bella Boriquén

Puerto Rico, llamada por los indios Boriquén*, es la más pequeña de las Antillas Mayores. Fue descubierta por Cristóbal Colón en 1493 durante su segundo viaje. Su capital, San Juan, fue fundada por Ponce de León en 1508. La capital tiene una parte antigua llamada el Viejo San Juan donde el turista puede apreciar bellos edificios coloniales como el Castillo del Morro.

Puerto Rico tiene un clima tropical con abundante lluvia y un suelo[12] rico para la agricultura. San Juan es una ciudad moderna con excelentes hoteles y magníficos restaurantes. En el interior de la isla se encuentra El Yunque, un bosque pluvial[13] donde se pueden ver cientos de plantas y flores tropicales.

MINIPRUEBA

Indique si las siguientes oraciones son *Ciertas* o *Falsas.*

1. Cuba es la isla más grande de las Antillas.
2. La Habana era famosa por sus excelentes cabarets.

_____
*This name evolves later on to Borinquen.   [12]soil   [13]rain forest

LECCIÓN 6
La comida

COMUNICACIÓN

- Discussing foods
- Obtaining service in a restaurant
- Requesting information at a restaurant
- Extending invitations to friends
- Giving and following instructions and commands

CULTURA

- Las comidas
- La compra de comida

ESTRUCTURAS

Primera parte
- Stem-changing Verbs **e → i**
- Demonstrative Adjectives and Pronouns
- Double Object Pronouns

Segunda parte
- Formal Commands
- Affirmative and Negative Expressions

¡Lengua viva!: Comidas navideñas
El mole poblano
Lectura: Tirofijo va a Málaga
Episodio 6: El rescate

PRIMERA PARTE
¡Así es la vida!

¡Buen provecho!

Escena 1

MARTA: Me muero de hambre, Arturo. ¿Por qué no vamos a almorzar?

ARTURO: Está bien. Vamos a este restaurante. Sirven unas hamburguesas deliciosas con papas fritas.

MARTA: Pero no me gustan las hamburguesas. Mejor entramos en el restaurante Don Pepe. Allí sirven platos típicos.

¿Cuál es la especialidad de la casa?

Escena 2

ARTURO: Camarero, nos trae el menú, por favor.

CAMARERO: Enseguida se lo traigo. Mientras tanto, ¿desean algo de beber?

ARTURO: Marta, ¿quieres beber algo?

MARTA: Sí. Me trae una copa de vino, por favor.

ARTURO: Y yo quisiera una *coca-cola,* por favor.

Escena 3

MARTA: ¿Podría Ud. decirme cuál es la especialidad de la casa?

CAMARERO: Con mucho gusto. La especialidad del chef son los caracoles crudos en vinagre.

MARTA: ¿Crudos?

CAMARERO: Sí, señorita. Son realmente exquisitos. ¿Los quiere probar?

MARTA: ¡De ninguna manera! Soy alérgica a los caracoles. Mejor pido un bistec de solomillo y una ensalada.

ARTURO: Yo sí voy a pedir los caracoles.

Escena 4

MARTA: ¡Cómo puedes comer caracoles crudos! ¿De veras que te gustan?

ARTURO: ¡Mmm! ¡Estos caracoles están como para chuparse los dedos! ¿Qué tal está tu comida?

MARTA: ¡Horrible! El bistec está crudo y las papas fritas están frías. ¡No vuelvo más a este restaurante!

¡Así lo decimos!

Acciones que tienen lugar en los restaurantes

cenar	*to have dinner*
desayunar	*to have breakfast*
pedir (i, i) (el menú)	*to ask for (the menu)*
probar (ue)	*to try (taste)*
servir (i, i) los platos	*to serve the dishes (plates)*

Las comidas

El desayuno

el café con leche	*coffee with milk*
el café solo	*black coffee*
el cereal	*cereal*
las frutas	*fruits*
los huevos fritos	*fried eggs*
los huevos revueltos	*scrambled eggs*
el jugo de naranja	*orange juice*
la mermelada	*marmalade*
la miel	*honey*
el pan	*bread*
el té	*tea*
las tostadas	*toast*

El almuerzo

las papas fritas	*french fries*
el sándwich de jamón	*ham sandwich*
el sándwich de queso	*cheese sandwich*
el sándwich de pollo	*chicken sandwich*
la sopa de vegetales	*vegetable soup*

La cena

la ensalada de lechuga y tomate	*lettuce and tomato salad*
las legumbres	*vegetables*
la sopa	*soup*

Las carnes

el bistec de solomillo	*sirloin steak*
las chuletas de cerdo	*pork chops*
el filete de res	*beef steak*
el pollo asado	*broiled chicken*

Los pescados y mariscos

el atún	*tuna*
los camarones	*shrimp*
el filete de pescado	*fish fillet*
la langosta	*lobster*
la merluza	*hake*

Los postres

el flan	*caramel custard*
el helado	*ice cream*
la torta	*cake*

Algunas bebidas

el agua mineral	*mineral water*
la cerveza	*beer*
la *coca-cola*	*Coca-Cola*
la copa de vino	*glass of wine*
la gaseosa	*soft drink*

Legumbres y granos

el arroz	*rice*
la cebolla	*onion*
los espárragos	*asparagus*
los frijoles	*beans*
las habichuelas	*green beans*
la papa	*potato*
la zanahoria	*carrot*

Algunas frutas

la banana	*banana*
la fresa	*strawberry*
la manzana	*apple*
la naranja	*orange*
la pera	*pear*
el plátano	*plantain, banana*
la uva	*grape*

Los condimentos

el cátsup	*ketchup*
la mantequilla	*butter*
la mayonesa	*mayonnaise*
la mostaza	*mustard*
la pimienta	*pepper*
el queso	*cheese*
la sal	*salt*

Adjetivos para describir la comida

bien cocido(a)	*well-done, well-cooked*
caliente	*hot*
crudo(a)	*rare; raw*
delicioso(a)	*delicious*
exquisito(a)	*exquisite*
frío(a)	*cold*
horrible	*horrible*
medio crudo(a)	*medium rare*
sabroso(a)	*savory, tasty*

Otras palabras y expresiones

Buen provecho.	*Enjoy your meal.*
el (la) camarero(a)	*waiter/waitress*
el (la) cliente(a)	*customer, client*
¡De ninguna manera!	*No way!*
¿Desean algo de…?	*Do you want something…?*
Enseguida.	*Right away.*
Está(n) como para chuparse los dedos.	*It's (They're) finger-licking good.*
La cuenta, por favor.	*The check, please.*
La especialidad de la casa…	*The specialty of the house…*
Me muero de hambre.	*I'm starving (to death); I'm dying of hunger.*
mientras tanto	*in the meantime*
No, gracias. Prefiero…	*No, thank you. I prefer…*
¿Podría Ud. decirme…?	*Could you please tell me…?*
la propina	*tip*
Quisiera…	*I would like…*
reservar	*to reserve*
Una mesa para…	*A table for…*

Si quiere comer bien, rápido y económico, visite   PUB

CAFETERIA - RESTAURANTE

Cambridge Garden   - MADRID

Alberto Bosch, 19   -   (esquina Alfonso XII, 38)

Servicio Restaurante: De 1 a 4,30 y 9 a 12 noche

DESAYUNOS ESPECIALES

N.º 1 Café, té o chocolate, con bollería (gran surtido), tartas, churrería, pastas, picatostes, tostada completa, torrijas y plum kake   **80 pts.**

N.º 2 Sandwiches de queso, jamón York o vegetal, con vino ó cerveza y café ó té   **100 pts.**

N.º 3 Huevo con Bacón y café ó té, con bollería o tostada   **100 pts.**

N.º 4 Zumo de naranja, huevo con bacón, vino ó cerveza y café, té ó chocolate con tostada completa ó picatostes: **140 pts.**

¿Qué quisieras para el desayuno?
¿Cuánto cuesta?

AMPLIACIÓN

Los utensilios de la mesa

¡A ESCUCHAR!

¡Buen provecho! Listen to the conversations that appear in **¡Así es la vida!** (page 173). Evaluate the validity of the statements that follow, based on the information given. You will hear the correct answers on the tape.

	Cierto	Falso	No se sabe		Cierto	Falso	No se sabe
1.	____	____	____	3.	____	____	____
2.	____	____	____	4.	____	____	____

Now listen to the conversations on page 173.

	Cierto	Falso	No se sabe		Cierto	Falso	No se sabe
5.	____	____	____	7.	____	____	____
6.	____	____	____	8.	____	____	____

◆ PRÁCTICA

6-1   ¡Fuera de lugar!

1.	a. lechuga	b. zanahoria	c. leche	d. frijoles
2.	a. cereal	b. tostadas	c. huevos	d. postre
3.	a. agua mineral	b. refrescos	c. vino	d. espárragos
4.	a. habichuelas	b. uvas	c. fresas	d. banana
5.	a. jamón	b. filete	c. arroz	d. chuletas
6.	a. café	b. cuchara	c. tenedor	d. cuchillo
7.	a. camarones	b. langosta	c. pollo	d. pescado
8.	a. papa	b. fresa	c. peras	d. uvas

6-2   Buscapalabras. Locate five items used to set the table.

T	M	T	E	N	E	D	O	R	C
F	A	C	U	C	H	I	L	L	U
B	N	Z	A	B	A	U	J	O	C
I	T	R	A	Y	O	C	N	T	H
S	E	R	V	I	L	L	E	T	A
P	L	U	E	R	C	I	H	M	R
X	A	C	O	P	A	L	S	I	A
C	U	C	H	I	L	L	O	L	N

6-3   Escoger. Choose the most logical word to complete the sentences.

1.   ¿Quieres _____ para el desayuno?
     a. espárragos   b. huevos revueltos   c. helado
2.   El _____ es mi postre favorito.
     a. café   b. flan   c. jamón
3.   Camarero, necesito _____ en el café.
     a. sal   b. pimienta   c. azúcar
4.   El _____ es un pescado.
     a. atún   b. langosta   c. camarón
5.   Siempre bebo _____ en el desayuno.
     a. té   b. naranjas   c. cerveza

6-4 ¿Qué comen? State what the following people are eating or drinking.

MODELO:

Antonio está comiendo una hamburguesa.
Él bebe un vaso de agua.

1. MARÍA

4. MARCOS

2. PEDRO

5. CARMEN

3. TERESA

6. RAMÓN

6-5 ¿Qué restaurante? Answer the following questions based on these advertisements that you found in your hotel in Madrid.

1. ¿Qué tipo de restaurante es Parrilla el Gaucho?
2. ¿Cuáles son las especialidades de Las Cuevas del Duque?
3. ¿Qué tipo de comida sirven en La Galette?
4. Si no tengo mucho tiempo, ¿a qué lugar voy? ¿Por qué?
5. Si quieres escuchar música clásica, ¿adónde vas a comer?
6. ¿Cuál es la especialidad del restaurante norteamericano?
7. A mi esposo y a mí nos gusta mucho el pescado. ¿Qué restaurante nos recomiendas?

¿Cuál es tu comida preferida?

Kentucky Fried Chicken
Pollo cocinado a presión con la receta secreta original de once hierbas y especias del Coronel Sanders

DICIEMBRE 90

ENSALADAS

ESPECIAL	Ptas.	154-313
GARDEN		281
CHEF		281

SANDWICHES

CHICKEN SANDWICH	Ptas.	345
con queso		371
con queso y bacon		392
SANDWICH COMBI		668
con patatas y refresco		

NUGGETS porciones pechuga

NUGGETS	Ptas.	408
NUGGETS COMBI		620
con patatas y ensal. esp.		

COMBINADOS PIEZAS POLLO

INDIVIDUAL 2 PIEZAS POLLO CON PATATAS	Ptas.	466
COMPLETO 2 PIEZAS POLLO CON PATATAS Y ENSALADA ESPECIAL		562
DERBY 3 PIEZAS POLLO CON PATATAS		588
SUPER 3 PIEZ. POLLO CON PATATAS Y ENSAL. ESP.		705
ESP. NIÑOS 1 PIEZA CON PATATAS		317

PARA LLEVAR

5 PIEZAS POLLO	779
7 PIEZAS POLLO	1.039
9 PIEZAS POLLO	1.299
21 PIEZAS POLLO	2.857

(6% IVA INCLUIDO)

El secreto está en el sabor

La Galette
Coçina Barroca Francesa
Música de Vivaldi
Pan de Carne   Tarta de Chicle
Cocotte: Carne horneada al laurel
Napoleón: Pescado al vino y roquefort
Croquetas de manzana
Conde de Aranda, 11   Tel. 576 06 41

RESTAURANTE
las cuevas del DUQUE

TROFEO GASTRONOMICO INTERNACIONAL EUROPA 84 PORTUGAL 1984

ESPECIALIDAD EN
PESCADOS
Y
CARNES

Princesa, 16 - Tel. 248 50 37 - 28008 MADRID

¿Dónde prefieres comer hoy?

PARRILLA EL GAUCHO
RESTAURANTE ARGENTINO
Exclusivas carnes importadas, sin congelar, criadas
sin hormonas y sin piensos compuestos en la Pampa Argentina
Pruebe nuestra parillada mixta con 12 artículos
C/ Tetuán, 34 (a 100 metros de la Pta. del Sol)
Tel.: 522 47 93

◆ PRÁCTICA COMUNICATIVA

6-6   Entrevista. Ask someone about his/her eating habits.

MODELO: —¿Qué comes en el desayuno?
         —Como pan con mantequilla.

	Desayuno	Almuerzo	Cena
hora			
comida			
bebida			

6-7   ¿Qué dirías? What would you say in the following situations?

1. Your waiter suggests that you order the **especialidad de la casa,** but you would rather have the lobster.
2. Your soup is cold.
3. You need a table for four in a restaurant.
4. Your customers are in a hurry for their food and drinks.
5. You want to know about the specialty of the house.

6-8   Casa Botín. Using the menu below, enact a complete restaurant scene. Several tourists have just arrived at Casa Botín for dinner. The waiter is very gracious and answers the tourists' questions about the menu.

ENTREMESES Y JUGOS DE FRUTA

Pomelo 1/2	355
Jugos de Tomate, Naranja	300
Entremeses variados	750
Lomo de cerdo Ibérico	1.550
Jamón de Bellota	2.100
Melón con Jamón	1.825
Jamón con Piña	1.825
Ensalada Riojana	750
Ensalada de lechuga y tomate	380
Ensalada BOTIN (con pollo y jamón)	895
Ensalada de endivias	650
Ensalada de endivias con Queso	880
Morcilla de Burgos	415
Croquetas de Pollo y Jamón	625
SALMON AHUMADO	1.685
SURTIDO DE AHUMADOS	1.850

SOPAS

Sopa al cuarto de hora (de pescados y mariscos)	1.295
Sopa de Ajo con huevo	450
Caldo de Ave	375
Gazpacho campero	550

HUEVOS

Huevos revueltos con patatas y morcilla	490
Huevos revueltos con salmón ahumado	850
Huevos revueltos con champiñón	510
Huevos a la flamenca	550
Tortilla con gambas	885
Tortilla con jamón	520
Tortilla con chorizo	520
Tortilla con espárragos	625
Tortilla con escabeche	510

LEGUMBRES

Espárragos dos salsas	1.110
Guisantes con jamón	700
Alcachofas salteadas con jamón	700
Judías verdes con tomate y jamón	700
Setas a la Segoviana	800
Champiñón salteado	700
Patatas fritas	290
Patatas asadas	290

RESTAVRANTE
ANTIGVA CASA
SOBRINO DE
BOTIN
(1725)
TELÉFONO 2664417
28005 MADRID
CVCHILLEROS, 17

ASADOS Y PARRILLAS

COCHINILLO ASADO	1.875
CORDERO ASADO	1.990
Pollo asado 1/2	690
Pollo en cacerola 1/2	990
Pechuga "Villeroy"	900
Perdiz estofada (o escabeche) 1/2	1.100
Chuletas de cerdo adobadas	975
Filete de ternera con patatas	1.500
Escalope de ternera con patatas	1.500
Ternera asada con guisantes	1.500
Solomillo con patatas	2.190
Solomillo con champiñón	2.190
Entrecot a la plancha, con guarnición	1.990
Ternera a la Riojana	1.600

POSTRES

Cuajada	500
Tarta helada	500
Tarta de crema	500
Tarta de manzana	475
Tarta de limón	550
Tarta de frambuesa	690
Flan	300
Flan con nata	500
Helado de vainilla, chocolate o caramelo	400
Espuma de chocolate	500
Fruta del tiempo	450
Queso	700
Piña natural al Dry-Sack	480
Fresón al gusto	575
Sorbete de limón	450
Sorbete de frambuesa	450
Natillas	490
Melón	490

A PROPÓSITO... Las comidas

Los hábitos de comer de los hispanos son diferentes de los hábitos de los norteamericanos. El desayuno, generalmente entre las siete y las ocho de la mañana, es casi siempre ligero *(light)* y consiste en café con leche o chocolate caliente, pasteles *(pastries)* o pan y mantequilla. El almuerzo es, por lo general, la comida más importante del día y, dependiendo del país, ocurre entre la una y las cuatro de la tarde. Un almuerzo típico comienza con una sopa; después, pescado o carne y alguna verdura *(vegetable)* o arroz; y termina con el postre y un café expreso. A eso de *(at about)* las seis de la tarde, es común la merienda *(afternoon snack),* un sándwich de jamón y queso o algo similar que va acompañado de un refresco, un batido *(shake)* o café con leche. La última comida es la cena, que tiene lugar entre las ocho y las once de la noche, y es menos abundante que el almuerzo.

¡Vamos a comparar!

¿Cuáles son algunas diferencias en los hábitos de comer de los norteamericanos y de los hispanos? ¿En qué consiste el desayuno de los hispanos? ¿Cuál es la comida más importante en los países hispanos? Describe un almuerzo típico en un país hispano. ¿Existe la merienda o su equivalente en los Estados Unidos o en Canadá?

Una familia española sentada a comer.

PRONUNCIACIÓN

Sounds of y, ll and ñ

- The Spanish **y** has two distinct sounds. At the beginning of a word or within a word, it is pronounced like the *y* in the English word *yes,* but with slightly more force.

yo	o**y**e	**Y**olanda
le**y**es	**y**a	arro**y**o

    When **y** is used to mean *and,* or appears at the end of a word, it is pronounced like the Spanish vowel **i.**

    Jorge **y** María   ha**y**   cantar **y** bailar   vo**y**

- The **ll** is pronounced like the **y** in **yo.**

    llamar   bri**ll**a   **ll**orar   se**ll**o

- The **ñ** is pronounced by pressing the middle part of the tongue against the roof of the mouth or palate. Its sound is similar to the *ny* sound in the English word *onion.*

    ma**ñ**ana   pu**ñ**o   ni**ñ**o   se**ñ**al

Estructuras

1. Stem-changing Verbs: e → i

- A third class of stem-changing verbs changes the stressed **e** of the stem to **i** in all forms except the first and second person plural.

pedir *(to ask, request)*			
yo	p**i**do	nosotros(as)	pedimos
tú	p**i**des	vosotros(as)	pedís
usted ⎫ él ⎬ p**i**de ellas ⎭		ustedes ⎫ ellos ⎬ p**i**den ellas ⎭	

- All **e → i** stem-changing verbs have the **-ir** ending.

- Some other common **e → i** verbs are:

servir	to serve
decir	to say, to tell
conseguir	to get, to obtain
seguir	to follow
reñir	to quarrel
repetir	to repeat, to have a second helping

◆ PRÁCTICA

6-9   En un restaurante mexicano. Describe what is happening at a Mexican restaurant by combining the words in the three columns. Write logical sentences.

Antonio	repetir	al camarero
Los camareros	conseguir	las reservaciones
Arturo y Marta	servir	los espárragos
Ellos	pedir	las chuletas de cerdo
Tú	decir	¡Qué sabroso!
Nosotros	seguir	los frijoles

6-10 Una reunión familiar. Describe what is going on at a family reunion. Complete each statement with the correct form of the verb in parentheses.

1. La señora González (servir) _____ la cena.
2. Yo (pedir) _____ un vaso de agua fría.
3. Carlos (repetir) _____ la ensalada de lechuga y tomate.
4. Nosotros (servir) _____ el postre después de la cena.
5. Carmen y Adela (seguir) _____ las instrucciones de su madre.
6. Tú (pedir) _____ un poco de arroz con legumbres.

◆ PRÁCTICA COMUNICATIVA

6-11 Cómo planear una comida. You and two other classmates are planning a dinner party, but you have yet to decide how it will be organized. Take turns asking each other the following questions.

1. ¿Qué servimos de comida?
2. ¿Dónde conseguimos el mantel?
3. ¿Quién prepara la comida?
4. ¿A quién le pedimos ayuda con la ensalada?
5. ¿A qué hora servimos el postre?

2. Demonstrative Adjectives and Pronouns

Demonstrative Adjectives

- Demonstrative adjectives are used to point out people and objects. As in English, these adjectives indicate the relative position and distance between the speaker and the object or person that is being modified.

	Singular	Plural	
Masculine	este	estos	*this/these*
Feminine	esta	estas	
Masculine	ese	esos	*that/those*
Feminine	esa	esas	
Masculine	aquel	aquellos	*that/those*
Feminine	aquella	aquellas	*(over there)*

(Our discussion of Demonstrative Adjectives continues on the following page.)

- Demonstrative adjectives are usually placed before the modified noun and agree in number and gender with that noun.

¿De quién es **ese** carro?	*To whom does **that** car belong?*
Ese carro es de Daniel.	***That** car belongs to Daniel.*

- Note that the **ese/esos** and **aquel/aquellos** forms, as well as their feminine counterparts, are equivalent to the English *that/those*. In normal, day-to-day usage these forms are interchangeable, but the **aquel** forms are preferred to point out objects and people that are relatively farther away than others.

Yo voy a comprar **esas** peras y **aquellas** naranjas.	*I am going to buy **those** pears and **those** oranges (over there).*

- Demonstrative adjectives are usually repeated before each noun in a series.

Este jugo, **esa** manzana y **aquel** sándwich son míos.	*This juice, that apple, and that sandwich are mine.*

◆ PRÁCTICA

6-12 En el supermercado. Alejandro and Sandra are in a supermarket. Complete their conversation with the correct form of the demonstrative adjectives. Use the illustration to determine the location of all food items.

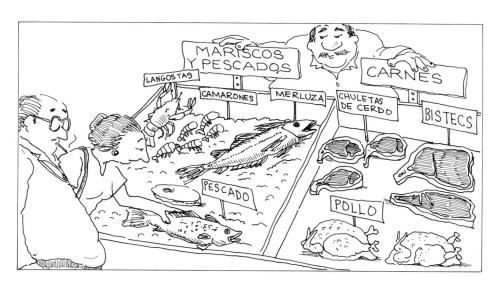

SANDRA: Mira, Alejandro, ¡qué fresco está _____ pescado!

ALEJANDRO: Sí, pero yo prefiero _____ chuletas de cerdo que están allí y _____ bistec.

SANDRA: Voy a comprar la merluza y también voy a comprar _____ camarones y _____ langostas porque quiero hacer una sopa de mariscos.

ALEJANDRO: Yo solamente voy a comprar _____ pollo que está aquí porque todas _____ carnes están muy caras.

◆ PRÁCTICA COMUNICATIVA

6-13 ¿Qué vas a comer? Your best friend, who assumes he or she knows what you like, asks you the following questions as you look over the food at a buffet. Unfortunately, your friend is never right. Follow the model.

MODELO: —¿Vas a comer este pollo asado? (chuletas de cerdo)
              —No, voy a comer esas chuletas de cerdo.

1. ¿Vas a beber aquel vino? (refresco)
2. ¿Vas a comer esos mariscos? (pollo asado)
3. ¿Vas a comer esos postres? (frutas)
4. ¿Vas a beber esa *coca-cola*? (jugo de naranja)
5. ¿Vas a comer ese bistec de solomillo? (langosta)
6. ¿Vas a pedir estos vegetales? (ensalada de lechuga y tomate)
7. ¿Vas a comer esa torta? (flan)

Demonstrative Pronouns

● Demonstrative adjectives function as pronouns when the noun they modify is omitted. To differentiate them from demonstrative adjectives, an accent mark is written on the stressed vowel of the demonstrative pronoun.

Masculine		Feminine		Neuter
Singular	**Plural**	**Singular**	**Plural**	
éste	éstos	ésta	éstas	esto
ése	ésos	ésa	ésas	eso
aquél	aquéllos	aquélla	aquéllas	aquello

Esta cafetería y **aquélla** son muy buenas.
No me gustan aquellos postres, pero me encantan **éstos.**

*This cafeteria and **that one** are very good.*
*I don't like those desserts, but I love **these.***

(Our discussion of Demonstrative Pronouns continues on the following page.)

- **Esto, eso** and **aquello** do not take a written accent nor do they have plural forms. They are used when pointing out ideas, actions, or concepts, or when referring to unspecified objects.

Aquello no me gusta.	*I don't like **that**.*
No digo **eso**.	*I am not saying **that**.*

- These forms may also be used to inquire generally about the nature of objects or things.

¿Qué es **eso**?	*What's **that**?*
Es un caracol.	*It's a snail.*
¿Qué **es esto**?	*What's **this**?*
Es un camarón.	*It's a shrimp.*

◆ PRÁCTICA

6-14 De compras. Your friends have stopped at a local vegetable stand. Complete their thoughts using appropriate demonstrative pronouns.

1. No quiero esas legumbres; quiero _____.
2. Prefiero no comprar aquellas manzanas; prefiero comprar _____.
3. No me gustan estos espárragos; me gustan _____.
4. No voy a comprar esta naranja; voy a comprar _____.
5. No quiero aquel arroz; quiero _____.
6. Prefiero no comprar esos frijoles; prefiero comprar _____.
7. No me gusta esta pera; me gusta _____.
8. No quiero aquellos tomates; quiero _____.

6-15 Responder.

MODELO: —¿Vas a comer en este restaurante?
        —No, voy a comer en **ése (aquél)**.

1. ¿Vas a pedir esas frutas?
2. ¿Va a hablar Mario con aquel camarero?
3. ¿María y Juana van a ver estos menús?
4. ¿Vas a hacerle preguntas a ese camarero?
5. ¿Nosotros vamos a beber de aquellos vasos?
6. ¿Tú vas a pedir esta ensalada de pollo?

◆ PRÁCTICA COMUNICATIVA

6-16 Comparaciones. Using demonstrative adjectives, make five comparisons about dinner at a restaurant.

MODELO: —Esas uvas son muy sabrosas.
        —Sí, pero estas manzanas son más sabrosas que esas uvas.

6-17 El (La) inconforme. With a partner, invent a short exchange between a waiter and a finicky customer.

MODELO: —¿Quiere estos camarones?
        —No, quiero ésos.

3. Double Object Pronouns

- When both a direct and an indirect object pronoun are used together in a sentence, they are usually placed before the verb, and the indirect object pronoun precedes the direct object pronoun.

Te traigo el menú ahora.	*I'll bring **you** the menu now.*
Te lo traigo ahora.	*I'll bring **it to you** now.*

- The indirect object pronoun **le** *(to you, to her, to him)* and **les** *(to you, to them)* change to **se** when they appear with the direct object pronouns **lo, los, la, las.**

El camarero **les** trae el menú ahora.	*The waiter is bringing **them** the menu now.*
El camarero **se lo** trae.	*The waiter is bringing **it to them**.*

- As with single object pronouns, the double object pronouns may be attached to the infinitive or the present participle. In this case, the order of the pronouns is maintained and an accent mark is added to the stressed vowel of the verb.

Camarero, ¿puede traerme un vaso de agua?	*Waiter, can you bring me a glass of water?*
Enseguida voy a **traérselo.**	*I'll **bring it to you** right away.*
¿El chef nos está preparando una ensalada francesa?	*Is the chef preparing us a French salad?*
Sí, está **preparándonosla.**	*Yes, he's **preparing it for us**.*

---

⑨   **STUDY TIPS: Learning double object pronouns**

Double object pronouns may appear confusing at first because of the number of combinations and positions that are possible in Spanish sentences. Here are a few strategies to help you with this structure.

1.   Review the use of direct objects and direct object pronouns on page 144 of the text. Redo some of the practice activities to reinforce your knowledge of this structure.
2.   Also review the use of indirect objects and indirect object pronouns on page 156 of your text.
3.   Learning to use double object pronouns is principally a matter of combining the two pronouns in the right order. The following chart shows you the most common combinations.

Indirect Object Pronouns	Direct Object Pronouns
me	
te	
le → se	lo/la
nos	
os	
les → se	los/las

4.   Getting used to the way these pronouns sound together will help make them become second nature to you. Practice repeating out loud phrases such as the ones below, along or with your classmates. Increase your pronunciation speed as you become more comfortable with verbalizing the double object pronouns.

me lo da	te lo doy	se los das
me la traes	te los traigo	se las traemos
se lo llevo	se las llevamos	se la llevas

◆ PRÁCTICA

6-18   Cambiar. Rewrite the following sentences, changing the direct object nouns to pronouns. Follow the model.

MODELO: Le doy el menú al cliente.
          Se lo doy.

1.   Les preparamos una ensalada a ellos.
2.   Le doy una propina al camarero.
3.   Le sirvo la sopa a la señora.
4.   Te traigo el menú.
5.   Le pido más agua a la camarera.
6.   Les mostramos el bar a los clientes.
7.   El camarero me da la cuenta.
8.   Le pago la cuenta al camarero.

6-19   Cambiar. Change the nouns to object pronouns in the following sentences. Note the two possible positions for the object pronouns.

MODELO: Le están enseñando el restaurante a Irma.
                     Se lo están enseñando.
                     Están enseñándoselo.

1.   El camarero le está dando el menú a Juan.
2.   La mamá le está sirviendo la sopa a Teresa.
3.   Leonardo va a comer un cóctel de camarones.
4.   Felipe les va a comprar los refrescos.
5.   Raimundo te va a prestar el dinero para pagar la cuenta.
6.   Todos quieren darle una propina a la camarera.

◆ PRÁCTICA COMUNICATIVA

6-20   El camarero. You are at a restaurant with a group of friends and everyone wants something from the waiter.

MODELO: traer el cóctel de camarones
                     —Camarero, ¿me trae un cóctel de camarones?
                     —Sí, se lo traigo enseguida.

1.   conseguir una mesa para ocho
2.   preparar un bistec
3.   servir una ensalada mixta
4.   traer el pan y la mantequilla
5.   conseguir una botella de vino
6.   traer la cuenta

6-21   Un jefe exigente. The manager of "El Pollo Dorado" is very demanding and is always asking the waiters what they are doing. Using the expressions from the box below, play out the scenario.

MODELO: —¿A quién le llevas el vino tinto?
                     —Se lo llevo a aquellos jóvenes.

aquellas señoritas	la joven rubia
esa señora	aquellas muchachas
este señor	estos chicos
esa pareja	aquel hombre

1.   ¿A quiénes les reservas esa mesa?
2.   ¿A quién le vas a dar el menú?
3.   ¿A quiénes les sirves la sopa de pollo?
4.   ¿A quiénes les traes el pan y la mantequilla?
5.   ¿A quién le preparas la ensalada?
6.   ¿A quiénes les llevas el flan y la torta?

Charlyce Jones Owen

¡EL ESPAÑOL EN ACCIÓN!

CHARLYCE JONES OWEN

Editor-in-Chief, Social Sciences
SIMON AND SCHUSTER HIGHER EDUCATION GROUP, New York, NY
B.A. German/French, Union College, Schenectady, NY, 1974
M.A. German, The Pennsylvania State University, 1975

Charlyce Jones Owen joined the Simon and Schuster Higher Education publishing group in 1990 after a successful career as English Editor at Holt, Rinehart, and Winston.

"Though I have never studied Spanish formally, my knowledge of foreign languages and cultures greatly enhanced my career opportunities. I was always certain that I wanted to be in publishing and it was because of my foreign language background that I landed my first job in the industry. The position, editorial assistant, was the only one open at the time, and it required knowledge of French, German, and Spanish. This coincidence was certainly a happy one for me, one that continues to help me grow personally and professionally.

Though I no longer publish foreign language books, I now look for knowledge of a foreign language when making hiring decisions. The depth and breath of knowledge that is gained in studying other languages and cultures is a tremendous asset in the business world."

¡Así es la vida!

En la cocina

Buenas noches, señoras y señores. Hoy en el programa de "La tía Julia cocina" vamos a enseñarles cómo hacer un plato exquisito: el arroz con pollo. No hay ningún plato más popular que éste en la región del Caribe. A continuación les ofrecemos una de las mejores recetas.

Primero, corte el pollo en pedazos pequeños y luego póngalo en un recipiente. Añádale jugo de limón y un poco de ajo picado.

Ahora, caliente un poco de aceite de oliva en una cazuela, añada los pedazos de pollo y póngalos a freír a fuego mediano. Añada una cebolla y un ají verde bien picados. Deje cocinar todo unos cinco minutos.

Añada una taza de salsa de tomate, una cucharada de sal, una pizca de pimienta y azafrán, media taza de vino blanco y dos tazas de caldo de pollo. Déjelo cocinar unos cinco minutos más.

Añádale ahora dos tazas de arroz blanco a la cazuela. Mezcle todo bien y cuando vuelva a hervir, tape la cazuela y deje cocinar todo a fuego lento unos veinticinco minutos.

Ya está listo el delicioso arroz con pollo. Sírvalo caliente y ¡Buen provecho!

¡Así lo decimos!

Las medidas

la cucharada	tablespoon
la cucharadita	teaspoon
el kilo	kilogram (equivalent to 2.2 pounds)
el litro	liter (equivalent to 1.05 quarts)
una pizca	a pinch (of salt, pepper, etc.)
la taza	cup

Aparatos de la cocina

el congelador	freezer
la estufa	stove
el fregadero	sink
el horno	oven
el lavaplatos	dishwasher
el microondas	microwave
el refrigerador	refrigerator
la tostadora	toaster

Utensilios de la cocina

la cafetera	coffeepot
la cazuela	stewpot, casserole dish, saucepan
el cucharón	large spoon
la espátula	spatula
el molde	baking pan
el recipiente	generic pot, bowl, dish, etc.
el (la) sartén	frying pan, skillet

Actividades de la cocina

añadir	to add
batir	to beat
cortar	to cut
echar	to add
freír (i)	to fry
hervir (ie)	to boil
hornear	to bake
mezclar	to mix
pelar	to peel
prender	to light
tostar (ue)	to toast
voltear	to turn over

Ingredientes y condimentos especiales

el aceite de oliva	olive oil
el ají verde	green pepper
el ajo	garlic
el azafrán	saffron
el jugo de limón	lemon juice
la salsa de tomate	tomato sauce

Otras palabras y expresiones

a fuego alto	high heat
a fuego mediano	medium heat
a fuego bajo	low heat
el cubierto	place setting
déjelo cocinar	let it cook
picado	chopped
la receta	recipe

 ¡A ESCUCHAR!

¡Un arroz con pollo exquisito! You will hear a recording of the television program that appears in **¡Así es la vida!** (page 191). Indicate which of the options given is the most correct, based on what you have heard. You will hear the correct answers on the tape.

1. a   b   c   3. a   b   c   5. a   b   c
2. a   b   c   4. a   b   c

◆ PRÁCTICA

6-22   Escoger. Complete the sentences in Column A with the most logical word from Column B.

	A		**B**
1.	Voy a freír el pescado en la…	a.	cazuela
2.	Ella mezcla los huevos en el…	b.	cafetera
3.	Tú lavas los platos en el…	c.	refrigerador
4.	Están tostando el pan en la…	d.	horno
5.	Hay una botella de agua en el…	e.	sartén
6.	Prepara el café en la…	f.	tostadora
7.	Cocino el arroz en una…	g.	recipiente
8.	Hago el pastel en el…	h.	fregadero

6-23   Describir. Tell what the people depicted in the illustrations are doing. Use words and expressions from **¡Así lo decimos!**

MODELO:

Mario pone el pollo en el horno.

1.

4.

2.

5.

3.

6.

A PROPÓSITO... La compra de la comida en los países hispanos

La comida juega un papel central en el mundo hispano. Se puede decir que los hispanos viven para comer en vez de *(rather than)* comer para vivir. La típica ama de casa *(housewife)* planea las comidas consciente de que la familia va a disfrutar *(they will enjoy)* lo que *(what)* ella le sirve en el almuerzo y la cena.

Aunque los supermercados ya son muy populares, todavía es común ir al mercado dos o tres veces por semana para asegurarse *(to be sure)* que los productos son frescos. El mercado típico es un edificio enorme con pequeñas tiendas donde se vende todo tipo de comestibles *(food)*. En el mercado también hay puestos especiales como carnicerías *(meat shops)*, pescaderías *(fish shops)* y fruterías *(fruit stores)*. En cada barrio *(neighborhood)* también existe una panadería *(bakery)*, una pastelería *(pastry shop)* y una heladería *(ice cream shop)*.

Puesto de frutas en San José, Costa Rica.

¡Vamos a comparar!

¿Por qué es común todavía ir al mercado dos o tres veces por semana? ¿Cómo es el mercado típico en el mundo hispano? ¿Cuáles son algunas tiendas especiales que hay en el mercado típico? ¿Dónde compra tu familia los productos? Para ti, ¿qué es mejor, comprar en un supermercado o en el mercado típico del mundo hispano?

◆ PRÁCTICA COMUNICATIVA

6-24 ¿Qué dirías? Tell a classmate what you would say in the following situations.

1. The soup you're eating tastes rather plain and you think it needs some salt.
2. The coffee a friend made is very bitter and you think it needs several teaspoons of sugar.
3. Someone asks you what the special ingredients are that you put in your Bloody Mary mix.
4. Your new roommate wants to know what you eat for breakfast each morning.

6-25 ¡Tu comida favorita! Explain to your partner how to prepare your favorite dish.

6-26 Una dieta balanceada. You are a nutritionist. Using the chart provided, make recommendations to your clients for improving their diet. Answer their questions as thoroughly as possible.

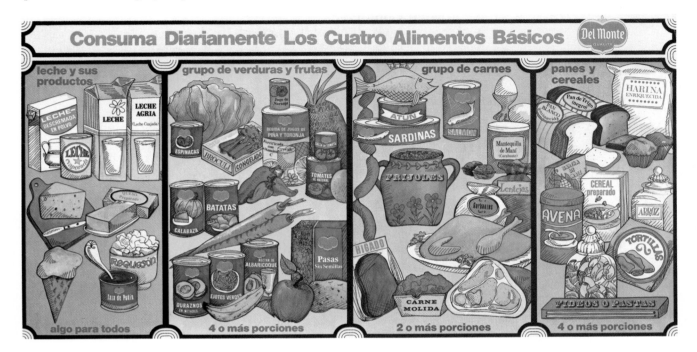

PRONUNCIACIÓN

Sounds of ch and h

- The **ch** is pronounced much like the initial sound in the English word *chop*.

chica	**ch**ocolate	ca**ch**o	pe**ch**o
chino	**Ch**ile	mu**ch**o	le**ch**e

- The Spanish **h** is silent.

habla	**h**ora	**H**ernán	**H**éctor
Hola	**h**acer	alco**h**ol	**h**ielo

¡Del di**ch**o al he**ch**o hay gran tre**ch**o!

¿Qué quiere decir este dicho?

Estructuras

4. Formal Commands

- Commands are used to give instructions or to ask people to do things. In Spanish, commands have special forms for formal **(usted/ustedes)** and familiar **(tú/ustedes)** address. The following chart summarizes the formation of the formal commands.

Infinitive	Present indicative 1st pers. sing.	stem	Formal commands usted	ustedes
hablar	hablo	habl-	hable	hablen
pensar	pienso	piens-	piense	piensen
comer	como	com-	coma	coman
atender	atiendo	atiend-	atienda	atiendan
escribir	escribo	escrib-	escriba	escriban
pedir	pido	pid-	pida	pidan

- Formal commands of **-ar** verbs add **-e** to the stem of the first person singular of the present indicative.

  Hable con su consejero. *Speak with your advisor.*
  Piense antes de escribir. *Think before writing.*

- Formal commands of **-er** and **-ir** verbs add **-a** to the stem of the first person singular of the present indicative.

  Coma con el tenedor. *Eat with your fork.*
  Atienda al maestro. *Listen to the teacher.*

- For the plural commands, add **-n** to the **usted** command form.

  Piensen antes de hablar. *Think before speaking.*
  Atiendan bien. *Listen carefully.*

- The negative commands are formed by placing **no** in front of the command form.

  No coma mucho. *Don't eat much.*
  No hablen en clase. *Don't talk in class.*

- Subject pronouns may be used with commands for emphasis or clarification. As a rule, they are placed after the verb.

  Piense **usted.** *You think.*
  No hablen **ustedes.** *Don't you talk.*

- The singular formal command form for **dar (dé)** has a written accent mark to avoid confusion with the preposition **de.**

¡ATENCIÓN!

- With affirmative commands, direct and indirect object pronouns must follow the command form and be attached to it. An accent mark is added to commands of two or more syllables to show that the stress of the original verb remains the same.

  Prepáre**les** la cena. *Prepare dinner **for them.***
  Escríba**selas.** *Write **them to him.***

- With negative commands, direct and indirect object pronouns are placed between **no** and the command form.

  No **les** prepare la cena. *Don't prepare dinner **for them.***
  No **se las** escriba. *Don't write **them to him.***

🌀 EXPANSIÓN
Irregularities in formal commands

1. The verbs **ir, saber, ser, estar** and **dar** have irregular formal commands.

	usted	ustedes
ir	vaya	vayan
saber	sepa	sepan
ser	sea	sean
estar	esté	estén
dar	dé	den

Vayan a clase temprano.   **Go** to class early.
Sepan la lección bien.   **Know** the lesson well.
Sea más amable.   **Be** kinder.

2. Verbs ending in **-car, -gar** and **-zar** change spelling in the formal command in order to keep the same sound of the first-person singular of the present indicative. Verbs ending in **-car** change the **c** to **qu.** Verbs ending in **-gar** are spelled with **gu,** while verbs ending in **-zar** change the **z** to **c.**

Infinitive	Present indicative	Command
sa**car**	sa**co**	sa**que** usted sa**quen** ustedes
ju**gar**	jue**go**	jue**gue** usted jue**guen** ustedes
comen**zar**	comien**zo**	comien**ce** usted comien**cen** ustedes

Preparación: 10 minutos
Cocción: 45 minutos
Receta para 8-10 porciones

INGREDIENTES

1-1/2 tazas de leche
1   lata grande de
     LA LECHERA.
4   huevos
1   cucharadita de vainilla
EL CARAMELO
Vierta en el molde 1/2 taza de azúcar
y 1/4 taza de agua. Coloque al fuego
al baño maría y deje caramelizar.
Mueva la flanera hasta untar todos
sus lados.

PREPARACION
Licuar la leche condensada
los huevos, la leche y la vainilla.
Verter en el molde caramelizado.
Colocar al baño maría en el horno
precalentado a 350º (45 minutos) o
cuando, al introducir el cuchillo,
éste salga limpio.
Desmoldar cuando esté frio.

Para mayor información escriba al Centro Nestlé de Información
al Consumidor - A.A. No. 5959 de Bogotá y reciba a vuelta de
correo un útil y práctico Recetario.

¿Cuánta leche se debe usar para el flan de lechera?

◆ PRÁCTICA

6-27   Una tortilla española. You are being shown how to cook a Spanish omelette. Complete the sentences with the correct **usted** command of the verbs in parentheses.

1. (comprar) _____ seis huevos, dos cebollas y cinco papas.
2. (lavar) _____ las papas.
3. (pelar) _____ las papas.
4. (cortar) _____ las papas y las cebollas en trozos pequeños.
5. (poner) _____ aceite de oliva en una sartén.
6. (calentar) _____ el aceite.
7. (freír) _____ las papas y las cebollas.
8. (batir) _____ los huevos en un plato.
9. (añadir) _____ un poco de sal y los huevos a la sartén.
10. (mover) _____ los ingredientes con la espátula.
11. Luego, (voltear) _____ la tortilla.
12. (Servir) _____ la tortilla bien caliente.

6-28   El gerente del restaurante. You are the manager of a restaurant and you are giving instructions to a recently hired waiter/waitress about what to do and what not to do.

MODELO: atender bien a los clientes
        Atienda bien a los clientes.

1. no llegar tarde al trabajo
2. no comer en el trabajo
3. poner los cubiertos correctamente en las mesas
4. ser amable con los clientes
5. estudiar el menú
6. tomar bien las órdenes
7. servir rápido
8. estar siempre listo(a)
9. limpiar las mesas
10. hablar con los clientes

6-29   Tú eres el profesor/la profesora. Tell your students what to do by changing the infinitives to formal commands.

1. Manolo, (ir) _____ a la pizarra.
2. Por favor, no (ser) _____ malos estudiantes.
3. Carmen, (comenzar) _____ a leer la lección.
4. José y Ángel, (practicar) _____ los verbos irregulares.
5. Adolfo, no (jugar) _____ con Luis durante la clase.
6. Marisa, (comenzar) _____ a hacer la tarea de español.

6-30 Sopa de mariscos. You are showing a friend how to make seafood chowder. Answer the questions he/she asks using commands with object pronouns.

MODELO: —¿Debo cortar las cebollas? (sí)
         —Sí, córtelas.

1. ¿Debo pelar las papas y las zanahorias? (sí)
2. ¿Debo hervir el agua en la cazuela? (sí)
3. ¿Tengo que añadir sal y pimienta? (no)
4. ¿Tengo que lavar el pescado y los camarones? (sí)
5. ¿Debo prender la estufa a fuego alto? (no)
6. ¿Tengo que añadir la salsa de tomate? (no)
7. ¿Debo dejar la sopa en la estufa dos horas? (sí)
8. ¿Tengo que servir la sopa muy caliente? (sí)

◆ PRÁCTICA COMUNICATIVA

6-31   El programa de radio. Imagine that you are hosting the show "La tía Julia cocina." A number of people call in to ask questions about the recipes you demonstrate. Some of your answers will be in the affirmative and some will be in the negative. Get together with two classmates and enact a conversation, following the model.

MODELO: —Tía Julia, ¿le echo salsa de tomate a la tortilla española?
         —No le eche salsa de tomate a la tortilla; échele sal.

5. Indefinite and Negative Expressions

algo	something, anything
alguien	someone, anyone
algún, alguno/a(s)	any, some
siempre	always
también	also, too
o...o	either...or
nada	nothing, not anything
nadie	nobody, no one, not anybody
ningún, ninguno(a)	no, none, not any
nunca, jamás	never
tampoco	neither, not either
ni...ni	neither...nor

- The adverb **no** is used with a second negative expression to form double negatives. In such cases, the second negative (e.g., **nada, nadie, ningún**) either immediately follows the verb or is placed at the end of the sentence.

No como **nunca** con Samuel.	I *never* eat with Samuel.
No le doy el dinero a **nadie**.	I don't give the money to *anyone*.

- When the negative expression precedes the verb, **no** is omitted.

Nunca como con Samuel.	I *never* eat with Samuel.
A **nadie** le doy el dinero.	I *don't* give the money to *anyone*.

- The expressions **nadie** and **alguien** refer only to persons; hence, the personal **a** is required when they appear as direct objects of the verb.

No veo **a nadie**.	I don't see *anyone*.
¿Visitas **a alguien** especial?	Are you visiting *someone* special?

- The adjectives **alguno** and **ninguno** drop the **-o** before a masculine singular noun in the same way that the number **uno** shortens to **un**.

Ningún estudiante viene a la comida.	*No* student is coming to dinner.
Prepare **algún** pollo rico.	Prepare *some* tasty chicken.

- Once a sentence is negative, all other indefinite words are also negative.

Lucía **no** conoce a **nadie** **tampoco**.	Lucía doesn't know *anybody* *either*.

6-32 Completar. Use indefinite and negative expressions to complete the following paragraph.

No me gusta _____ de los programas de recetas de Enriqueta porque ella _____ da suficientes explicaciones en ellos. Si _____ día yo tengo un programa de televisión como Enriqueta, yo _____ voy a explicar muy bien las recetas. _____ voy a hablarles rápido a los televidentes porque no me van a entender. _____ planeo el programa bien _____ no lo tengo.

6-33 Cambiar. Change the following sentences to the negative.

MODELO: ¿Va alguien a la fiesta?
¿No va nadie a la fiesta?

1. Alguien va a planear la cena.
2. ¿Tienes algo que preparar?
3. Alguno de nosotros sabe cocinar.
4. Siempre como el postre al final.
5. También me gusta el atún.
6. O repites la carne o el pescado.

◆ PRÁCTICA COMUNICATIVA

6-34 ¡Contéstame! Interview a classmate using the following questions.

1. ¿Siempre comes a la misma hora?
2. ¿Tienes invitados a comer este fin de semana?
3. ¿Conoces algún restaurante bueno en tu ciudad?
4. ¿No hay nada de comer en tu casa ahora?
5. ¿Cocinas siempre en tu casa?
6. ¿Es verdad que no conoces a ningún chef famoso?

6-35 ¡No quiero hacer nada! Your roommate doesn't want to do anything today. Ask him (her) the following questions; he (she) will answer in the negative.

MODELO: —¿Vas a llamar a alguien?
—No, no voy a llamar a nadie.

1. ¿Vas a visitar a alguien?
2. ¿Vas a ver algún programa esta noche?
3. ¿Vas a estudiar o vas a escuchar música?
4. ¿Vas a escribirle una carta a algún amigo?
5. ¿Vas a comer con tu novio(a)?
6. ¿Vas a leer algo?
7. ¿Qué vas a hacer entonces?

6-36 ¡De ninguna manera! You want to go to a new restaurant that has just opened. Your friend doesn't think it's a good restaurant. Ask him (her) the following questions. Your friend will answer in the negative using the correct form of **ningún.**

MODELO: —¿Sirven platos típicos?
—No, no sirven ningún plato típico.

1. ¿Preparan platos de dieta?
2. ¿Tienen buenas ensaladas?
3. ¿Sirven pescado fresco?
4. ¿Tienen vinos españoles?
5. ¿Hay camareros amables?

6-37 En la aduana. You are in customs at the airport and the agent is asking you the following questions. Work with a classmate to complete the dialog.

INSPECTOR: ¿Tiene algo que declarar?
UD.: No,...
INSPECTOR: ¿Trae Ud. alguna planta?
UD.: No,...

INSPECTOR: ¿Tiene Ud. más de $10.000?
UD.: No,...
INSPECTOR: Por favor, abra la maleta.
UD.: ...

SÍNTESIS
¡Al fin y al cabo!

◆ ¡A REPASAR!

6-38 Emparejar. Match the words and expressions in Column A with those in Column B.

	A		B
_____	1. las habichuelas	a.	fritas
_____	2. freír	b.	delicioso
_____	3. el café	c.	de tomate
_____	4. las uvas	d.	de pescado
_____	5. el aceite	e.	en la sartén
_____	6. las papas	f.	legumbres
_____	7. a fuego	g.	lavar los platos
_____	8. sabroso	h.	de oliva
_____	9. el filete	i.	con leche
_____	10. una cucharada	j.	fruta
_____	11. la salsa	k.	de azúcar
_____	12. el fregadero	l.	alto

6-39 Completar. Complete the following statements providing the correct form of the verbs in parentheses and the Spanish equivalent of the demonstrative adjective or pronoun.

1. Marta y yo (servir) _____ la cena en *(that)* _____ mesa.
2. El chef les (decir) _____ a los clientes que *(these)* _____ frutas no están frescas.
3. José y Arturo (repetir) _____ un poco de *(that)* _____ flan.
4. Yo le (pedir) _____ al camarero una sopa de vegetales y *(these)* _____ huevos.
5. Tú (conseguir) _____ una reservación en *(that)* _____ restaurante.
6. Pepe y Marina (seguir) _____ a Carlos a *(those)* _____ mesas.
7. Nosotros (pedir) _____ el bistec de solomillo y *(this)* _____ ensalada especial.
8. Adela y Lola (reñir) _____ porque las dos quieren *(that)* _____ postre.
9. Juan Carlos (probar) _____ *(this)* _____ helado.
10. Elsa y Jorge (hervir) _____ el agua para el café en *(that)* _____ recipiente.
11. El chef (freír) _____ los huevos en *(this)* _____ aceite.
12. Yo (preferir) _____ desayunar en *(that)* _____ cafetería.
13. Mi cuñada (tostar) _____ *(that)* _____ pan en el horno en vez de en la tostadora.

📼 ¡A ESCUCHAR!

Una receta. You will hear a series of instructions in Spanish. Indicate whether each instruction is logical (**Lógico**) or illogical (**Ilógico**) by placing a check mark in the appropriate column on the chart. You will hear the correct answers on the tape.

Lógico	Ilógico
1. _____	_____
2. _____	_____
3. _____	_____
4. _____	_____
5. _____	_____
6. _____	_____
7. _____	_____
8. _____	_____

6-40 Responder. Answer the following questions using formal commands and double object pronouns as in the model. Provide both an affirmative and a negative response.

MODELO: —¿Les consigo una buena mesa a ellos?
        —Sí, consígasela.
        —No, no se la consiga.

1. ¿Le pedimos el menú al camarero?
    Sí, _____.
    No, _____.

2. ¿Les servimos la cena a nuestros padres?
    Sí, _____.
    No, _____.

3. ¿Les traigo el postre ahora?
    Sí, _____.
    No, _____.

4. ¿Le damos la propina al camarero?
    Sí, _____.
    No, _____.

5. ¿Le sirvo la sopa a Marina?
    Sí, _____.
    No, _____.

¡LENGUA VIVA! ◆ ◆ ◆

A. Comidas navideñas

De antemano

El tema de este segmento es la comida hispano-americana y española en la época de Navidad. El Chef Pepín, con la participación de invitados de varios países, presenta platos típicos de Colombia, México, Argentina, Cuba, España, Nicaragua y Puerto Rico.

Palabras claves

la gira gastronómica **en pleno verano**
increíble   **el lechón, la lechona**
la yuca   **navideño(a)**
la costa
el sabajón

Prisma

1. ¿Puedes identificar el país que corresponde a las siguientes comidas y bebidas?
   _____ la ensalada navideña
   _____ el sabajón
   _____ el arroz con gandules
   _____ el lechón asado
2. ¿Cuántos platos tiene México? ¿De cuántas regiones?
3. ¿Qué relación hay entre el clima y la comida navideña en Argentina?

B. El mole poblano

(Activities for the second segment El mole poblano *are included in the Instructor's Resource Manual.)*

◆ ¡A CONVERSAR!

6-41 Entrevista. Interview a classmate about his/her eating habits. Ask the following questions.

1. ¿Cuál es tu comida favorita?
2. ¿Cuándo la comes?
3. ¿Cuál es tu restaurante favorito?
4. ¿Qué plato pides cuando vas a comer allí?
5. ¿Por qué te gusta tanto ese plato?
6. ¿Cuál es la comida que menos te gusta? ¿Por qué?
7. ¿Cuál es tu postre preferido?

6-42 Situaciones. Get together with two or three classmates and in small groups enact the following restaurant situations, using the vocabulary and structures you have learned in this chapter.

1. You've just found a fly in your soup and need to tell your waiter/waitress.
2. You and your friends cannot decide on what to order. The waiter/waitress gives you some suggestions.
3. You have just been brought the bill for the meal and realize that you don't have enough money to pay it.

LECTURA

TIROFIJO VA A MÁLAGA

EPISODIO 6: El rescate

¹are on a luxury yacht anchored
²locate it
³we're going to try a rescue operation
⁴We can't permit
⁵and the rest carefully climbed up the

gangplank
⁶through
⁷portholes
⁸where the men were

⁹to shoot
¹⁰about
¹¹below

(Continúa en la próxima lección.)

Comprensión

A.   Complete the following statements choosing the correct conclusion from
the given options.

1.   Los delincuentes están a bordo de un…
     a. avión   b. yate   c. carro   d. edificio
2.   Rosa del Sur y Tirofijo están en…
     a. Madrid   b. Roma   c. Málaga   d. Barcelona
3.   Tirofijo y Rosa vieron la foto…
     a. del yate   b. de los   c. de los   d. de Hugo y
                         delincuentes   estudiantes   Manolo
4.   Rosa y Tirofijo tienen…
     a. cartas   b. un yate   c. pistolas   d. cigarrillos

B.   Answer the following questions with complete sentences in Spanish.

1.   ¿Quiénes presuntamente secuestran a Susan y a Jim?
2.   ¿Cuál es la información que tienen Tirofijo y Rosa del Sur?
3.   ¿Cómo es el yate?
4.   ¿Dónde está anclado el yate?
5.   ¿Qué ven ellos a través de una de las ventanillas?
6.   ¿Qué les dicen Hugo y Manolo a los hombres al entrar en la cabina?
7.   ¿Qué le dicen los hombres a Rosa del Sur?
8.   ¿A quiénes encuentra Manolo al final?

LECCIÓN 7

¡De compras!

COMUNICACIÓN

- Shopping
- Reading advertisements
- Giving instructions
- Describing a product
- Reporting past events

CULTURA

- De compras
- Las tiendas especializadas

ESTRUCTURAS

Primera parte

- **Tú** Commands
- Irregular **Tú** Commands
- Ordinal Numbers

Segunda parte

- The Preterite of Regular Verbs
- Verbs with Irregular Preterite Forms

¡Lengua viva!:	De compras para alguien especial
Lectura:	Tirofijo va a Málaga
	Conclusión: El retorno
Mundo hispánico:	Centroamérica

¡Así es la vida!

De compras

Victoria Prado y su hermano Manuel, dos jóvenes peruanos, piensan ir de compras. Antes de salir, ponen el televisor para ver las ofertas que hay hoy en los almacenes y tiendas de Lima.

¿Qué se vende aquí?

 El Almacén Vigo te ofrece muchas gangas hoy. Ven y visita el Almacén Vigo. Aprovecha nuestras grandes rebajas. Hoy ofrecemos camisas de algodón, corbatas de seda, chaquetas y cinturones de cuero a un descuento de 30%. Cómpralos hoy mismo y págalos a crédito después. El Almacén Vigo, donde siempre tienes un amigo.

 ¡Atención! ¡Atención! Hoy hay una gran venta-liquidación en el centro comercial La Gran Vía. Tenemos más de cincuenta tiendas y vendemos ropa para todos los gustos. De noche o de día, ven a La Gran Vía a comprar ropa de moda, zapatos, regalos, artículos para el hogar. Recuerda que en el centro comercial La Gran Vía comprar es un placer.

En el Almacén Vigo

DEPENDIENTE: Buenos días, joven. ¿En qué puedo servirle?

MANUEL: Quiero ver las chaquetas y las camisas que están en rebaja.

DEPENDIENTE: Las chaquetas están en el tercer piso y las camisas están aquí. ¡Son una verdadera ganga! ¿Cuál es su talla?

MANUEL: Creo que es la cuarenta. ¿Puedo probarme esa camisa?

DEPENDIENTE: Sí, claro. Allí está el probador.

(Unos minutos más tarde)

MANUEL: ¿Qué tal me queda?

DEPENDIENTE: Le queda muy bien.

MANUEL: Entonces, me la llevo.

DEPENDIENTE: Por favor, tome este recibo y preséntelo en la caja.

(Manuel va a la caja)

MANUEL: ¡Ay, caramba! Mi billetera está en casa.

CAJERO: No se preocupe. Puede ir a buscar su billetera que yo le guardo la camisa.

MANUEL: Gracias, ahora veo por qué en el Almacén Vigo siempre tengo un amigo.

Me gusta mucho el estilo de este suéter. ¿Y a ti?

OFERTAS ESPECIALES

PARA NIÑAS, T. 8 AL 14	
Conjunto short y blusita	
Sólo	125,000.-
Conjunto Pantalón y blusa	
Sólo	135,000.-
PARA NIÑOS, T. 8 AL 16	
Shorts o bermudas	
Sólo	34,000.-
Polo cuello redondo	
Sólo	38,000.-
PARA JOVENES	
Camisa de bramante, T. S-M-L	
Sólo	59,000.-
Pantalón sport, 3 modelos. T. 28 al 34	
Sólo	79,000.-

Vamos a Saga. ¡Hay unas gangas increíbles esta semana!

¡Así lo decimos!

Lugares donde vamos a comprar

el centro comercial	*shopping center*
el almacén	*department store*
la tienda	*store*

Partes de una tienda

la caja	*cash register*
el mostrador	*counter*
el piso	*floor*
la planta *(in Spain)*	*floor*
el probador	*fitting room*
la sección de ropa para hombres	*men's clothing section*
la sección de ropa para mujeres	*women's clothing section*
la vitrina	*display case*

Expresiones claves
Dependiente(a):

¿En qué puedo servirle(s)?	*How may I help you?*
¿Necesita(n) ayuda?	*Do you need help?*
¿Cuál es su talla?	*What's your size?*
Es una ganga.	*It's a bargain.*
Le queda muy bien.	*It fits you very well.*
Se lo (la) muestro.	*I'll show it to you.*

Cliente(a):

Busco un(a)...	*I'm looking for a...*
Quiero ver...	*I want to see...*
¿Me puede mostrar...?	*Can you show me...?*
¿Puedo probarme...?	*May I try on...?*
¿Qué tal me queda?	*How does it fit me?*
Me queda grande.	*It's too big.*
Me queda estrecho(a).	*It's too tight.*
Me la (lo) llevo.	*I'll take it (with me).*

La ropa

el abrigo	*overcoat*
la billetera	*wallet*
la blusa	*blouse*
el bolso/la bolsa	*purse*
la camisa	*shirt*
la cartera	*purse*
la chaqueta	*jacket*
el cinturón	*belt*
la corbata	*tie*
la falda	*skirt*
los guantes	*gloves*
el impermeable	*raincoat*
los jeans	*jeans*
las medias	*stockings*
los pantalones	*pants, slacks*
las pantimedias	*pantyhose*
el pañuelo	*handkerchief*
la playera	*T-shirt*
el saco	*coat*
el sombrero	*hat*
el suéter	*sweater*
el traje	*suit*
el vestido	*dress*

El calzado

las botas	*boots*
las sandalias	*sandals*
los zapatos	*shoes*
los (zapatos de) tenis	*tennis shoes*

Materiales

el algodón	*cotton*
el cuero	*leather*
la lana	*wool*
la seda	*silk*

Descripciones

de cuadros	*plaid*
de manga corta	*short-sleeved*
de manga larga	*long-sleeved*
de rayas	*striped*

Las tallas

grande	*large*
mediano(a)	*medium*
pequeño(a)	*small*

Palabras claves

el artículo	*article, item*
la calidad	*quality*
el descuento	*discount*
la etiqueta	*price tag*
la ganga	*bargain*
la oferta	*offer (in a sale)*
el par	*pair*
el precio	*price*
la rebaja	*sale*
el recibo	*receipt*
la tarjeta de crédito	*credit card*
la venta-liquidación	*clearance sale*

Verbos y expresiones

ahorrar	*to save*
aprovechar	*to take advantage*
llevar	*to wear*
rebajar	*to lower (in price)*

¡A ESCUCHAR!

A. **¡De compras!** You will hear a recording of the television commercials on page 209 of your text. Indicate whether the statements that follow are **Cierto** or **Falso**. You will hear the correct answers on the tape.

	Cierto	Falso		Cierto	Falso
1.	_____	_____	3.	_____	_____
2.	_____	_____			

B. **En el Almacén Vigo.** Now listen to the conversation on page 210 and indicate whether the statements that follow are **Cierto** or **Falso**.

	Cierto	Falso		Cierto	Falso
4.	_____	_____	6.	_____	_____
5.	_____	_____	7.	_____	_____

◆ PRÁCTICA

7-1 Completar. Complete the following statements with words and expressions from **¡Así lo decimos!**

1. María lleva un _____; una _____ y un par de _____ porque hace mucho frío.
2. Yo llevo un _____ cuando llueve mucho.
3. Los _____ de Luis le quedan muy grandes pero a Tito le quedan muy bien las _____.
4. El _____ que voy a comprar tiene un par de _____ negros y un _____ negro.
5. Eduardo pone su dinero dentro de la _____ y Anita pone sus entradas dentro del _____.

7-2 Llegaron las navidades. It's Christmas and you've decided to buy everyone clothes this year. ¿Qué le vas a regalar...?

MODELO: a tu abuelo
Le voy a regalar una corbata a mi abuelo.

1. a tu hermana
2. a tus padres
3. a tu novio(a) o a tu esposo(a)
4. al profesor
5. a tus amigos(as)
6. a tu mejor amigo(a)
7. a tus primos
8. a tu abuela

A PROPÓSITO... De compras

Las tiendas en los países hispanos funcionan de manera diferente que en los Estados Unidos. En España, por ejemplo, las tiendas abren generalmente a las nueve o diez de la mañana y cierran a las dos de la tarde durante tres horas para el almuerzo y la siesta. Vuelven a abrir a las cinco de la tarde y cierran finalmente a las ocho o nueve de la noche. Las tiendas están abiertas de lunes a viernes y el sábado por la mañana.

En México y en otros países hispanoamericanos es posible regatear *(to bargain)* el precio de un artículo en el mercado público o a vendedores ambulantes *(street vendors)*. En España esta costumbre no es tan común.

En España y muchos otros países hispanos los empleados tienen derecho *(the right)* a un mes de vacaciones al año. La mayoría de los empleados prefiere tomar *(to take)* las vacaciones durante el verano. Muchos dueños *(owners)* deciden cerrar sus comercios *(businesses)* durante un mes en el verano y así ellos toman sus vacaciones al mismo *(the same)* tiempo que sus empleados. El turista que va a España en los meses de julio y agosto va a encontrar muchas tiendas y restaurantes cerrados.

¡Vamos a comparar!

¿Qué diferencias hay entre las tiendas norteamericanas y las tiendas del mundo hispano? ¿Es práctico cerrar las tiendas a la hora de almorzar? ¿Por qué? ¿Qué piensas de la idea de que todos los empleados tienen derecho a un mes de vacaciones? ¿Crees que hay muchos dueños de comercios en los EE.UU. que cierran su comercio durante un mes? ¿Por qué?

Centro comercial en Buenos Aires, Argentina.

7-3   Completar. Complete the following paragraph with the appropriate word from the box below.

probador	cuadros	caja	artículos	mostrador
piso	almacén	vitrina	etiqueta	dependiente

Estoy en un _____ muy grande. Estoy en el segundo _____ porque allí están los _____ en rebaja. Quiero comprar la camisa de _____ que vi *(I saw)* en la _____. Según la _____ cuesta dos mil pesetas. El _____ me la muestra y yo voy al _____ a probármela. Me queda muy bien. Me la llevo y pago la cuenta en la _____ que está detrás del _____.

7-4   En la tienda. Ask a store clerk for the following items.

MODELO: a silk tie
          Busco una corbata de seda.

1. a pair of leather boots
2. a cotton shirt
3. a woolen sweater
4. a silk dress
5. a blouse on sale
6. a leather jacket
7. a long-sleeved shirt
8. a pair of tennis shoes

7-5   Las rebajas. Answer the following questions based on the advertisement from a department store in Peru.

1. ¿Cuáles son los artículos que están en rebaja?
2. ¿Cuántos modelos de suéter hay?
3. ¿De qué material es la playera?
4. ¿Cuáles son las tallas de la playera?
5. ¿Cuántos modelos de jeans hay?
6. ¿Cuál es el precio normal del suéter?
7. ¿Cuánto cuesta el suéter en venta?
8. ¿Cuántos colores de pantalón hay? ¿Cuáles son?

SUETER PARA DAMA
en acrilán 100%, 7 modelos, gran variedad de colores, tallas: 7 a 11.
de 49,990.00 a
29,990⁰⁰

JEAN PARA DAMA
"MAGIC CLUB"
en mezclilla de algodón 100%, acid wash, corte vaquero, 4 modelos, tallas: 7 a 15.
de 54,990.00 a
34,990⁰⁰

PLAYERA TIPO POLO PARA CABALLERO,
en algodón 100%, colores: rojo, mamey, amarillo, blanco, azul cielo, tallas: 36-42.
de 22,990.00 a
11,990⁰⁰

DE IMPORTACION:
PANTALON SPORT
PARA CABALLERO, en algodón 100%, con cinturon, colores: negro, beige, azul, blanco y gris, tallas: 28 a 36.
de 69,990.00 a
34,990⁰⁰

¿Cuántos modelos de suéter hay?

◆ PRÁCTICA COMUNICATIVA

7-6   Describir. Pair up with another student and describe how a third student in the class is dressed today. Use the model as a guide.

MODELO: Tom lleva una camisa azul de manga larga. Tiene unos pantalones negros. Sus zapatos son marrones. ¡Está muy elegante!

7-7 En la tienda. One of you assumes the role of a clerk in a department store while the other plays the role of a customer. Use words and expressions from **¡Así lo decimos!** to help your customer decide what to buy.

MODELO: —Buenas tardes. ¿En qué puedo servirle?
       —Quiero ver...

 Estructuras

1. Tú Commands

- In Lección 6, you learned about formal commands. The following chart presents the familiar (**tú**) command forms.

Infinitive	Affirmative	Negative
comprar	compr**a**	no compr**es**
pensar	piens**a**	no piens**es**
comer	com**e**	no com**as**
atender	atiend**e**	no atiend**as**
escribir	escrib**e**	no escrib**as**
pedir	pid**e**	no pid**as**

- The affirmative **tú** commands are identical in form to the third person singular of the present indicative.

Piensa en el regalo.   ***Think*** *about the gift.*
Responde a la pregunta del   ***Answer*** *the client's question.*
   cliente.
Pide más información.   ***Ask for*** *more information.*

*(Our discussion of **Tú** Commands continues on the following page.)*

- The negative **tú** commands of **-ar** verbs are formed by adding **-es** to the stem of the first person singular form of the present indicative.

No hables con el dependiente.	***Don't talk*** *with the salesclerk.*
No pienses comprar allí.	***Don't think about*** *buying there.*
No empieces[1] a vender la ropa.	***Don't begin*** *to sell the clothes.*

- The negative **tú** commands of **-er** and **-ir** verbs are formed by adding **-as** to the stem of the first person singular form of the present indicative.

No enciendas la estufa.	***Don't turn on*** *the stove.*
No pidas más dinero.	***Don't ask for*** *more money.*
No hagas la compra hoy.	***Don't do*** *the shopping today.*

◆ PRÁCTICA

7-8   Un anuncio. Complete the following television commercial with the familiar command form of the verbs in parentheses.

No (perder) _____ tiempo y (ir) _____ ahora mismo al Almacén Vanidades. (Aprovechar) _____ las super-ofertas y (ahorrar) _____ dinero en la venta-liquidación de verano. No (esperar) _____ más, (abrir) _____ una cuenta hoy y (pagar) _____ después. (Comprar) _____ en Vanidades.

7-9   Cambiar. Change the following from formal to informal commands.

MODELO: **Entre** en la tienda.
          Entra en la tienda.
          No visite las tiendas caras.
          No visites las tiendas caras.

1. Piense qué artículos va a comprar.
2. No atienda mal a la cliente.
3. Busque el cinturón de cuero.
4. No mire esa camisa de seda.
5. Pida un descuento.
6. No compre ese saco de cuadros.
7. Pregunte dónde está el probador.
8. No hable mucho con el dependiente.

◆ PRÁCTICA COMUNICATIVA

7-10   ¡A improvisar! Role-play the following situations with another student.

1. Give instructions on getting from your house to your favorite store.
2. Bargain for an item in a public market in Mexico.
3. Give some shopping suggestions on how to obtain the best buys in stores in your home town.

---

[1] See *Lección 6*, page 198 for a review of spelling changes.

7-11 Consejos para el consumidor. Give another student six useful shopping tips using phrases in the box.

MODELO: comparar la calidad de los productos
Compara la calidad de los productos.

> leer los anuncios del periódico
> visitar diferentes tiendas
> decidir cuáles son los mejores artículos
> comparar los precios
> no prestar mucha atención al dependiente
> buscar las rebajas
> pedir más información
> no usar tarjeta de crédito

2. Irregular Tú Commands

¡TEN CUIDADO!

● The following verbs have irregular **affirmative** command forms.

decir	**di**	salir	**sal**
hacer	**haz**	ser	**sé**
ir	**ve**	tener	**ten**
poner	**pon**	venir	**ven**

Di si ella viene a comprar.   ***Tell*** *if she is coming to buy.*
Sal de mi cuarto ahora.   ***Leave*** *my room now.*
Haz la lista más tarde.   ***Make*** *the list later.*
Sé buen vendedor.   ***Be*** *a good salesman.*
Ve a la tienda temprano.   ***Go*** *to the store early.*
Ten paciencia.   ***Be*** *patient.*

● Except for **ir,** the negative **tú** commands of the verbs noted above are formed regularly.

No salgas de la tienda.   ***Don't leave*** *the store.*
No seas egoísta.   ***Don't be*** *selfish.*

- The negative **tú** command of the verb **ir** is **no vayas.**

    No vayas de compras a ese almacén.   *Don't go shopping in that store.*

⊙ EXPANSIÓN

Tú Commands With Object Pronouns

- When object pronouns are used with affirmative commands, they are always placed immediately after the verb and are attached to it. With negative commands object pronouns are placed between the negative and the conjugated verb. For a more detailed explanation of this structure, turn to page 197.

Compra el vestido.	*Buy the dress.*
Cómpra**lo.**	*Buy **it.***
Véndele el vestido a Luisa.	*Sell the dress to Luisa.*
Vénde**selo.**	*Sell **it to her.***
No pagues la cuenta.	*Don't pay the bill.*
No **la** pagues.	*Don't pay **it.***
No le vendas el vestido a Luisa.	*Don't sell the dress to Luisa.*
No **se lo** vendas.	*Don't sell **it to her.***

- As with formal affirmative commands, when object pronouns are used with familiar affirmative commands of two or more syllables, a written accent is added to show that the stress remains the same.

◆ PRÁCTICA

7-12 El gerente de ventas. You are the manager of a large department store. Give instructions to a new employee about how to proceed in his/her work.

MODELO: ser amable con los clientes
        Sé amable con los clientes.

1. llegar a la tienda temprano
2. hacer una lista de precios
3. poner los artículos en la vitrina
4. decir cosas buenas de nuestros productos
5. tener paciencia con los clientes
6. ser buen vendedor
7. venir a verme si hay problemas
8. salir de la tienda a las ocho de la noche

7-13   Cambiar. Change the nouns to object pronouns.

MODELO: Abre la tienda temprano.
                Ábrela temprano.

1.   Ayuda a esos clientes.
2.   Vende las medias baratas más tarde.
3.   Conoce bien los artículos.
4.   Aprende bien los precios.
5.   Haz la lista de precios.
6.   Rebaja aquellos artículos.
7.   Vende las chaquetas de cuero.
8.   Sigue todas mis instrucciones.

◆ PRÁCTICA COMUNICATIVA

7-14   En La Gran Vía. You are a new clerk in La Gran Vía and need to ask your boss what to do.

MODELO: atender a los clientes
                DEPENDIENTE: ¿Atiendo a los clientes?
                GERENTE: Sí, atiéndelos.

1.   poner esas blusas en la vitrina
2.   pedir más corbatas
3.   rebajar los guantes
4.   llamar a la otra dependienta
5.   hablarle al cliente
6.   marcar los precios
7.   llevar el recibo a la caja
8.   hacer la cuenta

7-15   Situaciones.

1.   Give directions to one of the shopping areas in your home town.
2.   Give suggestions for how best to study and prepare for Spanish exams.
3.   Give instructions for how to cook and prepare one of your favorite dishes.

Trajes de verano	14.995
Nicky liso y fantasía	995
Bañador-short tela	1.295
Discos clásicos importación	295
Novela clásicos "best-sellers"	125
Zapatos sport, en piel	3.995
Chándall tiempo libre	2.995
Zapatillas deporte	1.995

Un gran despliegue de ofertas increíbles, en todos los departamentos.
Y recuerde... si no queda satisfecho le devolvemos su dinero.

El Corte Inglés

ABIERTO HASTA LAS 9   ¿A qué hora se cierra El Corte Inglés?

Mary D. Padilla

¡EL ESPAÑOL EN ACCIÓN!

MARY D. PADILLA

Business Communications
UNIVISION NETWORK, Miami, FL
B.S. Journalism, University of Kansas, 1988

Because she works for a Spanish-language television network, Mary conducts much of her business in Spanish, including meetings, telephone conversations, and written correspondence.

"Studying Spanish in college was an option for me. I could have taken a proficiency exam to fulfill the requirement for the journalism degree, but I chose to learn more about the language in order to read and understand authors who express their thoughts in their native tongue. Personally, Spanish defines who I am. It is my heritage and the language with which I communicate with family and friends…"

◆ ◆ ◆

3. Ordinal Numbers

primero(a)	first	**sexto(a)**	sixth
segundo(a)	second	**séptimo(a)**	seventh
tercero(a)	third	**octavo(a)**	eighth
cuarto(a)	fourth	**noveno(a)**	ninth
quinto(a)	fifth	**décimo(a)**	tenth

- Ordinal numbers in Spanish agree in gender and number with the noun they modify.

Es la **primera** rebaja del año.
El **segundo** vestido es más bonito.

*It's the **first** sale of the year.*
*The **second** dress is prettier.*

- **Primero** and **tercero** are shortened to **primer** and **tercer** before masculine singular nouns.

  El almacén está en el **tercer** piso.

  *The store is on the **third** floor.*

  Es el **primer** mostrador a la derecha.

  *It's the **first** counter to the right.*

- In Spanish, ordinal numbers are rarely used beyond **décimo** (tenth). The cardinal numbers are used instead.

  La oficina del presidente está en el piso **doce.**

  *The president's office is on the **twelfth** floor.*

◆ PRÁCTICA

7-16 El Almacén La Gran Vía. Consult the floor plan for La Gran Vía to complete the statements that follow.

```
ALMACÉN LA GRAN VÍA
1er Piso—ropa de hombres
        calzado
        caja
2° Piso —ropa de mujeres
        oficinas de administración
3er Piso—restaurante
```

1. La sección de ropa de mujeres está en el _____ piso.
2. El restaurante está en el _____ piso.
3. La sección de calzado está en el _____ piso.
4. Las oficinas de administración están en el _____ piso.
5. La sección de ropa de hombres está en el _____ piso.
6. La caja está en el _____ piso.

◆ PRÁCTICA COMUNICATIVA

7-17 La oficina de información. You work at the information booth of Almacén Vigo. Help your customers locate the departments listed below and those in 7-16 above.

MODELO: CLIENTE: Señor(ita), ¿dónde está la sección de ropa de hombres?
         TÚ: Está en el segundo piso.

ropa de mujeres	muebles *(furniture)*
cosméticos	artículos para la cocina
artículos deportivos	ropa de niños

¡Así es la vida!

¿Qué compraste?

Victoria ya está de vuelta en casa y conversa sobre sus compras con su hermano Manuel cuando suena el teléfono.

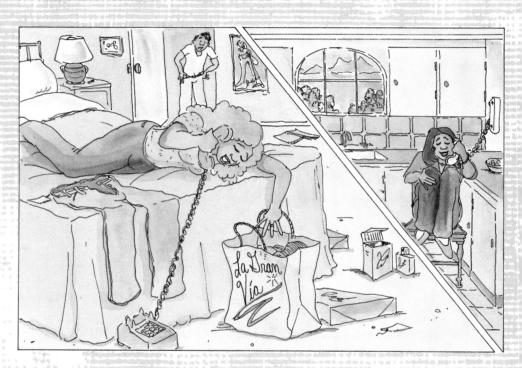

VICTORIA: ¿Oigo?

LUCÍA: Hola, Victoria. Te habla Lucía. ¿Cómo estás?

VICTORIA: Muy bien. ¿Qué tal, Lucía?

LUCIA: Oye, llamé tres veces a tu casa y no contestó nadie. ¿Qué hiciste hoy? ¿Adónde fuiste?

VICTORIA: Fui de compras a La Gran Vía y estuve allí todo el día.

LUCÍA: ¡Ah sí! …Cuéntame, ¿qué compraste?

VICTORIA: Compré uno de esos jeans que están de moda. Luego fui a la joyería y le compré un llavero de plata a mi novio Gustavo. Por fin, en la droguería, le compré un frasco de colonia a papá y un frasco de perfume a mamá.

LUCÍA: ¿Gastaste mucho?

VICTORIA: Un poco, pero lo bueno es que no tuve que pagar al contado. Usé la tarjeta de crédito de papá.

LUCÍA: ¡Pero Victoria!

VICTORIA: No te preocupes. Se lo pago todo el mes que viene.

MANUEL: Es lo que siempre dices, pero nunca haces. ¡Pobre papá!

¡Así lo decimos!

Tipos de tienda

la droguería	drug store
la farmacia	pharmacy
la joyería	jewelry store
la papelería	stationery store
la perfumería	perfume shop
la sastrería	tailor shop
la zapatería	shoe store

Las joyas y los metales preciosos

el anillo	ring
la cadena	chain
el collar	necklace
el llavero	key chain
la medalla	medal
de oro	made of gold
los pendientes (los aretes)	earrings
de plata	made of silver
la pulsera	bracelet
el reloj pulsera	wristwatch

Artículos de tocador

el champú	shampoo
el desodorante	deodorant
el frasco de colonia	bottle of cologne
el frasco de perfume	bottle of perfume
la pasta de dientes	toothpaste
el talco	powder

Métodos de pago

pagar a plazos	to pay in installments
pagar al contado	to pay cash
pagar en efectivo	to pay cash
pagar con cheque	to pay with a check
pagar con tarjeta de crédito	to pay with a credit card

Verbos

aceptar	to accept
arreglar	to fix
devolver	to return (something)
gastar	to spend

Cómo pedir información sobre un evento en el pasado

¿Adónde fuiste?	Where did you go?
¿Cómo te fue?	How did it go?
Cuéntame.	Tell me about it.
¿Dónde estuviste?	Where were you?
¿Qué hiciste?	What did you do?
¿Qué pasó?	What happened?

Otras palabras y expresiones

anoche	last night
ayer	yesterday
estar de moda	to be in style
estar de vuelta	to have returned
hacer(le) juego	to match, to go well with
ir de compras	to go shopping
el traje a la medida	custom-made suit

¡A ESCUCHAR!

¿Qué compraste? You will hear the conversation that appears on page 222. Indicate whether the statements that follow are **Cierto** or **Falso.** You will hear the correct answers on the tape.

	Cierto	Falso		Cierto	Falso
1.	_____	_____	4.	_____	_____
2.	_____	_____	5.	_____	_____
3.	_____	_____	6.	_____	_____

A PROPÓSITO... Las tiendas especializadas

Aunque en el mundo hispano hay grandes almacenes y supermercados, también hay una gran cantidad de tiendas especializadas. Es fácil identificar estas tiendas porque por lo general llevan el nombre del producto en el que se especializan y éste casi siempre termina en **-ería.** Así, en todos los pueblos y ciudades hay **peleterías,** *(fur shops),* **perfumerías, zapaterías, sastrerías** *(tailor shops),* **sombrererías,** etc. Los productos que se venden en estos almacenes muchas veces son fabricados por los mismos dueños y son de excelente calidad.

¡Vamos a comparar!

¿Puedes nombrar algunas tiendas especializadas de los Estados Unidos o Canadá? ¿Por qué crees que no hay más tiendas especializadas? ¿No son prácticas? ¿No estamos interesados en la calidad? ¿Podemos obtener calidad en los productos en otros tipos de tiendas?

Almacenes en el centro de la Ciudad de México.

◆ PRÁCTICA

7-18 Escoger. Choose the word or phrase that best completes each statement.

1. En una joyería no venden…
   a. pulseras   b. anillos   c. desodorante
2. El vestido le hace juego con el…
   a. collar   b. oro   c. talco
3. Voy a la papelería a comprar…
   a. un cuaderno   b. champú   c. una pulsera
4. Mi mamá compra el champú en la…
   a. joyería   b. centro comercial   c. droguería
5. Tú vas a la sastrería porque quieres…
   a. comprar agua de colonia
   b. comprar un traje a la medida
   c. pagar con cheque

◆ PRÁCTICA COMUNICATIVA

7-19   En la joyería. Complete the following exchange using expressions from
¡Así lo decimos!

> SEÑOR: Busco un _____ para mi novia.
> DEPENDIENTE: ¿Lo quiere de _____ o de _____?
> SEÑOR: De _____. ¿Cuánto _____?
> DEPENDIENTE: _____ cien dólares.
> SEÑOR: ¿Puedo pagar _____?
> DEPENDIENTE: Sí.
> SEÑOR: Me lo _____.
> DEPENDIENTE: ¿Algo _____?
> SEÑOR: No, gracias.
> DEPENDIENTE: De nada.

7-20   ¡Estoy sin dinero! The clerk from La Gran Vía has just rung up your
purchase. When you open your wallet, you discover that you have no money.
Try to make some other arrangement to pay.

MODELO: DEPENDIENTE: Son 1.485 intis.
           TÚ: ¡Caramba! No tengo dinero. ¿Puedo...

❖ Estructuras

4. The Preterite of Regular Verbs

- So far you have learned to use verbs in the present indicative tense or as
  commands. In this chapter, you will learn about the *preterite,* one of two
  simple past tenses in Spanish. In Lesson 8 you will be introduced to the
  imperfect, which is also used to refer to events in the past.

  (Our discussion of the Preterite continues on the following page.)

The Preterite Forms			
	-ar	**-er**	**-ir**
	tomar	**comer**	**vivir**
yo	tom**é**	com**í**	viv**í**
tú	tom**aste**	com**iste**	viv**iste**
Ud./él/ella	tom**ó**	com**ió**	viv**ió**
nosotros(as)	tom**amos**	com**imos**	viv**imos**
vosotros(as)	tom**asteis**	com**isteis**	viv**isteis**
Uds./ellos/ellas	tom**aron**	com**ieron**	viv**ieron**

- The preterite tense is used to report completed actions and to narrate past events.

  Gasté mucho dinero. — *I spent* a lot of money.

  Ellos **comieron** en la cafetería de la tienda. — *They ate* at the store's cafeteria.

  La semana pasada **hablaste** con el dependiente. — Last week *you talked* with the store clerk.

- The preterite forms for **nosotros** are identical to the present tense forms for **-ar** and **-ir** verbs. The situation or context of the sentence will clarify the meaning.

  Siempre **compramos** mucha ropa. — *We always **buy*** a lot of clothes.

  El mes pasado **compramos** dos camisas. — Last month *we bought* two shirts.

  Vivimos aquí ahora. — *We live* here now.

  Vivimos allí el año pasado. — *We lived* there last year.

Always use an accent mark for the first and third person singular forms.

  Compré un cuaderno para la clase de español. — *I bought* a notebook for Spanish class.

  Ana **vendió** el anillo ayer. — *Ana **sold*** the ring yesterday.

◆ PRÁCTICA

7-21 Una conversación. Alina and Mario are talking about how hectic their final exam period was. Complete their exchange.

—La semana no me (gustar) _____ nada.

—A mí tampoco. Yo (estudiar) _____ muchísimo y (dormir) _____ sólo cinco horas cada noche.

—Yo también. Además (trabajar) _____ en la tienda veinte horas. No (salir) _____ de la biblioteca y (comer) _____ sólo en la cafetería. (Perder) _____ más de dos kilos.

—Yo no, porque la tensión me (abrir) _____ el apetito. (Ganar) _____ más de un kilo de peso. Gracias a Dios que ya los exámenes (terminar) _____.

7-22 Responder. Answer the following questions using the preterite tense.

1. ¿Estudiaste mucho ayer?
2. ¿Con quién hablaste por teléfono anoche?
3. ¿Qué comiste en el almuerzo ayer?
4. ¿Visitaste a algún amigo o amiga la semana pasada?
5. ¿Leíste el periódico hoy?
6. ¿Compraste alguna ropa el mes pasado?

◆ PRÁCTICA COMUNICATIVA

7-23 Entrevista. Interview one of your fellow students using the following questions as a guide.

1. ¿A qué hora saliste para las tiendas?
2. ¿Caminaste o tomaste un autobús?
3. ¿Viste a muchos amigos en el centro?
4. ¿Compraste muchas cosas? ¿Qué compraste?
5. ¿Qué artículo te costó más?
6. ¿Miraste bien las ventas-liquidaciones?
7. ¿Gastaste mucho dinero? ¿Cuánto?
8. ¿Cuándo regresaste?

7-24 ¡A conversar! Use the expressions in the box to explain what you bought on a spending spree last week.

MODELOS: COMPAÑERO: ¿Qué hiciste ayer?
TÚ: Ayer fui de compras.
COMPAÑERO: ¿Gastaste mucho?
TÚ: Sí, gasté mucho dinero.

¿Miraste…?	¿Estuviste…?	¿Pagaste…?
¿Compraste…?	¿Gastaste…?	¿…hiciste…?

¿En qué país se encuentran estos lugares?

5. Verbs with Irregular Preterite Forms

Irregular Preterite Forms					
	ser/ir	**estar**	**tener**	**dar**	**hacer**
yo	fui	estuve	tuve	di	hice
tú	fuiste	estuviste	tuviste	diste	hiciste
Ud./él/ella	fue	estuvo	tuvo	dio	hizo
nosotros(as)	fuimos	estuvimos	tuvimos	dimos	hicimos
vosotros(as)	fuisteis	estuvisteis	tuvisteis	disteis	hicisteis
Uds./ellos/ellas	fueron	estuvieron	tuvieron	dieron	hicieron

- The verbs **ser** and **ir** have the same forms in the preterite. The context of the sentence or the situation will clarify the meaning.

    Fui de compras al centro.   *I **went** shopping downtown.*
    Nuestros abuelos **fueron** buenos   *Our grandparents **were** good*
        amigos.   *friends.*

- Note that **estar** and **tener** are both similarly irregular in the preterite.

    Estuvieron en la tienda.   *They **were** at the store.*
    Yo **tuve** que salir temprano para   *I **had** to leave early for work today.*
        el trabajo hoy.

- The preterite forms of **dar** are the same as for regular **-er** and **-ir** verbs. Because the first and third persons have only one syllable, they do not require an accent mark.

    Le **dio** el recibo al dependiente.   *He **gave** the receipt to the attendant.*

    Le **di** el regalo a Manolo.   *I **gave** the present to Manolo.*

- **Hacer** changes the stem vowel from **a** to **i** and **c** to **z** in the third person singular.

    Yo **hice** muchas compras hoy.   *I **made** many purchases today.*
    Hizo mucho frío ayer.   *It **was** very cold yesterday.*

🌀 **EXPANSIÓN**
Verbs With Spelling Changes in the Preterite

- Verbs that end in **-car, -gar** and **-zar** have the following spelling changes in the first person singular of the preterite.

c → qu	buscar	yo bus**qu**é
g → gu	llegar	yo lle**gu**é
z → c	almorzar	yo almor**c**é

- All other forms for these verbs are conjugated regularly.

- Other verbs which follow this pattern are:

abrazar	to embrace	**obligar**	to force
comenzar	to begin	**pagar**	to pay
empezar	to begin	**practicar**	to practice
explicar	to explain	**tocar**	to touch; to play
jugar	to play		an instrument

Te bus**qu**é esta mañana.	*I looked for you this morning.*
Lle**gu**é muy contento ayer.	*I arrived very happy yesterday.*
Almor**c**é poco hoy.	*I had little for lunch today.*
Pa**gu**é la cuenta.	*I paid the bill.*

◆ PRÁCTICA

7-25 El anillo de compromiso. Complete the following letter, using the correct preterite forms of the verbs in parentheses.

Estimado Julián,

Ayer Paco y yo (ir) _____ de compras al centro. (Estar) _____ en tres joyerías y yo (tener) _____ mucho cuidado cuando (hacer) _____ la selección del anillo, porque no tengo mucho dinero. Después de comprarlo, (ir) _____ a la residencia de María del Carmen y le (dar) _____ el anillo y un gran beso. (Ser) _____ un momento muy romántico y ella entonces me (dar) _____ muchos besos y abrazos. Después nosotros (ir) _____ a comer a un restaurante de lujo y después (hacer) _____ planes para nuestra boda.
   Te dejo porque tengo que estudiar.

                              Un fuerte abrazo,
                              Celestino

7-26   El (La) chismoso(a). Your roommate wants to know what you did today.

MODELO: —¿Llegaste a la clase tarde?
         —No, no llegué a la clase tarde.

1. ¿Practicaste los verbos antes de tomar el examen?
2. ¿Le explicaste a Jorge los verbos irregulares?
3. ¿Comenzaste el examen a tiempo?
4. ¿Buscaste a tu novio(a) despúes en el centro estudiantil?
5. ¿Almorzaste con tu novio(a) hoy?
6. ¿Le pagaste el almuerzo a tu novio(a)?
7. ¿Lo (La) abrazaste al volver a la residencia?

◆ PRÁCTICA COMUNICATIVA

7-27   ¿Qué hiciste? Meet with two or three classmates and find out what they did last weekend. Use **ir, tener, estar,** and other irregular verbs in the preterite tense to ask each other questions.

7-28   ¿La semana pasada? Ask your friend what he/she did last week. Then have him/her ask you the same questions.

MODELO: jugar al béisbol
         —¿Jugaste al béisbol?
         —Sí, jugué al béisbol. o —No, no jugué al béisbol.

1. almorzar en un restaurante
2. pagar con una tarjeta de crédito
3. practicar el fútbol
4. explicar el juego a tu novio(a)
5. comenzar a hablar español
6. buscar ayuda de alguien
7. abrazar a tu novio(a)

7-29   ¿Cuándo llegaron? Your roommate tells you that the following students never come to class on time. Answer him/her by saying that they arrived early today.

MODELO: María
         —María nunca llega a clase a tiempo.
         —Pero hoy llegó temprano.

1. Manuel
2. las chicas francesas
3. tú
4. tú y José
5. yo
6. ellos
7. Carlos y Juana
8. aquella muchacha rubia

SÍNTESIS
¡Al fin y al cabo!

◆ ¡A REPASAR!

7-30 Emparejar. Match the articles with the store or shop in which they would be found.

	Artículo		Almacén o tienda
_____	1. un anillo de oro	a.	la joyería
_____	2. unos bolígrafos	b.	el almacén de ropa
_____	3. un vestido	c.	la droguería
_____	4. un par de botas	d.	la papelería
_____	5. un frasco de colonia	e.	la zapatería
_____	6. una pulsera de plata	f.	la perfumería
_____	7. unos jeans de moda		
_____	8. pasta de dientes		

7-31 En un almacén. Answer the following questions based on the information in the illustration.

1. ¿Qué está comprando la señora?
2. ¿De qué forma paga ella?
3. ¿Quién está detrás del mostrador?
4. ¿Cuáles son los artículos que están en rebaja?
5. ¿Cómo son las camisas que miran los jóvenes?
6. ¿Quién los atiende?

7-32 Mis dos jefes. You work in a department store where the floor manager and the general manager always contradict each other. Imitate the two of them, using affirmative and negative **tú** commands as in the model.

MODELO: TÚ: ¿Pongo el traje en la vitrina?
          JEFE: Sí, ponlo en la vitrina.
          GERENTE: No, no lo pongas en la vitrina.

1. ¿Vendo las camisas en rebaja?
2. ¿Abro la caja ahora?
3. ¿Hago la cuenta?
4. ¿Acepto tarjetas de crédito?
5. ¿Rebajo las billeteras?
6. ¿Atiendo a ese señor?

7-33 Completar.

Ayer yo (ir) _____ de compras al centro comercial El Globo con mi amigo Abelardo. Nosotros (llegar) _____ allí a las diez de la mañana. Nosotros (entrar) _____ en el Almacén Martínez y (ir) _____ al tercer piso. Un dependiente nos (atender) _____ y nos (preguntar) _____ —¿En qué puedo servirles? Yo le (contestar) _____ —Necesito una chaqueta de cuero. Yo (mirar) _____ bien la chaqueta y después (ir) _____ al probador. Me (gustar) _____ mucho la chaqueta y la (comprar) _____. (Tener) _____ que pagar al contado porque allí no aceptan tarjetas de crédito. Abelardo le (comprar) _____ una blusa y una falda a su novia. Nosotros (hacer) _____ otras compras en otras tiendas y (estar) _____ en el centro hasta las dos de la tarde. Abelardo y yo (ahorrar) _____ mucho dinero porque (aprovechar) _____ las grandes rebajas.

¡A ESCUCHAR!

A. Las compras de Julia. You will hear a brief description of Julia's shopping trip. After the description is read, make a list of at least eight items she bought.

1. _____
2. _____
3. _____
4. _____
5. _____
6. _____
7. _____
8. _____

B. ¿Presente o pretérito? You will hear several statements. Indicate whether they describe actions in the present or in the preterite. You will hear the correct answers on the tape.

	1	2	3	4	5	6	7	8
Presente								
Pretérito								

7-34 El Corte Inglés. Answer the following questions based on the brochure from El Corte Inglés, a famous department store in Spain.

1. ¿Cómo se llama el departamento donde están la perfumería y la joyería?
2. ¿En qué planta está ese departamento?
3. ¿En qué planta está el departamento de ropa para niños?
4. ¿Dónde está la cafetería?
5. Si una señora necesita una talla especial, ¿adónde tiene que ir?
6. ¿En qué planta puede uno llamar por teléfono?

¿Cuántos departamentos están en el sótano?

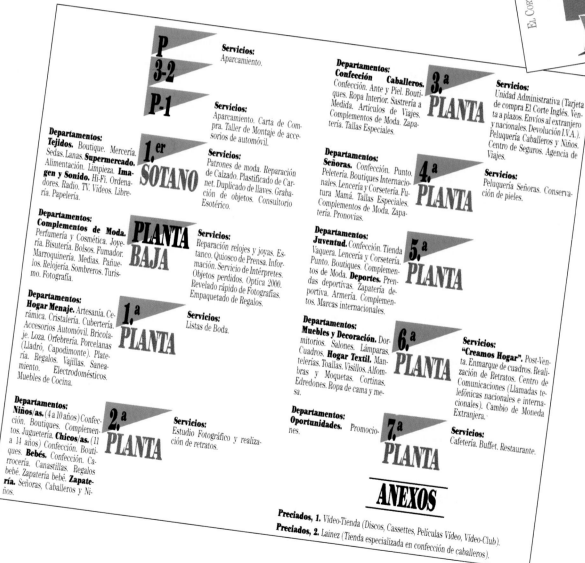

P 3-2

Servicios:
Aparcamiento.

P-1

Servicios:
Aparcamiento. Carta de Compra. Taller de Montaje de accesorios de automóvil.

Departamentos:
Tejidos. Boutique. Mercería. Sedas. Lanas. **Supermercado.** Alimentación. Limpieza. **Imagen y Sonido.** Hi-Fi. Ordenadores. Radio. TV. Vídeos. Librería. Papelería.

1.er SÓTANO

Servicios:
Patrones de moda. Reparación de Calzado. Plastificado de Carnet. Duplicado de llaves. Grabación de objetos. Consultorio Esotérico.

Departamentos:
Complementos de Moda. Perfumería y Cosmética. Joyería. Bisutería. Bolsos. Fumador. Marroquinería. Medias. Pañuelos. Relojería. Sombreros. Turismo. Fotografía.

PLANTA BAJA

Servicios:
Reparación relojes y joyas. Estanco. Quiosco de Prensa. Información. Servicio de Intérpretes. Objetos perdidos. Óptica 2000. Revelado rápido de Fotografías. Empaquetado de Regalos.

Departamentos:
Hogar Menaje. Artesanía. Cerámica. Cristalería. Cubertería. Accesorios Automóvil. Bricolaje. Loza. Orfebrería. Porcelanas (Lladró, Capodimonte). Platería. Regalos. Vajillas. Saneamiento. Electrodomésticos. Muebles de Cocina.

1.ª PLANTA

Servicios:
Listas de Boda.

Departamentos:
Niños/as. (4 a 10 años) Confección. Boutiques. Complementos. Juguetería. **Chicos/as.** (11 a 14 años) Confección. Boutiques. **Bebés.** Confección. Carrocería. Canastillas. Regalos bebé. Zapatería bebé. **Zapatería.** Señoras, Caballeros y Niños.

2.ª PLANTA

Servicios:
Estudio Fotográfico y realización de retratos.

Departamentos:
Confección   Caballeros. Confección. Ante y Piel. Boutiques. Ropa Interior. Sastrería a Medida. Artículos de Viajes. Complementos de Moda. Zapatería. Tallas Especiales.

3.ª PLANTA

Servicios:
Unidad Administrativa (Tarjeta de compra El Corte Inglés. Venta a plazos. Envíos al extranjero y nacionales. Devolución I.V.A.). Peluquería Caballeros y Niños. Centro de Seguros. Agencia de Viajes.

Departamentos:
Señoras. Confección. Punto. Peletería. Boutiques Internacionales. Lencería y Corsetería. Futura Mamá. Tallas Especiales. Complementos de Moda. Zapatería. Pronovias.

4.ª PLANTA

Servicios:
Peluquería Señoras. Conservación de pieles.

Departamentos:
Juventud. Confección. Tienda Vaquera. Lencería y Corsetería. Punto. Boutiques. Complementos de Moda. **Deportes.** Prendas deportivas. Zapatería deportiva. Armería. Complementos. Marcas internacionales.

5.ª PLANTA

Departamentos:
Muebles y Decoración. Dormitorios. Salones. Lámparas. Cuadros. **Hogar Textil.** Mantelerías. Toallas. Visillos. Alfombras y Moquetas. Cortinas. Edredones. Ropa de cama y mesa.

6.ª PLANTA

Servicios:
"Creamos Hogar". Post-Venta. Enmarque de cuadros. Realización de Retratos. Centro de Comunicaciones (Llamadas telefónicas nacionales e internacionales. Cambio de Moneda Extranjera.

Departamentos:
Oportunidades. Promociones.

7.ª PLANTA

Servicios:
Cafetería. Buffet. Restaurante.

ANEXOS

Preciados, 1. Vídeo-Tienda (Discos, Cassettes, Películas Vídeo, Vídeo-Club).
Preciados, 2. Lainez (Tienda especializada en confección de caballeros).

¡LENGUA VIVA! ◆ ◆ ◆

UNIVISION

De compras para alguien especial

De antemano

Ahora vas a ver a dos hombres hispanos (Rafael José en Nueva York y Fernando Fiore en Miami) que tienen que llegar a una decisión muy pronto: ¿qué deben comprarles a sus respectivas madres para el Día de la Madre?

Palabras y frases claves

el color turquesa
el cariño
el bracelete
la saya

Prisma

1. De los siguientes objetos, indica con una "X" si los *ves* (**Visual**), si alguien los *menciona* (**Audio**) o si *no aparecen* (**Ausente**). Por ejemplo, *madre* está en la columna visual y la columna audio.

	Visual	Audio	Ausente
Ejemplo: madre	X	X	
a. vitrina	——	——	——
b. pendiente(s)	——	——	——
c. traje	——	——	——
d. almacén	——	——	——
e. mostrador	——	——	——
f. descuento	——	——	——
g. probador	——	——	——
h. joyas	——	——	——
i. rosas rojas	——	——	——

2. Completa estas frases con palabras del video.
   a. La madre _____ cuida *(takes care of)* y _____ alimenta *(feeds)*.
   b. La madre de Rafael José _____ el color turquesa.
   c. ... un viaje a la _____, Puerto Rico, las Bahamas ...
   d. Todavía no le _____ ningún regalo.
   e. ... este bracelete de _____ ...
   f. No me _____ nada, dame el dinerito.
3. Describe la ropa de la gente en este video. ¿Te gusta cómo está vestido alguno de ellos, o no?

◆ ¡A CONVERSAR!

7-35 ¡Vamos de compras! Use newspaper advertisements to discuss in small groups which items you will purchase and how you will pay for them.

MODELO: Yo quiero ir al Centro Comercial de Southland.
Voy a comprar unas blusas que están de moda y unos zapatos de cuero.

7-36 ¡Consejos para el consumidor! You are the consumer affairs reporter for a Spanish newspaper. Present a list of suggestions for shoppers in your area.

 **LECTURA**   TIROFIJO VA A MÁLAGA

CONCLUSIÓN: **El retorno**

---

[1] we were going to die
[2] We have been tied up for more than two weeks
[3] they fed us
[4] real
[5] You are safe now.

[6] questions
[7] to find out
[8] were leaving
[9] It was nighttime and it was raining.
[10] to get in

[11] welcomes
[12] congratulates
[13] It makes me very happy
[14] was solved
[15] to be grateful for to

[16] Not so much to me.
[17] accomplish
[18] I wanted
[19] I would love
[20] This is living!

[21] Darn it!
[22] I wonder what problems we may have now.

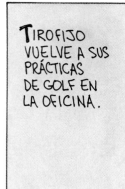

Comprensión

A. Indicate whether the following statements are **Cierto** or **Falso** based on the information provided in the reading.

1. Susan y Jim llevaban más de dos semanas prisioneros en el yate.
2. En la comisaría, Tirofijo interroga a los secuestradores de Susan y Jim.
3. El embajador norteamericano no está muy contento con el resultado del caso.
4. A Tirofijo le encantaría ir a jugar al golf en los Estados Unidos.
5. Al final de la lectura, Tirofijo recibe una llamada del comandante Urbina.

B. Answer the following questions in complete sentences in Spanish.

1. ¿Cómo se sienten los dos jóvenes después de ser rescatados?
2. ¿Cómo secuestraron a Jim y a Susan?
3. ¿Qué opinión tiene el embajador norteamericano de Tirofijo?
4. ¿Qué piensa hacer Tirofijo ahora que está resuelto este caso?
5. ¿Por qué cree Ud. que está llamando el presidente de los Estados Unidos?

MUNDO HISPÁNICO

LA AMÉRICA CENTRAL

La América Central es la región que se encuentra entre México y Colombia. Esta región está dividida en siete pequeñas naciones, seis en las cuales se habla español, y Belice, país de habla inglesa que obtuvo[1] su independencia de Inglaterra en 1981. El resto de los países son de norte a sur: Guatemala, El Salvador, Honduras, Nicaragua, Costa Rica y Panamá.

Esta región exótica está llena de pájaros[2] multicolores, espesas[3] selvas[4] verdes y volcanes activos. Centroamérica tiene una población mayormente indígena y mestiza, aunque también abundan los negros en la costa del Atlántico, y en Costa Rica la mitad de la población es blanca. Recientemente, Centroamérica ha recibido la atención del

[1] obtained [2] birds [3] dense [4] jungles

Niños indígenas de Guatemala.

Estadísticas de Centroamérica				
País	Área	Población	Capital	PIB★ (per capita)
Guatemala	108.890 km²	9.436.247	Ciudad de Guatemala	$1.750
El Salvador	21.041 km²	7.258.419	San Salvador	$950
Honduras	112.088 km²	5.292.584	Tegucigalpa	$875
Nicaragua	130.000 km²	3.991.444	Managua	$859
Costa Rica	51.000 km²	3.089.548	San José	$2.550
Panamá	77.082 km²	2.468.286	Ciudad de Panamá	$2.350

★Producto Interno Bruto *(Gross National Product)*

mundo por sus graves problemas militares, políticos y económicos. Sin embargo,[5] Nicaragua, después de las elecciones democráticas en 1990 en las que[6] doña Violeta Chamorro ganó[7] la presidencia, parece que ha entrado en[8] un proceso pacífico de recuperación. En enero de 1992 se firmó un tratado de paz en El Salvador, poniendo fin a una sangrienta guerra civil de más de diez años. Y todo indica que los otros países de esta región también están tratando de resolver pacíficamente sus problemas.

SITIOS DE INTERÉS EN CENTROAMÉRICA

◆ El Canal de Panamá

El Canal de Panamá fue construido a principios de siglo por el Cuerpo de Ingenieros del Ejército de los Estados Unidos. Esta fantástica obra[9] de ingeniería comenzó a funcionar en 1914 y tiene 51 millas de largo y un mínimo de 300 pies de ancho[10]. La zona del canal se extiende cinco millas a cada lado del canal y tiene un área total de 535 millas cuadradas.

◆ El Irazú

El volcán Irazú, una de las montañas más altas de Costa Rica, es una gran atracción turística. De 1963 a 1966, época en que se volvió activo,[11] casi todos los días enviaba[12] una lluvia de cenizas volcánicas[13] al valle central. Hoy día, su cráter es similar a un paisaje lunar.[14] En un día claro es posible ver desde su cumbre[15] el Mar Caribe y el Océano Pacífico.

Esclusa (*lock*) de Miraflores en el Canal de Panamá.

El volcán Poas en Costa Rica.

◆ Tikal

La ciudad de Tikal es la más grande y antigua de las ruinas mayas excavadas hasta ahora. Tikal está situada en la selva de El Petén en Guatemala y allí se pueden ver algunas de las más impresionantes edificaciones de la arquitectura maya. El turista también puede admirar el maravilloso sistema de canales para aprovechar[16] el agua de lluvia que consumían los 40.000 indios mayas que allí vivían. En la página 237 pueden ver un cuadro[17] comparativo con los datos de los países que forman la América Central.

[5]However [6]in which [7]won [8]has entered [9]work [10]wide [11]it became active [12]would send [13]volcanic ash [14]moonscape [15]peak

[16]to take advantage of [17]table

Recolector de café
en las montañas
de Costa Rica.

La Gran Plaza de Tikal en Guatemala.

MINIPRUEBA

¿Cierto o Falso?

1. Hay siete naciones en la América Central.
2. En Belice la lengua oficial es el español.
3. Panamá está entre Costa Rica y Colombia.
4. En Centroamérica la población es mayormente blanca.
5. La mayoría de los negros están en la costa del Pacífico.
6. Doña Violeta Chamorro es la presidenta de Nicaragua.
7. El Canal de Panamá tiene 51 millas de largo.
8. El volcán Irazú estuvo activo durante tres años en los años sesenta.
9. Tikal tiene edificios mayas fantásticos.
10. Honduras es el país más grande de Centroamérica.
11. Costa Rica es el país que tiene el PIB más alto.
12. Guatemala es el país más pobre.

ACTIVIDADES

A. Get together with a classmate to identify and discuss the locations of the following important cities and bodies of water in Central America. Consult the maps inside the cover of your text. Follow the model.

el lago Atitlán	Cocibolca
Ulúa	el río Chagras
Santa Ana	Limón
Antigua	Colón
San Pedro	el lago
Sula	Ometepe

MODELO: Puntarenas
—Puntarenas es una ciudad de Costa Rica. Está en la costa del Golfo de Nicoya.

B. Más preguntas. In groups of 3 or 4, summarize what you have learned or know about Central America. Prepare a list of things you wish to know more about.

MODELO: Quiero saber más sobre la historia de Tikal.
¿Cuándo vivieron los mayas en Centroamérica?

C. Investigación. Find out more about one of the following topics. Be prepared to give a short presentation to the class in Spanish.

—the various Indian cultures in Guatemala
—the major archeological ruins in Central America
—the different national units of currency
—the development of the Panama Canal
—national products

LECCIÓN 8
La rutina diaria

COMUNICACIÓN

- Describing your daily routine and habits
- Expressing needs related to personal care
- Performing household chores
- Describing conditions in the past
- Narrating past events

CULTURA

- La tertulia y la peña literaria
- Las tareas domésticas

ESTRUCTURAS

Primera parte

- Reflexive Constructions
- Other Irregular Verbs in the Preterite
- Preterite of Stem-changing Verbs (e → i, o → u)

Segunda parte

- The Imperfect of Regular Verbs
- Irregular Verbs in the Imperfect

¡Lengua viva! Las telenovelas
El Día del Padre
Lectura: No hay que complicar la felicidad
Mundo hispánico: Venezuela y Colombia

¡Así es la vida!

El arreglo personal

Antonio, Beatriz y Enrique Castillo son tres hermanos que viven en Barquisimeto, Venezuela. He aquí su rutina de todas las mañanas.

Antonio es madrugador. Siempre se despierta a las seis de la mañana. Después de levantarse, se cepilla los dientes, se ducha y se seca con una toalla. Luego, le prepara el desayuno a su mamá y ella se pone muy contenta.

Beatriz es madrugadora también, pero como anoche no durmió bien, hoy no se despertó temprano. Cuando se levantó esta mañana, se lavó la cara; se vistió rápidamente y salió de casa sin maquillarse. Ella se puso muy nerviosa cuando llegó a la universidad, porque estaba atrasada.

Enrique nunca se despierta cuando suena el despertador. Le gusta dormir por las mañanas, porque, por las noches, siempre se acuesta muy tarde. Después de levantarse, se afeita, se pone loción, se peina y se mira en el espejo. Muchas veces llega tarde al trabajo y su jefe se pone furioso.

¡Así lo decimos!

El arreglo personal

afeitarse	to shave
bañarse	to bathe
cepillarse	to brush
ducharse	to shower
lavarse	to wash
maquillarse	to put on make up
mirarse	to look at oneself
peinarse	to comb
pintarse (las uñas)	to make up (to polish one's nails)
quitarse	to take off
ponerse	to put on
secarse	to dry oneself
vestirse (i, i)	to get dressed

Otros verbos reflexivos

acostarse (ue)	to go to bed
despertarse (ie)	to wake up
dormirse (ue, u)	to fall asleep
levantarse	to get up
ponerse	to put on
sentarse (ie)	to sit down

Para expresar cambios emotivos

ponerse furioso	to become angry
ponerse impaciente	to become impatient
ponerse contento	to become happy
ponerse triste	to become sad
ponerse nervioso	to become nervous

Artículos de uso personal

el cepillo	brush
el cepillo de dientes	toothbrush
el colorete	rouge, blush
la crema de afeitar	shaving cream
el desodorante	deodorant
el enjuague	mouthwash
el esmalte	nail polish
el espejo	mirror
la cuchilla (navaja) de afeitar	razor blade
el jabón	soap
la loción	shaving lotion
el lápiz labial	lipstick
la máquina de afeitar	shaver
el maquillaje	make up
el peine/la peineta	comb
la secadora	hairdryer
las tijeras	scissors

Algunas partes del cuerpo

la cara	face
los ojos	eyes
el pelo	hair
los labios	lips
los dientes	teeth
las uñas	finger or toenails

Otras palabras y expresiones

el despertador	alarm clock
dormir hasta tarde	to sleep late
ser madrugador(a)	to be an early riser
despertarse a tiempo	to wake up on time
estar atrasado(a)	to be late

¿Por qué se cepillan los dientes estas personas?

"¿Por qué nos cepillamos siempre con Crest, mami?"

"Porque nos ayuda a tener dientes sanos y una sonrisa bonita."

📼 ¡A ESCUCHAR!

Por las mañanas. Listen to the announcements that appear in **¡Así es la vida!** on page 241, and indicate whether the statements that follow best describe Antonio, Beatriz or Enrique.

	Antonio	Beatriz	Enrique
1.	_____	_____	_____
2.	_____	_____	_____
3.	_____	_____	_____
4.	_____	_____	_____
5.	_____	_____	_____
6.	_____	_____	_____

◆ PRÁCTICA

8-1 ¡Fuera de lugar! Circle the word or expression that doesn't belong.

1. a. acostarse   b. bañarse   c. dormirse   d. despertarse
2. a. la secadora   b. la máquina   c. los labios   d. las tijeras
                       de afeitar
3. a. el peine   b. el cepillo   c. la pasta   d. los dientes
                        de dientes   de dientes
4. a. afeitarse   b. ducharse   c. ponerse contento d. peinarse
5. a. acostarse   b. la cara   c. el lápiz labial d. el colorete
6. a. las uñas   b. madrugador c. los labios   d. la cara

8-2 Los artículos de tocador. Complete the following chart using words and expressions from **¡Así lo decimos!**

Hombres	Mujeres	Los dos
la loción	_____	_____
_____	_____	_____
_____	_____	_____
_____	_____	_____
_____	_____	_____

8-3 ¿Correcto o incorrecto?

1. _____ Él va a cepillarse los dientes con el lápiz labial.
2. _____ Ella necesita jabón para bañarse.
3. _____ Juan compra una secadora porque va a afeitarse.
4. _____ María quiere pintarse las uñas con el esmalte rojo.
5. _____ Ella quiere lavarse los dientes con la loción.
6. _____ Yo me peino con las tijeras.

8-4 ¡Emparejar! Match the words in column A with those in column B.

A	B
_____ 1. afeitarse	a. cuchilla
_____ 2. bañarse	b. espejo
_____ 3. secarse	c. toalla
_____ 4. peinarse	d. lápiz labial
_____ 5. pintarse	e. triste
_____ 6. mirarse	f. jabón
_____ 7. ponerse	g. dientes
_____ 8. cepillarse	h. peine

◆ PRÁCTICA COMUNICATIVA

8-5 Entrevista. Interview several people about their daily routine.

● At what time do they wake up? go to sleep?

● What do they do when they first wake up in the morning?

● Where do they buy certain personal care items?

8-6 Me pongo... In small groups, discuss what makes you nervous, happy and annoyed.

MODELO: Me pongo nervioso cuando llego tarde a clase.

◈ Estructuras

1. Reflexive Constructions

● A *reflexive construction* is one in which the subject both performs and receives the action expressed by the verb.

Isabel **se peina.**
Isabel combs her hair.

Isabel **peina** a su hermana.
Isabel combs her sister's hair.

● The drawing on the left depicts a *reflexive action* (Isabel is combing her own hair); the drawing on the right depicts a *nonreflexive action* (Isabel is combing her sister's hair).

Reflexive Pronouns

● Reflexive constructions are characterized by the use of the reflexive pronouns shown in the following chart.

Subject pronouns	Reflexive pronouns
yo	**me** *(myself)*
tú	**te** *(yourself)*
usted	**se** *(yourself)*
él	**se** *(himself)*
ella	**se** *(herself)*
nosotros(as)	**nos** *(ourselves)*
vosotros(as)	**os** *(yourselves)*
ustedes	**se** *(yourselves)*
ellos	**se** *(themselves)*
ellas	**se** *(themselves)*

🌀 EXPANSIÓN

● Reflexive pronouns have the same forms as direct and indirect object pronouns, except in the third person singular and plural. The reflexive pronoun of the third person singular and plural is **se.**

Paco **se** baña.	*Paco bathes.*
Ellos **se** levantan.	*They get up.*

● As with the object pronouns, reflexive pronouns are placed immediately before the conjugated verb.

Me lavo las[1] manos.	*I wash my hands.*

● In affirmative commands, reflexive pronouns are attached to the command.

¡Láva**te** las manos!	Wash your hands!

● In negative commands, reflexive pronouns preceed the command.

¡No **te** acuestes tan temprano!	Don't go to sleep so early!

● In progressive constructions and with infinitives, reflexive pronouns are either attached to the **-ndo** form or infinitive, or placed in front of the conjugated verb.

El niño está peinándo**se.** ⎫	
El niño **se** está peinando. ⎭	*The boy is combing his hair.*
Sofía va a maquillar**se** ahora. ⎫	*Sofía is going to put her makeup on*
Sofía **se** va a maquillar ahora. ⎭	*now.*

---

[1] When talking about parts of the body and articles of clothing, Spanish normally uses the definite article rather than the possessive adjective.

A PROPÓSITO... La tertulia y la peña literaria

Dos costumbres muy arraigadas *(rooted)* del mundo hispano son **la tertulia** y **la peña literaria.** La tertulia es un grupo de amigos que se reúnen en casa de uno de ellos o en un café a una hora determinada para conversar y beber algo. En una tertulia se discuten muchos temas como la política, los deportes y las películas. La peña literaria es similar a la tertulia sólo que la peña literaria es una reunión más formal y los participantes se reúnen para hablar sobre obras *(works)* o autores literarios.

¡Vamos a comparar!

¿Existe algo en los Estados Unidos o en Canadá similar a una tertulia o a una peña literaria? ¿Te gustaría participar en una tertulia? ¿Cuál es la diferencia entre una tertulia y una peña literaria?

Estudiantes en la Plaza Mayor, Madrid.

- In English, reflexive pronouns are frequently omitted, but in Spanish reflexive pronouns are required in all reflexive constructions.

Pepe **se afeita** antes de acostarse.	*Pepe shaves before going to bed.*
Marina **se bañó** a las ocho de la mañana.	*Marina took a bath at eight in the morning.*

Reflexive Verbs

- Verbs that describe personal care and daily habits carry a reflexive pronoun if the same person performs and receives the action.

Me voy a acostar temprano.	***I'm going to bed** early.*
¿Te afeitaste hoy?	***Did you shave** today?*
Ellos se levantan tarde todas las mañanas.	***They get up** late every morning.*

- Such verbs can also be used nonreflexively.

Elena **acuesta** a su hija menor.	*Elena **puts** her youngest daughter **to bed.***
La enfermera **afeita** al paciente.	*The nurse **shaves** the patient.*
¿Despiertas a tu tía?	***Do you wake** up your aunt?*

- Verbs that express feelings, moods and conditions are often used with reflexive pronouns. A reflexive pronoun is usually not required in English. Instead, *to get, to become* or nonreflexive verbs are used as equivalents.

acordarse (de) (ue)	to remember
alegrarse (de)	to become happy
divertirse (ie, i)	to have fun
enamorarse (de)	to fall in love (with)
enfermarse	to become sick
enojarse (con)	to get angry (at)
olvidarse (de)	to forget
pelearse	to fight

Me alegro de que Clara ganó.	*I am happy that Clara won.*
Se enoja si pierde.	*He gets angry if he loses.*
Luis **se enamoró de** Ana.	*Luis fell in love with Ana.*
Nos divertimos mucho en la fiesta.	*We had a lot of fun at the party.*
No **me acuerdo de** eso.	*I don't remember that.*
Me olvido de todo cuando la veo.	*I forget everything when I see her.*
Pedro **se enfermó.**	*Pedro got sick.*
Nos peleamos con Paco ayer.	*We had a fight with Paco yesterday.*

- Some verbs have different meanings when used with a reflexive pronoun.

Nonreflexive		**Reflexive**	
acostar	to put to bed	**acostarse**	to go to bed
dormir	to sleep	**dormirse**	to fall asleep
enfermar	to make sick	**enfermarse**	to become sick
ir	to go	**irse**	to go away, to leave
levantar	to lift	**levantarse**	to get up
llamar	to call	**llamarse**	to be called
poner	to put, to place	**ponerse**	to put on
quitar	to remove	**quitarse**	to take off
vestir	to dress	**vestirse**	to get dressed

◆ PRÁCTICA

8-7 Marcela y Paco. Complete the following paragraph with the correct form of the preterite of the reflexive verbs in parentheses.

Ayer yo (alegrarse) _____ de ver a Marcela después de tanto tiempo. Nosotros (divertirse) _____ mucho recordando los buenos tiempos. Nosotros (enamorarse) _____ el año pasado. Pero un día yo (enojarse) _____ con ella y nosotros (pelearse) _____. Ahora ya nosotros (olvidarse) _____ del pasado y vamos a ser buenos amigos.

8-8 Antes de ir a la universidad. Describe six things you generally do in the morning.

MODELO: Me levanto a las siete de la mañana.
         Después de levantarme, me afeito.

8-9   Contestar el teléfono. Your roommate is preparing for a difficult exam and has asked you to screen his/her calls. Prepare six excuses that you can use so that he/she doesn't have to come to the phone.

MODELO: —¿Puedo hablar con...?
   —No, está bañándose.
   —No, se está bañando.

◆ PRÁCTICA COMUNICATIVA

8-10   En el campamento de verano. You are a camp counselor and you have to give your kids instructions.

MODELO: —¿Nos podemos lavar las manos?
   —Sí, lávense las manos?
   —No, no se laven las manos.

1. levantarse a las ocho
2. vestirse a las nueve
3. bañarse en el mar
4. sentarse cerca de la televisión
5. lavarse los dientes después de comer
6. acostarse tarde

8-11   Entrevista. Interview a classmate, using the following questions.

1. ¿A qué hora te levantas?
2. ¿Te duchas o te bañas?
3. ¿Cuántas veces al día te cepillas los dientes?
4. ¿A qué hora te duermes?

2. Other Irregular Verbs in the Preterite

¿ DÓNDE PUSISTE LOS CHOCOLATES?

	poder	**poner**	**venir**	**traer**	**decir**
yo	**pud**e	**pus**e	**vin**e	**traj**e	**dij**e
tú	**pud**iste	**pus**iste	**vin**iste	**traj**iste	**dij**iste
Ud./él/ella	**pud**o	**pus**o	**vin**o	**traj**o	**dij**o
nosotros(as)	**pud**imos	**pus**imos	**vin**imos	**traj**imos	**dij**imos
vosotros(as)	**pud**isteis	**pus**isteis	**vin**isteis	**traj**isteis	**dij**isteis
Uds./ellos/ellas	**pud**ieron	**pus**ieron	**vin**ieron	**traj**eron	**dij**eron

- The preterite forms of **poder** and **poner** have a **u** in the stem. Other verbs conjugated similarly in the preterite are: **andar → anduve, estar → estuve, saber → supe, tener → tuve.**

Pudo ir a la tertulia.	*He **was able** to go to the tertulia.*
¿**Pusiste** la toalla allí?	***Did you put** the towel there?*
Anduve un rato por el parque hoy.	*I **walked** for a while in the park today.*
Estuvo aquí esta mañana.	*She **was** here this morning.*
Supimos la noticia en seguida.	*We **found out** (learned about) the news right away.*
Tuve que cepillarme los dientes.	*I **had** to brush my teeth.*

- The preterite of **venir** changes to **i** in the stem. Other verbs conjugated similarly in the preterite are: **decir → dije, hacer → hice, querer → quise.**

Vine de mis clases temprano.	*I **came** from my classes early.*
El joven **dijo** la verdad.	*The young man **told** the truth.*
Hicimos muchas compras.	*We **made** many purchases.*
Quisieron vernos ayer.	*They **tried** to see us yesterday.*

- Since the stem of the preterite forms of **decir** and **traer** ends in **j,** the third person plural form of these verbs ends in **-eron** not **-ieron.**

Di**jeron** muchas cosas buenas.	*They **said** many good things.*
Tra**jeron** los zapatos.	*They **brought** their shoes.*

☺ EXPANSIÓN

- Certain Spanish verbs have different meanings when used in the preterite.

	Present	**Preterite**
conocer	to know	to meet someone
saber	to know	to find out, to learn
querer	to want	to try
tener	to have	to get, to receive

Juana **conoció** a un chico guapo ayer.	*Juana **met** a good-looking boy yesterday.*
Supe del accidente de Pedro.	*I **learned** of Pedro's accident.*
Quisimos hablar con él, pero no contestó el teléfono.	*We **tried** to talk with him, but he didn't answer the phone.*
Tuve una carta de ella el mes pasado.	*I **received** a letter from her last month.*

◆ PRÁCTICA

8-12   La aventura de Beatriz. Beatriz went to the beach last week with a friend. Find out what they did by completing the letter with the preterite form of the verbs in parentheses.

Querida María Antonia,

La semana pasada Marisa y yo (poder) _____ ir a la playa. El jueves (andar) _____ por la arena y el viernes (tener) _____ la oportunidad de conversar con muchos chicos guapos. ¡Ja, ja, ja! Yo (conocer) _____ a Marcos y (saber) _____ que el año pasado él (estar) _____ en Tennessee Tech pero ahora estudia ingeniería en nuestra universidad. Marcos me (decir) _____ que me (conocer) _____ en una fiesta de su fraternidad, pero yo no me acuerdo. Anoche Marcos (venir) _____ a verme. Me (traer) _____ unas flores muy bellas. Yo me (poner) _____ nerviosa. Creo que estoy enamorada.

Dime qué piensas de todo esto.

Tu amiga,
Beatriz

8-13   Pero ayer... Complete each sentence, describing what made yesterday an unusual day. Use appropriate object pronouns to avoid repeating the noun objects mentioned.

MODELO: Siempre hago la tarea por la noche, pero ayer...
          Siempre hago la tarea por la noche, pero ayer no la hice.

1.   Siempre puedo desayunar temprano, pero ayer...
2.   Todas las mañanas andamos por el parque, pero ayer...
3.   El novio de Sonia siempre dice la verdad, pero ayer...
4.   Todas las noches Roberto y Julia ven la televisión, pero ayer...
5.   Todas las tardes hacemos nuestra tarea, pero ayer...
6.   Generalmente ponen las cazuelas en el lavaplatos, pero ayer...

8-14   La semana pasada. Tell what the following people did last week.

MODELO: Jorge tuvo que trabajar en la tienda. (Nosotros)
          Nosotros tuvimos que trabajar en la tienda.

1.   Él estuvo en mi casa. (Lucho y Lucía)
2.   Ella quiso hablar con el entrenador pero no pudo. (Tú)
3.   Él trajo los esquís de su casa. (Ellos)
4.   Hizo toda la tarea. (Nosotros)
5.   Pudo pasar el examen de matemáticas. (Yo)
6.   Le dijo a Pepe toda la verdad. (Rufino y Clara)
7.   Vine a verlo a la residencia. (Anita)
8.   Puso la heladera en el baúl. (Yo)

3. Preterite of Stem-changing Verbs, e → i, o → u

¿QUIÉN PIDIÓ EL CERDO?

- Stem-changing **-ir** verbs in the present tense also have stem changes in the preterite. The changes are **e → i** and **o → u** and occur only in the third person singular and plural.

	pedir *(to ask for)*	**dormir** *(to sleep)*
yo	pedí	dormí
tú	pediste	dormiste
Ud./él/ella	p**i**dió	d**u**rmió
nosotros(as)	pedimos	dormimos
vosotros(as)	pedisteis	dormisteis
Uds./ellos/ellas	p**i**dieron	d**u**rmieron

The following verbs exhibit the same pattern.

mentir (ie, i)	to lie	**repetir (i, i)**	to repeat
morir (ue, u)	to die	**seguir (i, i)**	to follow; to continue
preferir (ie, i)	to prefer	**sentir (ie, i)**	to feel; to be sorry for
reírse (i, i)	to laugh	**servir (i, i)**	to serve

Mis abuelos **murieron** el año pasado.

*My grandparents **died** last year.*

Sirvió la comida rápido.

*She **served** the food fast.*

Javier **durmió** mucho anoche.

*Javier **slept** a lot last night.*

Pidieron más agua.

*They **asked for** more water.*

Jeff Rockett
Christopher Herrmann

¡EL ESPAÑOL EN ACCIÓN!

JEFF ROCKETT AND CHRISTOPHER HERRMANN

Executive Producers, INTERCONTINENTAL CAMERAS, New York, NY
Jeff: B.A. Fine Arts, University of South Florida, 1987
Christopher: B.A. Political Science, Catholic University of America, 1985

After graduating in 1987, Jeff Rockett moved to Germany to study film in Berlin. He returned to the United States in 1991 where he met Christopher Herrmann, a film producer for the Martha Graham Dance Company in New York. A short time after meeting one another, Christopher and Jeff decided to combine their talents and establish their own production company to specifically cater to Central and Latin American clients.

"While most of our initial success is due to the quality and affordable production opportunities we offer, we find that more and more people are referred to us because of our ability to understand the subtle differences in Hispanic customs and registers. Neither one of us ever expected that our study of Spanish would have yielded us such a tremendous advantage in the business community..."

◆ ◆ ◆

◆ PRÁCTICA

8-15   En la fiesta. Complete the statements below that describe a recent party.

1. María y Paco (reírse) _____ mucho en la fiesta.
2. Alfonso (servir) _____ platos deliciosos.
3. Carlos (sentir) _____ tener que irse temprano.
4. Yo (seguir) _____ bailando hasta las dos de la mañana.
5. Antonio y Paco (dormirse) _____ a los pocos minutos de acostarse.
6. Adela (morirse) _____ de risa al escuchar los cuentos de Eduardo.
7. Nosotros (preferir) _____ poner discos de música latinoamericana.
8. Mi amigo Roberto (servir) _____ unos sándwiches de queso y jamón.

◆ PRÁCTICA COMUNICATIVA

8-16   ¿Qué hiciste? In small groups, talk about what each of you did last night. Try to use some of the irregular preterites you have learned in this lesson (e.g., **poder, poner, venir, traer, decir**).

¡Así es la vida!

Los quehaceres domésticos

Hoy esperan en casa de los Real la visita de una familia ecuatoriana que vive en Quito. La señora Real les pide ayuda a sus hijos para hacer los quehaceres domésticos.

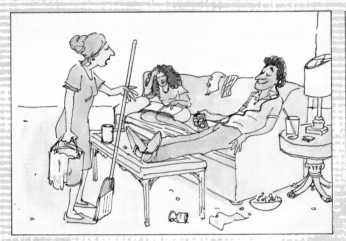

Chicos, ayúdenme por favor, que pronto va a llegar la visita. Salvador, tú tienes que pasar la aspiradora en la sala, sacudir los muebles del comedor y poner la mesa. Clemencia, tú tienes que limpiar el baño y barrer la terraza.

¡Ah… qué buena era nuestra vida cuando éramos niños y vivíamos en casa de los abuelos! Teníamos a Rafaela, la sirvienta que nos hacía estos pesados quehaceres domésticos.

¡Ay, cómo extraño a aquel chico alto y fuerte que tenía los ojos verdes! A veces venía a cortar la hierba a casa de los abuelos. Yo lo veía desde la terraza. ¡Era tan guapo!

LA SRA. REAL: Salvador y Clemencia, ¿qué les pasa? ¿Están pensando en las musarañas o qué? Vamos, ¡apúrense!

CLEMENCIA: ¡Ay, mamá! ¿No sabes que recordar es volver a vivir?

¡Así lo decimos!

Los quehaceres domésticos

barrer el piso	to sweep the floor
cocinar la carne	to cook the meat
cortar la hierba	to mow the lawn
hacer la cama	to make the bed
lavar la ropa	to wash the clothes
lavar los platos	to wash the dishes
limpiar la casa	to clean the house
ordenar el cuarto	to pick up one's room
pasar la aspiradora	to vacuum
planchar la ropa	iron the clothes
poner la mesa	to set the table
preparar la comida	to prepare dinner
sacar la basura	to take out the garbage
sacudir los muebles	to dust the furniture
secar la ropa	to dry the clothes
quitar la mesa	to clear the table

Las partes de una casa

la cocina	kitchen
el comedor	dining room
el cuarto/el dormitorio	bedroom
el baño	bathroom
la escalera	stairs
el garaje	garage
el jardín	garden, yard
el pasillo	hall
el piso	floor
la planta alta	upstairs
la planta baja	downstairs; main floor
la sala	living room
la terraza	terrace

Los muebles

la alfombra	rug
el aparador	china cabinet
la butaca	armchair; theater seat
la cama	bed
la cómoda	dresser
el cuadro	painting
el estante	shelf
la lámpara	lamp
la mesa de noche	nightstand
la mecedora	rocking chair
el sofá	sofa
el sillón	armchair, over-stuffed chair

Accesorios

la aspiradora	vacuum cleaner
el basurero	garbage can
el cubo	bucket, pail
la escoba	broom
la lavadora	washer
la plancha	iron
la secadora	dryer
el tocadiscos	record player

Preposiciones de lugar

arriba de…(encima de…)	on top of…
cerca de…	near…
contra…	against…
debajo de…	under…
dentro de…	within…, inside of…
entre…	between…
lejos de…	far from…
sobre…	on…

Expresiones de tiempo

a menudo	often
a veces	sometimes
antes	before
después	later
de vez en cuando	from time to time, once in a while
dos veces a…	twice a…
entonces	then
frecuentemente	frequently
generalmente	generally
luego	then, later
todos los días	everyday
una vez a…	once a…

Otras palabras y expresiones

¡Apúrense!	Hurry up!
la ayuda	help
extrañar	to miss
pensar en las musarañas	to be daydreaming
pesado(a)	tedious, dull
el sirviente/la sirvienta	housekeeper
la visita	guests

¡A ESCUCHAR!

¡Ayúdenme, por favor! You will hear the narrative that appears in **¡Así es la vida!** on page 253. After listening to the recording, indicate whether the statements that follow are **Cierto, Falso** or **No se sabe**, based on the information in the narrative.

	Cierto	Falso	No se sabe
1.	_____	_____	_____
2.	_____	_____	_____
3.	_____	_____	_____
4.	_____	_____	_____
5.	_____	_____	_____
6.	_____	_____	_____

◆ PRÁCTICA

8-17 ¡Emparejar!

A	B
_____ 1. escalera	a. comedor
_____ 2. escoba	b. planta alta
_____ 3. ropa	c. pared
_____ 4. cuadro	d. planchar
_____ 5. cómoda	e. barrer
_____ 6. ducha	f. garaje
_____ 7. aparador	g. dormitorio
_____ 8. carro	h. baño

8-18 Completar. Circle the letter corresponding to the word or expression that best completes each statement.

1. La cocina está ... garaje.
   a. en el   b. debajo del   c. al lado del
2. Hay un cuadro ... sofá.
   a. arriba del   b. dentro del   c. entre
3. El pasillo está ... el comedor y la sala.
   a. sobre   b. contra   c. entre
4. Hay un basurero ... lavaplatos.
   a. dentro del   b. al lado del   c. debajo del
5. El despertador está ... la cama.
   a. contra   b. cerca de   c. entre

8-19   Combinación. Write at least five complete, logical sentences by combining elements from the boxes below.

MODELO: Yo hoy lavé los platos en la cocina.

Yo	poner	la cocina
Mi tía	lavar	la basura
Sus abuelos	limpiar	los muebles
Nuestros padres	planchar	la cama
Tus hermanos	sacar	los platos
Pepe y yo	barrer	la mesa
Juan y tú	sacudir	la ropa
Tú	hacer	la terraza

8-20   Mirando un plano. Looking at the floor plan below, answer the following questions.

1.   ¿Es el plano de un piso o una casa?
2.   ¿Cuántos cuartos tiene?
3.   ¿Cuántos baños hay?
4.   ¿Dónde está la sala?
5.   ¿Dónde está la cocina?
6.   ¿Sabes cuánto cuesta?
7.   ¿Es grande la sala?
8.   ¿Hay una terraza? ¿Dónde?

PISOS

ESTRUCTURA:	Hormigón armado con pilares y vigas planas.
FORJADOS:	Unidireccionales de vigueta pretensada y bovedilla.
ACRISTALAMIENTO:	Doble acristalamiento tipo Climalit.
CALEFACCION:	Centralizada en fuel-oil con contadores individuales. Producción de agua caliente centralizada.
SOLADOS:	Pavimento de gres en cocina y aseos, mármol en portal y escaleras y ferrogres en terrazas, parquet de espiga resto del edificio.
COCINA:	Totalmente amueblada.
VARIOS:	Ascensor. Antena TV. FM. Canalización para C.T.N.E.

La dirección facultativa podrá modificar o sustituir las calidades de la presente memoria por otras similares o análogas.

¿Cuántos cuartos hay en este apartamento?

A PROPÓSITO... **Las tareas domésticas**

En la gran mayoría de los países hispanos el costo de la mano de obra *(manual labor)* todavía es relativamente barato. Es por esto que muchas familias pueden tener empleados domésticos en las casas. Los empleados domésticos o sirvientes ayudan con la cocina, con la limpieza, con el mantenimiento del jardín y el lavado de la ropa.

En algunos países hispanos, ciertos electrodomésticos, como la lavadora, el lavaplatos y el horno microondas, son todavía un lujo, y las tareas son hechas a mano por sirvientes o los mismos residentes de la casa.

¡Vamos a comparar!

¿Qué tareas domésticas haces? ¿Qué aparatos electrodomésticos hay en tu casa? ¿Piensas que en el futuro las familias hispanas van a tener más electrodomésticos? ¿Por qué?

El lavado de la ropa en una comunidad indígena de Guatemala.

◆ PRÁCTICA COMUNICATIVA

8-21   En casa. Use the words below to design your new apartment or house.

MODELO: —Y este aparador, ¿dónde lo pongo?
           —Ponlo en el comedor.

reloj	la sala
cómoda	el dormitorio
librero	el comedor
mesa de noche	la pared
butacas	la cocina
alfombra	piso
sillas	aquí
mesa	

8-22   Los quehaceres domésticos. Discuss household chores with a classmate, using the expressions in **¡Así lo decimos!** Follow the model dialogue.

MODELO: —¿Cuántas veces a la semana limpias tu cuarto?
           —Yo lo limpio dos veces a la semana. ¿Y tú?
           —Yo, una vez a la semana. ¿Prefieres lavar platos o barrer el piso?
           —Yo prefiero lavar platos. ¿Y tú?
           —¡Yo prefiero mirar televisión!

 Estructuras

4. The Imperfect of Regular Verbs

CAMINABAMOS,   SUBIAMOS CERROS

Y NOS SENTIAMOS LOS DUEÑOS DEL MUNDO.

NISSAN TERRANO, DE CIDEF.

- You have already reviewed the preterite tense in *Lección 7* and in the first part of this lesson. Now you will be introduced to the *imperfect,* the other simple past tense in Spanish.

The imperfect of regular verbs is formed as follows.

	hablar	**comer**	**escribir**
yo	habl**aba**	com**ía**	escrib**ía**
tú	habl**abas**	com**ías**	escrib**ías**
Ud./él/ella	habl**aba**	com**ía**	escrib**ía**
nosotros(as)	habl**ábamos**	com**íamos**	escrib**íamos**
vosotros(as)	habl**abais**	com**íais**	escrib**íais**
Uds./ellos/ellas	habl**aban**	com**ían**	escrib**ían**

- Only the first person plural of **-ar** verbs has a written accent mark. All **-er** and **-ir** verbs have the same imperfect endings, and all forms have a written accent mark.

- Known as the descriptive past tense, the imperfect is used to describe repeated or continuous actions in the past, with no reference to the beginning or end of the action.

Cuando yo **estaba** en la secundaria **tenía** muchos amigos.	*When **I was** in high school **I had** many friends.*
El joven **tenía** una camisa amarilla.	*The young man **had** a yellow shirt.*
Yo **almorzaba** allí con mucha frecuencia.	*I **used to have lunch** there quite frequently.*

- The Spanish imperfect has three common English equivalents: the simple past, the past progressive and the *used to* + infinitive construction.

Yo **vivía** en la capital.
$$\begin{cases} \textit{I \textbf{lived} in the capital.} \\ \textit{I \textbf{was living} in the capital.} \\ \textit{I \textbf{used to live} in the capital.} \end{cases}$$

- The imperfect is also used to describe an event or action occurring at the same time as another event or action. The other event or action may be expressed by the imperfect or the preterite.

Mientras Eloísa **leía,** Joaquín **escribía** cartas.	*While Eloísa **was reading** Joaquín **was writing** letters.*
Leonor y Juan **hablaban** cuando **entró** Dulce.	*Leonor and Juan **were talking** when Dulce **came in.***

◆ PRÁCTICA

8-23   Unas vacaciones en la playa. Based on the illustrations, describe what Carlos used to do while he was on vacation at the beach. Include the given time expressions.

MODELO: Cuando Carlos estaba de vacaciones,
     se despertaba todos los días a las siete.

1. Al poco rato…   2. Luego…

3. A las ocho…   4. Siempre…   5. Con frecuencia…

6. A menudo…   7. Todas las tardes…   8. A veces por la noche…

8-24   Cuando vivíamos en casa. What did the following people do when they were living at home.

MODELO: lavar los platos / Juan
     Juan lavaba los platos.

1. pasar la aspiradora / nosotros
2. poner la mesa / yo
3. sacudir los muebles / Luisa
4. hacer la cama / ellos

5. sacar la basura / tú
6. barrer el patio / ustedes
7. cocinar la comida / Lucrecia y yo
8. cortar la hierba / mis hermanas

8-25 Una visita. You have just visited your best friend. Describe what you saw.

MODELO: Carlos (hablar) por teléfono.
         Carlos hablaba por teléfono.

1. Mario (afeitarse) en el baño.
2. Gabriel y Sergio (peinarse).
3. Carmela (dormir) en un sofá.
4. Elvira (cepillarse) los dientes.
5. Saúl y Rigoberto (comer) un sándwich.
6. María Antonia (leer) el periódico.
7. Varios chicos (mirar) la televisión.
8. Rosa y Cheo (bailar) en la sala.
9. Fela (maquillarse) en el baño.
10. José (hacer) la tarea.

◆ PRÁCTICA COMUNICATIVA

8-26 Los cambios en mi vida. Discuss what you do differently now than what you used to do four or five years ago.

MODELO: Ahora estudio mucho pero en la escuela secundaria estudiaba muy poco.

5. Irregular Verbs in the Imperfect

¡ CUANDO ERA JOVEN YO TENÍA MEJOR GUSTO PARA LA MÚSICA!

There are only three verbs that are irregular in the imperfect.

	ir	ser	ver
yo	iba	era	veía
tú	ibas	eras	veías
Ud./él/ella	iba	era	veía
nosotros(as)	íbamos	éramos	veíamos
vosotros(as)	ibais	erais	veíais
Uds./ellos/ellas	iban	eran	veían

● Only the first person plural forms of **ir** and **ser** have a written accent mark; all forms of **ver** require a written accent.

◆ PRÁCTICA

8-27 Mi juventud. Beatriz Loret de Mola used to live in a city in Perú. Complete the following autobiographic description with the imperfect tense of the verbs in parentheses.

Cuando yo (ser) _____ joven, mi familia (vivir) _____ en Arequipa, una ciudad de los Andes. Como nuestra casa (estar) _____ cerca de la escuela, mis hermanos y yo (ir) _____ caminando a las clases todas las mañanas. En la escuela yo (tener) _____ muchas amigas y nosotros (divertirse) _____ mucho.

Nuestra casa (ser) _____ grande y vieja. (Tener) _____ un sólo piso y (haber) _____ cuatro dormitorios y dos baños. Mi hermana Berta y yo (compartir) _____ un cuarto, mis hermanos Ernesto y Agustín (vivir) _____ en otro, la sirvienta (estar) _____ en el dormitorio al lado de la cocina, y mis padres (tener) _____ el cuarto con baño privado. Todas las noches nosotros (ver) _____ la televisión en la sala. Nosotros (ser) _____ una familia muy unida.

◆ PRÁCTICA COMUNICATIVA

8-28 Entrevista. Interview someone about his/her high school experiences, using the following questions.

1. ¿Eras tímido(a) o sociable?
2. ¿Ibas mucho al cine, al centro comercial, a las tiendas?
3. ¿Tenías novio(a)? ¿Cómo era? ¿Lo/La veías a menudo?
4. ¿Te gustaba estudiar? ¿Sacabas buenas notas?
5. ¿Leías libros o revistas? ¿Cuándo?
6. ¿Cómo era tu escuela? ¿Cómo eran tus clases? ¿Cómo eran tus compañeros?
7. ¿Cuáles eran tus clases favoritas? ¿Por qué?

SÍNTESIS
¡Al fin y al cabo!

◆ ¡A REPASAR!

8-29 Buscapalabras. Combine the syllables to form words you have learned in this lesson.

pei	ma	ce	en
li	ni	lla	ra
es	co	gue	jua
se	llo	ca	do
lo	te	pi	mal
ti	je	ra	te

1. _____
2. _____
3. _____
4. _____
5. _____
6. _____
7. _____
8. _____

8-30 La casa de mis sueños. Draw a plan of your dream house, including all furniture. Label each room and each piece of furniture.

8-31 Los artículos de tocador. What do people do with the following items? Follow the model.

MODELO: Juan / tijeras
          Juan usa unas tijeras para cortarse las uñas.

1. Yo / lápiz labial
2. Tú / pasta de dientes
3. Mi hermano y yo / peine
4. Ellos / secadora de pelo
5. María / jabón
6. Pedro y Ramiro / crema de afeitar
7. Yo / champú
8. Ella / toalla

8-32 ¿Qué hicieron? Look at the following chart and write six sentences that describe what these people did at different hours of the day.

MODELO: Pancho y Miguel se vistieron rápidamente a las ocho.

	Pancho y Miguel	Nosotros	Conchita
8:00 A.M	vestirse rápidamente	servirse el desayuno	despedirse de su mamá
1:00 P.M.	conseguir las entradas para el concierto	pedir refrescos en la cafetería	repetir las frases de la lección
11:00 P.M.	dormirse en casa de Miguel	sentirse muy cansados	divertirse en un baile

8-33 Una noche memorable. Read about what happened to Nieves last night. Complete the narration with the correct preterite form of the verbs in parentheses.

Anoche (ser) _____ una noche memorable. Yo (ir) _____ a una fiesta con un chico que se llama Pancho. Él (venir) _____ a buscarme a las nueve y me (traer) _____ flores. Él (manejar) _____ su auto al club y nosotros (llegar) _____ al baile a las nueve y media. Nosotros (poder) _____ bailar mucho en el baile y (divertirse) _____ mucho. Al llegar a casa, Pancho me (dar) _____ un beso, me (decir) _____ muchas cosas lindas y yo (ponerse) _____ muy contenta. Toda la noche (pensar) _____ en Pancho.

8-34 Mi vida es muy diferente. Complete the following story with the correct imperfect form of the verbs in parentheses.

Cuando yo (ser) _____ niño, mi vida (ser) _____ muy diferente a la de hoy día. Nosotros (tener) _____ muchas obligaciones y entre las principales (estar) _____ los quehaceres domésticos. Todos los días yo (pasar) _____ la aspiradora en la sala, (limpiar) _____ los cuartos y (barrer) _____ la terraza. Mi hermana Pilar siempre (lavar)_____, (secar) _____ y (planchar) _____ la ropa. Mis hermanos Tito y Gilberto casi siempre (sacudir) _____ los muebles y (poner) _____ la mesa. Cuando (llegar) _____ mis padres del trabajo todo (estar) _____ listo. Generalmente, después de cenar, (ir) _____ a caminar un rato o (ver) _____ la televisión juntos. Aquí, mi cuarto siempre está sucio y mi apartamento es un verdadero desastre. Si mis padres vienen a visitarme y ven esto, se mueren.

◆ **¡A CONVERSAR!**

8-35 ¡A limpiar la casa! The Golden Girls are making plans to clean the house this weekend. Discuss how they will divide up the chores.

8-36 ¡A conocernos mejor! Try to get to know a classmate better by finding out all you can about his/her daily habits and routine.

🔲 ¡A ESCUCHAR!

A. Partes del cuerpo. Listen to the following description and indicate which parts of the body are mentioned.

1. _____ ojos   5. _____ uñas

2. _____ dientes   6. _____ manos

3. _____ cara   7. _____ labios

4. _____ dedos   8. _____ pelo

B. La rutina de María Isabel. Now listen to a description of María Isabel's daily routine and place the following illustrations in their proper sequence.

_____   _____   _____

_____   _____   _____

_____   _____   _____

¡LENGUA VIVA! ◆ ◆ ◆

A. Telenovelas, actores y actrices

De antemano

En el programa *Hola América* la animadora habla de las telenovelas y los actores que participan en esos programas populares. Cecilia Tijerina es una actriz de la novela *Muchachitas;* tuvo una experiencia muy mala en su vida profesional con consecuencias casi trágicas. Raúl Román *(Atrapada)* y Flor Nuñez *(El desprecio)* hablan también.

Palabras y frases claves

matarse
la gira teatral
hostigar
realizar un esfuerzo
meterse en
casarse
la corona

Prisma

1. **¿Qué confesó Cecilia Tejerina?** Using verb forms in the preterite and imperfect, summarize Cecilia's story.
2. **¿Qué sabemos de la vida de Raúl Román?** Using the appropriate preterite or imperfect forms of **nacer, salir** and **crecer,** describe the life of Raúl Román.
3. List any command forms you hear in *Atrapada* and in *El desprecio* as the characters order one another around.

B. Las telenovelas latinoamericanas en España

La telenovela venezolana *Cristal* se ve también en España. Las dos chicas entrevistadas mencionan otra telenovela, *La dama de rosa.*

¿Cierto o falso?

a. La gente mayor mira *La dama de rosa.*
b. A las dos chicas les gusta muchísimo ver telenovelas.
c. Una *maruja* es una mujer que no hace nada excepto ir de compras y mirar la televisión.

C. El Día del Padre

Un padre latino comparte el trabajo de criar a sus hijos con su esposa. ¿Qué significa la palabra *cuatrillizos?*

LECTURA   NO HAY QUE COMPLICAR LA FELICIDAD
Marco Denevi

◆ **ANTES DE LEER**

A.   Palabras claves. Study the following key words from the reading. Then complete the statements that follow with the most appropriate words or expressions from the list. Make any necessary changes.

adivinar	*to guess*
alimentar	*to feed*
amar	*to love*
el amor	*love*
besarse	*to kiss (one another)*
los celos	*jealousy*
el disparo	*gunshot*
la felicidad	*happiness*
matar	*to kill*
ponerse de pie	*to stand up*

1. _____ es lo que sienten dos personas que se quieren verdaderamente.
2. Los novios _____ apasionadamente en un banco en el parque.
3. El soldado que estaba en la batalla escuchó muchos _____ de revólver.
4. La novia de Carlos salió al cine con Javier. Cuando Carlos lo supo, él sintió _____.
5. _____ lo que va a a pasar al final de este minidrama.
6. Hay algunos que dicen que los celos _____ el amor.

B.   Anticipar. Quickly preview the reading by looking at the illustrations and reading the title and introduction. Based on the information you already know, answer the following questions to help you anticipate what the minidrama might be about. Anticipating the contents of a story or drama will facilitate your comprehension while reading in Spanish.

1.   Which of the following literary genres best identifies this brief dramatic selection by Marco Denevi?
     _____ Crime/suspense
     _____ Action/adventure
     _____ Romance/mystery
     _____ Science fiction
2.   Which of the following might best describe the behavior of the main characters in this selection?
     _____ Always intimate
     _____ Always distant and formal
     _____ Alternating between great intimacy and distrust
     _____ Friendly
3.   By reading the title of the selection and scanning the illustrations, which of the following inferences could be made?
     _____ The characters seem very happy.
     _____ The man is in love with another woman.
     _____ The characters create problems that make them unhappy.
     _____ The man and the woman are madly in love with each other.

C.   Estrategias de lectura. Reading plays and dramatic material is somewhat different than reading stories, novels or other similar narratives. In "No hay que complicar la felicidad" the narrative is provided through dialogs, and background information is provided through stage instructions or scene setters. Keeping this in mind, you can implement the following strategies while reading the minidrama.

1.   Establish how many characters there are by skimming the speaker names that appear in bold type.
2.   Read the scene setters very carefully as they usually indicate what the characters do while they talk.
3.   Keep in mind that, in the scene setters, the author can establish a mood and let you know what the characters are thinking.
4.   Pay special attention to how punctuation is used in the dialog to indicate how a character is feeling.

No hay que complicar la felicidad

Marco Denevi, one of the best known Latin American short story writers, was born in Argentina in 1922. He is the author of several novels, including Rosaura a las diez *(1955) and* Ceremonia secreta *(1960), which was made into an American film with Elizabeth Taylor. He has become known for his very brief narratives, minidramas and ministories, which he uses to make poignant comments and reveal telling truths about human nature and society.*

In "No hay que complicar la felicidad" the main protagonists, a couple in love, have no name and seem unable to feel comfortable with their happiness. The ending is both a surprise and a mystery.

◆ ◆ ◆

Un parque. Sentados bajo los árboles, ella y él se besan.

Él: Te amo.
Ella: Te amo.

Vuelven a besarse.

5 **Él:** Te amo.
Ella: Te amo.

Vuelven a besarse.

Él: Te amo.
Ella: Te amo.

10 *Él se pone violentamente de pie.*

Él: ¡Basta°! ¿Siempre lo mismo? ¿Por qué, cuando te digo que   Enough!
te amo, no contestas que amas a otro?
Ella: ¿A qué otro?
Él: A nadie. Pero lo dices para que yo tenga celos. Los celos
15 alimentan° al amor. Despojado de ese estímulo, el amor lan-   nourish; add spice
guidece°. Nuestra felicidad es demasiado° simple, demasiado   languishes / too
monótona. Hay que complicarla un poco. ¿Comprendes?

Ella: No quería confesártelo porque pensé que sufrirías°. Pero   you would suffer
lo has adivinado°.   you've guessed it
20 **Él:** ¿Qué es lo que adiviné?

Ella se levanta, se aleja° unos pasos.   moves away

Ella: Que amo a otro.
Él: Lo dices para complacerme°. Porque yo te lo pedí.   to humor me
Ella: No. Amo a otro.
25 **Él:** ¿A qué otro?
Ella: No lo conoces.

Un silencio. Él tiene una expresión sombria°.   somber

Él: Entonces ¿es verdad?
Ella: *(Dulcemente)* Sí. Es verdad.

30 *Él se pasea haciendo ademanes° de furor.*   gestures

Él: Siento celos. No finjo°, créeme. Siento celos. Me gustaría   I'm not faking
matar a ese otro.
Ella: *(Dulcemente)* Está allí.
Él: ¿Dónde?

35 **Ella:** Allí, detrás de aquellos árboles°.   trees
Él: ¿Qué hace?
Ella: Nos espía. También él es celoso.
Él: Iré en su busca°.   I'll look for him.
Ella: Cuidado. Quiere matarte.
40 **Él:** No le tengo miedo.

Él desaparece entre los árboles. Al quedar sola°, ella ríe.   when left by herself

Ella: ¡Qué niños son los hombres! Para ellos, hasta el amor es
un juego.

Se oye el disparo de un revólver°. Ella deja de° reír.   a gunshot / She stops

45 **Ella:** Juan.

Silencio.

Ella: *(Más alto)* Juan.

Silencio.

Ella: *(Grita°)* ¡Juan!   Cries out

50 *Silencio. Ella corre y desaparece entre los árboles. Al cabo de
unos instantes° se oye el grito desgarrador° de ella.*   After a few moments / heartrending cry

Ella: ¡Juan!

Silencio. Después desciende el telón°.   curtain

◆ DESPUÉS DE LEER

A.   Preguntas de comprensión. Answer the following questions based on your understanding of what happens in the play.

1. ¿Por qué se enoja el hombre con la mujer al principio?
2. ¿Qué le pide el hombre a la mujer?
3. ¿Cómo reacciona la mujer a este pedido?
4. ¿Sabemos si es cierto que la mujer ama a otro hombre?
5. ¿Por qué va el hombre hacia los árboles?
6. ¿Por qué ríe la mujer cuando queda sola?
7. ¿Qué escucha la mujer al final del drama?

B.   Temas de discusión. Get together with several classmates and briefly discuss the following topics related to the reading.

1. Comenten sobre algunos ejemplos, tomados de sus propias experiencias, de cómo Uds. han "complicado" la felicidad.
2. ¿Es verdad que los celos alimentan el amor?
3. Propongan varias teorías sobre lo que piensan que ocurrió al final del drama. ¿Qué fue el disparo? ¿Realmente existía "otro" amante? ¿Murió el protagonista?

MUNDO HISPÁNICO

Venezuela y Colombia

Exploración petrolífera cerca de Maracaibo, Venezuela.

Estudiantes universitarios de la Universidad de Caracas.

Estadísticas de Venezuela

Nombre oficial: República de Venezuela

Área: 916.445 km^2

Población: 19.200.000

Ciudades principales: Caracas (capital) 3.500.000, Maracaibo 1.400.000, Valencia 1.220.000, Barquisimeto 780.000

Forma de gobierno: democracia representativa

Figuras prominentes: El general Francisco Miranda (1750–1816), precursor de la independencia; el libertador Simón Bolívar (1783–1830); el novelista Rómulo Gallegos (1884–1979)

Productos principales: petróleo, aluminio, acero, hierro

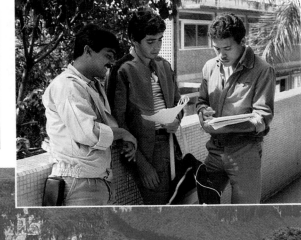

◆ Venezuela, el país del oro negro

Cuando los españoles llegaron a Venezuela quedaron[1] tan impresionados por las viviendas de los aborígenes, edificadas[2] dentro del gigantesco lago de Maracaibo que nombraron el país Venezuela, nombre que significa "pequeña Venecia". El subsuelo[3] del lago de Maracaibo resultó estar lleno[4] de petróleo y gracias a este producto, Venezuela tiene el PIB más alto de la América hispana.

Aunque Venezuela está en el trópico, su clima varía debido a[5] la topografía del país. La majestuosa cordillera de los Andes está al norte

[1]were left [2]housed [3]subsoil [4]full
[5]because of

Cataratas en la región amazónica de Venezuela.

y se extiende unos 450 km hasta cerca de Barquisimeto. En el centro están los fértiles llanos[6] que se encuentran alrededor del río Orinoco. Este río tiene 2.200 km navegables y su cuenca[7] cubre el 80% del territorio venezolano. Al sur está la selva, una tierra virgen y salvaje que tiene vistas maravillosas como el Salto Ángel, que a 3.212 pies de elevación es el más alto del mundo. Caracas, la capital, tiene un clima ideal porque está situada en un valle de 17 km de largo a 3.000 pies de altura.

SITIO DE INTERÉS
◆ La Isla Margarita

La Isla Margarita, que tiene 920 km², es la mayor de las islas que bordean Venezuela y que forman un bello collar de perlas en el Mar Caribe. Margarita, con su puerto libre[8] magníficos hoteles y restaurantes, y espléndidas playas, es un paraíso tropical para el turista. El turista puede encontrar allí todo tipo de atracciones panorámicas.

[6]plains [7](river) basin [8]duty-free

◆ Colombia, la nación de El Dorado

Colombia es el único país de la América del Sur cuyas costas dan al Océano Pacífico y al Mar Caribe. Aunque se encuentra en la zona tórrida, las montañas hacen que su clima sea variado: en las costas hace mucho calor, en las alturas es moderado y en los picos de la montañas hay nieve perpetua.

El interior del país fue explorado en el siglo XVI cuando los españoles comenzaron a buscar El Dorado, porque habían oído decir que los indios chibchas tenían un cacique[9] tan rico que durante los ritos religiosos se cubría con polvo de oro y después se bañaba en un lago de los Andes hasta que se quitaba todo el oro. Otras veces el rito incluía tirar[10] en el lago piedras preciosas y objetos de oro.

Hoy día el 80% de la población de Colombia vive en el oeste montañoso y el 20% está esparcida[11] por la región que se encuentra al este de las cordilleras. Bogotá, su capital, es

[9]chief [10]throwing [11]scattered

una ciudad cosmopolita con centros culturales como la Pontificia Universidad Javeriana, la Academia Colombiana de la Lengua, el Teatro Colón y la Biblioteca Nacional de Colombia. Se dice que el español más castizo[12] de Hispanoamérica se habla en Colombia.

SITIO DE INTERÉS
◆ Cartagena de Indias

Cartagena fue fundada en la costa del Caribe en 1533 por Pedro de Heredia. En pocos años su excelente puerto se convirtió en el más importante de España en el Nuevo Mundo y Cartagena en una de las ciudades más ricas del imperio.

[12]purest

Gabriel García Márquez, escritor colombiano.

Playa de Caraballeda en Venezuela.

Estadísticas de Colombia

Nombre oficial: República de Colombia

Área: 1.141.749 km²

Población: 31.500.000

Ciudades principales: Bogotá (capital) 5.900.000, Medellín 2.020.000, Cali 1.810.000, Barranquilla 1.105.000, Cartagena 560.000

Forma de gobierno: democracia representativa

Figuras prominentes: el general Francisco de Paula Santander (1792–1840), el poeta José Asunción Silva (1865–1896), el novelista Gabriel García Márquez (1928–   ), el pintor Fernando Botero (1932–   )

Productos principales: café, petróleo, carbón, bananas

Hoy día esta acogedora ciudad, situada en la costa del Caribe, es el centro turístico más importante de Colombia. Cartagena es famosa por

Estrecha callezuela de la antigua ciudad de Cartagena, Colombia.

Puñal ceremonial exhibido en el Museo del Oro de Bogotá.

su impresionante arquitectura colonial que incluye una muralla de ocho kilómetros de longitud, dieciséis magníficas fortalezas, una catedral del siglo XVI, los monasterios de Santa Cruz, San Francisco y San Pedro Clever, que datan del siglo XVII, y el Palacio de la Inquisición, que es un bello ejemplo de construcción civil del siglo XVIII. Por su arquitectura colonial, en 1984 la UNESCO declaró a Cartagena Patrimonio Cultural de la Humanidad.

MINIPRUEBA

Indique si las siguientes oraciones son **Ciertas** o **Falsas.**

1. El nombre de Venezuela viene de Venecia.
2. El lago de Maracaibo tiene mucho petróleo.
3. El río más grande de Venezuela es el Amazonas.
4. La Isla Margarita está en el Pacífico.
5. Fernando Botero es un famoso novelista colombiano.
6. Colombia tiene lugares donde hay nieve.
7. El Dorado era un cacique chibcha que era muy rico.
8. La mayoría de la población de Colombia vive en el oeste montañoso.
9. La Pontificia Universidad Javeriana está en Barranquilla.
10. Cartagena fue fundada por el general Santander.
11. Casi todos los turistas en Colombia van a Medellín.
12. La muralla de Cartagena tiene varios kilómetros de largo.
13. En 1988 la UNESCO declaró a Cartagena Patrimonio Cultural de Colombia.

ACTIVIDADES

A. Identificar. With a classmate, locate and discuss the locations of the following cities, mountains and bodies of water of Colombia and Venezuela. Follow the model.

Medellín
la cordillera de Mérida
Ciudad Bolívar
el río Magdalena
Bogotá
la Cordillera Central
Cali
Maracaibo
el río Orinoco
Caracas

MODELO: —Barranquilla
—Barranquilla es una ciudad que está en el norte de Colombia, cerca de Cartagena, en la costa del Mar Caribe.

B. Un folleto turístico. With a classmate, prepare a brochure for tourists visiting Venezuela or Colombia. Include cities to visit, beaches, natural and historic sites, and places of special interest.

C. Investigar. Find out more about one of the following topics. Be prepared to give a brief report in Spanish to the class.

—Gabriel García Márquez, Rómulo Gallegos and Fernando Botero
—Rómulo Betancourt and Simón Bolívar
—the salt mines of Colombia and the Zipaquirá Cathedral
—Canaima and el Salto Ángel (Angel Falls)
—Cartagena

LECCIÓN 9

¡Buen viaje!

COMUNICACIÓN

- Requesting information about travel
- Making travel arrangements
- Talking about events in the past
- Describing travel experiences

CULTURA

- Las aerolíneas de los países hispanos
- El turismo norteamericano en los países hispanos

ESTRUCTURAS

Primera parte

- The Impersonal **se** to Express *people, one, we, you, they*
- The Passive **se**
- Reciprocal Reflexives to Express *each other* and *one another*
- The Relative Pronouns **que, quien, lo que**

Segunda parte

- Adverbs Ending in **–mente**
- Preterite or Imperfect
- **Por** and **para**

¡Lengua viva!   Un viaje a Cuzco y Machu Picchu
   Lectura: El crimen perfecto

PRIMERA PARTE

¡Así es la vida!

Un viaje de luna de miel

Jorge Suárez y Susana García son dos jóvenes cubanoamericanos de Miami que van a casarse pronto. Están en la oficina de Rosario Díaz, una amiga de Susana que trabaja en una agencia de viajes.

ROSARIO: Hola, ¿cómo están? ¿Qué dicen los futuros esposos?

SUSANA: Pues, aquí nos tienes, corriendo de un lado para otro.

ROSARIO: Bueno, ¿y ya saben adónde van de luna de miel?

JORGE: Yo quiero ir a Cancún, porque allí fue donde nos conocimos.

SUSANA: No, mi amor. De eso nada. En Cancún hay demasiados turistas.

ROSARIO: (*Mostrándoles un folleto*) Un momento. No vayan a pelearse ahora. Miren, aquí ofrecen un viaje por dos semanas a Costa Rica.

SUSANA: ¿Qué incluye el viaje?

ROSARIO: Incluye pasaje de ida y vuelta, hospedaje, comidas y excursiones. ¡Todo esto por sólo 800 dólares por persona!

SUSANA: ¡Maravilloso!

JORGE: Se dice que las mujeres mandan. ¡Vamos a Costa Rica!

 Un mes más tarde Jorge y Susana se casan. Después de la boda salen para Costa Rica de luna de miel. Ahora se encuentran en la sala de espera de LACSA, en el aeropuerto internacional de Miami. Al poco rato oyen la voz del agente...

AGENTE: Buenas tardes, señores pasajeros. LACSA anuncia la salida del vuelo 621 con destino a San José. Favor de pasar a la puerta de salida número 22. ¡Buen viaje!

¡Así lo decimos!

En la agencia de viajes

el boleto	(airline) ticket
la excursión	tour
el folleto	brochure
el guía	tour guide
la guía	guide or travel book
el hotel	hotel
el hospedaje	lodging
el pasaje	fare, ticket
el pasaje de ida y vuelta	roundtrip fare
el vuelo sin escalas	nonstop flight

En el aeropuerto

la aduana	customs
el mostrador de la aerolínea	airline counter
la puerta de salida	gate
la sala de espera	waiting room
la sala de reclamación de equipaje	baggage claim room
el tablero	information board
la torre de mando	control tower

El avión

el ala	wing
el asiento	seat
la cabina	cockpit
el cinturón de seguridad	seat belt
la clase turista	coach class
la cola	tail
el motor	engine
el pasillo	aisle
la primera clase	first class
la salida de emergencia	emergency exit
la sección de no fumar	no-smoking section
la ventanilla	window

Palabras claves

el aduanero	customs agent
la altura	altitude
el aterrizaje	landing
la azafata	stewardess
demasiado(a)	too much
el despegue	takeoff
el equipaje	luggage
el equipaje de mano	hand luggage
la lista de espera	waiting list
la luna de miel	honeymoon
la llegada	arrival
la maleta	suitcase
el (la) pasajero(a)	passenger
el pasaporte	passport
el piloto	pilot
la salida	departure
la tarjeta de embarque	boarding pass

Expresiones claves

a bordo	on board
abrocharse	to fasten (a seatbelt)
¡Buen viaje!, ¡Feliz viaje!	Have a nice trip!
estar demorado(a)	to be delayed
estar a tiempo	to be on time
facturar el equipaje	to check in the luggage
no hay lugar	there's no room

Líneas Aéreas de Costa Rica

¿Conoces otras aerolíneas hispanas?

¡A ESCUCHAR!

Un viaje de luna de miel. You will hear the conversations that appear in ¡**Así es la vida!** (page 277). After listening to the recording, indicate whether the statements that follow are **Cierto, Falso** or **No se sabe.** You will hear the correct answers on the tape.

	Cierto	Falso	No se sabe
1.	____	____	____
2.	____	____	____
3.	____	____	____
4.	____	____	____
5.	____	____	____
6.	____	____	____

◆ PRÁCTICA

9-1 ¡A escoger! Choose the word or expression that best completes each sentence.

1. El motor de este avión está en la _____.
   a. sala de espera   b. cola   c. ventanilla

2. Puse mi chaqueta dentro de la _____.
   a. puerta de salida b. maleta   c. agente de aduana

3. Le enseñé mi _____ al aduanero.
   a. pasaporte   b. luna de miel   c. folleto

4. El piloto está dentro de la _____ del avión.
   a. cabina   b. torre de mando   c. salida de emergencia

5. Ese tablero indica la _____ del avión.
   a. llegada   b. aterrizaje   c. azafata

6. Mi boleto cuesta muy caro porque es un boleto de _____.
   a. clase turista   b. la ventanilla   c. primera clase

7. El _____ del avión fue peligroso.
   a. aterrizaje   b. equipaje   c. hospedaje

8. Le di mi tarjeta de embarque a la _____.
   a. cabina   b. pasajera   c. azafata

9-2   En la agencia de viajes. Complete the following conversation using the correct words from **¡Así lo decimos!**

AGENTE: Buenos días, señorita. ¿En qué puedo servirle?
SEÑORITA: Quiero hacer un ____ a Brasil.
AGENTE: Bien, ¿quiere que le muestre un ____?
SEÑORITA: Sí, por favor.
AGENTE: Aquí tiene.
SEÑORITA: ¿Incluye ____ en un hotel?
AGENTE: Sí, y también incluye una ____ por Río de Janeiro.
SEÑORITA: ¿Habla español el ____?
AGENTE: Sí, por supuesto.
SEÑORITA: ¿Y hay ____ sin escalas?
AGENTE: Sí, señorita.
SEÑORITA: Entonces, déme un ____ de ____ turista.
AGENTE: Muchas gracias y ¡____ ____!

9-3   Anuncios. Read the following advertisements and answer the questions.

¿Cuál de los viajes te gusta a ti?

1.   ¿Cómo se llama la agencia de viajes?
2.   ¿Qué está anunciando la agencia?
3.   ¿Cuál es el viaje más caro?
4.   ¿Cuál es el más barato?
5.   ¿Cómo se llama la aerolínea que viaja a Cancún?
6.   ¿Cuál de los viajes no es por avión?

◆ PRÁCTICA COMUNICATIVA

9-4 Especiales de viaje. With several classmates, decide on a travel destination based on the following advertisement. Discuss the following information:

- the country of destination
- number of days of the tour
- price and airline to be used

¿Cuántos días de alojamiento incluye el plan Mundo Sonesta?

Cuatro Destinos
Llenos de Sol y Fantasía

Hotel Sol Meliá Miami Beach

$ 538
en habitación triple
al cambio del día .
INCLUYE:
- Boleto Aéreo con VIASA
  CCS- MIA- CCS
- Alojamiento por 05 días y 04 noches
- Impuesto y propinas a maleteros

Hotel Holiday Beach Resort & Casino

$269

en habitación triple al cambio del día
INCLUYE:
- Boleto Aéreo por ALM
- Alojamiento 03 días y 02 noches
- Traslado Aeropuerto /Hotel /
  Aeropuerto (por Taber Tour)
- Desayuno Americano diario
- 12% de servicio sobre la habitación y
  desayuno
- Recargo de energía diario
- Excursión de medio día por Taber Tour
- Una camiseta del Hotel
- Invitación al cocktel de la gerencia
- Uso gratuito de la cancha de tenis
  durante todo el día
- Traslado gratis ida vuelta al centro

Plan Mundo Sonesta

$ 261
en habitación triple
al cambio del día
INCLUYE:
- Boleto aéreo CCS-Aruba-CCS
  con Air Aruba
- Alojamiento 03 días y 02 noches
- 11% de servicio   5% impuesto
  gubernamental
- Desayuno Americano diario
- Una franela Sonesta por persona
- Entrada al festival Bon Bini
  (solo los Martes)
- Talonario con descuento para diferentes
  tiendas del Seaport Village Mall
- Bono del casino Match Play por $ 25
  por habitación
- Cocktel de recepción con el staff
  del Hotel (los Miércoles)
- Firma con cargo a la habitación en 10
  restaurantes asociados al hotel
- Servicio de lancha del lobby del hotel a
  la isla privada
- Servicio de sillas y toallas en la piscina y
  en la playa
- Programa gratis de actividades para
  niños entre 5 y 12 años

Hotel Wellington

$ 706
en habitación triple al cambio del día
INCLUYE:
- Boleto Aéreo con VIASA
  CCS- NYC-CCS
- Alojamiento por 06 días y 05 noches
- Traslados Aeropuerto /
  Hotel / Aeropuerto
- Impuesto y propinas a maleteros

PUNTO Y COMA PUBLICIDAD C.A.

Precios sujetos a cambios

9-5 En el mostrador de LACSA. Imagine that you are a LACSA airline agent and one of your classmates is a passenger checking in for a flight. Be sure to include the following as you enact this situation:

- Greet him/her

- Ask him/her for his/her airline ticket

- Ask him/her for his/her seating preference

- Ask him/her for his/her luggage

- Tell him/her where to board the plane

- Announce the flight's departure

A PROPÓSITO... **Las aerolíneas del mundo hispano**

Mientras que en los Estados Unidos operan muchas aerolíneas para cubrir las rutas nacionales e internacionales, en cada país hispano, por lo general, funciona una sola aerolínea principal. Muchas de estas aerolíneas hispanas pertenecen a los gobiernos de los países en donde operan y mantienen un monopolio sobre las rutas internas del país. En los últimos años, sin embargo, la tendencia a "privatizar" las empresas estatales ha ocasionado la privatización de aerolíneas nacionales como Aerolíneas Argentinas, Aeroméxico, LAN Chile y otras. A continuación aparece una lista de las principales aerolíneas del mundo hispano:

Argentina—Aerolíneas Argentinas
Chile—LAN Chile
España—Iberia
Colombia—AVIANCA
México—Mexicana, Aeroméxico
Ecuador—Ecuatoriana
Perú—Aeroperú
Venezuela—VIASA
Panamá—Air Panamá

¡Vamos a comparar!

¿Cuáles son las aerolíneas principales de los Estados Unidos y de Canadá? ¿Existen monopolios de aerolíneas en ciertas regiones de los Estados Unidos o Canadá? ¿Fuiste alguna vez a un país hispano? ¿Cuál(es)? ¿Te acuerdas de la aerolínea que tomaste?

 Estructuras

1. The Impersonal *se* to Express *people, one, we, you, they*

Cartel útil

DICEN QUE POR LA MALETA SE CONOCE AL PASAJERO

Cortesía de "EL MATANCERO LIBRE"

¿Dónde vas a ver este letrero?

- The pronoun **se** may be used with the third person singular form to express an idea without attributing the idea to anyone in particular. These expressions are equivalent to English sentences that have impersonal subjects such as *people, one, we, you, they*.

Se dice que viajar es un placer.	**People say** *that traveling is a pleasure.*
Se puede fumar aquí.	**One can** *smoke here.*
Se anuncia la salida del vuelo.	**They're announcing** *the departure of the flight.*

- As in English, the third person plural of the verb may be used alone to express these impersonal subjects.

Dicen que la profesora es simpática.	**They say** *that the professor is likable.*

2. The Passive se

Detrás de estas tarjetas se encuentra algo más que su firma.

¿Qué tarjetas de crédito tienes tú?

- The pronoun **se** may also be used with the third person singular or plural form of a verb as a substitute for the passive voice in Spanish. In such cases, the doer of the action is **not** expressed.

Se preparan bien los camarones en este restaurante.	*Shrimp **are cooked** well at this restaurant.*
Por fin, **se encontró** el gato perdido.	*Finally, the lost cat **was found**.*
Allí **se compran** muchos libros usados.	*Many used books **are bought** there.*
Se hablan español y francés en esta tienda.	*Spanish and French **are spoken** in this store.*

- When **se** is used in this passive construction, there is a specified grammatical subject. As always, the verb must agree with the subject.

◆ PRÁCTICA

9-6   Mi agencia de viajes favorita. Susana and Jorge use the Costamar travel agency because of the special services it offers. Find out what they like about it by completing the following paragraph with the impersonal **se** and the correct form of the verbs from the box.

hablar	atender	conseguir
decir	trabajar	poder

Nos gusta la agencia de viajes Costamar. _____ que es la mejor agencia de viajes de Miami y allí _____ todo el día. En Costamar _____ español y _____ rápidamente al cliente. En esa agencia _____ todo muy barato y _____ pagar con tarjetas de crédito.

◆ PRÁCTICA COMUNICATIVA

9-7   Un viaje en avión. Your friend Mark is taking a plane for the first time. Answer his questions using complete sentences.

1. ¿Qué se necesita para hacer un viaje en avión?
2. ¿Dónde se factura el equipaje?
3. ¿Se permite fumar en el avión?
4. ¿Dónde se pone el equipaje de mano en el avión?
5. ¿Se puede caminar por la sección de primera clase?
6. ¿Se venden revistas y periódicos en el avión?
7. ¿Se vuela muy alto durante el viaje?
8. ¿Dónde se encuentran las salidas de emergencia?

3. Reciprocal Reflexives to Express *each other* and *one another*

- The plural reflexive pronouns **nos, os** and **se,** may be used with certain verbs to express reciprocal actions. These actions are expressed in English by *each other* or *one another*.

Nos queremos mucho.	*We love each other a lot.*
Se ven todos los días.	*They see one another every day.*
Marta y José **se escriben** todas las semanas.	*Marta and José write to each other every week.*

◆ PRÁCTICA

9-8   Mi mejor amigo(a) y yo. Form complete sentences that explain some of the things you and your spouse, children or best friend do together.

MODELO: escribirse cartas cuando...
          Nos escribimos cartas cuando estamos separados(as).

1. verse por las mañanas...
2. encontrarse despúes de las clases...
3. contarse todas las cosas...
4. entenderse perfectamente...
5. conocerse muy bien...
6. visitarse por las tardes...
7. llamarse por teléfono...
8. juntarse para ir...

◆ PRÁCTICA COMUNICATIVA

9-9 Nuestros(as) novios(as). Get together with a classmate and ask each other questions about your relationship with your boyfriend/girlfriend (husband/wife).

1. ¿Cuándo se conocieron?
2. ¿Con qué frecuencia se ven?
3. ¿Dónde se encuentran generalmente?
4. ¿Cuántas veces al día se llaman por teléfono?
5. ¿Se quieren mucho?
6. ¿Se enojan a veces? ¿Por qué?

4. The Relative Pronouns que, quien and lo que

- Relative pronouns are used to join two sentences that have something in common.

Tenemos un **apartamento** grande. El **apartamento** está en la playa.	*We have a big **apartment**. The **apartment** is at the beach.*
Tenemos un apartamento grande **que** está en la playa.	*We have a big apartment **that** is at the beach.*

- The relative pronoun **que,** meaning *that, which, who* or *whom,* may be used for both people and objects.

El folleto **que** te di está en la mesa.	*The brochure **(that)** I gave you is on the table.*
Esa chica **que** ves allí es mi novia.	*That girl **(that)** you see there is my girlfriend.*

● The relative pronoun **quien(es),** meaning *who* or *whom,* refers only to persons and is most commonly used as an indirect object or after a preposition.

Ésas son las chicas **con quienes** te vi.	*Those are the girls **with whom** I saw you.*
La persona **a quien** me recomendó no estaba en su oficina.	*The person **to whom** you recommended me was not in his office.*

● The relative pronoun **lo que,** meaning *what* or *that which,* is a neuter form and refers to a previous idea, event or situation.

No me gustó **lo que** hiciste.	*I didn't like **what** you did.*
¿Entiendes **lo que** dice el profesor?	*Do you understand **what** the professor says?*

⊙ EXPANSIÓN

● In Spanish, the use of the relative pronoun **que** is never optional as it is in many instances in conversation in English.

Estoy buscando la guía **que** compraste.	*I'm looking for the travel book **(that)** you bought.*
La *coca-cola* **que** te trajo la azafata está caliente.	*The Coke **(that)** the flight attendant brought you is warm.*
No conozco el lugar del **que** hablan.	*I'm not familiar with the place **(that)** they are talking about.*

● Relative pronouns are used *restrictively* and *nonrestrictively*. The function of a **restrictive** relative clause is to include information that identifies more completely the noun or pronoun it refers to.

El piloto que habla inglés habló con la torre de mando.	***The pilot who speaks English*** *(not any other pilot) spoke with the control tower.*

When used **nonrestrictively,** the relative clause simply includes additional information about the noun or pronoun, which is already fully identified. In speech, the nonrestrictive clause is marked by pauses, and in writing, it is set off with commas.

La sección de no fumar, **que es muy pequeña,** está cerca de la cabina.	*The no-smoking section, **which is very small,** is near the cockpit.*

◆ PRÁCTICA

9-10   En la agencia de viajes. Fill in the blanks with the correct forms of the relative pronouns **que, quien** or **lo que.**

1. ¿Dónde está la señorita tan simpática con _____ hablé ayer?
2. El señor, _____ está delante de mí, va primero.
3. El pasaje _____ está en la silla no es de nosotros.
4. El problema _____ más me preocupa es _____ no tenemos mucho dinero para el viaje.
5. _____ necesita usted es ir al aeropuerto temprano.
6. Los folletos _____ leímos ayer están en la mesa.
7. Ésa es la nueva empleada _____ comenzó a trabajar hoy.
8. El dueño de la agencia _____ te presenté ayer es muy atento.
9. _____ tenemos que hacer es comparar precios.
10. ¿Quiénes son las señoras con _____ conversabas hace unos minutos?

9-11   Lo que necesito. Restate the following sentences using the relative pronoun **lo que.** Follow the model.

MODELO: Necesito más tiempo.
                Lo que necesito es más tiempo.

1. Digo la verdad.
2. Necesito tu ayuda.
3. Te hace falta dinero.
4. Tengo que comprarme un coche nuevo.
5. Dices la verdad.
6. Me hace falta tu presencia.
7. Necesito diez dólares.

Continental Airlines

¡EL ESPAÑOL EN ACCIÓN!

CONTINENTAL AIRLINES
Houston, TX

Continental Airlines opened routes to Spain and Latin America in 1992. Part of its service strategy is to recruit college graduates studying Spanish to accommodate international travelers who may not speak English.

"If you're fluent in French, Spanish, German or Japanese, as well as English, consider an exciting and rewarding career as a Continental flight attendant. Every day, over every mile we fly, our customers speak highly of our excellent service. Part of the reason is we speak their language. Our bilingual flight attendants understand and respond in the right way. And it's making a difference in how people around the world feel about Continental.

As a flight attendant, you and your family will enjoy unique travel privileges. Top candidates train in the United States."

9-12   Una telenovela. Complete the following paragraph with the relative pronouns **que** or **quien**.

Mi amor es la telenovela _____ más público tiene. El actor principal, Álvaro Montalbán, es el actor de _____ todos hablan. Se dice que este año va a ganar el premio Talía, _____ es el equivalente del Óscar norteamericano. Las chicas dicen que Álvaro es el actor con _____ les gustaría salir. Silvina Bermúdez, la actriz principal de la telenovela, está enamorada de Álvaro, pero Álvaro no la quiere. Esmeralda del Norte es la chica a _____ él quiere, pero Esmeralda no es buena. A ella sólo le interesa el dinero de Álvaro. La telenovela es muy melodramática y siempre hay problemas _____ mantienen el interés del público.

◆ PRÁCTICA COMUNICATIVA

9-13   En el aeropuerto. Imagine that you work in the Tourist Information Office at the Barajas International Airport in Madrid, Spain. A foreign student comes to you for help. Using the phrases in column B, help him/her with his/her problems.

A	**B**
¿Dónde consigo la tarjeta de embarque?	Lo que tiene que hacer es…
No sé cómo llegar al avión.	Lo que necesita es…
¿Adónde llevo mis maletas?	
¿Dónde se puede fumar ahora?	La señora que tiene que ver…
Diríjame, por favor, a la sala de espera.	
Deseo sentarme al lado del pasillo.	El señor con quien debe hablar…
¿Qué hago si estoy en la lista de espera?	

9-14   Una conversación entre amigos. The party is tomorrow and Jorge still doesn't have a date. He is in the cafeteria talking with his friend Eduardo, when Angélica walks in. Complete the conversation between Jorge and Eduardo using the relative pronouns **que** and **quien**.

JORGE: Ésa es la chica a…

EDUARDO: ¿Conoces a Angélica?

JORGE: No, no la conozco, pero sé…

EDUARDO: ¡Por favor, Jorge! Angélica es la chica a… Es… Además…

JORGE: No importa. Mi corazón me dice…

EDUARDO: ¡Qué ridículo estás! No te voy a presentar a Angélica sino a un psiquiatra…

¡Así es la vida!

Una carta a Raquel

Al regresar de su viaje de luna de miel, Susana le escribe a su amiga Raquel.

Raquel lee la carta de su amiga.

23 de junio de 1993

Querida Raquel,

¡Qué lástima que no pudiste venir a nuestra boda! Fuimos a Costa Rica de luna de miel y lo pasamos maravillosamente bien. Estuvimos en San José por tres días y allí visitamos el Museo Nacional y el Teatro Nacional. Luego hicimos varias excursiones por las siete provincias de Costa Rica. En una de las excursiones visitamos la ciudad de Heredia que es conocida como "La ciudad de las flores." Las orquídeas que vimos allí eran preciosas. En otra de las excursiones nos quedamos cerca del volcán Irazú. Durante nuestra estadía, nos levantábamos temprano por la mañana y desde el balcón de nuestro cuarto podíamos ver el volcán. La vista era impresionante. De vez en cuando, nosotros montábamos a caballo o paseábamos por el bosque. Todas las tardes Jorge salía a caminar por el jardín y me traía flores. ¡Qué romántico! Perdona Raquel, pero tengo que dejarte porque mi suegra me está llamando por teléfono. ¡Por Dios que me vuelve loca! Te prometo llamarte por teléfono la próxima semana para contarte los otros sucesos de nuestro viaje.

Un abrazo de tu amiga,

Susana

¡ASÍ LO DECIMOS!

Lugares turísticos

el bosque	*forest*
la isla	*island*
el lago	*lake*
las montañas	*mountains*
el monumento	*monument*
el museo	*museum*
el parque nacional	*national park*
el río	*river*
la vista	*view*
el volcán	*volcano*

Actividades típicas de los viajeros

asolearse	*to get some sun, to tan*
escalar montañas	*to climb mountains*
ir de excursión	*to go on an outing*
montar a caballo	*to ride horses*
pescar	*to fish*
recorrer el país	*to go around (across) the country*
quedarse en...	*to stay in*

Objetos que llevamos en los viajes

los binoculares	*binoculars*
la cámara fotográfica	*camera*
la cámara de video	*Cam recorder*
las gafas de sol	*sun glasses*
el rollo de película	*roll of film (for a camera)*

Expresiones para describir los viajes

Lo pasamos maravillosamente bien.	*We had a wonderful time.*
Lo pasamos regular.	*We had an O.K. time.*
Fue una estadía interesante.	*It was an interesting stay.*
Es precioso(a).	*It's beautiful. It's very pretty.*
Es una vista impresionante.	*It's an impressive view.*

Otras palabras y expresiones

el balcón	*balcony*
las cataratas	*waterfall*
las flores	*flowers*
el jardín	*garden*
Me vuelve loco(a).	*It drives me crazy.*
las orquídeas	*orchids*
prometer	*to promise*
¡Qué lástima!	*What a pity!*
Saludarse	*to greet one another*

¡A ESCUCHAR!

Una carta a Raquel. You will hear the letter that appears in **¡Así es la vida!** (page 290). After listening to the letter indicate whether the statements that you hear are **Cierto, Falso** or **No se sabe.** You will hear the correct answers on the tape.

	Cierto	Falso	No se sabe		Cierto	Falso	No se sabe
1.	___	___	___	4.	___	___	___
2.	___	___	___	5.	___	___	___
3.	___	___	___	6.	___	___	___

◆ PRÁCTICA

9-15   Fuera de lugar. Circle the letter of the word or expression that is out of place.

1. a. lago   b. montaña   c. cámara   d. río
2. a. estudiar   b. escalar   c. pasear   d. pescar
3. a. jardín   b. flores   c. equipaje   d. orquídeas
4. a. museo   b. monumento   c. gafas de sol   d. parque nacional
5. a. mapa   b. guía turística   c. binoculares   d. ¡Qué lástima!

9-16   Completar. Complete the following statements with words and expressions from ¡Así lo decimos!

1. En el jardín del museo había unas _____ preciosas.
2. _____ desde el balcón de nuestro hotel era impresionante.
3. Para ver mejor aquellas montañas necesitas _____.
4. Antes de salir de viaje tienes que preparar tu _____.
5. Había muchos árboles en _____.
6. Las obras de arte más importantes están en _____.
7. Hoy vamos a ir a la playa porque queremos _____.
8. No me gusta el humo. Por eso siempre me siento en _____.

9-17   En el Parque Nacional Chirripó *(Costa Rica).* Provide the correct form of the verbs in parentheses and fill in the remaining blanks with the correct word from the following box. Make any other necessary changes.

flor	caballo	río
árbol	montaña	bosque

El sábado pasado yo (visitar) _____ el Parque Nacional de Chirripó con mis amigos. Nosotros (hacer) _____ muchas cosas. Ana y Luisa (caminar) _____ por el _____. Ellas (ver) _____ muchos _____ muy altos y muchas _____ lindas. Raúl y Saúl (escalar) _____ la _____. Yo no (montar) _____ a _____ pero sí (pescar) _____ en el _____.

◆ PRÁCTICA COMUNICATIVA

9-18   El último viaje. Briefly describe your last trip. Follow the model.

MODELO: El verano pasado estuve en España con mi amigo Pepe. Fuimos a Madrid, Barcelona y Málaga. ¡Fue un viaje fabuloso! Lo pasamos maravillosamente bien. ¿Y tú?

9-19 **Un folleto turístico.** Read the information in the following brochure about the Parque Nacional Volcán Irazú. With several classmates, make a list of the items you will take and the activities you plan to do once you're there.

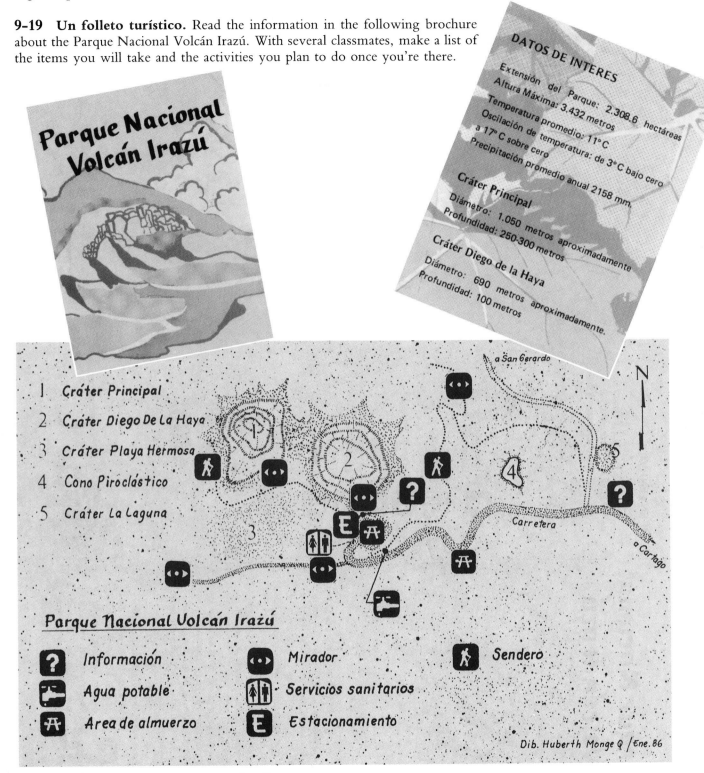

Parque Nacional Volcán Irazú

DATOS DE INTERÉS

Extensión del Parque: 2.308.6 hectáreas
Altura Máxima: 3.432 metros
Temperatura promedio: 11°C
Oscilación de temperatura: de 3°C bajo cero
a 17° C sobre cero
Precipitación promedio anual 2158 mm.

Cráter Principal
Diámetro: 1.050 metros aproximadamente
Profundidad: 250-300 metros

Cráter Diego de la Haya
Diámetro: 690 metros aproximadamente
Profundidad: 100 metros

1 Cráter Principal
2 Cráter Diego De La Haya
3 Cráter Playa Hermosa
4 Cono Piroclástico
5 Cráter La Laguna

a San Gerardo
N
Carretera
a Cartago

Parque Nacional Volcán Irazú

? Información
🚰 Agua potable
⛉ Area de almuerzo
◄•► Mirador
🚻 Servicios sanitarios
E Estacionamiento
🥾 Sendero

Dib. Huberth Monge Q /Ene. 86

¿En que país se encuentra este parque nacional?

◆ Estructuras

5. Adverbs Ending in -mente

- In Spanish, many adverbs are formed with the addition of **-mente** (equivalent to the English -*ly*) to the feminine singular form of adjectives that end in **-o/-a.**

lento → lentamente   *slow → slowly*
rápido → rápidamente   *rapid → rapidly*

If the adjective has a written accent mark, the accent remains on the adverb.

Lucrecia escribe **rápidamente.**   *Lucrecia writes **rapidly.***
Esteban lee **lentamente.**   *Esteban reads **slowly.***

- If the adjective ends in **-e** or a consonant, **-mente** is added directly to the form.

alegre → alegremente
fácil → fácilmente

◆ PRÁCTICA

9-20 Transformar. Change the following adjectives into adverbs.

1. enorme
2. tranquilo
3. cómodo
4. difícil
5. regular

6. alto
7. único
8. elegante
9. amable
10. brutal

9-21 Completar. Change the adjectives in parentheses to adverbs.

Orlando, mi compañero de cuarto, y yo estudiamos (frecuente) _____ juntos. (General) _____ él necesita ayuda con su tarea de inglés. Orlando lee el inglés (lento) _____ y quiere aprender a leer más (rápido) _____. No sé si voy a poder enseñarle a leer el inglés (correcto) _____ en un semestre —¡(único) _____ si lo ayudo todas las noches!

◆ PRÁCTICA COMUNICATIVA

9-22   Preguntas personales. Get together with a classmate and ask each other the following questions. Try to respond using adverbs formed with the adjectives in the box. Follow the model.

MODELO: ¿Cómo haces los exámenes?
           Los hago cuidadosamente.

cuidadoso	difícil	rápido
amable	animado	elegante

1. ¿Qué tal dormiste anoche?
2. ¿Cómo estabas vestido anoche?
3. ¿Como te trataron en el hotel en Costa Rica?
4. ¿Qué tal bailaron tus amigos en la discoteca anoche?
5. ¿Cómo fuiste a la universidad esta mañana?

A PROPÓSITO... El turismo norteamericano en los países hispanos

Millones de norteamericanos, de todas las regiones de los Estados Unidos, visitan países hispanos todos los años. Ciertos países son más populares que otros. He aquí una pequeña descripción de los cuatro países más populares.

México: Más de seis millones de norteamericanos visitan México todos los años. Las ciudades preferidas son **Acapulco, Cancún, Guadalajara** y la **Ciudad de México.** Como está cerca y tiene un clima cálido *(warm),* México es un sitio ideal para escapar las incomodidades del invierno. Tanto en las costas del Mar Caribe como en el Pacífico, México tiene centros turísticos de gran belleza dedicados casi exclusivamente a satisfacer a los turistas norteamericanos.

España: Cerca de un millón de norteamericanos visitan España cada año. Las ciudades más visitadas son **Madrid, Barcelona, Sevilla** y **Málaga.** Se espera que el número de visitantes norteamericanos a España va a aumentar notablemente en los próximos años, debido a las celebraciones que se llevan a cabo para celebrar el quinto centenario del descubrimiento de América.

Puerto Rico y **la República Dominicana:** Por su ubicación *(location)* en el Mar Caribe, estas dos islas reciben anualmente cientos de miles de turistas de los Estados Unidos. Entre los atractivos principales de las islas están no sólo sus hermosos balnearios sino también las ciudades coloniales de San Juan y Santo Domingo, consideradas las capitales más antiguas del Nuevo Mundo.

¡Vamos a comparar!

¿Sabes cuál es la ciudad norteamericana más popular entre los visitantes latinoamericanos a los Estados Unidos y Canadá? Y entre los españoles, ¿cuál es la ciudad más visitada en los Estados Unidos y Canadá?

Turistas norteamericanos en La Alhambra, España.

6. ¿Pretérito o Imperfecto?

- In Spanish, the use of the preterite or the imperfect reflects the way the speaker views the action or event being expressed. The uses of these two tenses are compared in the following chart.

Preterite	Imperfect
1. Narrates past actions or events that the speaker views as completed or finished.	1. Describes what was happening in the past, usually in relation to another event or to a given time, but with no reference to the beginning or end of the action.

Paco **estudió** tres años en la universidad.
*Paco **studied** for three years at the university.*

Paco **estudiaba** en la universidad y **trabajaba** en una tienda.
*Paco **was studying** at the university and **working** at a store.*

2. Expresses the beginning or end of past events or actions.

2. Expresses habitual actions or events in the past.

Las clases **comenzaron** la semana pasada.
*Classes **began** last week.*

La fiesta **terminó** a la una de la mañana.
*The party **ended** at 1:00 A.M.*

Comía en ese restaurante todos los sábados.
*I **used to eat** in that restaurant every Saturday.*

Rita **estudiaba** siempre.
*Rita **used to study** all the time.*

Preterite	**Imperfect**
3. Narrates events that occur in a series.	3. Expresses time in the past.

Carlos **entró** en la clase, **vio** a María y **se sentó** junto a ella.
*Carlos **came** into the class, **saw** Maria and **sat** next to her.*

Eran las cuatro de la tarde.
*It **was** 4 o'clock in the afternoon.*

4. Expresses mental, physical and emotional conditions or states in the past.

No **sabía** que **estabas** triste.
*I didn't **know** that **you were** sad.*
Eduardo **se sentía** enfermo anoche.
*Eduardo **was feeling** sick last night.*

5. Sets the scene for other actions and events that take place.

Llovía cuando aterrizaron en Madrid.
*It **was raining** when they landed in Madrid.*

- The preterite and the imperfect are often used together. In the following examples, the imperfect describes what *was happening* while the preterite expresses the action *being completed* while the first action was in progress.

Comía cuando Eloísa **entró.**
Las chicas **estaban** caminando cuando **vieron** a la profesora.

*He **was eating** when Eloísa came in.*
*The girls **were walking** when **they saw** the professor.*

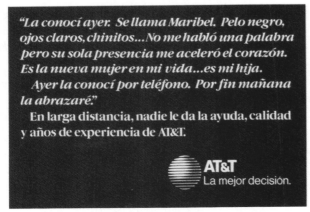

"La conocí ayer. Se llama Maribel. Pelo negro, ojos claros, chinitos... No me habló una palabra pero su sola presencia me aceleró el corazón. Es la nueva mujer en mi vida... es mi hija. Ayer la conocí por teléfono. Por fin mañana la abrazaré."
En larga distancia, nadie le da la ayuda, calidad y años de experiencia de AT&T.

AT&T
La mejor decisión.

¿Quién es la "mujer" que conoció este señor ayer?

◐ EXPANSIÓN

It is important to get a feel for the information that the speaker conveys by using either the preterite or the imperfect. Apart from the meaning of the verb itself, by using either the preterite or imperfect, the speaker conveys additional information about how he/she views the events.

- The preterite *tells what happened, what actions took place* or *what events occurred.*

Fui a Londres.	*I **went** to London.*
Conocí al guía.	*I **met** the tour guide.*
Me llevó de excursión.	***He took me** on a tour.*
Regresé al hotel.	*I **returned** to the hotel.*

- The imperfect *describes* past actions and events without telling *what happened.* Therefore, in the imperfect, the focus of the actions or events is **not** on its completeness, as it is in the preterite.

Era una noche fría.	*It **was** a cold night.*
El cielo **estaba** nublado.	*The sky **was** cloudy.*
No tenía miedo.	*I **wasn't** afraid.*
El guía **no me esperaba.**	*The guide **wasn't waiting for me.***

- Note the different meanings conveyed by the imperfect and the preterite in the following examples.

Tenía una reunión importante ayer por la tarde.	*I **had** an important meeting yesterday afternoon.*
Tuve buenas noticias ayer por la tarde.	*I **got** (received) good news yesterday afternoon.*

- Notice how the preterite (action or event) interrupts the imperfect (background description) in the remaining examples.

El profesor **hablaba** conmigo sobre el examen cuando su esposa **llamó.**	*The professor **was talking** with me about the exam when his wife **called.***
La azafata nos **servía** el almuerzo cuando el piloto **anunció** la emergencia.	*The flight attendant **was serving** us lunch when the pilot **announced** the emergency.*

**⑨   STUDY TIPS: Distinguishing between the preterite and
the imperfect**

Here are a few hints that will help you determine whether to use the
preterite or the imperfect when referring to past actions and events in
Spanish.

1.   Analyze the context in which the verb will be used and ask yourself
the following question. *Does the verb describe the way things were or does
it tell what happened?* Use the imperfect to describe and the preterite
to tell what happened.

Era de noche cuando aterrizaron en Barcelona.
Era—This describes → *It was nighttime.*
Aterrizaron—It tells what happened → *They landed.*

2.   As you speak about the past, remember that in many instances the
use of the preterite or the imperfect will produce a grammatically
correct sentence. However, your choice of either the preterite
or the imperfect will communicate how you view the action or
event.

Así **fue.**   *That's how it happened.*
Así **era.**   *That's how it used to be.*

9-23   Un día en el lago. Complete the following description of what happened
to Rogelio and Cecilia at a nearby lake with the correct form of the preterite or
imperfect of the verbs in parentheses.

Ayer Cecilia y yo (pasar) _____ el día en un lago en las montañas. El
lago (ser) _____ muy grande y bonito. (Tener) _____ una playa con
arena y (estar) _____ rodeado de montañas muy altas. Por la mañana
(ir) _____ a pescar en el bote de Carlos, un amigo de la universidad.
Cecilia (pescar) _____ dos truchas muy pequeñas y ella (tener) _____
que echarlas otra vez en el lago. Por la tarde, (escalar) _____ una
montaña y (ver) _____ muchas flores, especialmente unas orquídeas
que (ser) _____ muy bonitas. Yo (cortar) _____ una y se la (poner)
_____ en el pelo a Cecilia. Ella se (ver) _____ muy bella con la orquídea. Sí, ayer (ser) _____ un día maravilloso para nosotros y vamos
a tratar de volver al lago la semana próxima.

9-24 Ayer fue diferente. Things didn't happen yesterday the way they had been happening. Now you're wondering what will happen tomorrow. Complete the following statements with the correct form of the **preterite** or **imperfect** of the verbs in parentheses.

1. Yo (ver) _____ todos los días a Carlos, pero ayer no lo _____. ¿Lo voy a ver mañana?
2. Frecuentemente Elsa y Javier (pasear) _____ por el parque a las cinco, pero ayer no _____. ¿Van a pasear mañana?
3. En mi casa nosotros siempre (ver) _____ las noticias pero ayer no las _____. ¿Las vemos mañana?
4. Todos los días mis padres (ir) _____ a visitar a mis abuelos pero ayer no _____. ¿Van a ir mañana?
5. Antes tú me (llamar) _____ por teléfono todos los días, pero ayer no me _____. ¿Me vas a llamar mañana?
6. Generalmente ellos (venir) _____ a buscarme, pero ayer no _____. ¿Vienen a buscarme mañana?

9-25 ¡Por fin, mis pasajes! Silvia tells the story of the trouble she had getting the flights she wanted for an upcoming trip. Complete the following sentences with the appropriate form of the **preterite** or the **imperfect** according to the context.

1. Yo (estar) _____ en el trabajo cuando el agente de viajes me (llamar) _____.
2. El agente me (decir) _____ que (tener) _____ mis pasajes en la mano.
3. Yo (pensar) _____ que no (ir) _____ a poder ir de vacaciones, pero por fin el agente me (dar) _____ las buenas noticias.
4. Yo (pedir) _____ permiso para irme temprano del trabajo y (ir) _____ directamente a la agencia de viajes.
5. Sin embargo, yo (caminar) _____ lentamente, porque (tener) _____ miedo de tener otro problema.
6. El agente (leer) _____ un folleto nuevo cuando yo (entrar) _____ en la agencia.
7. Cuando el agente me (ver) _____, inmediatamente (buscar) _____ mis pasajes.
8. Yo (pagar) _____ con tarjeta de crédito porque no (tener) _____ dinero.

9-26 ¿Descripción o acción? Change the focus of the following sentences from description to action or activity using the cues provided. Follow the model.

MODELO: Íbamos al centro comercial todas las tardes. / Ayer...
Ayer fuimos al centro comercial por la tarde.

1. El verano pasado Sócrates iba a la playa todos los domingos. / El domingo pasado...
2. Normalmente comíamos en un restaurante chino. / La semana pasada...
3. Generalmente estudiábamos tres horas diarias. / Anteayer...
4. De vez en cuando veía películas románticas. / El viernes pasado...
5. Jugábamos frecuentemente al básquetbol. / El jueves por la noche...
6. Miraba la televisión casi todas las noches. / El martes por la mañana...
7. Casi siempre asistía a todas las fiestas. / Anoche...
8. Todas las mañanas tomaba el desayuno en la cafetería de la universidad. / Esta mañana...

◆ PRÁCTICA COMUNICATIVA

9-27   Entrevista. Interview a classmate about what he/she did yesterday. Use
the following questions to guide the conversation.

1. ¿A qué hora te levantaste ayer? ¿Cómo te sentías?
2. ¿Qué comiste en el desayuno?
3. ¿Cómo estaba el tiempo ayer?
4. ¿Qué hiciste en la universidad?
5. ¿Qué hora era cuando regresaste a casa?
6. ¿Qué hiciste al regresar a casa?
7. ¿Qué hora era cuando te acostaste?
8. ¿Qué tal dormiste?

9-28   Queríamos... You and some friends wanted to do a great many things
today, but were unable to do so. Explain to a partner why you couldn't do what
you wanted to do. Then exchange roles. Follow the model.

MODELO: Iba a ver a mi novio(a) esta tarde...
          Iba a ver a mi novio esta tarde pero tuve que estudiar.

1. Quería cenar en un restaurante mexicano esta noche pero...
2. Pensaba ir a clases esta mañana pero...
3. Tenía deseos de ver una buena obra de teatro pero...
4. Planeaba ir al café con mis amigos pero...
5. Esperaba asistir al concierto con Pedro pero...
6. Tenía ganas de ir a casa este fin de semana pero...

7. Por and para

- Although the prepositions **por** and **para** are both often translated as *for* in
  English, they are not interchangeable. Each word has a distinctly different
  use in Spanish, as outlined in the following section.

Por

- Expresses the time during which an action takes place *(for, during)*

Vamos a visitarla **por** la tarde.	*We are going to visit her **during** the afternoon.*
Pienso estudiar en Ecuador **por** tres meses.	*I am planning to study in Ecuador **for** three months.*

- Expresses *because of, in exchange for, on behalf of*

El piloto tuvo que aterrizar inesperadamente **por** una emergencia.	*The pilot had to land unexpectedly **because of** an emergency.*
¿Quieres cinco dólares **por** esa corbata?	*Do you want five dollars **(in exchange) for** that tie?*
Lo hizo **por** su madre.	*She did it **for (on behalf of)** her mother.*

- Express motion *(through, by, along, around)*

Pasé **por** casa anoche.	*I went **by** your house last night.*
Las chicas salieron **por** la puerta central.	*The girls went out **through** the main door.*

- Expresses means or manner by which and action is accomplished *(by)*

¿Viajaron a Quito **por** avión?	*Did you travel to Quito **by** plane?*
La casa fue construida **por** el arquitecto.	*The house was built **by** the architect.*

- Expresses the object of an action *(for)*

Venimos **por** usted a las dos.	*We'll come by **for** you at two.*
Los estudiantes fueron **por** el helado.	*The students went **for** the ice cream.*

- Is used in many idiomatic expressions

por ahí (allí)	around there	**por favor**	please
por ahora	for now	**por fin**	finally
por aquí	around here	**por lo general**	in general
por cierto	by the way	**por lo visto**	apparently
por Dios	for God's sake	**por poco**	almost
por eso	that's why	**por supuesto**	of course
por ejemplo	for example	**por último**	finally

Para

- Expresses goal, purpose, recipient or destination *(for, in order to)*

Este regalo es **para** ti.	*This present is **for** you.*
Mañana partimos **para** México.	*Tomorrow we depart **for** Mexico.*
Estudian **para** maestras.	*They are studying **to be** teachers.*
Vamos a casa **para** comer.	*We're going home **in order to** eat.*

- Expresses time limits or deadlines (*for, by*)

Necesito el pasaje **para** esta tarde.	*I need the ticket **for** this afternoon.*
Pienso estar en Acapulco **para** el mes de junio.	*I plan to be in Acapulco **by** June.*

- Expresses comparison with others (stated or implicit)

Para él los idiomas son muy fáciles.	*For him languages are very easy.*
Para tener cinco años, ella es muy alta.	*For being five years old, she is very tall.*

- Expresses readiness (to be about to do something) when used with **estar** + *infinitive*

Estoy **para** salir.	*I am **about to** leave.*
El avión está listo **para** despegar.	*The plane **is ready** for takeoff.*

⊚ NOTES ON USAGE

- The uses of **por** and **para** have apparent similarities, which sometimes cause confusion. In some cases it may be helpful to link their uses to the questions **¿para qué?** (for what purpose?) and **¿por qué?** (for what reason?).

—**¿Por qué** vino? *Why (for what reason) did you come?*	—Vine **porque** necesitaba verlo. *I came **because** I needed to see you.*
—**¿Para qué** vino Ud.? *For what purpose did you come?*	—Vine **para** ayudar a mi familia. *I came **(in order) to** help my family.*

- In many instances the use of either **por** or **para** will be grammatically correct. Only one, however, will accurately reflect the reality of the situation. Compare the following sentences.

Mario va **para** el parque.	*Mario is going **to (toward)** the park. (destination)*
Mario va **por** el parque.	*Mario is going **through (in)** the park. (motion)*
Lo hice **para** ti.	*I did it **for** you. (recipient)*
Lo hice **por** ti.	*I did it **because of** you. (because of)*

◆ PRÁCTICA

9-29 Completar. Complete the following sentences with **por** or **para**.

1. _____ mí las orquídeas son las flores más bonitas.
2. Vamos a pescar _____ el río.
3. ¿Es verdad que sales hoy _____ Guatemala _____ avión?
4. Pasamos _____ tu residencia _____ verte.
5. Francisca, estas rosas son _____ ti.
6. _____ Dios, no me hagas más preguntas.
7. Te doy mi fruta _____ tu ensalada.
8. Rita estudia en la biblioteca _____ las mañanas.
9. Estoy preparándome _____ ser profesora de español.
10. Fuimos _____ el parque con nuestras novias.
11. El arroz con pollo es _____ el almuerzo.
12. _____ ser un niño de siete años, es muy inteligente.

9-30 Un día fantástico. You and some friends have just had a great day in the mountains. Combine the words in each column to form complete statements that describe what you did. Use the correct form of the **preterite** and choose between **por** and **para**.

MODELO: Leticia salió para el parque.

A	B	C	D
Leticia	salir		el parque
nosotros	montar a caballo		el arroyo
yo	pensar llegar	⎧ por ⎫	las 8:00 A.M.
Carlos y Pepe	escalar	⎩ para ⎭	tres horas
todos	pasear		el parque
Ana y Julio	salir		las montañas

◆ PRÁCTICA COMUNICATIVA

9-31 Un viaje a Costa Rica. Imagine that you and your roommate are thinking about going to Costa Rica this summer. Ask each other the following questions.

1. ¿Vamos por avión o por automóvil?
2. ¿Cuánto dinero vamos a necesitar para el viaje?
3. ¿Por cuánto tiempo vamos?
4. ¿Cambiamos dólares por colones antes de salir?
5. ¿Qué regalos vamos a comprar para nuestros(as) novios(as)?
6. ¿Es importante para ti tratar de hablar español siempre? ¿Por qué?
7. ¿Por qué vamos realmente a Costa Rica?

SÍNTESIS
¡Al fin y al cabo!

◆ ¡A REPASAR!

9-32 Emparejar. Match the items in column A that are associated with or are similar to the items in column B.

A		B	
____ 1.	el pasaje	a.	el equipaje
____ 2.	el hospedaje	b.	de espera
____ 3.	la cabina	c.	el asiento
____ 4.	las maletas	d.	el rollo de película
____ 5.	escalar	e.	las orquídeas
____ 6.	el cinturón de seguridad	f.	lugar donde está el piloto
____ 7.	las flores	g.	montañas
____ 8.	la sala	h.	de ida y vuelta
____ 9.	la cámara fotográfica	i.	el hotel

9-33 Completar. Fill in the blanks with words and expressions you have learned in this chapter.

1. Este fin de semana Carlota y yo fuimos en una excursión a ____.
2. A Carmen le gusta mucho ir a la playa, pero cuando va, le molesta la luz del sol. Ella necesita ____.
3. José y Roberto están en Madrid por primera vez y quieren saber cuáles son los mejores restaurantes. Deben consultar ____.
4. Gabriela y Eduardo escalaron una montaña muy alta. Cuando llegaron a la cima *(top)* y miraron hacia abajo, los dos dijeron: "____."
5. El profesor González acaba de llegar al aeropuerto de San José. Va a buscar sus maletas en ____.
6. Marisa va a tomar un vuelo de LACSA de San José a Caracas. Quiere ver el despegue y el aterrizaje y por eso pide un ____ al lado de ____.
7. Para subir a bordo de un avión es necesario presentar ____ en la puerta de salida.
8. El Sr. López es alérgico al humo de los cigarrillos; por eso pide un asiento en ____.

9-34 Práctica. Choose the expression from the box below that best describes the illustration.

MODELO: Pedro y Pablo se saludan todos los días.

> quererse mucho
> saludarse todos los días
> escribirse a menudo
> abrazarse/besarse en la fiesta
> darse la mano
> llamarse por teléfono frecuentemente

1. Ana y Julio...

2. Rosa y yo...

3. Mi novio(a) y yo...

4. Martín y Juana...

5. Marcos y Lucía...

9-35   Eliseo, el feo, y Florinda, la linda. Complete the following story with the correct form of the **preterite** or **imperfect** of the verbs in parentheses.

(Haber) _____ una vez un chico que (llamarse) _____ Eliseo pero sus amigos le (decir) _____ "Eliseo, el feo" porque (ser) _____ muy feo.

Todos los veranos Eliseo (ir) _____ con su familia a visitar un parque nacional que (quedar) _____ lejos de su casa. Un día, la familia de Eliseo (conocer) _____ a la familia Bello en el parque. Los Bello (tener) _____ una hija que (llamarse) _____ Florinda. Ella (ser) _____ alta y rubia y (tener) _____ los ojos azules. Ella (ser) _____ tan linda que sus amigos le (decir) _____ "Florinda, la linda." Florinda y Eliseo (hacer) _____ muchas cosas juntos. A menudo, (caminar) _____ por el bosque, (montar) _____ a caballo o (pescar) _____ en el lago. Florinda le (gustar) _____ mucho a Eliseo pero él no (atreverse) _____ a decírselo. Un día, mientras los dos (caminar) _____ por el bosque, Eliseo le (cantar) _____ una canción romántica con su guitarra, le (dar) _____ unas flores, y le (decir) _____ a Florinda que la (querer) _____ mucho. Florinda (emocionarse) _____ tanto que (enamorarse) _____ de Eliseo. Dos años más tarde, Eliseo y Florinda (casarse) _____, (tener) _____ muchos hijos y (vivir) _____ muy felices.

9-36   Completar. Fill in the blanks with **por** or **para**.

Hoy fui a ver a mi amigo Arturo que trabaja _____ una agencia de viajes. La agencia está _____ la calle Flores. Fui a la agencia _____ comprar dos boletos _____ un viaje que vamos a hacer mi hermano y yo a Costa Rica. Cuando entré en la agencia tuve que esperar una hora _____ Arturo. _____ fin, Arturo llegó y le compré los boletos. El viaje es _____ avión y los boletos me costaron ochocientos dólares _____ persona. El viaje incluye pasaje de ida y vuelta, hospedaje, comida y excursiones _____ todo el país. _____ ser un viaje tan largo, no está caro. El viaje es _____ este sábado y sale de Miami. _____ fin, voy a poder visitar Costa Rica.

¡A ESCUCHAR!

La luna de miel. You will hear a short narrative about Linnette and Scott's honeymoon. After listening to the narrative, indicate whether the statements that you hear are **Cierto** or **Falso**. You will hear the correct answers on the tape.

	Cierto	Falso			Cierto	Falso
1.	____	____		4.	____	____
2.	____	____		5.	____	____
3.	____	____		6.	____	____

◆ ¡A CONVERSAR!

9-37 **El agente de viajes.** In groups of three, play the role of a couple planning their honeymoon trip with a travel agent. Cover the following topics.

- countries and cities you would like to visit

- time and dates of travel

- preferred method of travel

- type of hotel you would like to stay in

- special activities you would like to plan for

9-38 **¡Un viaje inolvidable!** In small groups, discuss the most unforgettable trip you have ever taken. Briefly describe where you went, with whom, and what happened that made it unforgettable. After each person describes his/her experience, the other students may ask questions such as the following:

1. ¿Qué fue lo que más te gustó del viaje?
2. ¿Piensas volver algún día?
3. ¿Qué actividades hiciste en el viaje?
4. ¿Cuánto dinero gastaste?
5. ¿Qué regalos compraste?

9-39 **Las vacaciones de primavera.** You have just seen the following advertisement in the newspaper and you call your travel agent to find out more information about this place. With a classmate, act out the conversation.

MATALASCAÑAS
NATURALEZA EN EL ATLÁNTICO

En Huelva, con extensas playas de finas y doradas arenas que besan el Atlántico, en un paraíso alumbrado por el cálido sol del sur, junto al **PARQUE NACIONAL DE DOÑANA**. Dale a tus vacaciones un aire nuevo, frescura y una luz única.

¡¡¡ Descubre las playas de la **COSTA DE LA LUZ** !!!

JUNTA DE ANDALUCÍA
Dirección General de Turismo

PATRONATO PROVINCIAL
DE TURISMO DE HUELVA

¿Qué agencia de viajes usaste la última vez que hiciste un viaje? ¿Adónde fuiste?

¡LENGUA VIVA! ◆ ◆ ◆

Un viaje a Cuzco y Machu Picchu

De antemano

Muchos turistas de todas partes del mundo visitan estas ciudades peruanas en las sierras (las montañas) de los Andes. El viaje no es fácil, pero como se puede ver en el video, es una oportunidad fabulosa de apreciar el espectacular paisaje andino y la maravillosa cultura de los incas.

Palabras y frases claves

milenario(a)   **la tonelada**
el nivel del mar   **descomponerse**
sobrevivir   **la selva**
llorar   **la cima**
Sendero Luminoso   **el sol de oro**
el soroche   **el campesino**
los sentidos

Prisma

¿Cierto o Falso?

1. El viaje de Jorge Ramos comenzó en Cuzco, a unos 112 kilómetros de Machu Picchu.
2. Cuzco queda a una hora de Lima por avión.
3. Cuzco era la capital del imperio incaico *(Incan empire)*.
4. Los españoles llegaron a Cuzco en 1533.
5. Los incas lloraban porque se iban los españoles.
6. El té de coca es para el soroche.
7. Los incas usaban piedras *(stones)* muy grandes en la construcción de sus edificios.
8. Los niños de Cuzco no juegan cerca de los antiguos centros religiosos de los incas.
9. El viaje de Cuzco a Machu Picchu en autobús y tren lleva cuatro horas.
10. Se puede comprar joyas en la estación de trenes.
11. El boleto de ida y vuelta del tren es muy caro para los peruanos.
12. Creemos que se construyó Machu Picchu en el siglo XV.
13. Un norteamericano descubrió Machu Picchu con la ayuda de unos campesinos.
14. Se encontraron cadáveres en Machu Picchu.
15. Durante la Conquista, los españoles construyeron una iglesia católica en las ruinas de Machu Picchu.

 **LECTURA** **EL CRIMEN PERFECTO**
Enrique Anderson-Imbert

◆ ANTES DE LEER

A. Palabras claves. Study the following key words from the reading. Then complete the statements that follow with the most appropriate words or expressions from the list.

las almas	*souls*	**las monjitas**	*the nuns (diminutive)*
el cadáver	*body, cadaver*	**los muertos**	*the dead*
cometer	*to commit*	**la orilla**	*the river bank*
la lápida	*gravestone*	**el sepulcro**	*tomb, grave*

1. El cementerio quedaba a _____ del río.
2. El cuerpo de una persona muerta es un _____.
3. El hombre pensó que iba a _____ el crimen perfecto.
4. Cuando una persona muere es enterrada en un _____.
5. _____ forma parte del sepulcro.
6. Se dice que al morir una persona, su cuerpo físico desaparece pero permanece todavía su _____.

B. Anticipar. Quickly preview the reading by looking at the illustrations and reading the title and introduction. Based on the information you already know, answer the following questions to help you anticipate what the story might be about.

1. Which of the following literary genres best identifies this brief short story by Enrique Anderson Imbert?
   _____ Crime/mystery   _____ Romance/drama
   _____ Action/adventure   _____ Religious essay

2. Who is the main character of the story? Do we know his/her name?
3. Where does this story take place? Is there more than one location?
4. What do you think is the main event of the story?

C. Estrategias de lectura. When reading short stories in Spanish, you will encounter many unfamiliar words and expressions. As you read "El crimen perfecto", use the following strategies to deal with unfamiliar words.

1. Note any cognates or near cognates. These are words that have the same meaning as the English equivalent and are also spelled similarly.
2. If you encounter words with which you are completely unfamiliar, you may be able to determine their meaning from context. Reread the sentence in which the word appears. If this does not provide any clues, re-read the sentences immediately prior to the appearance of the word and those that immediately follow.
3. Analyze the different parts of a word. Are there any prefixes or suffixes that are familiar? For example, in the word *viajeros,* if you recognize the word *viajes* the suffix *-ro(s)* indicates the person who carries out such activity. Thus you can make an intelligent guess that *viajero* is a person who travels.
4. If you are still not succesful, then consult a bilingual dictionary or ask for help from your instructor.

El crimen perfecto

The Argentine writer Enrique Anderson-Imbert was born in Buenos Aires in 1910. He has taught Latin American literature both in his native country and in the United States, where he was a Professor at Harvard University. He is well known as the master of the "microcuento" or mini short story. Most of his stories have an ironic and surprising twist and they deal frequently with the fine line between fantasy and reality.

"El crimen perfecto" appears in El gato de Cheshire, *a collection of short stories, and is narrated by a criminal who presumably has committed the "perfect" crime. As with many of Anderson-Imbert's stories, humorous elements intermingle with the macabre to produce a narrative with a strong moral message.*

◆ ◆ ◆

—Creí haber cometido el crimen perfecto. Perfecto el plan, perfecta su ejecución. Y para que nunca se encontrara el cadáver lo escondí° donde a nadie se le ocurriera buscarlo: en un cementerio. Yo sabía que el convento de Santa Eulalia estaba
5 desierto desde hacía años° y que ya no había monjitas que enterrasen a monjitas en su cementerio. Cementerio blanco, bonito, hasta alegre con sus cipreses° y paraísos° a orillas° del río. Las lápidas, todas iguales y ordenadas como canteros° de jardín alrededor de una hermosa imagen de Jesucristo,
10 lucían° como si las mismas muertas se encargasen de° mantenerlas limpias. Mi error: olvidé que mi víctima había sido un furibundo ateo.°

Horrorizadas por el compañero de sepulcro que les acosté° al lado, esa noche las muertas decidieron mudarse°: cruzaron a
15 nado° el río llevándose consigo° las lápidas y arreglaron el cementerio en la otra orilla, con Jesucristo y todo. Al día siguiente los viajeros que iban por lancha° al pueblo de Fray Bizco° vieron a su derecha el cementerio que siempre habían visto a su izquierda. Por un instante, se les confundieron las
20 manos y creyeron que estaban navegando en dirección contraria, como si volvieran° de Fray Bizco, pero en seguida° advirtieron que se trataba de una mudanza° y dieron parte° a

° I hid

° for years

° cypress trees / paradises / on the banks / flower beds

° shone / took it upon themselves

° a raging atheist

° I layed down
° move
° crossed by swimming / taking with them

° motor boat
° Friar Cross-eyed

° as if they were returning / immediately / move / notified

las autoridades. Unos policías fueron a inspeccionar el sitio° · place
que antes ocupaba el cementerio y, cavando° donde la tierra · digging
25 parecía recién removida°, sacaron el cadáver (por eso, a la · recently turned over
noche, las almas en pena° de las monjitas volvieron muy · souls in torment
aliviadas, con el cementerio a cuestas°) y de investigación en · on their backs
investigación...; ¡bueno! el resto ya lo sabe usted, señor Juez.

◆ DESPUÉS DE LEER

A. Preguntas de comprensión. Answer the following questions based on your understanding of what happens in the story.

1. ¿Quién es el narrador del cuento y dónde se encuentra?
2. ¿Qué tipo de crimen ha cometido el narrador?
3. ¿Por qué es ideal el cementerio del convento de Santa Eulalia?
4. ¿Cuál fue el gran error del narrador al cometer el crimen?
5. ¿Qué hicieron las monjitas?
6. ¿Cómo sabemos que el crimen fue descubierto?
7. ¿Quién crees que es el juez que menciona el narrador?

B. Temas de discusión. Get together with several classmates and briefly discuss the following topics related to the reading.

1. ¿Cuál es la ironía del título del cuento?
2. ¿Qué elementos fantásticos hay en el cuento?
3. ¿Cuál es la moraleja *(moral)* del cuento?

¡Su salud es lo primero!

COMUNICACIÓN

- Talking about the condition of oneself and others
- Talking about health care
- Expressing wishes, requests, and emotions
- Giving advice

CULTURA

- Las farmacias
- El ejercicio y la dieta

ESTRUCTURAS

Primera parte

- General Use of the Spanish Subjunctive
- The Spanish Subjunctive in Noun Clauses
- The Subjunctive to Express Volition

Segunda parte

- The Subjunctive to Express Feelings and Emotions
- Indirect Commands

¡Lengua viva!:	El sol, el SIDA y el cuidado prenatal
Lectura:	Primer encuentro
Mundo hispánico:	Los países andinos: Ecuador, Perú, Bolivia y Chile

¡Así es la vida!

¡Qué mal me siento!

Don Remigio Campoamor no se siente bien. Le duele todo el cuerpo. Ahora está hablando con su esposa, doña Refugio.

DON REMIGIO: ¡Aaay, Refu! ¡Qué mal me siento!

DOÑA REFUGIO: Remigio, hace tres días que estás enfermo. Quiero que vayas al médico ahora mismo.

DON REMIGIO: De ninguna manera.

DOÑA REFUGIO: ¡Remi! Insisto que hagas una cita con el doctor Estrada.

DON REMIGIO: ¡Está bien! No sé por qué tienes tanta confianza en los médicos.

En el consultorio del doctor Estrada.

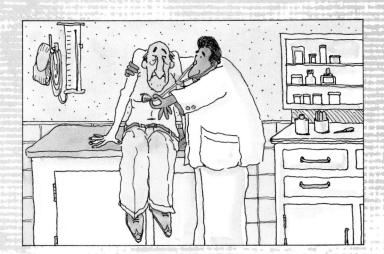

DR. ESTRADA: Don Remigio, ¿cómo se siente? ¿Qué tiene?

DON REMIGIO: Me duele mucho la garganta y me duelen también el pecho y el estómago.

DR. ESTRADA: A ver… ¡Respire! ¡Tosa!…Pues mire, lo que usted tiene es un resfriado. ¿Es alérgico a los antibióticos?

DON REMIGIO: No, no creo.

DR. ESTRADA: Bueno, don Remigio, tómese estas pastillas y le garantizo que se va a sentir mejor. Quiero que venga la semana próxima para hacerle un examen físico.

DON REMIGIO: ¿Otra vez venir a visitarlo? Pero usted sabe que yo odio las visitas al médico.

DR. ESTRADA: Vamos, don Remigio, tranquilo. Usted sabe que para mí su salud es lo primero.

¡Así lo decimos!

Las partes del cuerpo humano

la boca	mouth
el brazo	arm
la cabeza	head
la cara	face
el corazón	heart
el cuello	neck
el dedo de la mano	finger
el dedo del pie	toe
el estómago	stomach
la frente	forehead
la garganta	throat
el hombro	shoulder
el hueso	bone
la lengua	tongue
la mano	hand
el músculo	muscle
la nariz	nose
el oído	inner ear
la oreja	ear
el pecho	chest
el pie	foot
la pierna	leg
el pulmón	lung
la rodilla	knee
la sangre	blood
el tobillo	ankle
la uña	nail

Verbos relacionados con la salud

enfermarse	to get sick
fumar	to smoke
guardar cama	to stay in bed
hacer ejercicios	to exercise
hacer una cita	to make an appointment
operar	to operate
romperse (un hueso)	to break (a bone)
recetar	to prescribe
respirar	to breathe
sacar (la lengua)	to stick out (one's tongue)
tener dolor de...	to have a pain in...
tener fiebre	to have a fever
tener náuseas	to be nauseous
tener un resfriado	to have a cold
tomarse la presión	to take one's blood pressure
tomarse la temperatura	to take one's temperature
torcerse el tobillo	to twist one's ankle
toser	to cough

Medicinas comunes

el antibiótico	antibiotic
el antiácido	antacid
la aspirina	aspirin
el jarabe	cough syrup
la pastilla	pill; lozenge
la penicilina	penicillin

Expresiones para hablar de la salud

¿Cómo se siente?	How do you feel?
¿Qué tiene?	What's wrong?
¿Qué le duele?	What's hurting you?
¿Cuáles son sus síntomas?	What are your symptoms?
Me siento mal.	I feel bad.
No me siento bien.	I don't feel well.
¡Qué mal me siento!	I feel so bad!
Me duele...	My ...hurts
Me siento mejor.	I feel better.
Me siento bien.	I feel well.

Condiciones físicas

el dolor de cabeza	headache
el dolor de estómago	stomachache
el dolor de garganta	sore throat
la gripe	flu
la enfermedad	sickness
la infección	infection
el resfriado	cold

Otros sustantivos

la alergia	allergy
el cirujano	surgeon
el consultorio	doctor's office
la dosis	dose
el examen físico	checkup
la farmacia	pharmacy, drugstore
el (la) farmacéutico(a)	pharmacist
la inyección	shot
el (la) paciente	patient
la prueba/el examen	test
la radiografía	x-ray
la receta	prescription

Adjetivos

alérgico(a)	allergic
enfermo(a)	sick
saludable, sano(a)	healthy

📼 ¡A ESCUCHAR!

¡Qué mal me siento! You will hear the conversation that appears in **¡Así es la vida!** (page 315). Indicate whether the statements that follow the conversation are **Cierto, Falso** or **No se sabe.** You will hear the correct answers on the tape.

	Cierto	Falso	No se sabe
1.	____	____	____
2.	____	____	____
3.	____	____	____
4.	____	____	____
5.	____	____	____
6.	____	____	____
7.	____	____	____
8.	____	____	____

◆ PRÁCTICA

10-1   Crucigrama. The following crossword puzzle contains five words from **¡Así lo decimos!** Find them!

10-2 Escoger. Choose the word that best completes each sentence.

1. Ana no puede bailar porque le duelen los _____.
   a. oídos   b. pies   c. brazos

2. La _____ es roja.
   a. sangre   b. cabeza   c. pierna

3. Fui al _____ del doctor Duranza.
   a. resfriado   b. consultorio   c. antiácido

4. Juan se rompió un _____.
   a. corazón   b. pelo   c. brazo

5. La lengua está dentro de la _____.
   a. rodilla   b. pierna   c. boca

6. Respiramos con los _____.
   a. dientes   b. pulmones   c. músculos

7. Me corté las uñas de los _____.
   a. pies   b. tobillos   c. pulmones

8. No me gusta ese chico porque tiene las _____ muy grandes.
   a. orejas   b. dosis   c. alergias

10-3 ¿Qué le pasa? Look at the illustrations and point out what's wrong with these people.

MODELO: Alicia
        A Alicia le duele el estómago.

1. Alberto

2. Ana María

3. Samuel y Ricardo

4. Luis

5. Ramiro y yo

10-4   ¿Necesito un médico? Read the following advertisements, then answer
the following questions.

MEDICOS	MEDICOS
Dr. Amaury V. Fuente, M.D. **Medicina Interna** 4746 West Flagler Street Miami, Florida 33135 **(305) 445-3666**	**Dr. Ricardo Samitier** Cirugía Cosmética y Bariatica **Miembro de la Academia Americana** **de Cirugía Cosmética** 1650 Coral Way Miami, Florida 33145 **(305) 858-6975**
Dr. Elías Musa, M.D. **Medicina Interna** 4746 West Flagler Street Miami, Florida 33135 **(305) 445-3666**	**Dr. Tomás A. Cabrera** **Urólogo** 330 S.W. 27 Avenida. Suite 203 Miami, Florida 33135 • 777 East 25 Street, Suite 410 Hialeah, Florida 33030 **(305) 541-7414**

1. ¿Cuál es la especialidad del doctor Samitier?
2. ¿En qué ciudad está su consultorio?
3. ¿Qué tienen en común el doctor Fuente y el doctor Musa?
4. ¿Cuál es la especialidad del doctor Cabrera?
5. ¿Cuáles son las direcciones de sus consultorios?
6. ¿Cuál es el teléfono del doctor Cabrera?

A PROPÓSITO... Las farmacias

Las farmacias en España e Hispanoamérica son tiendas especializadas en las que sólo se venden
medicinas y artículos de aseo personal *(personal care
products)* como jabones *(soaps)*, jarabes, pasta de dientes, lociones y champú. Aunque existen "cadenas"
de farmacias que funcionan como parte de grandes
corporaciones, hoy día todavía son más numerosas
las farmacias pequeñas. En estas farmacias de barrio, el mismo propietario es el farmacéutico y la
gente del barrio va a consultarlo cuando están enfermos o sufren de algún malestar. Debido a que la
venta de medicamentos no está tan estrictamente
controlada como en los Estados Unidos, los dueños
de farmacias y sus empleados con frecuencia recetan
medicinas a sus clientes. De esta forma, es posible
comprar antibióticos como la penicilina y otras
drogas sin necesidad de obtener una receta médica.
Poco a poco, hoy día, esta costumbre va cambiando
a medida que los gobiernos modernizan y
reglamentan la venta de productos farmacéuticos.

¡Vamos a comparar!

¿Qué diferencias existen entre las farmacias en los
Estados Unidos y Canadá, y en los países hispanos?
¿Son más numerosas en EE.UU. y Canadá las farmacias pequeñas o las farmacias que forman parte
de grandes corporaciones? ¿Qué medicamentos se
pueden comprar en EE.UU. y Canadá sin receta
médica?

Farmacia en la Ciudad de México.

◆ PRÁCTICA COMUNICATIVA

10-5 Una conversación. Imagine that you are not feeling well. Complete the following conversation with a classmate.

COMPAÑERO(A): Hola, ¿qué tal? ¿Cómo _____?

        TÚ: _____

COMPAÑERO(A): ¿Qué tienes? ¿Qué te pasa?

        TÚ: _____

COMPAÑERO(A): ¿Vas a ir al _____?

        TÚ: _____

COMPAÑERO(A): Bueno, _____.

◈ Estructuras

1. General Use of the Spanish Subjunctive

- With the exception of the formal command forms, you have been using verb tenses (present, preterite and imperfect) in the **indicative mood.** The **indicative** is used to describe actions that are real, definite or factual.

  In this chapter you will learn about the **subjunctive mood,** which is used to describe a speaker's attitudes, wishes, feelings, emotions or doubts. Unlike the indicative, which deals with real, factual actions, the subjunctive describes reality subjectively.

The Present Subjunctive of Regular Verbs

- When you learned the formal commands, you learned the Ud. and Uds. form of the present subjunctive. As you will remember, the present subjunctive is formed by deleting the final **-o** of the first person singular of the present indicative and adding the endings. The endings associated with **-er** verbs are added to the **-ar** verbs and those associated with the **-ar** verbs are added to the **-er** and **-ir** verbs.

$$
\begin{array}{llll}
\text{habl}\textbf{ar} & \text{hablo} \rightarrow \text{habl} + \textbf{e} \rightarrow \text{habl}\textbf{e} \\
\text{com}\textbf{er} & \text{como} \rightarrow \text{com} + \textbf{a} \rightarrow \text{com}\textbf{a} \\
\text{viv}\textbf{ir} & \text{vivo} \rightarrow \text{viv} + \textbf{a} \rightarrow \text{viv}\textbf{a}
\end{array}
$$

- The following chart shows the present subjunctive forms of regular verbs. Note that the endings of **-er** and **-ir** verbs are identical.

	hablar	**comer**	**vivir**
yo	habl**e**	com**a**	viv**a**
tú	habl**es**	com**as**	viv**as**
Ud./él/ella	habl**e**	com**a**	viv**a**
nosotros	habl**emos**	com**amos**	viv**amos**
vosotros	habl**éis**	com**áis**	viv**áis**
Uds./ellos/ellas	habl**en**	com**an**	viv**an**

- Note that the verbs that are irregular in the **yo** form of the present indicative are *not* considered irregular in the present subjunctive, because the **yo** form is used as the base of the present subjunctive.

Infinitive	1st pers. sing. Present Indicative	1st pers. sing. Present Subjunctive
comer	como	coma
caer	caigo	caiga
decir	digo	diga
hacer	hago	haga
poner	pongo	ponga
tener	tengo	tenga
traer	traigo	traiga
venir	vengo	venga
ver	veo	vea

- Remember that in order to maintain the [k], [g] and [s] sounds corresponding to the letters **-c, -g** and **-z,** verbs whose infinitives end in **-car, -gar** and **-zar** have spelling changes in all forms of the present subjunctive.

$$
\begin{array}{lll}
\text{buscar} & c \rightarrow \textbf{qu} & \text{bus}\textbf{qu}\text{e, bus}\textbf{qu}\text{es,} \ldots \\
\text{llegar} & g \rightarrow \textbf{gu} & \text{lle}\textbf{gu}\text{e, lle}\textbf{gu}\text{es,} \ldots \\
\text{empezar} & z \rightarrow \textbf{c} & \text{empie}\textbf{c}\text{e, empie}\textbf{c}\text{es,} \ldots
\end{array}
$$

(Our discussion of the Subjunctive continues on the following page.)

- The subjunctive forms of **-ar** and **-er** stem-changing verbs have the same pattern as that of the present indicative.

pensar (ie)		**devolver** (ue)	
p**ie**nse	pensemos	dev**ue**lva	devolvamos
p**ie**nses	penséis	dev**ue**lvas	devolváis
p**ie**nse	p**ie**nsen	dev**ue**lva	dev**ue**lvan

- In **-ir** stem-changing verbs, the unstressed **e** changes to **i,** and the unstressed **o** changes to **u** in the **nosotros** and **vosotros** subjunctive forms.

sentir (ie, i)		**dormir** (ue, u)	
s**ie**nta	s**i**ntamos	d**ue**rma	d**u**rmamos
s**ie**ntas	s**i**ntáis	d**ue**rmas	d**u**rmáis
s**ie**nta	s**ie**ntan	d**ue**rma	d**ue**rman

◎ EXPANSIÓN
Verbs with irregular subjunctive forms

There are six Spanish verbs that have irregular present subjunctive forms.

	dar	estar	haber	ir	saber	ser
yo	dé	esté	haya	vaya	sepa	sea
tú	des	estés	hayas	vayas	sepas	seas
Ud./él/ella	dé	esté	haya	vaya	sepa	sea
nosotros(as)	demos	estemos	hayamos	vayamos	sepamos	seamos
vosotros(as)	deis	estéis	hayáis	vayáis	sepáis	seáis
Uds./ellos/ellas	den	estén	hayan	vayan	sepan	sean

◆ PRÁCTICA

10-6   ¡A practicar! Give the present subjunctive form of the following persons and verbs:

1. nosotros—caminar, beber, escribir, hacer, oír, traer
2. ellos—amar, correr, decir, dar, ir, abrir
3. yo—conocer, llegar, pagar, comenzar, saber, dormir, sentarse
4. ustedes—acostarse, leer, levantarse, salir, ser, devolver
5. tú—sentirse, buscar, seguir, enfermarse, respirar, recetar
6. ella—sacar, toser, tomar, salir, venir, estar

10-7 Completar. Complete the following statements with the correct subjunctive form of the verbs in parentheses.

1. Mis padres quieren que yo (estudiar) _____ más.
2. El profesor sugiere que Paco (aprender) _____ a nadar.
3. Marisa desea que Adolfo le (escribir) _____ una carta.
4. Mi madre no permite que sus amigas (fumar) _____ en casa.
5. Tu novia quiere que tú (llegar) _____ temprano a la cita.
6. Tus abuelos recomiendan que nosotros (dormir) _____ más de siete horas todos los días.
7. Jairo prefiere que yo (servir) _____ la cena a las ocho de la noche.
8. María y Juana le piden a Carlos que (dar) _____ una fiesta esta noche.

10-8 El club de español. You are planning a party for your Spanish club. Tell your classmates what you want them to do for the party.

MODELO: Marta / traer los vasos
         Quiero que Marta traiga los vasos.

1. Alberto / invitar a los profesores
2. Julia y Ángeles / preparar la ensalada
3. Norma / comprar los refrescos
4. Roberto / traer el estéreo
5. Juan y Berta / poner la mesa

10-9 Una excursión. You and your friends are going on a camping trip this Saturday. You receive this note from your friend, David. What does David tell you to do before the trip?

MODELO: preparen unos sándwiches
         David dice que preparemos unos sándwiches.

llamen a Federico
pasen por María
desayunen bien antes de salir
salgan temprano
traigan refrescos

¡EL ESPAÑOL EN ACCIÓN!

ANGELA YVETTE CROMARTIE

Nursing Student
Prince Georges Community College, Largo, Maryland

Angela Cromartie is a nursing major working on an Associates Degree. After completing a Bachelor's Degree, Angela plans to join the Air Force, attend law school or earn a Master's Degree in Pediatric Nursing.

"I'm studying Spanish to enhance my own cultural awareness and to enable me to communicate better with people who may not have a solid command of the English language. As our country becomes more diverse, knowledge of a second or third language has become more and more of a necessity, especially in the medical profession. Even a basic knowledge of Spanish will be helpful in assisting patients and clients who may feel uncomfortable expressing themselves in English..."

Angela Yvette Cromartie

2. The Spanish Subjunctive in Noun Clauses

- A **noun clause** is a clause that is used as the direct object or subject of the verb, or as the object of a preposition.

  Necesito **el carro.** *(noun—direct object)*
  Necesito **el carro rojo.** *(noun phrase—direct object)*
  Necesito **que Ud. me compre un carro.** *(noun clause—direct object)*

- A sentence that has two conjugated verbs and two subjects is called a **compound sentence.** One subject and verb are in the main clause and the other subject and verb are in the dependent clause. Note the following diagram.

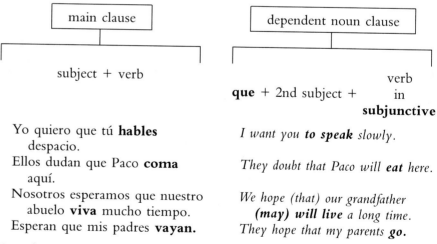

main clause	dependent noun clause
subject + verb	**que** + 2nd subject + verb in **subjunctive**

Yo quiero que tú **hables** despacio.	*I want you **to speak** slowly.*
Ellos dudan que Paco **coma** aquí.	*They doubt that Paco will **eat** here.*
Nosotros esperamos que nuestro abuelo **viva** mucho tiempo.	*We hope (that) our grandfather **(may) will live** a long time.*
Esperan que mis padres **vayan.**	*They hope that my parents **go.***

- Note that the subjunctive appears in the noun clause (dependent clause), and the act or event referred to has not occurred yet.

- Note the different English equivalents of the Spanish subjunctive in the previous examples: the infinitive, the present, the future or the auxiliary **may.**

- In this and other chapters you will learn how to use the subjunctive in noun, adjective and adverb clauses.

◆ PRÁCTICA

10-10 Completar. Complete the following sentences with an appropriate dependent clause using the subjunctive.

MODELO: Yo quiero que...
         Yo quiero que mi novio baile el tango conmigo.

1. Ella quiere que...
2. El profesor desea que...
3. Mis padres prefieren que...
4. Yo les aconsejo a mis amigos que...
5. Los estudiantes desean que...
6. Nuestro padre quiere que...

3. The Subjunctive to Express Volition

- When the verb in the main clause expresses **volition,** the verb of the noun clause is expressed in the subjunctive mood. Verbs of volition express the wishes, preferences, suggestions, requests and implied commands of the speaker. Some verbs of volition are listed here.

aconsejar	to advise	**pedir (i)**	to request
decir	to tell	**permitir**	to permit
desear	to wish	**prohibir**	to prohibit
insistir (en)	to insist	**querer (ie)**	to want
mandar	to order	**recomendar (ie)**	to recommend
necesitar	to need	**sugerir (ie, i)**	to suggest

- Note in the following examples that the subject of the verb in the main clause is trying to influence the subject of the dependent noun clause.

Carmen **quiere** que yo **vaya** con ella a la reunión.
*Carmen **wants** me **to go** with her to the meeting.*

¿**Necesitan** que yo los **lleve** a casa?
***Do you need** (for) me **to take** you home?*

Ellas **desean** que tú **vengas** a la fiesta.
*They **want** you **to come** to the party.*

(Our discussion of the Subjunctive continues on the following page.)

- Note in the following examples that the sentences have only one subject (i.e., there are no noun clauses), and therefore the **infinitive** rather than the subjunctive is used.

Ellas desean **venir** a la fiesta.	*They want **to come** to the party.*
Yo quiero **ir** al parque.	*I want **to go** to the park.*

Sentences using verbs such as **aconsejar, decir, pedir, recomendar** and **sugerir** require an indirect object pronoun. This indirect object refers to the subject of the dependent clause and is *understood* as the subject of the subjunctive.

Le aconsejo **a Ud.** que **estudie** más.	*I advise you to study more.*
Nos piden que **salgamos** tarde.	*They ask us to leave late.*

- When verbs such as **avisar** *(to inform)*, **decir, escribir** and **notificar** are used in the main clause, and the subject of the verb is simply reporting information, the indicative is used in the dependent clause. If the verb in the main clause is used in the sense of a command, the subjunctive is used.

Dile a Juan que **vamos** al cine. (Information)	*Tell Juan that we are going to the movies.*
Dile a Juan que **venga** temprano. (Command)	*Tell Juan to come early.*

◆ PRÁCTICA

10-11 Arreglar. Form complete sentences using the following groups of words. Be sure to use the correct form of the verbs in italics.

MODELO: Refugio / *querer* / que / Remigio / *ver* / al / médico
Refugio quiere que Remigio vea al médico.

1. mi / mamá / *desear* / que / nosotros / *hacerse* / un / examen físico

2. el / médico / *querer* / que / mi / hermano / *estar* / en / el / consultorio / temprano

3. el / médico / *insistir* / que / yo / *respirar* / fuerte

4. mi / hermano / no / *permitir* / que / el / médico / le / *poner* / una / inyección

5. el / médico / *recomendar* / que / yo / *tomar* / un / jarabe

6. él / *sugerir* / que / nosotros / *correr* / todos / los / días

10-12 Combinación. Combine elements from each column to form eight sentences. Follow the model.

MODELO: yo / querer / que / tú / ir / al médico
        Yo quiero que tú vayas al médico.

ella	querer		yo	no enfermarse
el farmacéutico	recomendar		ustedes	tomar las pastillas
el paciente	desear		los médicos	hacer las pruebas
la doctora Reyes	aconsejar	que	mis padres	comer menos
él	preferir		José y ella	dormir más
yo	sugerir		tú	caminar diariamente
el médico	necesitar		nosotros	respirar fuerte
el hospital	insistir en		los pacientes	pagar la cuenta

10-13 En el hospital. Rewrite each statement using a subjunctive clause introduced by **que.** Follow the model.

MODELO: El doctor Díaz me dice: ¡Tosa un poco!
        El doctor Díaz me dice que tosa un poco.

1. El doctor Álvarez nos dice: ¡Hagan ejercicio!
2. La doctora Smith te dice: ¡Respire profundo!
3. El doctor Cárdenas me dice: ¡Abra la boca!
4. El doctor Pardo le dice: ¡Siga mis consejos!
5. La doctora Gómez les dice: ¡Vayan al consultorio!
6. Los doctores García me dicen: ¡Tenga más paciencia!
7. La doctora Ríos me dice: ¡Haga ejercicios todos los días!
8. El doctor Sánchez nos dice: ¡Levántense!

10-14 El doctor Stanish. Complete the following paragraph using the correct form of the present subjunctive of the verbs in parentheses.

Nuestro médico es el doctor Stanish. Es polaco-americano pero siempre quiere que nosotros le (hablar) _____ en español. Le aconseja a mi papá que (comer) _____ y (beber) _____ poco. Prohíbe que mamá (fumar) _____ y siempre le sugiere que (ir) _____ a hacerse un examen físico todos los años. A mi hermana Rosalía le recomienda que (hacer) _____ una dieta balanceada y que (dormir) _____ ocho horas al día. Finalmente, a mí me pide que (ser) _____ más calmado y que (seguir) _____ sus consejos. El doctor Stanish es un gran médico.

◆ PRÁCTICA COMUNICATIVA

10-15 En el consultorio. Get together with a classmate and role play the following situation.

A patient with a bad cold visits his/her doctor's office. The patient describes how he/she is feeling, the doctor asks several questions and finally offers some suggestions on how the patient can get better.

Mejora tu salud

Una buena dieta para un corazón saludable

Todos sabemos lo importante que es vigilar la alimentación para mantener un buen estado de salud. Mantener un control del consumo de azúcar en su dieta contribuye a su bienestar. Otras cosas que se deben tener en cuenta son los alimentos que contribuyen a las enfermedades del corazón.

Las enfermedades del corazón cobran más vidas que cualquier otra complicación que genere la diabetes. Esto no debería ocurrir. Cambios en su dieta pueden reducir el riesgo de las enfermedades cardíacas significativamente. Para disminuir estos riesgos, la Asociación Americana de

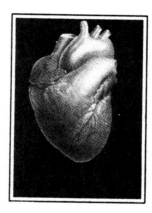

Diabetes ha hecho las siguientes recomendaciones dietéticas:

• Limite su consumo de colesterol a 300 mg. o menos por día. El colesterol está presente en todos los productos de origen animal. También trate de consumir más alimentos ricos en proteínas, tales como avena, o los frijoles.

• Aléjese de los alimentos con alto contenido de grasa. Utilice aceites vegetales y de olivas en su cocina en lugar de mantequilla y manteca.

• Obtenga del 50% al 60% de sus calorías diarias de los carbohidratos (panes, cereales), del 12% al 20% de la proteína (carne, pescado, leche) y no más del 30% de la grasa.

• No coma más de lo necesario. Comer en exceso aumenta el nivel de azúcar en la sangre.

Naturalmente, para la buena salud, el peso adecuado, el ejercicio, el control de los niveles de glucosa y el evitar el alcohol son importantes. Hable con su médico quien le ayudará a planear la dieta adecuada.

¡Así lo decimos!

Los alimentos

la avena	*oatmeal*
los carbohidratos	*carbohydrates*
la grasa	*fat*
la manteca	*lard*
la proteína	*protein*
los productos lácteos	*milk products*

Tipos de ejercicios

los ejercicios aeróbicos	*aerobics*
el jogging	*jogging (Anglicism)*
levantar pesas	*to lift weights*

Otros sustantivos

las bebidas alcohólicas	*alcoholic beverages*
el centro naturalista	*health store*
el cigarrillo	*cigarette*
el colesterol	*cholesterol*
la complexión	*body structure*
la diabetes	*diabetes*
la estatura	*height*
el peso	*weight*
el reposo	*rest*
el sobrepeso	*overweight*

Actividades para ponerse en forma

adelgazar, bajar de peso	*to lose weight*
cuidarse	*to take care of oneself*
estar a dieta	*to be on a diet*
guardar la línea	*to stay trim*
hacer ejercicios	*to exercise*
mantenerse en forma	*to stay in shape*
ponerse a dieta	*to go on a diet*
ponerse en forma	*to get in shape*
subir de peso, engordar	*to gain weight*
trotar, correr	*to jog*

¿Qué parte del cuerpo está ejercitando esta muchacha? ¿Por qué?

¡A escuchar!

Una buena dieta... Listen to the article that appears in **¡Así es la vida!** (page 328). Then indicate whether the statements that follow are **Cierto** or **Falso.** You will hear the correct answers on the tape.

	Cierto	Falso			Cierto	Falso
1.	____	____		4.	____	____
2.	____	____		5.	____	____
3.	____	____		6.	____	____

◆ PRÁCTICA

10-16   Escoger. Choose the most logical word or expression to complete each sentence.

1. _____ es un cereal que se come generalmente en el desayuno.
   a. La avena   b. El colesterol   c. La proteína

2. La manteca tiene un alto contenido de _____.
   a. grasa   b. proteína   c. carbohidratos

3. Los frijoles y la avena son _____ saludables.
   a. bebidas   b. alimentos   c. grasas

4. El _____ está presente en todos los productos de origen animal.
   a. alcohol   b. carbohidrato   c. colesterol

5. Mi médico dice que fumar _____ es malo para la salud.
   a. carne   b. alcohol   c. cigarrillos

6. Peso mucho. Tengo que _____.
   a. subir de peso   b. bajar de peso   c. comer más mantequilla

7. Ella practica la natación todos los días para _____.
   a. trotar   b. estar a dieta   c. mantenerse en forma

8. Cuando necesito comprar alimentos saludables siempre voy al _____.
   a. centro naturalista b. gimnasio   c. parque

10-17   ¡Fuera de lugar! Choose the word or expression that is out of place in each group.

1. a. proteína   b. grasas   c. diabetes   d. carbohidratos
2. a. adelgazar   b. engordar   c. estar a dieta d. dormir
3. a. trotar   b. cigarrillo   c. correr   d. jogging
4. a. reposo   b. frijoles   c. avena   d. aceite de oliva
5. a. gimnasia   b. ejercicios   c. trotar   d. engordar
                        aeróbicos

10-18   Lo bueno y lo malo. Using words and expressions from **¡Así lo decimos!,** complete the following lists.

Actividades saludables	Actividades no saludables
MODELOS: practicar la natación	fumar cigarrillos
_____	_____
_____	_____
_____	_____
_____	_____

◆ PRÁCTICA COMUNICATIVA

10-19 Mis sugerencias. What suggestions would you offer the following people? Role-play these situations with a classmate.

MODELO: Te recomiendo que comas menos y que hagas ejercicios todos los días.

1. One of your close friends wants to lose weight.
2. Your father needs to lower his cholesterol level.
3. Your sister smokes two packs of cigarrettes a day.
4. Your professor wants to keep trim.
5. Someone you know has diabetes.
6. Your boss has a heart condition.

10-20 Un examen médico. Read the advertisement and then fill out the questionnaire that appears in the ad.

CHEQUEO PARA SU SALUD...

Los Hispanos son más propensos a sufrir diabetes...¿por qué correr este riesgo sin necesidad?

En honor a la "Semana de Alerta a la Diabetes", hágase una simple prueba. Este servicio es **gratis** para la comunidad. A continuación unas preguntas, solamente necesita responder SI o NO y debe anotar 10 puntos por cada respuesta afirmativa.

	SI	NO
Estoy sintiendo los siguientes síntomas con repetida regularidad:		
Sed excesiva	☐	☐
Orino con frecuencia	☐	☐
Mucho cansancio	☐	☐
Pérdida de peso inexplicable	☐	☐
Vista nublada a veces	☐	☐
Tengo más de 40 años:	☐	☐
Según las tablas de peso, tengo más peso del debido:	☐	☐
Soy mujer y he tenido niños que han pesado más de 9 lbs. al nacer:	☐	☐
Uno de mis padres es diabético:	☐	☐
Mi gemelo/a tiene diabetes:	☐	☐
Mi hermano/a tiene diabetes:	☐	☐

*Si su total es 20 o más de 20 puntos, le recomendamos se haga una prueba de diabetes, absolutamente **gratis**.*

LAS PRUEBAS SE EFECTUARAN:

Martes, 19 de marzo - 8:00 am - 11:00 am
Vestíbulo del Coral Gables Hospital
3100 Douglas Road (S.W. 37 Ave.),
Coral Gables (se servirá un refrigerio)

Sábado, 23 de marzo - 10:00 am - 1:00 pm
Westland Mall
1675 W. 49th Street, Hialeah

Las personas que deseen hacerse esta prueba no deben comer <u>dos horas</u> antes del examen.

Contaremos con una dietista que podrá informarle sobre las comidas y contestar cualquier pregunta que pueda tener.

Para más información o si quiere recibir nuestra revista gratis, llame al **441-6850.**

Coral Gables Hospital

3100 Douglas Road (S.W. 37 Ave.), Coral Gables, FL 33134 • 441-6850

¿Por qué correr el riesgo de la diabetes sin necesidad?

Estructuras

4. The Subjunctive to Express Feelings and Emotions

- The subjunctive is used in noun clauses with verbs that express emotions such as hope, fear, surprise, regret, pity, anger, joy and sorrow. A few of these verbs are:

alegrarse (de)	to be glad	**molestar**	to bother
enojarse	to get angry	**sentir (ie, i)**	to regret
esperar	to hope	**sorprender(se)**	to surprise
estar contento (de)	to be happy	**temer**	to fear
lamentar	to regret	**tener miedo (de)**	to be afraid

Julia **lamenta** que Carlos no **esté** aquí.

*Julia **regrets** that Carlos **is** not here.*

Nos **sorprende** que el profesor no **venga** a clase hoy.

***It surprises** us that the professor **is** not **coming** to class today.*

- As with verbs of volition, verbs that express **feelings** and **emotions** require the subjunctive in the dependent clause if the subject is different from that of the main clause. If there is only one subject, the infinitive is used in the dependent clause.

Esperamos ir a España en las próximas vacaciones.

***We hope** to go to Spain on our next vacation.*

A PROPÓSITO... **El ejercicio y la dieta**

La preocupación por las dietas saludables y por mantenerse en forma es un fenómeno bastante reciente en los países de habla española. Tradicionalmente, los hispanos comen platos con un alto contenido de grasa animal como la carne de cerdo y la de res. Sin embargo, es también costumbre en el mundo hispano que muchas de las comidas se preparen con ingredientes naturales y frescos. Esto contrasta con los Estados Unidos, en donde la proliferación de alimentos que se preparan en la fábrica mediante el uso de preservativos y otros químicos es mucho más frecuente. Según muchos expertos, la abundancia de ingredientes naturales en los alimentos puede resultar en menos casos de cáncer y de otras enfermedades.

Los hispanos, por lo general, tampoco acostumbran a hacer ejercicios y a mantenerse en forma con la misma intensidad que los norteamericanos. Pero esta situación está cambiando, especialmente entre los jóvenes que viven en las grandes ciudades. Los centros de gimnasia y de danza aeróbica han aumentado en número en los últimos años, y cada día es más común ver a gente trotando por las calles o por los parques de las grandes ciudades del mundo hispano.

¡Vamos a comparar!

¿Crees que los norteamericanos se preocupan excesivamente por las dietas saludables y por mantenerse en forma? ¿Qué tipo de dieta mantienes? ¿Qué actividades practicas para mantenerte en forma?

Corredores cerca de la Universidad de Santiago de Chile.

◆ PRÁCTICA

10-21 Combinar. Combine words and expressions from each column to form complete sentences.

MODELO: esperamos —que —ellos —venir —esta noche
       Esperamos que ellos vengan esta noche.

siente	tú	no guardar la línea
se enoja	María y Ana	no cuidarse
nos alegramos de	ella	bajar de peso
espero	que ustedes	no subir de peso
¿te sorprende	nosotros	no estar a dieta
me molesta	ella y yo	tener el colesterol alto
estoy contento de	Juan y José	hacer ejercicios aeróbicos
lamento	Ada Gloria	no ir al gimnasio

10-22   Mis reacciones. An employee in a fitness center gives you a daily report. Express your reactions following the model and using the cues.

MODELO: Luis hace ejercicios todos los días.
            Espero que...
            Espero que Luis haga ejercicios todos los días.

1. Mario llega temprano al gimnasio.
   Me alegro de que...
2. Arturo practica poco la natación.
   Me enoja que...
3. Elena sube de peso.
   Me molesta que...
4. Alberto y Roque corren por las tardes.
   Me sorprende que...
5. Aurelio ya no fuma.
   Estoy contento(a) de que...
6. Los señores García no pagan la cuenta.
   Espero que...
7. El dueño va a comprar más equipo.
   Me alegro de que...
8. Luis no vuelve más a este lugar.
   Siento que...

10-23   Examen médico. Complete the following conversation between a doctor and a patient with the correct form of the present indicative or present subjunctive.

PACIENTE: Buenos días, doctor. Yo (sentirse) _____ mal.
MÉDICO: A ver... ¿Qué le (doler) _____?
PACIENTE: No me (doler) _____ nada pero yo (sentirse) _____ mal.
MÉDICO: Bueno, quiero que (sacar) _____ la lengua y que (respirar) _____ profundo.
PACIENTE: Espero que no (ser) _____ nada serio.
MÉDICO: No, pero temo que usted (tener) _____ una infección en la garganta.
PACIENTE: Me sorprende que (decir) _____ eso. A mí no me (doler) _____ nunca la garganta.
MÉDICO: Sí, pero veo que usted (tener) _____ una infección en la garganta. Le (ir) _____ a poner una inyección de penicilina. Quiero que ahora (ir) _____ a casa.
PACIENTE: ¡Pero, doctor!
MÉDICO: Lo siento, pero su salud (ser) _____ lo primero.

♦ PRÁCTICA COMUNICATIVA

10-24 ¡Mejoremos nuestra salud! Tell a classmate what you hope to do to improve your health over the next few months. After you both have expressed what you want for yourself, state what you hope your classmate will do. Follow the model.

MODELOS: Espero bajar de peso dentro de un mes.
Espero que hagas ejercicios tres veces a la semana.

5. Indirect Commands

- You have already learned how to use direct commands. Commands may also be expressed **indirectly,** either to the person with whom you are speaking or to express what a third individual should do.

- The basic format of an indirect command is as follows.

Que + subjunctive verb + (subject)

Que **vaya** Raquel.	*Have (Let) Raquel go.*
Que lo **haga** él.	*Have (Let) him do it.*
Que no me **den** más problemas.	*I wish they wouldn't give me any more problems.*
¡Que lo **pases** bien!	*Have a good time!*
¡Que **vayas** tú a verlo!	*You go see him!*

- **Que** always introduces an indirect command and translates roughly as *have, let* or *I wish*.

- When a subject is expressed, it generally follows the verb.

¡Que lo hagas **tú**!	*You do it!*
¿La cocina? Que la limpien **ellos**!	*The kitchen? Let them clean it!*

◆ PRÁCTICA

10-25 La enfermera maltratada. You are being asked to do all of the work on your ward by an inconsiderate boss. Tell your boss to have someone else do the job you are told to do. Follow the model changing noun objects to object pronouns.

MODELO: —Búsca más aspirinas.
　　　　　 —Que las busque Ester.

1. Tómale la temperatura a Gabriela.
2. Dile al paciente que no puede hacer ejercicios.
3. Cómprame un paquete de cigarrillos.
4. Ponle a Miguel una inyección.
5. Prepara una receta nueva para la señora.
6. Llama al cirujano inmediatamente.
7. Atiende a la paciente del cuarto 201.
8. Sugiérele una dieta estricta al señor Baena.
9. Dale aspirina a ese paciente.
10. Quítale el cigarrillo a esa paciente.
11. Lleva a Jaime al centro naturalista esta tarde.
12. Pon a Lourdes a dieta.
13. Consigue la información biográfica del nuevo paciente.
14. Hazle una cita a esa persona ahí.
15. Explícales las reglas a los visitantes.

◆ PRÁCTICA COMUNICATIVA

10-26 En la sala de emergencia. Imagine that you are in charge of the emergency room at a local hospital. Discuss the duties of other staff members with your assistant. Role play this situation with a classmate using the given cues and following the model.

MODELO: Enfermera Rodríguez / llevar medicina al señor López.
　　　　　ASISTENTE: ¿Qué le digo a la enfermera Rodríguez?
　　　　　　DOCTOR: Que le lleve la medicina al señor López.

1. nutricionista / preparar el almuerzo para las dos
2. doctor Blanco / hacerle un examen médico a la señora Gómez
3. recepcionista / llamar al director del hospital
4. radiólogo / mandar las radiografías a mi consultorio
5. los cirujanos / ir a la reunión esta tarde
6. el enfermero Fernández / traer las inyecciones de penicilina

10-27 Los quehaceres. You are a parent trying to get everyone in the family to help with chores around the house. Tell your spouse what to tell the kids to do.

1. Alfonso / sacar la basura
2. Ana María / limpiar el baño
3. Los gemelos / ordenar su cuarto
4. Abuela / pasar la aspiradora
5. Abuelo / cortar la hierba
6. Tío Ángel / sacudir los muebles

SÍNTESIS
¡Al fin y al cabo!

◆ ¡A REPASAR!

10-28 El cuerpo humano. Label the numbered parts of the body in the illustrations.

1. _____   8. _____
2. _____   9. _____
3. _____   10. _____
4. _____   11. _____
5. _____   12. _____
6. _____   13. _____
7. _____   14. _____

10-29 Emparejar. Match the object in column A that is associated with the part of the body in column B.

A	B
_____ 1. el anillo	a. el cuello
_____ 2. el zapato	b. la oreja
_____ 3. el arete	c. la espalda
_____ 4. el sombrero	d. el pie
_____ 5. el bronceador	e. el dedo
_____ 6. la bufanda	f. la cabeza
_____ 7. el esmalte	g. la mano
_____ 8. el guante	h. las uñas

10-30 Oraciones completas. Form complete sentences with the following groups of words. Make any necessary changes.

MODELO: yo / querer / tú / hablar con Elena
Yo quiero que tú hables con Elena.

1. él / sugerir / Mario / practicar / la natación
2. nosotros / aconsejar / Carmen y Elena / escribir una carta / a sus padres
3. Adela / desear / nosotros / venir / a la fiesta
4. yo / necesitar / tú / traer / el libro de español
5. Jaime / prohibir / ellos / fumar en su casa
6. Ud. / recomendar / el profesor / volver de Madrid pronto
7. María y yo / preferir / tú / pedir / dinero a tus padres
8. tú / insistir / nosotros / hacer / más ejercicios

10-31 Completar. Complete the following conversation with the correct form of the present indicative or present subjunctive.

Tito y Luis (ser) _____ dos hermanos que (llegar) _____ al consultorio del doctor Narciso Peraloca porque (estar) _____ enfermos. Los dos (sentirse) _____ muy mal. A Tito le (doler) _____ mucho el pecho y Luis no (respirar) _____ bien. El doctor Peraloca (comenzar)_____ a hacerles preguntas.

DOCTOR: A ver, Tito, ¿qué le pasa?
TITO: Me (doler) _____ el pecho.
DOCTOR: Temo que usted (tener) _____ un resfriado. Quiero que mañana (ir) _____ al hospital. Necesito que ellos le (hacer) _____ una prueba de sangre y le aconsejo que no (fumar) _____ más.
TITO: Gracias, doctor.
DOCTOR: Y usted, Luis, ¿cuáles son sus síntomas?
LUIS: Me (doler) _____ todo el cuerpo y no (poder) _____ respirar bien.
DOCTOR: Me enoja que usted no (escuchar) _____ mis consejos. Usted (tener) _____ treinta libras de sobrepeso. Le recomiendo que (ir) _____ a un gimnasio y que (hacer) _____ ejercicios. También le prohíbo que (comer) _____ alimentos con grasa. Espero que esta vez (seguir) _____ mis consejos.
LUIS: Sí, doctor. Gracias por sus consejos.

10-32 Sugerencias personales. Complete the following phrases by giving advice to your friends, family or classmates. Be creative!

1. Le sugiero a mi padre que...
2. Le recomiendo a mi novio(a) que...
3. Quiero que mi madre...
4. Le aconsejo a mi mejor amigo(a) que...
5. Le sugiero a mi hermano(a) que...
6. Le recomiendo al (a la) profesor(a) de español que...
7. (No) Quiero que mi profesor(a) de español...
8. Deseo que esta universidad ya no...
9. En el futuro espero tener...
10. No quiero estudiar... porque...

¡A ESCUCHAR!

A. Las partes del cuerpo. You will hear a brief narrative in Spanish about the Roncallo family. As you listen, place a check mark alongside each part of the body that is mentioned. You will hear the correct answers on the tape.

1. _____ brazo
2. _____ garganta
3. _____ pulmones
4. _____ oídos

5. _____ estómago
6. _____ cabeza
7. _____ corazón
8. _____ espalda

B. El Club Olímpico de San José. You will hear a radio commercial in Spanish for a fitness center in San José, Costa Rica. As you listen, place a check mark alongside each service provided by the center that is mentioned. You will hear the correct answers on the tape.

1. _____ piscina olímpica
2. _____ acondicionamiento físico
3. _____ equipo biomecánico para pesas
4. _____ dieta balanceada
5. _____ danza aeróbica
6. _____ gimnasia para mujeres
7. _____ servicio médico y nutricional
8. _____ masajes

C. Subjuntivo o indicativo. You will hear several statements in Spanish. Indicate whether each statement uses the indicative or subjunctive in the dependent clause. You will hear the correct answers on the tape.

	Subjuntivo	Indicativo		Subjuntivo	Indicativo
1.	_____	_____	5.	_____	_____
2.	_____	_____	6.	_____	_____
3.	_____	_____	7.	_____	_____
4.	_____	_____	8.	_____	_____

◆ ¡A CONVERSAR!

10-33 Tú eres el (la) doctor(a). Get together with three or four students. One of you plays the role of a doctor and tells the others what they should do. Appropriate remedies are listed in column B. Follow the model.

MODELO: ENFERMO: Doctor, tengo mucha tos.
DOCTOR: Quiero que tome este jarabe.

A	**B**
1. dolor de cabeza	a. comer cereal de avena
2. dolor de estómago	b. tomar dos aspirinas
3. tener libras de sobrepeso	c. hacerse una radiografía de los pulmones
4. problemas cuando respiro	d. ir al gimnasio
5. el colesterol alto	e. tomar un antiácido

10-34 En la farmacia. While traveling in Mexico you come down with a bad cold. You go to a pharmacist for advice about what to take. Enact this situation with a classmate.

10-35 ¿Cómo mejorar de salud? In small groups, prepare a list of at least ten specific suggestions for how your friends can stay healthy. Use the verbs of volition you have learned in this lesson.

MODELOS: Les recomiendo que caminen todos los días. Les sugiero que coman menos alimentos con grasa.

10-36 Dieta sin azúcar. Discuss the pros and cons of using the products shown below. Follow the model.

MODELO: —Si compro Natura list, uso menos azúcar.
—De acuerdo, pero…

¿Cuál es el equivalente en los EE.UU.?

¡LENGUA VIVA! ◆ ◆ ◆

A. Cuando calienta el sol

De antemano

Hay una canción romántica sobre la playa con este título pero el programa examina un tema más serio: el peligro de los rayos del sol.

Palabras y frases claves

el daño   **las cremas grasosas**
la piel   **me duele**
broncear, bronceado(a)   **acumulativo(a)**
curarse

Prisma

¿Dice alguien las siguientes frases?

1. A los cinco minutos estoy rojo como un tomate.
2. Van a ser mis pacientes un día.
3. El sol nunca causa cáncer.
4. No me gusta ponerme cosas en la cara.

¿Qué le aconsejas a la última mujer entrevistada?

B. Cuidado prenatal

1. Las hispanas son tres veces más propensas de…
2. En la visita mensual es importante hacer exámenes de orina y…

C. El SIDA y los adolescentes

Este breve segmento contiene parte de una entrevista sobre el SIDA. Según la psicóloga, ¿qué demuestran los últimos estudios?

D. El ejercicio físico

Participan en estos segmentos un cardiólogo, un abuelo que corre y algunos profesionales que recomiendan el ejercicio aeróbico y anaeróbico.

Marca con una "X" las frases que se oyen en este segmento.

1. _____ Yo me siento mucho peor ahora.
2. _____ comer carne cinco días a la semana
3. _____ la capacidad cardiovascular
4. _____ Creo que mi cuerpo es joven.
5. _____ Respira por la boca, bota el aire.
6. _____ el corazón y los pulmones
7. _____ la espalda superior

LECTURA

PRIMER ENCUENTRO
Álvaro Menen Desleal

◆ ANTES DE LEER

A.   Palabras claves. Study the following key words from the reading. Then complete the statements that follow with the most appropriate words or expressions from the list.

apagar(se)	*to (get) shut down*	**el polvo**	*dust*
aterrizar	*to land*	**posarse**	*to land*
dar la bienvenida	*to welcome*	**los retrocohetes**	*retrorockets*
encender(se) (ie)	*to turn on; to ignite*	**el ser**	*being*
el encuentro	*meeting*	**el temor**	*fear*
la escotilla	*porthole*	**los visitantes**	*visitors, guests*
la nave	*spaceship*		

1.   Los visitantes del planeta Centauro llegaron a la tierra en _____.
2.   Cuando queremos poner en marcha el automóvil, primero hay que _____.
     Antes de salir del automóvil, debemos siempre _____.
3.   Al llegar los invitados a nuestra fiesta les _____.
4.   Al aterrizar la nave espacial sobre el campo, levantó mucho _____ a su alrededor.
5.   El hombre corrió del lugar donde estaban los vistantes porque sentía mucho _____ de ellos.
6.   Se podía ver la figura de un ser extraño por _____ de la nave espacial.

B.   Anticipar. Quickly preview the reading by looking at the illustrations and reading the title and introduction. Based on the information you already know, answer the following questions to help you anticipate what the story might be about.

1.   Which of the following genres might best describe the story by Álvaro Menen Desleal?
     _____ Mystery   _____ Science fiction
     _____ Adventure/Action drama   _____ Romantic drama

2. Which of the following do you think best explains what the title of the story refers to?
　　_____ The first time the narrator went on a date
　　_____ The first meeting between people from different countries
　　_____ A meeting with beings from other planets
　　_____ An encounter with lawless criminals in a remote desert
3. Where do you think the story takes place? Who is the narrator?
4. Why do you think the narrator looks so terrified at the end of the story?

C.　Estrategias de lectura. To help you understand the sequence of events that takes place in a story, it is often helpful to create a story map summarizing the main events. Before reading the selection skim through it once again, reading only the first and second sentences of each paragraph. Summarize the sequence of the action in the following chart. An example of the first event has been provided.

　　Event 1: A spaceship approaches the planet.
　　Event 2: _____
　　Event 3: _____
　　Event 4: _____
　　Event 5: _____
　　Event 6: _____
　　Event 7: _____

Once you have read the story, go back to the story map and check how accurately you predicted the events.

Primer encuentro

Álvaro Menen Desleal is one of the few Latin American authors to specialize in writing science fiction. Born in 1931 in San Salvador, the capital of El Salvador, he has written many stories in which the influence of technology and fear of the unknown play a key role. In "Primer encuentro," beings from two different worlds come together. The ending can come as a surprise to the reader and pays tribute to the popular expression "beauty is in the eye of the beholder."

◆　◆　◆

　　No hubo explosión alguna. Se encendieron, simplemente, los retrocohetes, y la nave se acercó a la superficie° del planeta. Se apagaron los retrocohetes y la nave, entre polvo y gases, con suavidad poderosa°, se posó°.

5　　Fue todo.
　　Se sabía que vendrían°. Nadie había dicho cuándo; pero la visita de habitantes de otros mundos era inminente. Así, pues,

surface

powerful ease / landed

they would come

no fue para él una sorpresa total. Es más: había sido entrenado, como todos, para recibirlos. "Debemos estar prepa-
10 rados —le instruyeron en el Comité Cívico—; un día de éstos (mañana, hoy mismo…), pueden descender de sus naves. De lo que ocurra en los primeros minutos del encuentro dependerá la dirección de las futuras relaciones interespaciales… Y quizás nuestra supervivencia°. Por eso, cada uno de nosotros
15 debe ser un embajador dotado del° más fino tacto°, de la más cortés° de las diplomacias".

Por eso caminó sin titubear° el medio kilómetro necesario para llegar hasta la nave. El polvo que los retrocohetes habían levantado le molestó un tanto°; pero se acercó sin temor al-
20 guno, y sin temor alguno se dispuso° a esperar la salida de los lejanos visitantes, preocupado únicamente por hacer de aquel primer encuentro un trance grato° para dos planetas, un paso agradable y placentero°.

Al pie de la nave pasó un rato° de espera, la vista fija° en el
25 metal dorado° que el sol hacía destellar° con reflejos que le herían los ojos; pero ni por eso parpadeó°.

Luego se abrió la escotilla, por la que se proyectó sin tar-danza° una estilizada° escala de acceso°.

No se movió de su sitio, pues temía que cualquier movi-
30 miento suyo, por inocente que fuera, lo interpretaran los visitantes como un gesto hostil. Hasta se alegró de no llevar sus armas consigo°.

Lentamente, oteando°, comenzó a insinuarse, al fondo de la escotilla, una figura.

survival

endowed with / tact
cordial
without faltering

a little
got ready

welcome critical moment
pleasant
a moment / fixed
golden / sparkle
blink

without delay / flashy /
 stairwell

on his person
observing; scrutinizing

35   Cuando la figura se acercó a la escala para bajar, la luz del sol le pegó de lleno°. Se hizo entonces evidente su horrorosa, su espantosa forma.

hit him full force

Por eso, él no pudo reprimir un grito° de terror.

to repress a cry

Con todo, hizo un esfuerzo° supremo y esperó, fijo en su 40 sitio, el corazón al galope°.

effort
at a gallop

La figura bajó hasta el pie de la nave, y se detuvo frente a él, a unos pasos de distancia.

Pero él corrió entonces. Corrió, corrió y corrió. Corrió hasta avisar° a todos, para que prepararan sus armas: no iban 45 a dar la bienvenida a un ser con *dos* piernas, *dos* brazos, *dos* ojos, *una* cabeza, *una* boca...

warn

◆ DESPUÉS DE LEER

A.   Preguntas de comprensión. Answer the following questions based on your understanding of what happens in the story.

1.   ¿Qué hizo la nave al comienzo del cuento?
2.   ¿Por qué no fue una sorpresa para el (la) protagonista la llegada de la nave?
3.   ¿Qué actitud tenía el protagonista hacia los visitantes?
4.   ¿Cómo reaccionó el (la) protagonista al ver la figura del visitante?
5.   ¿Cómo es la figura del visitante?
6.   ¿Sabemos de dónde vienen los visitantes?

B.   Temas de discusión. Get together with several classmates and briefly discuss the following topics related to the reading.

1.   Comenten por qué fue o no una sorpresa el final del cuento.
2.   Comenten varias interpretaciones sobre lo que podría ser el mensaje del autor en este cuento.
3.   Describan cómo piensan que serían los seres de otros planetas.
4.   ¿Cuál sería tu reacción personal si tuvieras un encuentro con seres de otro planeta?

MUNDO HISPÁNICO

Los países andinos

◆ El Ecuador, tierra de contrastes

La naturaleza ha dividido el Ecuador en cuatro regiones: al este las tierras bajas de la selva amazónica, al oeste la región de la exótica costa del Pacífico, en el centro la majestuosa región andina, y en el mar las encantadoras islas Galápagos. Quito, la capital, es una ciudad colonial que se encuentra anidada[1] en los Andes al pie de la nevada montaña Pichincha.

[1] nestled

Estadísticas del Ecuador

Nombre oficial: República del Ecuador

Área: 283.520 km^2

Población: 10.600.000

Ciudades principales:
Guayaquil 1.750.000, Quito (capital) 1.500.000, Cuenca 215.000, Machala 155.000, Portoviejo 148.000

Forma de gobierno:
democracia representativa

Productos principales:
petróleo, pescados y mariscos, café, bananas

Las islas Galápagos cerca de Ecuador.

◆ El Perú

El Perú está dividido en tres regiones naturales: la costa, la sierra o cordillera de los Andes, y la selva. La costa es la región más poblada[3] y cubre una faja[4] de 40 a 80 km de ancho. La sierra es la región atravesada[5] por los Andes. Allí hay ciudades como Cuzco, la antigua capital de los incas, a más de 3.500 metros de altura, y la impresionante Machu Picchu, centro ceremonial de los incas. La selva cubre el 62% del territorio nacional y forma parte de la cuenca del Amazonas. Su clima es cálido y lluvioso.

[2]fishmeal   [3]populated   [4]strip   [5]crossed

Estadísticas del Perú

Nombre oficial: República del Perú

Área: 1.285.215 km²

Población: 23.450.000

Ciudades principales: Lima (capital) 6.800.000, Arequipa 660.500, Callao 610.200, Trujillo 570.000, Chiclayo 460.000

Forma de gobierno: democracia representativa

Productos principales: cobre, harina de pescado,[2] petróleo, café

Machu Picchu, antiguo centro ceremonial de los incas.

Vista parcial de la ciudad de Quito.

Estadísticas de Bolivia

Nombre oficial: República de Bolivia

Área: 1.098.581 km²

Población: 6.730.000

Ciudades principales: Sucre (capital constitucional) 90.000, La Paz (capital) 1.150.000, Santa Cruz de la Sierra 800.000, Cochabamba 410.000, Oruro 205.000, Potosí 124.000

Forma de gobierno: democracia representativa

Productos principales: gas natural, estaño, plata, cinc, cobre

---

◆ Bolivia

La cordillera de los Andes pasa por Bolivia como una gran columna vertebral y forma un altiplano[6] de 700 km de largo y unos 500 km de ancho con una altura media de 3.500 metros. Este altiplano es muy rico en minerales. En el noroeste del país se encuentran las selvas con abundantes y valiosas maderas. Al noreste y este están los llanos, tierras dedicadas a la ganadería.[7] El clima varía según la altura. Hay tres zonas: los llanos tropicales, las tierras intermedias entre el altiplano y los llanos, y el altiplano, siempre frío y con nieve perpetua en las montañas de más de 4.500 metros.

[6]high plateau   [7]cattle raising

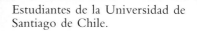

Estudiantes de la Universidad de Santiago de Chile.

◆ Chile

Chile es una bella nación con 10.000 km de costas, una longitud de 4.200 km, un ancho máximo de 445 km y mínimo de 90 km. A pesar de su largo, Chile goza de una temperatura agradable casi todo el año y es sólo en el extremo sur del país o en los picos de los Andes que hace mucho frío. La mayoría de sus habi-

Vista de La Paz, capital de Bolivia.

Estadísticas de Chile

Nombre oficial: República de Chile

Área: 736.902 km²

Población: 13.250.000

Ciudades principales:
Santiago (capital) 4.500.000, Viña del Mar 294.000,
Concepción 310.000, Valparaíso 285.000, Talcahuano 245.000

Forma de gobierno:
democracia representativa

Productos principales: cobre, frutas y vegetales, harina de
pescado, nitrato de sodio

Avenida O'Higgins en Santiago de Chile.

6. La selva cubre la mayoría del territorio del Perú.
7. En Bolivia, las tierras para la ganadería están en el altiplano.
8. En Boliva casi no hay gas natural.
9. La mayoría de los chilenos tienen ascendencia inglesa.
10. Al sur de Chile hace mucho frío.

ACTIVIDADES

A. Identificar. With a classmate, identify and discuss the location of the following cities, mountains and bodies of water.

Arequipa	el lago Titicaca
Sucre	las Yungas
el río Napo	el río Bío-Bío
Punta Arenas	Cuzco

MODELO: el río Madre de Dios
El río Madre de Dios está al sur y al este del Perú. Está al norte del lago Titicaca y pasa por las ciudades de El Manú, Las Piedras y Puerto Maldonado.

B. Meteorología. You and your partner are T.V. weather personalities. Prepare a brief (two minutes) report for travelers in Bolivia, Chile and Perú. Each person should deliver a section of the broadcast.

C. Investigar. Find out more about one of the following topics. Prepare a brief report to be given orally in Spanish to the class.

- Alberto Fujimori
- Machu Picchu y los incas
- Pedro de Valdivia y Bernardo O'Higgins
- el aimará, el quechua y el guaraní
- Potosí

tantes son descendientes de españoles aunque parte de la población es mestiza y hay chilenos con ascendencia inglesa, italiana y alemana.

MINIPRUEBA

Indique si las siguientes oraciones son **Ciertas** o **Falsas.**

1. Gran parte del territorio de los países andinos da al Océano Atlántico.
2. La ciudad más grande del Ecuador es Quito.
3. Quito se encuentra al borde de la línea ecuatoriana.
4. La región más poblada del Perú es la sierra de los Andes.
5. Machu Picchu fue la antigua capital del imperio inca.

Los medios de información y la política

COMUNICACIÓN

- Expressing doubt, denial and uncertainty
- Expressing your point of view
- Persuading others
- Reacting to events and situations

CULTURA

- Periódicos del mundo hispano
- Personajes de la política

ESTRUCTURAS

Primera parte

- The Subjunctive to Express Doubt or Denial
- The **nosotros** Command Forms

Segunda parte

- The Subjunctive with Impersonal Expressions
- The Subjunctive with Indefinite or Nonexistent Antecedents
- The Subjunctive with **ojalá, tal vez** and **quizás**

¡Lengua viva!:	Las elecciones en Ecuador
Lectura:	Importancia de los signos de puntuación
Mundo hispánico:	Los países del Río de la Plata: Argentina, Paraguay y Uruguay

PRIMERA PARTE

¡Así es la vida!

Los medios de información

El siguiente editorial apareció en *Novedades,* un periódico mexicano. El autor del editorial ofrece una opinión sobre la situación de los inmigrantes mexicanos en los Estados Unidos. El editorial fue escrito durante una visita del presidente mexicano, Carlos Salinas de Gortari, a Chicago.

El mexicano de fuera

Gran parte de la potencialidad que distingue a la ciudad de Chicago es producto del trabajo de miles de mexicanos que emigraron hace muchos años y se establecieron allá. Encontraron condiciones favorables para desarrollar sus actividades y han sido muy útiles. Sin embargo, conservan sentimientos que los identifican como mexicanos y que fueron expresados con entusiasmo en la bienvenida que le dieron al presidente Salinas de Gortari.

Los mexicanos de fuera, como se les conoce porque no han dejado de ser mexicanos, tampoco han sido marginados por México, que los sigue considerando parte integrante de nuestra nacionalidad. Al hablar ante más de 3.000 mexicanos y mexicano-estado-unidenses, el presidente Salinas de Gortari lo puso de manifiesto al expresar que el Gobierno de México va a seguir trabajando intensamente para proteger los derechos y garantizar las libertades de los trabajadores mexicanos migratorios.

En tanto que en el territorio nacional no se puedan ofrecer condiciones de vida que satisfagan las aspiraciones de los que emigran en busca de un mejor nivel de vida, el flujo migratorio continuará. Ello no significa que nuestras autoridades ignoren a los emigrantes. Por el contrario, éste siempre ha sido tema en las negociaciones entre México y Estados Unidos, como ahora que el Presidente de la República de México recorre algunas ciudades del vecino país.

¡Así LO DECIMOS!

Las secciones del periódico

el artículo	*article*
la cartelera	*entertainment section*
los avisos clasificados	*classified ads*
el consultorio sentimental	*advice column*
la crónica	*news story*
la crónica social	*social page*
el editorial	*editorial page*
la esquela	*obituary*
el horóscopo	*horoscope*
la primera plana	*front page*
el titular	*headline*
la sección deportiva	*sports section*
la sección financiera	*business section*
las tiras cómicas	*comics*

La televisión y la radio

la cadena	*network*
el canal	*channel*
el concurso	*game show*
la emisora	*radio station (business entity)*
la estación de radio	*radio station (on the dial)*
el noticiero	*newscast*
la telenovela	*soap opera*

Personas que trabajan en los medios de comunicación

el (la) anfitrión(a)	*show host (hostess)*
el (la) comentarista	*newscaster, commentator*
el (la) comentarista deportivo(a)	*sportscaster*
el (la) crítico(a)	*critic*
el (la) locutor(a)	*announcer*
el (la) meteorólogo(a)	*weatherman, weatherwoman*
el (la) patrocinador(a)	*sponsor*
el (la) periodista	*journalist*
el (la) reportero(a)	*reporter*

Otros sustantivos

el acontecimiento	*happening*
las noticias	*news*
la prensa	*press; newsmedia*
la reseña	*review*
la revista	*magazine*

Verbos

enterarse	*to find out*
informar	*to report*
patrocinar	*to sponsor*
transmitir	*to transmit*

Otras palabras y expresiones

el certamen	*(beauty) contest or pageant*
en directo, en vivo	*live (on television)*
el lector	*reader*
el programa radial	*radio program*
el (la) radioyente	*listener (radio)*
el (la) televidente	*television viewer*

¿Cuál es tu cadena favorita?

AMPLIACIÓN

- The words **la televisión** and **la radio** refer to television and radio broad-casting in general; **el televisor** and **el radio** refer to the radio and televi-sion sets.

- **El editorial** refers to an editorial; **la editorial** is a publishing house.

- **El crítico** refers to a person who reviews films or books; **la crítica** refers to the field of "criticism" in general or to a female critic.

¡A ESCUCHAR!

El mexicano de fuera. You will hear a recording of the editorial that appears in **¡Así es la vida!** (page 351). After listening to the editorial, indicate whether the statements you hear are **Cierto, Falso** or **No se sabe.** You will hear the correct answers on the tape.

	Cierto	Falso	No se sabe			Cierto	Falso	No se sabe
1.	___	___	___		5.	___	___	___
2.	___	___	___		6.	___	___	___
3.	___	___	___		7.	___	___	___
4.	___	___	___		8.	___	___	___

◆ PRÁCTICA

11-1 Emparejar. Match the words in Column A with the correct definition in Column B.

A	B
___ 1. los avisos clasificados	a. sección donde se da la opinión del periódico
___ 2. el editorial	b. sección donde aparecen los espectáculos
___ 3. la primera plana	c. persona que ofrece su opinión por televisión
___ 4. la cartelera	d. firma o empresa que paga los anuncios comerciales
___ 5. el (la) patrocinador(a)	e. página del periódico donde aparecen las noticias más importantes
___ 6. el (la) reportero(a)	f. persona que escribe las noticias
___ 7. el (la) comentarista	g. sección donde se leen los anuncios
___ 8. el noticiero	h. programa que informa los eventos más importantes del día

11-2   **Completar.** Complete the following statements with words and expressions from **¡Así lo decimos!**

1. Las noticias sobre el béisbol y el fútbol aparecen siempre en _____ de un periódico.
2. Las personas que miran programas de televisión son _____.
3. Los programas que se transmiten en el mismo momento en que son presentados, se transmiten _____.
4. En la televisión existen los canales, mientras que en la radio existen _____.
5. _____ es la persona que habla sobre el clima y el tiempo.
6. Un hombre o una mujer de negocios se interesa mucho en la sección _____ del periódico.
7. Una novela que se presenta en la televisión en varios episodios es _____.
8. En _____ aparecen anuncios sobre la compra y venta de artículos, propiedades y automóviles.

11-3   **Te toca a ti.** Answer the following questions using complete sentences.

1. ¿Cuáles son tus programas favoritos de televisión?
2. ¿Qué programas no te gustan?
3. ¿Te gusta ver las telenovelas? Explica.
4. ¿Cuáles son las secciones del periódico que lees todos los días? ¿Por qué?
5. ¿Qué secciones no lees?
6. ¿Cuál es tu estación de radio favorita?
7. ¿Qué programas radiales te gusta escuchar?
8. ¿Qué opinas sobre los certámenes por televisión?

Según este anuncio, ¿qué ofrece Radio Mar del Plata? ¿Quién es el comentarista de este canal?

11-4   Los programas de televisión. Read the following television schedule from the Mexican newspaper *Novedades.* Then answer the questions based on information provided in the schedule.

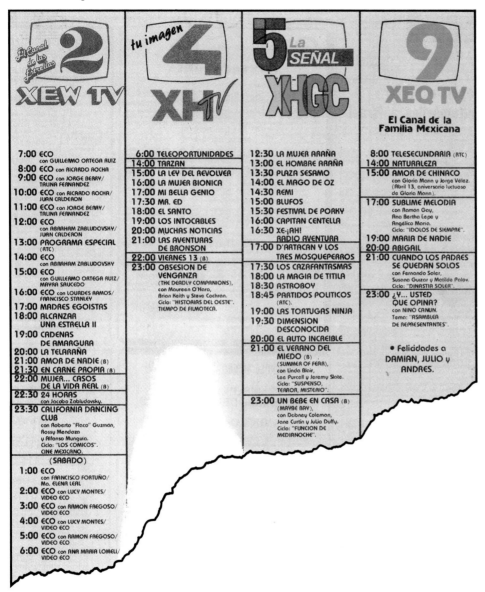

1.   ¿Cuál es el canal de la familia mexicana?
2.   ¿Cuál es el canal de las estrellas?
3.   ¿En qué canal hay un noticiero?
4.   ¿Cómo se llama el programa de opinión pública?
5.   ¿Qué tema tratarán en ese programa?
6.   ¿Ves algunos de los programas que aparecen aquí? ¿Cuáles?
7.   ¿Cuáles de los programas te parecen interesantes?
8.   ¿Qué películas se pueden ver en algunos de los canales?
9.   ¿Qué canal ofrece programas para niños? ¿Cuáles son algunos?
10.   ¿Hay algún programa deportivo?

◆ PRÁCTICA COMUNICATIVA

11-5   Mi punto de vista. Indicate whether you agree or disagree with the statements below by marking the appropriate box in the chart. You may do this activity with one or more classmates. Explain why you agree or disagree with the statements.

Estoy de acuerdo	No estoy de acuerdo
1. _____	_____
2. _____	_____
3. _____	_____
4. _____	_____
5. _____	_____
6. _____	_____

1. La prensa en los Estados Unidos es muy sensacionalista.
2. En los Estados Unidos no hay libertad total de prensa.
3. Hay mucha violencia en los programas de televisión.
4. Una persona inteligente no ve las telenovelas.
5. Muchos de los anuncios que pasan por televisión son muy tontos.
6. La prensa debe ser censurada.

11-6   ¿De acuerdo? In the same group, create your own statements and have your classmates agree or disagree and give their reasons.

11-7   Tus opiniones. Briefly discuss the following topics with a classmate, giving reasons to support your opinions.

1. el nombre del periódico que más te gusta
2. tu sección favorita del periódico
3. la sección del periódico que menos te gusta
4. tu programa de televisión favorito
5. el programa de noticias que ves todos los días
6. tu reportero(a) o periodista favorito(a) en la televisión

¿A qué se refiere "Anuncios por Palabras" del periódico ABC?

A PROPÓSITO... **Periódicos del mundo hispano**

Por lo general, en cada uno de los países de habla española se publica un periódico principal que se distribuye en toda la nación. Estos periódicos, en su mayoría, se publican en la capital del país y ejercen una gran influencia sobre la política, la industria y el comercio de la nación. A continuación se mencionan algunos de los periódicos más importantes.

El País—Hoy día es el diario de mayor circulación de España. Fue fundado en 1976 en Madrid, justo después de la muerte del dictador Francisco Franco.

El Tiempo—Es el principal diario de Colombia. Publicado en Bogotá, es considerado uno de los periódicos más influyentes de la América Latina.

El Mercurio—Es el diario más importante de Chile y el más antiguo de Latinoamérica. Su circulación cubre todo el territorio chileno y ejerce gran influencia en el campo de la política.

El Nuevo Herald—Publicado en la ciudad de Miami por *The Miami Herald*, es el periódico hispano de mayor circulación en los Estados Unidos. Sus lectores son principalmente los inmigrantes cubanos radicados en el sur de la Florida.

La Opinión—Es el diario hispano de mayor importancia en Los Angeles, California. Sus lectores son mayormente los inmigrantes mexicanos. Fundado en 1926, tiene una circulación diaria de más de ciento veinte mil ejemplares.

¡Vamos a comparar!

¿Existe en los Estados Unidos un periódico nacional? ¿Cómo se llama? ¿Cuáles son los periódicos importantes en tu ciudad? ¿Los periódicos tienen gran influencia en la política?

Noticiero por televisión en Managua, Nicaragua.

Primera plana de tres periódicos hispanos.

Estructuras

1. The Subjunctive to Express Doubt or Denial

- The subjunctive is used in noun clauses after expressions of doubt, uncertainty or denial. Some verbs that express doubt and denial are: **dudar, negar** *(to deny)*, **no creer, no estar seguro(a) de, no pensar.**

Dudo que Camilo **escriba** el editorial.	*I **doubt** that Camilo **will write** the editorial.*
No creo que éste **sea** el canal que queremos.	*I **don't believe** that this **is** the channel that we want.*
Ana María **no está segura de** que Juan **quiera** ganar el concurso.	*Ana María **is not sure** that Juan **wants** to win the game show.*
La profesora **niega** que ella **sea** demasiado exigente.	*The professor **denies** that she **is** too demanding.*

- When there is no doubt, uncertainty or disbelief about an action or event, and when the subject appears to be certain of the facts, the indicative is used in the noun clause.

Estoy segura de que Genaro **va** a la emisora mañana.	*I **am sure** that Genaro **is going** to the radio station tomorrow.*
Creemos que **va a escribir** la reseña a tiempo.	*We **believe** that **he will write** the review on time.*

- **No dudar** and **no negar** express certainty and therefore are followed by the indicative.

No dudo que esa empresa **patrocinará** el evento.	*I **don't doubt** that this company **will sponsor** the event.*
No niega que Ana **sabe** quién tiene la revista.	*He **doesn't deny** that Ana **knows** who has the magazine.*

- When the verb **creer** is used to formulate a question, it can imply doubt in the mind of the speaker, thereby triggering the subjunctive in the dependent clause. If the speaker expresses no opinion, the indicative is preferred. **No creer** used in a question implies certainty on the part of the speaker and is thus followed by the indicative.

¿Crees que Claudia me **diga** quién es el crítico?	***Do you believe** that Claudia **will tell** me who the critic is?* (Doubt implied)
¿Crees que **sabe** la respuesta?	***Do you believe** that **she knows** the answer?* (No opinion)
¿No cree Ud. que Eloy **va** a ver las noticias?	***Don't you think** that Eloy **is going** to watch the news?* (Certainty implied)

◆ PRÁCTICA

11-8   El (la) desconfiado(a). You have a tendency to doubt everything people tell you. Express your doubts about the following sentences. Follow the model.

MODELO: Jacobo es muy buen periodista.
           Dudo que Jacobo sea muy buen periodista.

1. Ese comentarista sabe mucho.
2. La emisora da muchas noticias.
3. El comentarista dice la verdad.
4. Los artículos de ese periodista tienen temas muy interesantes.
5. Ella escribe buenos editoriales.
6. El comentarista deportivo conoce a todos los jugadores.
7. La reportera del Canal Tres va a hacer un viaje a Cuba.
8. En ese periódico hay muchos anuncios clasificados.

11-9   Expresa tu opinión. Respond to the following statements with the subjunctive or indicative using the cues provided. Follow the model.

MODELO: —Pepe fuma cuatro paquetes de cigarrillos al día. / No creo...
           No creo que Pepe pueda respirar bien.

1. Juan siempre escribe reseñas interesantes. / Dudo...
2. El festival va a ser espectacular. / Creo...
3. Esa telenovela empieza a las cinco. / Dudo...
4. Tus hermanos ven demasiado la televisión. / No niego...
5. Dicen que esas revistas vuelven a publicarse pronto. / No pienso...
6. Paco está seguro de que va a ganar el concurso. / No estoy seguro(a)...
7. Me dicen que Alberto siempre les grita a los árbitros. / Niego...
8. Mis padres se enteran de todo. / No dudo...
9. ¿Crees que tus amigos van a la fiesta? / No creo...
10. Ese noticiero, ¿tiene muchos o pocos patrocinadores? / Estoy seguro(a)...

◆ PRÁCTICA COMUNICATIVA

11-10   Una entrevista. Get together with a classmate and ask each other the following questions.

1. ¿Estás seguro(a) de que hay libertad de prensa en los Estados Unidos? ¿Por qué?
2. ¿Es cierto que todos los periodistas son objetivos?
3. ¿Crees que el gobierno debe censurar algunos programas de televisión? Explica.
4. ¿Crees que las emisoras y los canales de televisión de tu ciudad son buenos? Explica.
5. ¿Crees que en los Estados Unidos hay una obsesión con las telenovelas?

11-11   Ante la prensa. With four or five classmates, enact the following situation using the model as a guide.

A political analyst is interviewed by several journalists. Each journalist asks the analyst two questions. The analyst's replies express a great deal of skepticism.

MODELO: PERIODISTA: ¿Cree que las cosas están bien en el país?

          ANALISTA: No, no creo que las cosas estén bien en el país.

2. The nosotros Command

- There are two ways to give a direct command to a group of persons in which you include yourself: **vamos a** + *infinitive* or the **nosotros** form of the present subjunctive.

Vamos a leer el horóscopo.	*Let's read the horoscope.*
Hablemos con el locutor.	*Let's talk with the announcer.*
Miremos la primera plana.	*Let's look at the front page.*
No **escribamos** los avisos clasificados.	*Let's not write the classified ads.*

- As with all other direct command forms, object pronouns are attached to the affirmative commands and precede the negative commands. In affirmative commands, an accent mark is added to maintain the original stress.

- As you know, **vamos a** is also used to express a simple statement or to ask a question. The interpretation of **Let's...** results from intonation and context.

Escribámosle al director del periódico.	***Let's write** to the publisher of the newspaper.*
No les escribamos a los reporteros.	***Let's not write** to the reporters.*

- **Vamos** is used to express *let's go* in Spanish. However, to express *let's not go,* the subjunctive **no vayamos** is required.

Vamos al teatro.	***Let's go** to the theater.*
No vayamos al concurso.	***Let's not go** to the game show.*

- When the pronoun **nos** is attached to the **affirmative** command of reflexive verbs, the final **-s** is deleted from the verb ending.

Vámonos.	*Let's leave.*
Levantémonos.	*Let's get up.*
No nos sentemos.	*Let's not sit down.*

◆ PRÁCTICA

11-12   Un problema. Complete the following messages sent by an editor using the verbs in the box below and the **nosotros** commands. Follow the model.

MODELO: editar
    Editemos las noticias.

escribir	hablar
poner	llamar
empezar	mandar

1. _____ el reportaje.
2. _____ a trabajar.
3. _____ más anuncios.
4. _____ más reporteros.
5. _____ con los lectores.
6. _____ al jefe.

◆ PRÁCTICA COMUNICATIVA

11-13 Los reporteros. Imagine that you and a classmate are television reporters. Both of you are home when you are called to report on a serious accident. Discuss what you have to do by completing each sentence with the **nosotros** command of the verbs in parentheses.

1. (Levantarse) _____ rápidamente.
2. (Vestirse) _____ ahora mismo.
3. (Llevar) _____ nuestras cámaras.
4. (Buscar) _____ más información.
5. (Salir) _____ en el auto.
6. (Hacer)_____ muchas preguntas.
7. (Preparar) _____ el reportaje.
8. (Irse) _____ a la estación.

11-14 Acuerdos y desacuerdos. In a group of three, two always agree on what to do and the other disagrees. React to the situations posed below. Follow the model.

MODELO: —Vamos a leer la cartelera.
        —Sí, leamos la cartelera.
        —No, no la leamos.

1. Vamos a ir a ese cine.
2. Vamos a ver esa película.
3. Vamos a comprar las entradas.
4. Vamos a sentarnos allí.
5. Vamos a levantarnos del asiento.
6. Vamos a volver a casa temprano.

11-15 Planes para el fin de semana. With two or three classmates, propose several activities for this weekend. Use the **nosotros** command forms and follow the model.

MODELO: —Vamos a la discoteca "La caja de Pandora."
        —Sí, es una buena idea. Invitemos a Pedro y a Martín.
        —Pues, llamémoslos enseguida.

¡EL ESPAÑOL EN ACCIÓN!

Wallis Spencer Haynes

WALLIS SPENCER HAYNES*

DIPLOMAT, U.S. Department of State, Montivideo, Uruguay
B.A. International Affairs, Princeton University, 1987

Wallis worked in the United States Interests Section in Havana, Cuba prior to his transfer to the American Embassy in Montevideo.

"I studied Spanish to prepare for a career in international affairs or business. Even within the United States, there seemed to be greater career opportunities for graduates with bilingual skills.

As it turned out, I could not carry out my present position without a strong knowledge of Spanish. The business of American Embassies and Consulates abroad is almost always conducted in the language of the host country. Communication in Spanish is the first step towards promoting United States national interests throughout most of Latin America."

*The views and opinions expressed are solely those of the author and do not necessarily reflect those of the Department of State or any other United States agency.

SEGUNDA PARTE
¡Así es la vida!

La política

Amado Bocagrande es candidato a la presidencia de la República de Paloquemado. Ahora está pronunciando un discurso.

Compañeros y amigos,

¿Buscan un candidato que represente verdaderamente al pueblo? Ese
candidato soy yo. Como ustedes saben, nuestro país afronta problemas
muy serios. Dudo que el gobierno de mi contrincante, el presidente
Pocopelo, pueda resolverlos. Es importante que todos nos unamos y
que ustedes voten por mí. Si gano las elecciones, yo les aseguro
que cumpliré las siguientes promesas.
—Aumentaré los programas de ayuda social
—Eliminaré los impuestos
—Reduciré la tasa de desempleo
—Combatiré el crimen
Recuerden mi lema: Si quiere un país grande, vote por Bocagrande.
Gracias.

¡Así lo decimos!

Cargos políticos

el (la) alcalde	*mayor*
el (la) dictador(a)	*dictator*
el (la) juez	*judge*
el (la) gobernador(a)	*governor*
el (la) ministro(a)	*minister*
el (la) presidente(a)	*president*
la reina	*queen*
el (la) representante	*representative*
el rey	*king*
el (la) senador(a)	*senator*

Tipos de gobierno

la democracia	*democracy*
la dictadura	*dictatorship*
la monarquía	*monarchy*

Temas de actualidad

el aborto	*abortion*
el crimen	*crime*
la defensa	*defense*
el desempleo	*unemployment*
la inflación	*inflation*
los impuestos	*taxes*
los programas sociales	*social welfare programs*
la protección del medio ambiente	*environmental protection*

Otros sustantivos relacionados a la política

el (la) asesor(a)	*consultant, advisor*
la cámara de representantes (diputados)	*house of representatives*
la campaña	*campaign*
el (la) candidato(a)	*candidate*
el congreso	*congress*
el (la) contrincante	*opponent*
la corte suprema	*Supreme Court*
el deber	*duty*
el discurso	*speech*
el escaño	*seat (in Congress)*
las elecciones	*elections*
la ley	*law*
el lema	*motto*
el gobierno	*government*
el pueblo	*the people, the masses*
el senado	*senate*

Verbos

afrontar	*to face*
apoyar	*to support*
aumentar	*to increase*
ayudar	*to help*
controlar	*to control*
combatir	*to fight, to combat*
elegir	*to elect*
eliminar	*to end*
establecer	*to establish, to set*
mejorar	*to improve*
prevenir	*to prevent, to warn*
resolver	*to resolve*
votar	*to vote*

¡A los leones!

De la pena y la nada.—Desde aquel Sábado de Gloria en que fue legalizado el Partido Comunista de España, gracias a la audacia y prudencia política de **Adolfo Suárez,** no ha habido más que Viernes de Dolores para los comunistas españoles. Las exigencias de modernidad que reclamaba la sociedad española a cualquier partido las cumplió **Santiago Carrillo** con buen pulso, adecuando el partido a la realidad. Prosoviéticos y renovadores, disiddentes todos, fragmentaron un partido que no encontraba respuesta en las urnas a sus buenos oficios democráticos y estabilizadores. El **"delfín"** nombrado por **Carrillo** ha resultado un respondón y la **"vieja guardia"** también se aleja, guiada por la luz marxista-leninista-estalinista de un PCE cada día más débil, más desprestigiado, más inoperante como oposición de izquierdas. Diga lo que diga ahora don **Santiago** de la gran patria soviética, al **"oro de Moscú"** nunca le han gustado el eurocomunismo ni las disidencias.

I. F.

La página política de la revista *Interviu*. ¿De qué se tratan la caricatura y el artículo?

📼 ¡A ESCUCHAR!

¡Voten por mí! You will hear the speech that appears in **¡Así es la vida!** (page 363). Indicate whether the statements that follow are **Cierto, Falso** or **No se sabe** by placing a check mark in the appropriate column. You will hear the correct answers on the tape.

	Cierto	Falso	No se sabe
1.	_____	_____	_____
2.	_____	_____	_____
3.	_____	_____	_____
4.	_____	_____	_____
5.	_____	_____	_____
6.	_____	_____	_____
7.	_____	_____	_____
8.	_____	_____	_____

◆ PRÁCTICA

11-16　¡Fuera de lugar! Circle the letter corresponding to the word or phrase that is out of place.

1. a. democracia　b. desempleo　　c. dictadura　　　d. monarquía
2. a. juez　　　　b. corte suprema　c. ley　　　　　d. discurso
3. a. crimen　　　b. elecciones　　c. votar　　　　d. campaña
4. a. rey　　　　b. presidente　　c. gobernador　　d. inflación
5. a. senador　　b. representante　c. congreso　　　d. aborto
6. a. la reina　　b. los impuestos　c. los programas　d. la protección del
　　　　　　　　　　　　　　　　 sociales　　　　　 medio ambiente

11-17　Completar. Fill in the blanks with the correct word from the box below.

senado	candidato	discursos	presidente
partido	república	elecciones	escaño

Este año voy a votar por Prudencio Sabelotodo para _____ de la _____. Prudencio es miembro de Acción en Acción, un _____ que solamente tiene un _____ en el _____. Sin embargo, Prudencio es un _____ muy fuerte. Me gustan mucho sus _____ porque son muy emocionantes. Espero que gane las _____.

11-18 Buscapalabras. Circle the names of five political positions.

P	A	R	T	I	D	A	Q	N	M	Z	S	H	P
R	E	P	R	E	S	E	N	T	A	N	T	E	L
E	C	I	L	D	E	G	I	B	S	M	O	F	T
S	C	N	A	G	N	H	Ñ	R	G	N	E	T	H
I	C	T	G	A	A	I	T	P	L	X	A	E	J
D	P	O	I	R	D	J	N	K	I	W	Y	M	E
E	A	J	O	G	O	B	E	R	N	A	D	O	R
N	N	U	M	O	R	A	Y	P	T	M	N	P	C
T	S	E	B	R	A	L	N	O	P	Q	W	Y	Z
E	O	Z	C	D	F	M	R	T	R	A	V	I	E

A PROPÓSITO... Personajes de la política

Poco a poco, en los últimos 15 años, los países que integran el mundo hispano han optado por gobiernos democráticos. Con la muerte del general Francisco Franco en 1975, España pudo unirse al resto de las democracias europeas y hoy es ejemplo de libertad y tolerancia. Desde 1982, Felipe González es presidente del gobierno español, hecho que lo hace una de las figuras más experimentadas de la política europea.

En Latinoamérica, Cuba es el único país que aún se encuentra gobernado por un dictador. Fidel Castro, jefe del gobierno cubano, tiene más de tres décadas en el poder. Debido a los cambios radicales que han ocurrido en la antigua Unión Soviética recientemente, muchos predicen que pronto también habrá cambios en Cuba.

Pero la democracia también se ha extendido por Hispanoamérica. Todas las repúblicas hispanoamericanas, con la excepción de Cuba, han celebrado elecciones más o menos honestas en la última década y cada vez se respetan más los derechos humanos y las libertades básicas. Si a estos cambios democráticos añadimos *(add)* el aparente mejoramiento *(improvement)* de las economías de estas naciones, todo parece indicar que el pueblo hispano ahora puede mirar hacia el futuro con más esperanza *(hope)*.

¡Vamos a comparar!

¿Sabes cuál es la política de los Estados Unidos hacia los países latinoamericanos? ¿Cuál es la actitud del gobierno norteamericano hacia Cuba y Fidel Castro? ¿Qué diferencias hay entre una dictadura y una democracia como la que existe en los Estados Unidos?

Felipe González

Fidel Castro

◆ PRACTICA COMUNICATIVA

11-19   Entrevista. Interview a classmate using the following questions; then switch roles.

1.   ¿Crees que votar es un deber? Explica.
2.   ¿Votaste en las últimas elecciones? ¿Por quién?
3.   ¿Eres miembro de algún partido político? ¿De cuál? ¿Por qué?
4.   ¿Te cae bien alguna figura de la política mundial? ¿Quién y por qué?
5.   ¿Quieres ser presidente de los Estados Unidos? Explica.
6.   ¿Qué consejos puedes darle a un presidente?

11-20   Temas de actualidad. Look at the following political advertisement. Rank in order of priority the issues that you consider most important. Briefly explain your choices to a classmate.

Tal vez gane el señor Gutman las próximas elecciones.

11-21   Un informe. Choose one of the historical/political figures listed below and briefly describe to a classmate what the person was/is.

1.   Isabel la Católica
2.   Cristóbal Colón
3.   César Chávez
4.   Eva Duarte de Perón

5.   Fidel Castro
6.   la reina Sofía
7.   Felipe González
8.   Violeta Chamorro

3. The Subjunctive with Impersonal Expressions

¡ ES IMPORTANTE QUE LE DIGAS QUE ES UN TONTO!

- The subjunctive is used in noun clauses after impersonal expressions that do not convey certainty. If the dependent clause has an expressed subject, then the subjunctive is used. Some common impersonal expressions that require the subjunctive are:

Es bueno	It is good
Es difícil	It is difficult
Es dudoso	It is doubtful
Es extraño	It is strange
Es fácil	It is easy
Es importante	It is important
Es imposible	It is impossible
Es increíble	It is incredible
Es indispensable	It is indispensable
Es (una) lástima	It is a pity
Es malo	It is bad
Es mejor	It is better
Es necesario	It is necessary
Es posible	It is possible
Es preciso	It is essential
Es probable	It is probable
Es urgente	It is urgent

Es importante que **voten** por mí.	*It's important that you vote for me.*
Es imposible que **gane** mi contrincante.	*It's impossible for my opponent to win.*
Es difícil ganar las elecciones.	*It's difficult to win the elections.*

● The **indicative** is used when the impersonal expression conveys certainty.

Es verdad que Carlota **es** muy
  simpática.

*It's **true** that Carlota **is** very nice.*

Es cierto que el carro **está** aquí.

*It's **true** that the car **is** here.*

Es evidente que Manuel **es**
  guapo.

*It's **evident** that Manuel **is**
  handsome.*

● However, when expressions of certainty are negated, they require the subjunctive because they now convey uncertainty.

No es cierto que ella **viva** en
  México.

*It's **not true** that she **lives** in
  Mexico.*

No es seguro que Felipe **venga**
  esta noche.

*It's **not certain** that Felipe will
  come tonight.*

◆ PRÁCTICA

11-22 Expresiones de certidumbre. Read each expression and indicate if it expresses certainty or uncertainty by placing a check mark in the appropriate column.

Impersonal Expression	Certainty	Uncertainty
Es bueno...		
Es cierto...		
Es fácil...		
No es seguro...		
Es posible...		
Es urgente...		
Es verdad...		
Es importante...		
Es dudoso...		
No es evidente...		
Es extraño...		
Es evidente...		
Es probable...		
Es malo...		
Es imposible...		

11-23 Hablando de política. Complete the following sentences with the infinitive or the present subjunctive of the verbs in parentheses.

1. Es importante que tú (pronunciar) _____ un discurso.
2. Es probable que Juan Antonio (ser) _____ uno de los candidatos.
3. Es preciso que nosotros (votar) _____ por Bocagrande.
4. Es imposible que Pocopelo (ganar) _____ las elecciones.
5. Es mejor (votar) _____ que no (votar) _____.
6. Es malo que el gobierno (aumentar) _____ los impuestos.
7. No es fácil (combatir) _____ el crimen.
8. Es extraño que nuestro país (tener) _____ tanto dinero y que (haber) _____ tanto desempleo.

11-24 Pepe, el cínico. Pepe, the cynic, and his friend, Esperanza, discuss politics. Complete the following conversation with the correct form of the present indicative or present subjunctive of the verbs in parentheses.

ESPERANZA: Hola, Pepe, ¿cómo estás? Oye, es indispensable que nosotros (votar) _____ en las elecciones.

PEPE: Ja, ja, ja. Es difícil que yo (ir) _____ a votar.

ESPERANZA: Pero, Pepe, es importante que los candidatos nos (escuchar) _____.

PEPE: No, lo importante es que ellos (decir) _____ la verdad.

ESPERANZA: Pero, Pepe, es preciso que nosotros (elegir) _____ buenos candidatos.

PEPE: Esperanza, es dudoso que (haber) _____ buenos candidatos.

ESPERANZA: Es lástima que (decir) _____ esas cosas.

PEPE: Pero, sí es cierto que todos los políticos (ser) _____ iguales.

ESPERANZA: Pepe, es increíble que (ser) _____ tan cínico.

PEPE: Es evidente que muchos (pensar) _____ como yo.

◆ PRÁCTICA COMUNICATIVA

11-25 Consejos. You are giving advice to first-time voters. Use impersonal expressions to offer several suggestions. Follow the model.

MODELO: Es importante que el candidato combata el crimen.

11-26 Entrevista. Pretend you are a journalist interviewing a famous politician. Pair up with a classmate and role play the interview using the following questions.

1. ¿Qué es indispensable para ser un buen político?
2. ¿Qué es necesario para ganar unas elecciones?
3. ¿Qué es lo más fácil para un político?
4. ¿Qué es lo más difícil para un político?
5. ¿Qué es importante no hacer si uno es político?

4. The Subjunctive with Indefinite or Nonexistent Antecedents

BUSCO UN SOMBRERO QUE NO SEA MEXICANO.

● The subjunctive is used in adjective clauses when it refers to a person or object that is indefinite or does not exist.

● A clause that modifies a noun is an adjective clause.

La casa es **blanca.** (adjective)
Quiero una casa **que sea bonita.** (adjective clause)

*The house is **white.***
*I want a house **that is pretty.***

Indefinite Antecedent

Buscamos un político que **sea** decente.
Necesitan un administrador que **sea** sensible a los deseos de la gente.

*We are looking for a politician who **is** decent.*
*They need an administrator who **is** sensitive to the wishes of the people.*

Nonexistent Antecedent

No ven nada que les **guste.**

No hay nadie que yo **conozca** en esta reunión.

*They do not see anything that **they like.***

*There is no one that **I know** at this meeting.*

● When the dependent clause refers to persons or objects whose existence is certain, the indicative is used.

Hay alguien aquí que yo **conozco.**
Ése es el reloj que me **gusta.**
Necesitamos al joven que **habla** español muy bien.
Buscan la librería que **está** en la calle Bolívar.

*There is someone here that **I know.***
*That's the watch that **I like.***
*We need the young man who **speaks** Spanish very well.*
*They are looking for the bookstore that **is** on Bolívar street.*

(Our discussion of the Subjunctive continues on the following page.)

● Note that in questions, it is precisely the existence of the person or object that is being asked about.

<table>
<tr><td>¿Conoce Ud. a alguien que **trabaje** en el congreso?</td><td>*Do you know anyone who **works** in Congress?*</td></tr>
<tr><td>¿Hay algún asiento que **esté** desocupado?</td><td>*Is there a seat that **is** free (not in use)?*</td></tr>
</table>

◆ PRÁCTICA

11-27   Completar. Fill in the blanks with the appropriate form of the present indicative or present subjunctive.

1. ¿Conoces al senador que (vivir) _____ en tu estado?
2. Necesitamos votar por unos candidatos que (hablar) _____ español.
3. Necesitamos un representante que (querer) _____ ayudar al público.
4. No hay ningún político que me (gustar) _____.
5. Buscamos un presidente y un senador que siempre (estar) _____ con la gente.
6. No hay nadie por quien nosotros (poder) _____ votar este año.
7. ¿Buscas al candidato que siempre (hablar) _____ por la radio?
8. ¿Conoce ella al político que (tener) _____ el lema famoso?
9. Necesito una encuesta que nos (decir) _____ la verdad.
10. No veo nada que (ser) _____ interesante en estas elecciones.

11-28   Una campaña política. Imagine that you are planning a political campaign in a local election. Make a list of at least two skills or characteristics that each of the people mentioned below should have. Follow the model, using the cues provided.

MODELO: asesor *(consultant)*
Queremos un asesor que tenga mucha experiencia y que sepa mucho de política.

un agente de viajes	traductora
secretario	ayudante
directora de campaña	chofer

1. Necesitamos...
2. Estamos interesados en...
3. Queremos...
4. Estamos buscando...
5. Vamos a conseguir...
6. Preferimos...

◆ PRÁCTICA COMUNICATIVA

11-29   Una encuesta. Conduct a poll among several of your classmates. Use
the phrases given to formulate questions, following the model.

MODELO: desear votar
        —¿Hay alguien en esta clase que desee votar en las próximas elecciones?
        —Sí, deseo votar en las próximas elecciones porque...

1. tener aspiraciones políticas
2. leer las encuestas
3. votar en las elecciones
4. preferir trabajar para Pocopelo
5. querer ser rey o reina
6. creer en las dictaduras
7. ser demócrata, republicano o independiente
8. desear ser presidente de los Estados Unidos

5. The Subjunctive with ojalá, tal vez and quizás

- The expression **¡Ojalá!** entered the Spanish language during the Arab occupation of Spain. Its literal translation is "May God (Allah) grant your wish"
  and its actual meaning is *I hope that*. **¡Ojalá!** may be used with or without
  que, and is followed by the subjunctive.

      ¡Ojalá (que) **tengamos** buen   ***I hope that we will have*** *good*
        tiempo mañana.   *weather tomorrow.*
      ¡Ojalá (que) **venga** rápido!   ***I hope*** *she comes quickly.*

- The expressions **tal vez** and **quizá(s),** which mean **perhaps** or **maybe,** are
  followed by the subjunctive when the speaker wishes to convey uncertainty
  or doubt.

      Tal vez vaya al senado.   ***Perhaps I'll go*** *to the senate.*
      Quizás vote por tu candidato.   ***Maybe I'll vote*** *for your candidate.*

- When **tal vez** or **quizá(s)** follows the verb, the indicative is used.

Voy al senado, **tal vez.**	*Perhaps I'll go to the senate.*
Voto por tu candidato, **quizás.**	*Maybe I'll vote for your candidate.*

◆ PRÁCTICA

11-30 Nuestro presidente. Amado Bocagrande has just been elected president of the Republic of Paloquemado. List the goals you hope he will accomplish. Follow the model.

MODELO: ¡Ojalá que él (combatir) _____ el crimen!
¡Ojalá que él combata el crimen!

1. ¡Ojalá que tú (obtener) _____ un puesto en su gobierno!
2. ¡Ojalá que yo (poder) _____ ser su ayudante!
3. ¡Ojalá que nosotros (tener) _____ prosperidad!
4. ¡Ojalá que él (reducir) _____ la tasa de desempleo!
5. ¡Ojalá que los representantes lo (ayudar) _____!
6. ¡Ojalá que él (aumentar) _____ los programas de ayuda social!
7. ¡Ojalá que él (establecer) _____ un sistema mejor de educación!
8. ¡Ojalá que su administración (prevenir) _____ el uso de drogas!
9. ¡Ojalá que los estudiantes (tener) _____ más ayuda del gobierno!
10. ¡Ojalá que no (haber) _____ más guerras!

11-31 Tal vez. Change the following statements so that they express uncertainty with **quizás** or **tal vez.** Follow the model.

MODELO: El candidato pronuncia un discurso.
Tal vez el candidato pronuncie un discurso.
Quizás el candidato pronuncie un discurso.

1. Yo voto por él.
2. Nosotros recordamos su lema.
3. Tú ayudas a ese candidato.
4. Apoyamos a su contrincante.
5. Ustedes se unen.
6. Nuestro candidato cumple sus promesas.
7. Esos partidos van a ganar muchos votos.
8. El presidente controla la inflación.

◆ PRÁCTICA COMUNICATIVA

11-32 ¡Ojalá que...! Discuss with a classmate what you wish would happen in the United States in the next five years. Follow the models.

MODELOS: ¡Ojalá que no suban los impuestos!
¡Ojalá los demócratas ganen la presidencia!

11-33 En el año 2.000. Pair up with a classmate and discuss what may happen in the world by the year 2.000. Follow the models.

MODELOS: Tal vez no tengamos más guerras.
Quizás todos los automóviles sean eléctricos.

SÍNTESIS
¡Al fin y al cabo!

◆ ¡A REPASAR!

11-34 ¡Emparejar! Match the words and expressions in Column A with those in Column B.

	A		B
_____	1. meteorólogo	a.	rey
_____	2. juez	b.	senado
_____	3. primera	c.	noticias
_____	4. emisora	d.	crónica
_____	5. elecciones	e.	votar
_____	6. cámara	f.	tiempo
_____	7. artículo	g.	corte suprema
_____	8. monarquía	h.	plana
_____	9. clasificados	i.	de radio
_____	10. prensa	j.	anuncios de empleo

11-35 El consultorio sentimental. You are in charge of the advice column for your local newspaper. A young man writes you the following letter. Offer him advice.

> Estimado(a)... consejero(a),
>
> Soy un chico de veinte años. No soy muy atractivo pero no creo que sea tan feo. Conozco a una chica muy linda y quiero salir con ella pero dudo que ella quiera salir conmigo. Ella no tiene novio pero tengo miedo que ella me diga que no. ¡No sé qué hacer! ¿Qué me aconseja?
>
> Preocupado

11-36 El (La) candidato(a). You are a candidate for the Senate in your home state. Using the impersonal expressions in the box below, express what your priorities and concerns are.

MODELO: Es importante que tengamos más programas sociales.

Es importante que	Es mejor que	Es preciso que
Es increíble que	Es urgente que	Es (una) lástima que
Es indispensable que	Es malo que	Es necesario que

11-37   La opinión pública. Read the following political advertisement. Then answer the following questions.

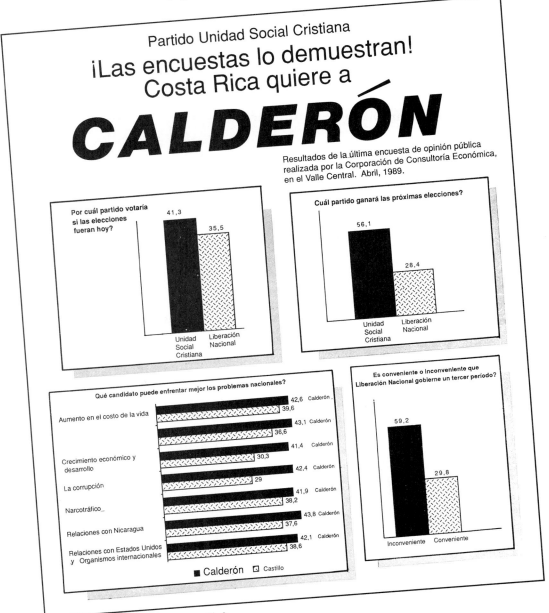

¿Quiénes son Calderón y Castillo?

1. ¿En que país tuvo lugar la encuesta?
2. ¿Qué firma realizó la encuesta?
3. ¿Qué es Unidad Social Cristiana?
4. ¿Qué es Liberación Nacional?
5. ¿Quién es Calderón?
6. ¿Quién es Castillo?
7. Según la encuesta, ¿cuáles son algunos de los problemas nacionales?
8. ¿Crees que Liberación Nacional va a ganar las elecciones? ¿Por qué?

11-38 Completar. Complete the following statements using the indicative or subjunctive of the verbs in parentheses.

1. El candidato necesita un ayudante que (poder) _____ escribir discursos.
2. En el gobierno del presidente Pocopelo hay varios ministros que (ser) _____ muy populares.
3. No conozco a nadie que (trabajar) _____ tanto como el alcalde de la capital.
4. Necesitamos un gobernador que (saber) _____ hablar varios idiomas.
5. Buscan un candidato que (tener) _____ el apoyo del pueblo.

11-39 El jefe de la campaña. Imagine that you are the campaign manager for a candidate for the U.S. Senate. Give your candidate some advice about how he/she should run the campaign. Complete the expressions below to form sentences.

MODELOS: Te aconsejo que pronuncies más discursos.
Es necesario que hables con los estudiantes.

1. Es importante que...
2. Es evidente que...
3. Te sugiero que...
4. Es necesario que...
5. Es indispensable que...
6. Te recomiendo que...

◆ **¡A CONVERSAR!**

11-40 El gran debate. Engage in a debate about the issues listed below with two classmates. The first student to speak expresses an opinion, while the others express agreement or disagreement with the first student. Take turns being the first student.

MODELO: el crimen en las grandes ciudades
ESTUDIANTE 1: Dudo que el crimen en las grandes ciudades pueda ser controlado.
ESTUDIANTE 2: No estoy de acuerdo. Es necesario que el gobierno le dé más poder a la policía.
ESTUDIANTE 3: Yo creo que debemos mejorar la situación económica de la gente antes de controlar el crimen.

1. el uso de drogas entre los jóvenes
2. los impuestos
3. la energía nuclear
4. el aborto
5. la asistencia a los pobres
6. la corrupción de los políticos

¡A ESCUCHAR!

El nuevo presidente de Chile. You will hear a recording of an excerpt from a news article published in the newspaper, *El Siglo,* about Chile's new president. Complete the following statements by circling the letter that corresponds to the correct response. You will hear the correct answers on the tape.

1. A B C   3. A B C   5. A B C
2. A B C   4. A B C   6. A B C

11-41   Teleguía. Scan the following T.V. schedule, trying to decide which programs you like the most. Then get together with a classmate and compare your choices.

PROGRAMACION TV

martes 18

TVE-1

8.00 **Buenos días.**
8.30 **Telediario matinal.**
9.00 **Por la mañana.**
13.00 **Johnny Quest.** *Cautivos de los po-ho.*
13.30 **Tres por cuatro.**
14.30 **Informativos territoriales.**
14.55 **Conexión con la programación nacional.**
15.00 **Telediario 1.**
15.35 **Mount Royal.**
16.30 **Por la tarde.**
17.55 **Avance telediario.**
18.00 **Los mundos de Yupi.** *El fantasma encapuchado.*
18.30 **El misterio de la flor mágica.** *El anillo de la reina egipcia.*
19.00 **Juan el Largo.**
19.30 **Entre líneas.**
20.00 **Casa de locos.** *Madam Butterfat.*
20.30 **Telediario 2.**
21.00 **El tiempo.**
21.15 **Tariro, tariro.**
22.20 **Sesión de noche.** *Ciclo Robert Redford. El gran Gatsby.*
0.50 **Telediario 3.**
1.10 **Teledeporte.**
1.25 **Testimonio.**
1.25 **La noche.** *Primera plana.*
1.30
2.00 **Filmoteca del martes.** *El maquinista de la General.*

TVE-2

13.00 **Programación centros territoriales.**
14.30 **Informativos territoriales.**
15.00 **Telediario 1.**
15.30 **Historia del mimo.**
16.30 **Caballo viejo.**
17.15 **La comedia musical española.** *Róbame esta noche.*
19.00 **El tiempo que vivimos.**
19.55 **Ópera.** *Los maestros cantores de Nüremberg, de R. Wagner, desde el Gran Teatro del Liceo de Barcelona.*
1.00 **Tendido cero.**

miércoles 19

TVE-1

8.00 **Buenos días.**
8.30 **Telediario matinal.**
9.00 **Por la mañana.**
13.00 **Los osos Berenstain.**
13.30 **Tres por cuatro.**
14.30 **Informativos territoriales.**
14.55 **Conexión con la programación nacional.**
15.00 **Telediario 1.**
15.35 **El Olivar de Atocha.** *La casa abierta.*
16.30 **Por la tarde.**
17.55 **Avance telediario.**
18.00 **Los mundos de Yupi.** *La visita sorpresa.*
18.30 **Historias de aquí y de allá.** *El sombrero rojo (Noruega).*
19.00 **El cuenta cuentos.** *La novia verdadera.*
19.30 **Hablando claro.**
20.00 **Throb.**
20.30 **Telediario 2.**
21.00 **El tiempo.**
21.15 **El viaje infinito.** *La gran caza del dinosaurio.*
22.20 **Canción triste de Hill Street.** *El recuerdo.*
23.15 **Historias de music hall.** *Belle époque.*
0.15 **Telediario 3.**
0.35 **Teledeporte.**
0.50 **La noche.** *Sin fronteras.*
2.00 **Reposiciones TVE.** *El hombre del Oeste.*

TVE-2

13.00 **Programación centros territoriales.**
14.30 **Informativos territoriales.**
15.00 **Telediario.**
15.30 **Documental.** *La herrería: los conjuradores del fuego.*
16.00 **Europa en juego.** *Fútbol: semifinales de la Copa de Europa, Galatasaray (Turquía)-Steaua (Rumanía).*
18.30 **La conquista del espacio.** *Secretos del cosmos.*
19.00 **Plastic.**
20.00 **Europa en juego.** *Fútbol: Milán-Real Madrid.*
23.00 **A través del espejo.** *El irresistible avance del desierto.*
0.20 **El poeta en su voz.** *María Victoria Atencia.*
0.35 **Tiempo de creer.** *Musulmanes.*

11-42   Discusión. With a classmate, discuss the qualities you look for in political candidates. Follow the models using the subjunctive mood.

MODELO: —Prefiero un candidato que sea honesto.
        —Necesitamos políticos que cumplan sus promesas.

11-43 Desacuerdos. You are trying to plan some weekend activities with a group of friends. Unfortunately, nobody seems to agree on what to do. Role play this situation with several classmates, following the model using **nosotros** commands.

MODELO: Tú: ¡Vamos a ver una película de terror!
ESTUDIANTE 1: No. Mejor quedémonos en casa viendo la televisión.
ESTUDIANTE 2: No estoy de acuerdo. Mejor visitemos el Museo de
               Antropología.

11-44 Un editorial. Write an editorial for your college newspaper. Below are some suggested topics.

1. quality of food in your cafeteria
2. extending library hours
3. extending vacation periods
4. improving campus safety
5. use of alcoholic beverages on campus

UNIVISION ¡LENGUA VIVA! ◆ ◆ ◆

Las elecciones en Ecuador

De antemano

Este programa describe las elecciones presidenciales ecuatorianas y la importancia de los medios de comunicación en las grandes campañas políticas de ese país andino.

Palabras y frases claves

los comicios	**en el exterior**
los pasquines	**los logros**
han gastado cuantiosas sumas	**la libertad de prensa**
más ataques que ha recibido	**un día de retraso**

Prisma

Match each phrase below with the candidate to which it applies by placing a check mark in the appropriate column.

	Durán	Nebot	Bucaram
1. sólo hay una esperanza	___	___	___
2. en otras palabras, poner a marchar el país	___	___	___
3. sin dejar de proteger a los pobres	___	___	___
4. el candidato más controversial	___	___	___
5. servicios básicos	___	___	___

LECTURA   IMPORTANCIA DE LOS SIGNOS DE PUNTUACIÓN
Anonymous

◆ ANTES DE LEER

A.   Palabras claves. Study the following key words from the reading. Then complete the statements that follow with the most appropriate words or expressions from the list.

la belleza	*beauty*
buen mozo	*handsome, goodlooking*
el caballero	*gentleman*
conquistar	*to conquer*
creerse	*to believe oneself to be*
la décima	*a ten verse stanza of a poem*
enfadarse	*to get angry*
gentileza	*kindness, gentility*
obedecer	*to obey*
el pueblecito	*small village or town*
la puntuación	*punctuation*
puntuado(a)	*punctuated*
el refrán	*saying*
rico(a)	*rich*
rogar (ue)	*to plead*

1. El joven que iba a visitar a las hermanas era _____ y _____.
2. Si los estudiantes no hacen la tarea de español, el (la) profesor(a) _____.
3. El caballero le _____ a la joven que acepte su propuesta de matrimonio.
4. Una de las hermanas _____ que era la preferida del caballero rico.
5. Los hijos siempre deben _____ a sus padres.
6. Esa mujer era de una _____ incomparable.

B.   Anticipar. Quickly preview the reading by looking at the illustrations and reading the title and introduction. Based on the information you already know, answer the following questions to help you anticipate what the story might be about.

1.   The most likely theme of this reading is:
     _____ jealousy
     _____ marriage
     _____ courtship
     _____ spelling abilities of the characters
2.   What are the names of the three sisters and of the gentleman who visits them?
3.   Where does the story take place?
4.   What do you think is the purpose of the poem?
5.   Does the story have a happy ending?

C.   Estrategias de lectura. This reading offers a dramatic example of how punctuation can affect the meaning of a written text. The Spanish "décima" included in the reading is a traditional ten-verse stanza with rhyme that was popular in Spain during the 18th and 19th centuries. The poem is repeated several times using different punctuation, which alters the meaning of the message. Use the following strategies to help your reading comprehension of the selection.

1.   As the poem will be repeated several times, make sure you look up the meaning of any unfamiliar terms or expressions included in it. Underline any unknown words and look them up in a bilingual dictionary or ask your instructor for help.
2.   After reading each version of the poem, read them out loud to yourself or with a classmate. Follow the pauses indicated by periods and commas. Note those sentences that are questions and use the proper intonation.

Importancia de los signos de puntuación

The following reading is anonymous and was written in Spain during the late 19th century. The author makes use of both poetry and prose to tell the story of three sisters and a young gentleman who courts them. The three women would like to know which of them the young man really loves, and he finds a unique way of letting them know.

◆ ◆ ◆

Tres hermanas bastante hermosas° vivían con sus padres en un pueblecito de la Mancha°. Hacía más de dos años que iba a su casa todas las noches de visita un caballero rico, elegante y buen mozo. Este joven había conseguido conquistar el corazón
5 de las tres hermanas sin haberse declarado° a ninguna. Cada una de las tres se creía la preferida. Para salir de dudas°, exigieron° un día al joven que dijese° cuál de las tres era la que él amaba.
    Al ver que no había otro remedio°, ofreció declarar en una
10 décima el estado de su corazón con respecto a las tres hermanas. Puso°, sin embargo, la condición de que no había de estar puntuada, y autorizó a cada una de las tres jóvenes para que la puntuase a su manera°. La décima era la siguiente:

beautiful
a region in Spain

declared his love
to avoid any doubt
demanded / to tell

solution

He stipulated

in her own way

Tres bellas que bellas son
15 me han exigido las tres
que diga cuál de ellas es
la que ama mi corazón
si obedecer es razón
digo que amo a Sotileza
20 no a Sol cuya gentileza
no tiene persona alguna
no aspira° mi amor a Bruna   aspires
que no es de poca belleza

Sotileza, que abrió la carta, la leyó para sí° y dijo: to herself
25 —Hermanas, yo soy la preferida; escuchen la décima:

Tres bellas, que bellas son,
me han exigido las tres
que diga cuál de ellas es
la que ama mi corazón.
30 Si obedecer es razón,
digo que amo a Sotileza;
no a Sol, cuya gentileza
no tiene persona alguna;
no aspira mi amor a Bruna,
35 que no es de poca belleza.

—Siento mucho desvanecer° esa ilusión, querida Sotileza—   to dispel
dijo Sol —pero la preferida soy yo. Para probártelo, escucha
cómo se debe puntuar la décima:

```
   Tres bellas, que bellas son,
40 me han exigido las tres
   que diga cuál de ellas es
   la que ama mi corazón.
   Si obedecer es razón,
   ¿digo que amo a Sotileza?
45 No; a Sol, cuya gentileza
   no tiene persona alguna;
   no aspira mi amor a Bruna,
   que no es de poca belleza.
```

—Las dos están equivocadas°—dijo Bruna. —Es natural,   wrong
50 el amor propio las ciega. Es indudable que la preferida soy yo.
La verdadera puntuación de la décima es la siguiente:

```
   Tres bellas, que bellas son.
   Me han exigido las tres
   que diga cuál de ellas es
55 la que ama mi corazón.
   Si obedecer es razón,
   ¿digo que amo a Sotileza?
   No. ¿A Sol, cuya gentileza
   no tiene persona alguna?
60 No. Aspira mi amor a Bruna,
   que no es de poca belleza.
```

Convencida Sotileza de que no habían aclarado nada, dijo:

—Hermanas, ahora estamos en la misma duda que antes.
Es necesario que le obliguemos° a que diga cuál de las tres ha
65 acertado con° la puntuación que él quería.

En efecto, aquella misma noche rogaron al joven que
pusiera a la décima la puntuación que él había pensado.

El consintió°, y a la mañana siguiente recibieron una carta
en la que aparecía la décima con la puntuación siguiente:

70 Tres bellas, que bellas son,
me han exigido las tres
que diga cuál de ellas es
la que ama mi corazón.
Si obedecer es razón,
75 ¿digo que amo a Sotileza?
No. ¿A Sol, cuya gentileza
no tiene persona alguna?
No. ¿Aspira mi amor a Bruna?
¿Qué? No. Es de poca belleza.

80   Las tres hermanas recibieron calabazas° pero como ninguna de las tres era la preferida, no se enfadaron.

Este cuento prueba° que es verdadero° el refrán, "Falta de
todos, consuelo de bobos°".

we make him

has guessed correctly

consented

were turned down

proves / true
*"We take (foolish) comfort
in the fact that none of us
was chosen."*

◆ DESPUÉS DE LEER

A.   Preguntas de comprensión. Answer the following questions based on your understanding of what happens in the story.

1.   ¿Dónde vivían las tres hermanas?
2.   ¿Qué pensaban ellas del caballero que las visitaba?
3.   ¿Qué pensaba el caballero de ellas?
4.   ¿Qué decidió hacer el caballero?
5.   ¿Qué significado le dio cada una de las hermanas a la décima?
6.   ¿Cómo interpretó el joven la décima al final del cuento?
7.   ¿Se enfadaron las hermanas al final? ¿Por que?

B.   Temas de discusión. Get together with several classmates and briefly discuss the following topics related to the reading.

1.   Den sus opiniones sobre la forma en que actuó el caballero con las tres hermanas. ¿Creen que hizo lo correcto?
2.   ¿Hay alguna otra forma de puntuar la décima? ¿Qué interpretación le darían Uds.?
3.   Comenten la importancia de la puntuación en las comunicaciones modernas.

MUNDO HISPÁNICO

Los países del Río de la Plata

Argentina, Uruguay y Paraguay son los tres países rioplatenses que forman parte del sistema fluvial de los ríos Paraná, Paraguay y Uruguay, sistema importantísimo de comercio que se distingue porque da al Océano Atlántico.

Avenida 9 de Julio en Buenos Aires.

Gaucho domando un potro en las Pampas argentinas.

Jorge Luis Borges, poeta y cuentista argentino.

◆ **Argentina, el país de las Pampas y los gauchos**

Argentina es la nación de habla española más extensa del mundo, con una anchura máxima de 1.423 km y una mínima de 399 km. Debido a su tamaño, existen casi todos los climas y hay una gran variedad en la vegetación. Buenos Aires, la capital, es un centro intelectual de gran importancia, con muchas casas editoriales, exhibiciones de arte, museos y centros universitarios. Con sus monumentos majestuosos y amplias avenidas, tiene un ambiente parecido al de las grandes ciudades europeas.

Estadísticas de Argentina

Nombre oficial: República Argentina

Área: 2.807.560 km^2

Población: 32.291.000

Ciudades principales: Buenos Aires (capital) 11.518.000, Córdoba 995.000, Rosario 990.000, Mendoza 615.000, La Plata 570.000

Forma de gobierno: democracia representativa

Figuras prominentes: el general José de San Martín (1778–1850; el escritor Domingo Faustino Sarmiento (1811–1888); el doctor Bernardo Houssay (1887–1971), Premio Nóbel de Medicina; el escritor Jorge Luis Borges (1899–1986); el novelista Julio Cortázar (1914–1984)

Partido de fútbol por la Copa Mundial entre España y Argentina.

Estadísticas de Paraguay

Nombre oficial: República del Paraguay

Área: 406.752 km²

Población: 4.400.000

Ciudades principales:
Asunción (capital) 510.000,
Lambaré 92.000, Fernando de la Mora 88.000

Forma de gobierno:
democracia representativa

Figuras prominentes: el militar y político
Hernando Arias de Saavedra (1561–1634);
el político José Gaspar Rodríguez de Francia
(1766–1840); el escritor Augusto Roa Bastos
(1918–   )

Un atardecer en el río Paraná en Asunción, Paraguay.

◆ Paraguay, el país de los indios guaraní

Paraguay y Bolivia son los únicos dos países suramericanos que no tienen costas marítimas. Paraguay, sin embargo, tiene dos grandes ríos, el Paraguay y el Paraná, que le dan acceso al Océano Atlántico. La mayoría de los paraguayos son una mezcla de indio guaraní y español; las lenguas oficiales son el español y el guaraní. Asunción, su capital, es una hermosa ciudad colonial.

◆ Uruguay, la joya[1] de Suramérica

A pesar de ser el país más pequeño del continente, Uruguay tiene una población bastante instruida y goza de excelentes servicios públicos y medios de transporte. Desde su independencia, excepto por cortos períodos de dictadura, la nación ha servido de[2] modelo de democracia, estabilidad y paz. La bella ciudad de Montevideo, es una activa metrópolis con playas estupendas que la hacen muy popular entre los turistas.

[1]jewel [2]has served as a

Estadísticas de Uruguay

Nombre oficial: República Oriental del Uruguay

Área: 176.215 km²

Población: 3.100.000

Ciudades principales:
Montevideo (capital) 1.375.000, Salto 81.000, Paysandú 78.000

Forma de gobierno:
democracia representativa

Figuras prominentes: el héroe nacional José Gervasio Artigas (1764–1850); el escritor José Enrique Rodó (1871–1917); el cuentista Horacio Quiroga (1878–1937); la poetisa Delmira Agustini (1886–1914)

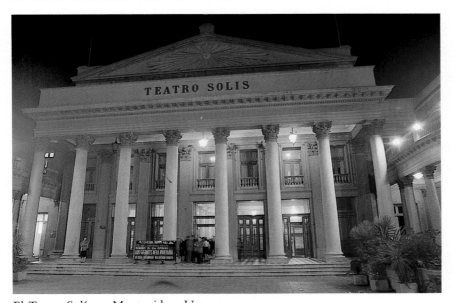

El Teatro Solís en Montevideo, Uruguay.

MINIPRUEBA

Indique si las siguientes oraciones son **Ciertas** o **Falsas.**

1. El sistema fluvial de Argentina, Uruguay y Paraguay es muy bueno para la economía de esos países.
2. La ciudad de Córdoba es más grande que Buenos Aires.
3. En Argentina hay una gran variedad de climas.
4. Buenos Aires es un centro cultural muy importante.
5. En Paraguay ahora hay democracia.
6. Paraguay no tiene costas marítimas.
7. El guaraní es una de las lenguas oficiales de Paraguay.
8. José Enrique Rodó es el héroe nacional de Uruguay.
9. Paraguay es el país más pequeño del continente.
10. La población de Uruguay es bastante instruida.

ACTIVIDADES

A.　Identificar. With a classmate, identify and discuss the location of the following geographical features.

el río Paraná	el Embalse del río Negro
Salto	el Gran Chaco
Asunción	Punta del Este
Iguazú	Ushuaia

MODELO:　Mendoza
　　　　　Ciudad argentina que está al oeste del país en los Andes, cerca de Santiago de Chile.

B.　En primera plana. With the same classmate, prepare a series of headlines that may have appeared throughout history on the front page of a regional newspaper. Be as creative as possible.

MODELO:　RODÓ HABLA DE UNIFICAR LATINOAMÉRICA

　　　　　¡ARGENTINA DEFIENDE LAS MALVINAS!

C.　Investigar. Consult an encyclopedia or world almanac to find out more about one of the following topics. Be prepared to give a short presentation to the class in Spanish.

- Jorge Luis Borges y José Enrique Rodó
- Julio Cortázar y Horacio Quiroga
- el gaucho de las Pampas
- las misiones de Paraguay
- José Gaspar Rodríguez de Francia y su influencia en Paraguay
- las inmigraciones europeas a Argentina

LECCIÓN 12

¡Somos turistas!

COMUNICACIÓN

- Exchanging money at a bank
- Asking for and giving directions
- Requesting information at a post office
- Making a hotel reservation
- Registering in a hotel
- Requesting services in a hotel

CULTURA

- Las monedas
- Los hoteles y paradores de España

ESTRUCTURAS

Primera parte

- Past Participles
- The Present Perfect Tense
- Past Participles Used as Adjectives
- The Passive Voice

Segunda parte

- Possessive Adjectives and Pronouns (long forms)
- The Pluperfect Tense
- **Se** for Unplanned Occurrences

¡Lengua viva!: Guadalajara y sus tradiciones
Sevilla en el año de la Expo
Lectura: Una carta a Dios (Part 1)

¡Así es la vida!

¿A cómo está el cambio hoy?

En Madrid

Peggy y Terry McGuire son dos turistas de Toronto que están en Madrid y necesitan cambiar dinero. Le preguntan al conserje de su hotel cómo llegar al banco.

PEGGY: Por favor, ¿nos puede decir dónde está el banco?

CONSERJE: Está muy cerca. Miren, salgan por la puerta principal, doblen a la derecha y sigan derecho por esa calle hasta la próxima esquina. Allí doblen a la derecha y a sólo dos manzanas[1] pueden ver el banco.

TERRY: Muchas gracias.

CONSERJE: De nada.

En el banco

TERRY: Buenos días. ¿Podría decirme a cómo está el cambio?

CAJERO: Está a 105 pesetas por dólar. ¿Qué cantidad desea cambiar?

TERRY: Quinientos dólares. ¿Qué debo hacer?

CAJERO: Necesito su pasaporte. Luego endose sus cheques de viajero y presente este recibo en la ventanilla de pagos.

PEGGY: A propósito, ¿sabe usted dónde puedo comprar sellos?

CAJERO: El correo está lejos, pero puede comprarlos en el estanco de la esquina. Allí se venden sellos, sobres y tarjetas postales.

PEGGY: Muchas gracias.

CAJERO: Para servirle.

[1]In Spain a street block is referred to as **la manzana,** while in Spanish America it is called **la cuadra.**

¡Así lo decimos!

En el banco

el billete	bill (bank note)
el (la) cajero(a)	teller
el cambio	exchange
la cuenta corriente	checking account
la cuenta de ahorros	savings account
el cheque de viajero	traveler's check
la moneda	coin; currency
el presupuesto	budget
el recibo	receipt
la ventanilla de pagos	cashier window

Verbos y expresiones

cambiar	to change; to exchange
endosar	to countersign, to endorse
cobrar	to cash
¿A cómo está?	How much is it at?

Verbos

enviar	to send
echar	to toss (in the mailbox)
firmar	to sign

En el correo

el buzón	mailbox
el código postal	zip code
el correo aéreo	air mail
el (la) destinatario(a)	addressee
el estanco	kiosk
el franqueo	postage
el (la) remitente	sender
el sello	stamp
el sobre	envelope

Cómo dar direcciones

doble(n) a la derecha	turn right
doble(n) a la izquierda	turn left
en la esquina	at the corner
a dos cuadras (manzanas) de...	two blocks from...
siga(n) derecho	continue straight

¡A ESCUCHAR!

En el banco. You will hear the conversation that appears in **¡Así es la vida!** (page 391). After the conversation is read, indicate whether the statements you hear are **Cierto, Falso** or **No se sabe.** You will hear the correct answers on the tape.

	Cierto	Falso	No se sabe		Cierto	Falso	No se sabe
1.	_____	_____	_____	5.	_____	_____	_____
2.	_____	_____	_____	6.	_____	_____	_____
3.	_____	_____	_____	7.	_____	_____	_____
4.	_____	_____	_____	8.	_____	_____	_____

◆ PRÁCTICA

12-1 Completar. Choose the correct word or expression that best completes each statement.

1. El ____ de la carta me costó cien pesetas.
   a. correo aéreo   b. franqueo   c. estanco
2. Compré los sellos en un ____
   a. estanco   b. banco   c. buzón
3. Le puse dos ____ al sobre.
   a. presupuestos   b. recibos   c. sellos
4. Yo envié la carta; soy el ____
   a. cajero   b. remitente   c. destinatario
5. Ella recibió la carta; es la ____
   a. remitente   b. destinataria   c. buzón
6. Eché las tarjetas postales en el ____
   a. código postal   b. franqueo   c. buzón

12-2 Cambiando dinero. Look at the receipt below and answer the following questions.

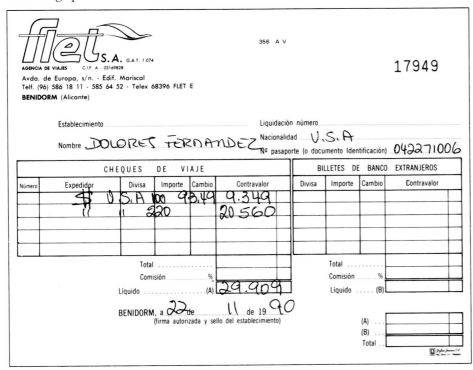

¿Cuánto dinero vas a cambiar tú?

1. ¿Cómo se llama la persona que cambió el dinero?
2. ¿De dónde es ella?
3. ¿Cuál es su número de pasaporte?
4. ¿Dónde cambió el dinero?
5. ¿En qué ciudad está?
6. ¿Cuándo cambió el dinero?
7. ¿A cómo estaba el dólar ese día?
8. ¿Cuántos dólares cambió?
9. ¿Cuántas pesetas recibió?
10. ¿Le cobraron comisión a la Srta. Fernández?

A PROPÓSITO... Las monedas

Cada uno de los países que integran el mundo hispano emite *(issues)* su propia moneda cuyo valor en relación con el dólar fluctúa de día a día. A continuación aparece una lista de las monedas de todos los países hispanos. Puedes consultar un periódico local en la sección financiera para averiguar el valor actual de cada una de las monedas.

¡Vamos a comparar!

¿Qué países usan el peso? ¿Por qué usa Puerto Rico el dólar? ¿A cuánto está la peseta en estos momentos comparada con el dólar? ¿el dólar de Canadá?

Argentina	**peso**	Honduras	**lempira**
Bolivia	**boliviano**	México	**peso**
Chile	**peso**	Nicaragua	**córdoba**
Colombia	**peso**	Panamá	**balboa**
Costa Rica	**colón**	Paraguay	**guaraní**
Cuba	**peso**	Perú	**inti**
Ecuador	**sucre**	Puerto Rico	**dólar (US)**
España	**peseta**	R. Dominicana	**peso**
El Salvador	**colón**	Uruguay	**nuevo peso**
Guatemala	**quetzal**	Venezuela	**bolívar**

¿Cuánto te dan de cada moneda por US$20.00?

◆ PRÁCTICA COMUNICATIVA

12-3   Turistas en Bogotá. Pretend you're a hotel clerk in Bogotá, Colombia. Have two classmates play the role of tourists who need directions to specific sites in the city. Based on the following map, give them directions for the following routes.

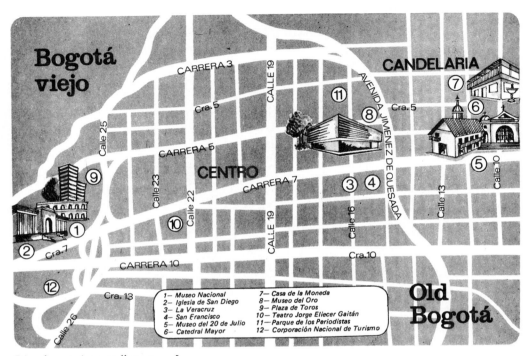

Disculpe, ¿cómo se llega a …?

1. del Museo Nacional al Museo del Oro
2. de la Casa de la Moneda al Museo del Oro
3. del Museo del Oro al Teatro Gaitán
4. del Teatro Gaitán a la Plaza de Toros
5. de la Catedral Mayor al Museo 20 de julio

◉ Estructuras

1. Past Participles

- The past participle in Spanish is formed by adding **-ado** to the stem of **-ar** verbs and **-ido** to the stem of **-er** and **-ir** verbs.

tomar	comer	vivir
tom**ado** *(taken)*	com**ido** *(eaten)*	viv**ido** *(lived)*

(Our discussion of Past Participles continues on the following page.)

- An accent mark is added to the past participle of **-er** and **-ir** verbs whose stems end in **-a, -e** or **-o**.

caer	**caído**	oír	**oído**
creer	**creído**	traer	**traído**
leer	**leído**	reír	**reído**

- The following verbs have irregular past participles.

abrir	**abierto**	ir	**ido**
cubrir	**cubierto**	morir	**muerto**
decir	**dicho**	poner	**puesto**
descubrir	**descubierto**	romper	**roto**
escribir	**escrito**	ver	**visto**
hacer	**hecho**	volver	**vuelto**

2. The Present Perfect Tense

HAN LLEGADO LOS INVITADOS DE PEDRITO. ¿LOS HAGO PASAR O LLAMO A LA POLICÍA?

- The present perfect in English and Spanish is considered a compound tense because its forms require two verbs. In English, the present perfect is formed with the present tense of the auxiliary verb **to have** + *past participle*. In Spanish, the present perfect is formed with the present tense of the auxiliary verb **haber** + *past participle*.

	Haber	Past Participle	To have	Past Participle
yo	**he**		I have	
tú	**has**		you have	
Ud./él/ella	**ha**	**tomado**	you, he, she has	taken
nosotros(as)	**hemos**	**comido**	we have	eaten
vosotros(as)	**habéis**	**vivido**	you (plural) have	lived
Uds./ellos/ellas	**han**		you (plural), they have	

● In general, the present perfect is used to refer to a past action or event that is perceived as having some bearing on the present. In Spain, however, the present perfect is used interchangeably with the preterite.

Tengo hambre. ¿Ya **has comido?**	*I'm hungry.* **Have you already eaten?**
Estoy buscando a Eliseo. ¿Lo **has visto?**	*I'm looking for Eliseo.* **Have you seen him?**

● The auxiliary verb **haber** agrees with the subject of the sentence. The past participle, however, is invariable when it forms part of a perfect tense.

Ellos me **han escrito** la verdad.	*They* **have written** *me the truth.*
Marisa no **ha trabajado** esta semana.	*Marisa* **hasn't worked** *this week.*

● The auxiliary verb **haber** and the past participle cannot be separated by another word. Object pronouns and negative words are always placed before **haber.**

No lo he visto.	*I haven't seen him.*
¿Se lo has dicho?	*Have you told it to her?*

● The verb **haber** is not interchangeable with **tener. Haber** means *to have* only when used as an auxiliary verb with the past participle. **Tener** means *to have* or *to own* in the sense of possession.

Julia **tiene** muchos amigos.	*Julia* **has** *many friends.*
¿Has tenido enemigos?	**Have you had** *enemies?*

● Remember that you can use the present tense of **acabar de** + *infinitive* in order to describe an event that has just happened.

Acabamos de llegar a casa.	**We have just** *arrived home.*
Acaban de jugar un partido de tenis.	**They have just** *played a game of tennis.*

◆ PRÁCTICA

12-4   En el banco. Your boy/girl friend has just met you at the bank and wants to know what you've done so far. Tell him/her everything you've done up to this point. Follow the model.

MODELO: pagar la electricidad
            He pagado la electricidad.

1. esperar en tres colas largas
2. hablar con el cajero de pagos
3. endosar los cheques de viajero
4. cambiar dólares por pesetas
5. pedir ayuda al presidente del banco
6. comprar sellos

12-5 Una llamada desde Madrid. You are on a short trip to Madrid with your Spanish class. In a phone call to your parents, tell them what you and your friends have done up to this point. Follow the model.

MODELO: yo / comer en un lugar diferente todos los días
        Yo he comido en un lugar diferente todos los días.

1. Ben y Sally / ir a la Puerta del Sol
2. Fred / caminar por el Paseo del Prado
3. Georgina / gastar todo su dinero
4. Jason and Jillian / cambiar muy pocos cheques de viajero
5. Ed y yo / todavía no comer tapas en la Plaza Mayor
6. Heidi / visitar el Palacio Real
7. Tonya / cenar en la Casa Botín
8. todos / ir a tres conciertos

12-6 ¿Qué has hecho hasta ahora? Get together with a classmate and discuss what you have done up until this moment in the day. Follow the model.

MODELO: He preparado la tarea para tres clases, he ido al laboratorio de lenguas y he hecho los ejercicios. Y tú, ¿qué has hecho?

3. Past Participles Used as Adjectives

- In both English and in Spanish, past participles may be used as adjectives to modify a noun. In Spanish the past participle, when used as an adjective, agrees in gender and number with the noun it modifies.

Vimos una película **hecha** en Rusia.	*We saw a movie **made** in Russia.*
La ventana **cerrada** da al patio.	*The **closed** window faces the patio.*

- The verb **estar** may be used with a past participle to describe a state or condition that is the result of a previous action. In this **resultant condition,** the past participle agrees in gender and number with the noun it modifies.

La puerta **está abierta;** la abrió Juanito.

The door is open; Juanito opened it.

Los lápices **están rotos;** Javier los rompió ayer.

The pencils are broken; Javier broke them yesterday.

◆ PRÁCTICA

12-7   ¡Ya lo hice! You work at a hotel restaurant where your boss constantly wants to have certain tasks completed. Respond affirmatively to all the questions using past participles. Follow the model.

MODELO: —¿Abrió la puerta del comedor?
           —Sí, ya está abierta.

1. ¿Lavó toda la vajilla?
2. ¿Guardó los menús?
3. ¿Preparó la ensalada?
4. ¿Puso las mesas?
5. ¿Cerró las ventanas?
6. ¿Arregló las flores?
7. ¿Encendió todas las luces?
8. ¿Limpió bien la cocina?

12-8   Dicho y hecho. Complete the sentences with an appropriate adjective that corresponds to one of the following verbs. Make all necessary changes. In some cases, more than one answer is possible.

cubrir   vestir
cocinar   ahorrar
prender   sentarse
abrir   hacer
perder   dormir

1. Me gusta el aire fresco. Deja la ventana _____.
2. ¡Dios mío! Las llaves están _____ otra vez.
3. No me gusta la carne cruda; la prefiero bien _____.
4. Ya lo puedes poner a cocinar; el horno está _____.
5. ¿Dónde están mis zapatos? Tan pronto esté _____ nos podemos ir.
6. No hay nada más tranquilo que un bebé _____.
7. Creo que puedo irme de vacaciones. Tengo mucho dinero _____.
8. ¿Por qué me lo pides ahora? Ya estoy _____.
9. Los productos _____ en Corea son baratos.
10. ¡Qué bello! Me gustan las casas _____ de nieve.

4. The Passive Voice

LA PIRÁMIDE FUE CONSTRUIDA POR LOS MAYAS EN...

- The function of the passive voice in Spanish is very similar to that in English. In an active voice construction, the subject of the sentence is the doer of the action.

Carlota hizo el flan.	*Carlota made the flan.*
Pedro firmó la carta.	*Pedro signed the letter.*

- In the passive voice, the action is viewed as being performed by an agent.

El flan fue hecho **por Carlota.**	*The flan was made **by Carlota.***
La carta fue firmada **por Pedro.**	*The letter was signed **by Pedro.***

- The passive voice is formed with the verb **ser** + *past participle.* The past participle agrees in gender and number with the subject because it is used as an adjective. The agent is expressed by **por** *(by).*

El itinerario **fue preparado por** la agente de viajes.	*The itinerary **was prepared by** the travel agent.*
Las casas **fueron hechas por** el arquitecto.	*The houses **were made by** the architect.*

- Remember that on page 284 you already learned that if the subject of the passive voice is an **object,** and the agent is not expressed, the pronoun **se** is used as a substitute for the passive voice.

Se cerró la ventana.	*The window was closed.*
Se abrieron las puertas.	*The doors were opened.*

- Generally the passive voice is used less frequently in the spoken language than in written narratives and documents.

◆ PRÁCTICA

12-9 ¡A cambiar! Change the following sentences to the passive voice.

1. La cajera atendió al cliente.
2. Los chicos endosaron los cheques.
3. El conserje abrió la puerta del hotel.
4. Los estudiantes cambiaron el billete.
5. La chica cerró la cuenta de ahorros.
6. El profesor cobró el cheque de viajeros.

12-10 ¿Cómo se dice en español? Translate the following sentences to Spanish.

1. The savings account was opened by Larry Banks.
2. The traveler's check was countersigned by Pedro Pequeño.
3. The sender paid the postage.
4. The receipts were signed by Mimí.
5. Mr. Fabianic saw the bills.
6. The budget was prepared by the employee.

¿Por qué fueron detenidos los cuatro delincuentes por el DAS?

En el Central Portuguesa
Capturados cuatro delincuentes solicitados por DAS de Colombia

ACARIGUA, abril 4 (J.T. Unda) — Efectivos del Destacamento de la Guardia Nacional de la Tercera Compañía, detuvieron a cuatro individuos solicitados por el DAS de Colombia, por haber cometido varios delitos en la vecina república.

Los detenidos por la FAC, fueron identificados como Luis Antonio Prada Meza de 38 años, Jesús Alberto Colosana de 24, Valdomero Pinzón Patiño de 27 y Jesús Enrique Lezama de 20 años, todos nativos de Colombia.

Los elementos detenidos —explicaron los uniformados— se encontraban trabajando en el Central Portuguesa donde fueron apresados, luego de recibir información del DAS, de que se encuentran solicitados por diferentes delitos.

En el comando de la Guardia Nacional manifestaron a los periodistas que los detenidos serán puestos a la orden de la PTJ donde continuarán con las investigaciones correspondientes.

También se conoció, que los presuntos delincuentes entraron al país de manera ilegal, desde el pasado 8 de enero y habían logrado trabajo en el Central Azucarero Portuguesa, donde estaban laborando en la zafra.

¡Así es la vida!

En el hotel

¿Se puede llamar directo
a la casa desde la habitación?

¿De cuántas estrellas es este hotel?

¡Así lo decimos!

Tipos de alojamiento

el albergue estudiantil	student hostel
la casa de huéspedes	guest house
el hostal	hostel
el parador	government inn
la pensión	boarding house

En el hotel

el aire acondicionado	air conditioning
el agua caliente	hot water
la almohada	pillow
el ascensor	elevator
el botones	bellhop
la caja de seguridad	safe deposit box
la cama	bed
la camarera	maid
el casillero	mailbox
el conserje	concierge
el huésped	guest
el inodoro	toilet
el lavabo	sink
el lobby	lobby
la llave	key
la manta, la frazada	blanket
el papel higiénico	toilet paper
la recepción	front desk
el (la) recepcionista	front desk clerk
el registro	guest register
la sábana	sheet (for a bed)
el salón de conferencias	convention hall

Adjetivos

cómodo(a)	comfortable
disponible	available
limpio(a)	clean
sucio(a)	dirty
lujoso(a)	luxurious

Tipos de habitación

la habitación sencilla	single room
la habitación doble	double room
el suite de lujo	deluxe suite
la habitación con baño privado	room with private bathroom

Cómo expresar quejas

estar lleno(a)	to be full
estar roto(a), estar descompuesto(a)	to be broken
no funciona(n)	out-of-order; it doesn't work
quejarse	to complain

Servicios

el servicio de camarera	cleaning service
el servicio de restaurante a la habitación	room service
el servicio de lavandería	laundry service

Arreglando cuentas

la cuenta	the bill
marcharse	to leave
quedarse	to stay

PARE

PARADOR LAS VILLAS

Jugos — Comidas rápidas
Servicio inmediato.

Kilómetro 107 Vía Melgar — Girardot

¿Crees que te gustaría quedarte aquí?

📼 ¡A ESCUCHAR!

A   El hotel Riogrande. You will hear a radio commercial for the Hotel Riogrande based on the ad that appears in **¡Así es la vida!** (page 402). After listening to the ad, indicate whether the statements you hear are **Cierto, Falso** or **No se sabe.** You will hear the correct answers on the tape.

	Cierto	Falso	No se sabe
1.	_____	_____	_____
2.	_____	_____	_____
3.	_____	_____	_____
4.	_____	_____	_____
5.	_____	_____	_____
6.	_____	_____	_____
7.	_____	_____	_____

◆ PRÁCTICA

12-11   Fuera de lugar. Circle the word or expression that does not belong to the group.

1. a. casillero   b. llave   c. papel higiénico
2. a. cuarto   b. botones   c. manta
3. a. baño   b. ascensor   c. botones
4. a. inodoro   b. lavabo   c. caja de seguridad
5. a. recepción   b. conserje   c. aire acondicionado
6. a. lujoso   b. cómodo   c. sucio
7. a. inodoro   b. camarera   c. lavabo
8. a. almohada   b. frazada   c. agua caliente

12-12   ¡Qué desastre! Complete the paragraph with an appropriate word or expression from **¡Así lo decimos!**

El año pasado me quedé en un hotel muy lujoso. Al llegar al hotel, fui a la _____ y firmé el _____. El recepcionista sacó la llave del _____ y me la dio. Yo le di mi anillo y me lo puso en la _____. No pude subir a la habitación en el _____ porque no funcionaba. También al _____ se le olvidó subir mi equipaje. Cuando entré en la habitación vi que estaba muy _____ y la cama no tenía _____. Luego, cuando entré en el baño, no había agua _____ y el _____ estaba _____. Por la noche, encendí el _____ porque hacía mucho calor pero estaba _____. Tampoco pude dormir bien. ¡Qué desastre!

12-13 La cuenta del hotel. Look at the following hotel bill and answer the following questions.

1. ¿Cómo se llama el hotel?
2. ¿Dónde está?
3. ¿Cuáles son los teléfonos del hotel?
4. ¿Cómo se llama el huésped?
5. ¿De dónde es ella?
6. ¿En qué habitación se quedó?
7. ¿Qué tipo de habitación era?
8. ¿Cuánto costó la habitación?

¿En qué habitación se quedó
Clara?

Hotel
Posada Toledo
Calle 58, No. 487
Mérida, Yucatán
México

Teléfonos:
23-16-90
23-33-56

Cliente _Clara Eulate_
Domicilio _3 Thompson St. Roanoke VA_
País _EE.UU._
Pasaporte _42-8596-33A_

hab. sencilla
2 x @ $82.500

$165.000

Habitación: _419_

◆ PRÁCTICA COMUNICATIVA

12-14 En la recepción. Working in pairs, complete the following dialog. Assume the roles of a front desk clerk and a tourist who is looking for a room.

RECEPCIONISTA: Buenos días. ¿En qué puedo servirle?
TURISTA: _____
RECEPCIONISTA: No, señor, el hotel está lleno. Solamente tenemos una doble.
TURISTA: _____
RECEPCIONISTA: Cuesta siete mil pesetas.
TURISTA: _____
RECEPCIONISTA: ¿La va a tomar?
TURISTA: _____
RECEPCIONISTA: Firme el registro y aquí tiene la llave.

12-15 Una queja. Now reverse roles and complete the following conversation.

HUÉSPED: _____

RECEPCIONISTA: Pero la camarera acaba de hacer el cuarto.

HUÉSPED: _____

RECEPCIONISTA: Es que solamente hay agua caliente por la mañana.

HUÉSPED: _____

RECEPCIONISTA: Es que el aire acondicionado no funciona.

HUÉSPED: _____

A PROPÓSITO... Los hoteles y paradores de España

Como a España van más de 50 millones de turistas todos los años, el gobierno regula con mucho cuidado la industria del turismo. Todos los hoteles son inspeccionados y clasificados de acuerdo con el lujo que tienen y los servicios que ofrecen. Siguen la clasificación internacional de hoteles, que se hace asignándoles estrellas *(stars)*. Los hoteles más lujosos reciben cinco estrellas y los más modestos solamente una estrella.

En 1926, el Marqués de la Vega-Inclán concibió la idea de establecer **paradores** del estado por toda España. La idea era ofrecer alojamiento *(lodging)* al viajero en lugares donde no era práctico para el capital privado invertir *(invest)* dinero en hoteles. Estos **paradores** se establecieron en monumentos antiguos como palacios, castillos y conventos que fueron renovados con gusto exquisito. Hoy día hay 86 paradores del estado.

¡Vamos a comparar!

¿Regula el gobierno de este país los hoteles? ¿En qué sentido? ¿Qué piensas de la idea de tener paradores del estado? ¿Hay algo similar en los Estados Unidos o en Canadá?

Patio interior del parador del Convento de San Francisco, en Granada.

◈ Estructuras

5. Possessive Adjectives (Long Forms) and Pronouns

- In *Lección 3* you were introduced to the short forms (unstressed) of possessive adjectives. The following chart presents the long forms (stressed).

Possessive Adjectives (Long Forms)		
Singular	**Plural**	
yo mío, mía	míos, mías	my, of mine
tú tuyo, tuya	tuyos, tuyas	your *(fam.)*, of yours
usted } suyo, suya	suyos, suyas	your *(form.)*
él }		his, of his, of its
ella }		her, of hers, of its
nosotros nuestro, nuestra	nuestros, nuestras	our, of ours
vosotros vuestro, vuestra	vuestros, vuestras	your *(fam. plural)*, of yours
ustedes } suyo, suya	suyos, suyas	your *(fam. plural)*, of yours
ellos }		their, of theirs
ellas }		their, of theirs

(Our discussion of Possessive Adjectives continues on the following page.)

- In contrast to the short forms, which always precede the noun, the long forms of possessive adjectives follow the noun. They also agree with the noun in **gender** and **number**.

El libro **tuyo** está en la mesa.	*Your book is on the table.*
Aquí tienes unas novelas **mías**.	*Here you have some novels of mine.*
El coche **nuestro** es rojo.	*Our car is red.*

- As with the short form **su(s)**, the long form **suyo(a,os,as)** can be replaced by the construction **de** + *pronoun* in order to clarify the identity of the possessor.

una amiga **suya** } una amiga **de él**	*a friend of his*
el profesor **suyo** } el profesor **de ellas**	*their professor*

- The long forms of possessive adjectives may be used as pronouns. In such instances, the definite article is used with the possessive adjective and the noun is omitted.

Los libros **nuestros** son interesantes.	*Our books are interesting.*
Los nuestros son interesantes.	*Ours are interesting.*
La pluma **mía** no escribe bien.	*My pen doesn't write well.*
La mía no escribe bien.	*Mine doesn't write well.*

- Like adjectives, possessive pronouns may be clarified in the third person forms **(el suyo, la suya, los suyos, las suyas)** by using the *definite article* + *pronoun:* **el (la) de usted, las de ellos,** etc. The definite article must agree in gender and number with the noun it replaces.

La suya (la corbata) es más bonita que la de Paco.	*Yours (the tie) is prettier than Paco's.*
La de usted es más bonita que la de Paco.	*Yours is prettier than Paco's.*

◆ PRÁCTICA

12-16 En la playa. Complete the narrative below with the correct form of the possessive adjectives and pronouns.

El fin de semana pasado el grupo *(our)* _____ pasó dos días en la playa. Como yo no tenía mucho dinero, el cuarto *(mine)* _____ no tenía baño privado. Marcela y Lilia pidieron una habitación doble. La habitación *(theirs)* _____ era grande y cómoda y el baño *(theirs)* _____ también. Jorge y Carlos se quedaron en un hotel que daba a la playa. *(Theirs)* _____ era más lujoso y más caro que *(ours)* _____, pero las camareras *(ours)* _____ eran más amables que *(theirs)* _____. Es verdad que el vestíbulo *(ours)* _____ era pequeño pero los ascensores *(theirs)* _____ estaban descompuestos. El verano próximo volveremos al hotel *(ours)* _____.

12-17 ¡Siempre equivocados! The front desk clerk and the bellhop at the Hotel Las Brisas can't seem to agree on what belongs to whom. Answer the questions following the models.

MODELO: suyo

RECEPCIONISTA: ¿Este radio es suyo?

BOTONES: No, el mío es ése.

1. de Ana
2. de sus amigas
3. tuyo
4. de ellos

MODELO: tuya

BOTONES: ¿Esta maleta es tuya?

RECEPCIONISTA: No es mía. La mía está allí.

5. estéreo
6. cámara
7. camisas
8. raqueta
9. mantas
10. trajes

◆ PRÁCTICA COMUNICATIVA

12-18 ¿De quién es la habitación? Imagine that you and a large group of friends are attending a convention in Madrid, and everyone is staying in the same hotel. Act out this situation with a group of classmates. Assign yourselves the hotel room keys shown in the following illustration. Then a group leader will ask questions to determine which room key belongs to whom. Follow the models.

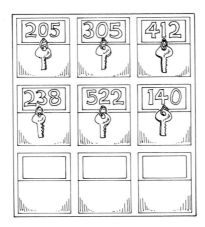

MODELOS: —¿De quién es la habitación 205?

—Es la mía.

—Roberto, ¿es tuya la habitación 305?

—No. Es la suya.

6. The Pluperfect Tense

- Like the present perfect tense, the pluperfect is a compound tense. It is formed with the imperfect tense of **haber** + *past participle*.

	Imperfect of *haber*	Past Participle	Past of *to have*	Past Participle
yo	**había**		I had	
tú	**habías**		you had	
Ud./él/ella	**había**	**tomado**	you, he, she had	taken
nosotros(as)	**habíamos**	**comido**	we had	eaten
vosotros(as)	**habíais**	**vivido**	you (*fam. plural*) had	lived
Uds./ellos/ellas	**habían**		you (*plural*), they had	

- The pluperfect is used to refer to an action or event that occurred before another past action or event. Compare the following sentences with the time line.

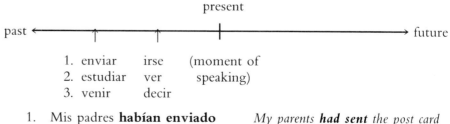

present

past ←——————↑————————↑————————|————————————————→ future

      1. enviar   irse   (moment of
      2. estudiar ver   speaking)
      3. venir   decir

1. Mis padres **habían enviado** la tarjeta postal antes de irse de México.

   *My parents **had sent** the post card before leaving Mexico.*

2. Cuando la vi, ya **había estudiado** la lección.

   *When I saw her, **she had** already **studied** the lesson.*

3. Nos dijeron que **habían venido** a visitarnos.

   *They told us that **they had come** to visit us.*

● Remember that in compound tenses nothing may be inserted between the auxiliary **haber** and the past participle; **haber** must agree in number with the subject, and the past participle is invariable.

◆ PRÁCTICA

12-19 ¡Nunca antes! Say that the following people had never before done the actions indicated. Follow the model.

MODELO: Roberto viajó a Lima para sus vacaciones.
        Nunca antes había viajado a Lima.

1. María visitó a sus abuelos en Madrid.
2. Comí ayer en un restaurante japonés.
3. Carlos y Juanita se quedaron en un hotel de lujo en Barcelona.
4. José fue a la oficina de correos a llevar las cartas.
5. Jugamos un partido de tenis ayer.
6. Viajaste a Ecuador la semana pasada.
7. Vi una película de Madonna este fin de semana.
8. Estudiaron ocho horas para el examen de español.

12-20 ¿Qué habías hecho antes? You are living in Spain as a participant in a study abroad program. A Spanish friend is trying to find out more about your background, your group and what you did prior to your trip to Spain. Enact the situation with a classmate, asking each other questions and providing answers according to the model.

MODELO: tú / venir a España antes
        —¿Tú habías venido a España antes?
        —No, yo no había venido a España antes.
        —Sí, yo sí había venido a España antes.

1. el grupo / pasear por el Parque del Retiro
2. tú y tu familia / viajar por el sur de España
3. tus compañeros de clase / hacer una visita a Toledo
4. el profesor / visitar el parque de diversiones de Madrid
5. tú / asistir a un concierto de música clásica en los EE.UU.
6. tu amiga María Elena / comer cochinillo asado
7. tú / pasar un verano fuera de tu casa
8. ustedes / ver una película española en los EE.UU.

◆ PRÁCTICA COMUNICATIVA

12-21 ¡Nunca había hecho eso! Talk with a classmate about things that you had not done prior to attending the university. Use the cues and follow the model.

MODELO: vivir en una residencia de estudiantes...
        Nunca había vivido en una residencia de estudiantes.

1. tomar una clase de...
2. vivir con...
3. estudiar...
4. salir con mis amigos(as) a...
5. conocer a...

7. Se for Unplanned Occurrences

- In order to describe an involuntary or unplanned event, Spanish frequently uses **se** in conjunction with the third person singular or plural of the verb. In such cases, the action is not viewed as being *carried out by* someone, but rather as *happening to* the subject. Hence, the indirect object is used.

Se me perdió el pasaporte.	*My passport got lost.*
¿Se te rompió el vaso?	*Did your glass get broken?*
Se les quedaron las maletas.	*Their suitcases were left behind.*
Se nos olvidaron los cheques.	*We forgot our checks.*
Se me olvidó endosar el cheque.	*I forgot to endorse the check.*

- In Spanish, the definite article is used when English uses the possessive adjective.

- The preposition **a** + *noun* or *pronoun* may be added for clarity or emphasis.

A ti se te cayó el dinero.	*You dropped your money.*
A Pablo se le ocurrió ir al restaurante.	*It occurred **to Pablo** to go to the restaurant.*

◆ PRÁCTICA

12-22   Sucesos imprevistos. From the list below, choose six things that have unexpectedly happened to you or your friends. Express what happened using **se.**

MODELO: caerse
        A Ana se le cayó la taza de café esta mañana.

1. perderse el dinero, el pasaporte, la cámara, etc.
2. quedarse la llave, los libros, la maleta, etc.
3. olvidarse la tarea, buscar a un amigo, etc.
4. romperse el vaso, el plato, la pierna, etc.
5. ocurrirse cenar en un restaurante, visitar a un amigo, etc.
6. caerse los libros, el bolso, el refresco, etc.

¡EL ESPAÑOL EN ACCIÓN!

Rolando Hernández

ROLANDO HERNÁNDEZ

Senior Marketing Manager, PRENTICE HALL COLLEGE DIVISION
B.A. History/Spanish, University of Maine, Orono, 1972

Rolando Hernández was only eleven when his family left Cuba in 1961. Because of his limited use of the language in the United States, Rolando decided to enroll in Spanish courses at the University of Maine in order to study the grammar and vocabulary he would need for his teaching career. As there were not any courses specifically geared for native speakers available at the time, Rolando registered for introductory courses taken by all students. After graduating, Rolando taught History and Spanish for five years at a high school before decid- *ing that he preferred a career that would combine education and business.*

"I am a strong advocate of foreign language education, having grown up in a foreign country, studied abroad in two different countries, and working daily in a field in which I enhance my appeal with the knowledge of Spanish. With over 22 million speakers of Spanish living in the United States, any level of proficiency in the language can be an asset…"

◆ ◆ ◆

◆ PRÁCTICA COMUNICATIVA

12-23 ¡A conversar! Pair up with a classmate and ask each other the following questions related to events which may have occurred unexpectedly within the past several days.

1. ¿Se te ha olvidado algo hoy?
2. ¿Se te ha roto algún objeto últimamente?
3. ¿Se te ha perdido algo en estos días?
4. ¿Se te ha ocurrido alguna idea fabulosa esta semana?
5. ¿Se te ha roto el auto en los últimos meses?

SÍNTESIS
¡Al fin y al cabo!

◆ ¡A REPASAR!

12-24 Emparejar. Match the words in Column A with related words in Column B.

	A			B
_____	1.	cama	a.	carta
_____	2.	sobre	b.	sábana
_____	3.	llave	c.	equipaje
_____	4.	botones	d.	el Prado
_____	5.	banco	e.	caja de seguridad
_____	6.	cajero	f.	cambio
_____	7.	joyas	g.	estanco
_____	8.	inodoro	h.	casillero
_____	9.	museo	i.	ventanilla de pagos
_____	10.	sellos	j.	cuarto de baño

¡A ESCUCHAR!

A. Madrid y sus alrededores. You will hear a brief description of Martín and Emilio's trip to Madrid two times. After listening to the description, make a list of places they have visited in the spaces provided.

1. _____   4. _____

2. _____   5. _____

3. _____   6. _____

B. ¿El presente perfecto o el pluscuamperfecto? You will hear several statements. Indicate whether they describe actions using the present perfect or the pluperfect tense by placing a check mark in the correct box. You will hear the correct answers on the tape.

	1	2	3	4	5	6
Presente perfecto						
Pluscuamperfecto						

414

12-25   ¿De quién es? Answer the following questions in the affirmative, using the correct possessive pronoun.

MODELO: —¿Son las llaves mías?
              —Sí, son las suyas.

1.   ¿Es la maleta mía?
2.   ¿Es el pasaporte tuyo?
3.   ¿Es la habitación de Andrés?
4.   ¿Son estos los cheques de viajero de Ana?
5.   ¿Es el equipaje de ustedes?
6.   ¿Son los sellos tuyos?

12-26   Cambiar. Change the following sentences to the passive voice.

1.   María Elena compró los sobres.
2.   José Luis vendió los sellos.
3.   Yo abrí la ventana.
4.   El botones cerró la puerta.
5.   El recepcionista confirmó las reservaciones.

12-27   Un robo. Complete the following conversation between a front desk clerk and a hotel manager by using the correct form of the appropriate verb from the box below.

pasar	hacer	volver	llevar	decir
entrar	estar	ver	ser	llamar

RECEPCIONISTA: ¿Ya se lo han _____, señor?
GERENTE: No, ¿qué ha _____?

RECEPCIONISTA: Alguien ha _____ en su oficina y se ha _____ las llaves de su coche.
GERENTE: ¿Quién ha _____ eso?

RECEPCIONISTA: No sé, creo que ha _____ el botones.
GERENTE: Pero si él nunca había _____ en mi oficina. ¿Alguien lo ha _____?

RECEPCIONISTA: No, señor, todavía no ha _____ al trabajo.
GERENTE: ¿Han _____ al inspector Tirofijo?

RECEPCIONISTA: No, señor.
GERENTE: Pues, llámenlo ahora mismo.

12-28   Los hoteles de San José. Study the hotel directory for San José, Costa Rica and answer the following questions.

1. ¿Cuál es el hotel que más cuartos tiene?
2. ¿Cuál es el que menos tiene?
3. ¿En qué hoteles se puede nadar?
4. ¿Cuáles son los dos hoteles que no tienen bar?
5. ¿Tienen aire acondicionado todos los hoteles?
6. Para jugar al tenis, ¿a qué hotel se puede ir?
7. ¿Qué tienen en común todos los hoteles?

HOTELES (Ubicacion)	No. Telefono	No. Apdo.	No. Telex	No. Cable	No. Cuartos	Bar	Rest.	Aire Acond.	T.V.	☎	Discot.	Pisc.	Sala Conf.	Tenis	Cocina	Agua Cal.
HOTEL AMBASADOR — Calle 26. Avenida Ctrl. S.J.	21-8155	10186 1000 S.J.	2315		71											
HOTEL AMSTEL — Calle 7. Avenidas 1 y 3. S.J.	22-4622	4192 1000 S.J.	2820	HAMSTEL	54	✓	✓	✓	✓				✓			✓
HOTEL BALMORAL — Calles 7 y 9. Avenida Ctrl., S.J.	22-5022	3344 1000 S.J.	2254		127	✓	✓	✓	✓							✓
HOTEL BOUGAINVILLEA — Bo. Tournón S.J.	33-6622	69 2120 GUAD.	3300	BOUGAI	80	✓	✓	✓	✓			✓				✓
HOTEL COROBICI — Autop. Grl. Cañas. S.J.	32-8122	2443 1000 S.J.	2700	COROCI	147	✓	✓	✓	✓			✓				✓
GRAN HOTEL COSTA RICA — Calle 3. Avenidas Ctrl. y 2. S.J.	21-4000 21-4011	527 1000 S.J	2131	HOTEL RICA	105	✓	✓	✓	✓							✓
HOTEL DON CARLOS — Calle 9. Avenidas 7 y 9	21-6707	1593 1000 S.J.		DON CARLOS	15		✓	✓	✓							✓
HOTEL EUROPA — Calle Ctrl., Avenidas 3 y 5. S.J.	22-1222	72 1000 S.J.	3242	EUROPA	69	✓	✓	✓	✓			✓				✓
HOTEL AUROLA HOLIDAY INN — Calle 5. Avenida 5. S.J.	33-7233	7802 1000 S.J.	3545	AUROLA	201	✓	✓	✓	✓		✓	✓				✓
HOTEL IRAZU — Autop. Grl.. Cañas. S.J.	32-4811	962 1000 S.J.	2307	IRAZU-C.R.	350	✓	✓	✓	✓			✓				✓
HOTEL LA GRAN VIA — Calles 1 y 3. Avenida Ctrl.. S.J.	22-7737	1433 1000 S.J.			32	✓	✓	✓					✓			✓
HOTEL FORTUNA — Calles 2 y 4. Avenida 6. S.J.	23-5344	7-1570 1000 S.J.			24	✓	✓	✓								✓
HOTEL PLAZA — Calles 2 y 4. Avenida Ctrl. S.J.	22-5533	2019 1000 S.J.	3409	H. PLAZA	40	✓	✓	✓	✓							✓
HOTEL PRESIDENTE — Calles 7 y 9. Avenida Ctrl., S.J.	22-3022	2922 1000 S.J.	2872	PRETEL	50	✓	✓	✓	✓							✓
HOTEL ROYAL GARDEN — Calle Ctrl.. Avenida Ctrl. y 2 S.J.	57-0023	3493 1000 S.J.	2569		54	✓	✓	✓	✓							✓
HOTEL TALAMANCA — Calles 8 y 10. Avenida 2. S.J	33-5033	449 1002 P.E.	2555	HOTALA	52	✓	✓	✓	✓				✓			✓
HOTEL TENNIS CLUB — Sabana Sur. S.J.	32-1266	4964 1000 S.J.	3026	TENNIS	27	✓	✓	✓	✓			✓		✓		✓
HOTEL TORREMOLINOS — Calle 40. Avenida 5 Bis. S.J.	22-5266	2029 1000 S.J.	2343	HOTOMOL	70	✓	✓	✓	✓			✓		✓		✓
SUITES ROYAL DUTCH — Calle 4. Avenida 2. S. J.	22-1066	4258 1000 S.J.	2925		24	✓		✓	✓							✓
HOTEL CACTS — Calles 28 y 30. Avenida 3	21-8616	379-1005 S.J.			12	✓			✓	✓						✓

¡LENGUA VIVA! ◆ ◆ ◆

A. Guadalajara y sus tradiciones

De antemano

En 1992 esta ciudad mexicana estuvo en las noticias por una terrible explosión subterránea, pero unos meses antes, se encontraba en plena celebración de un aniversario muy importante: su fundación hace 450 años.

Palabras y frases claves

tapatío	**el (la) muralista**
Jalisco	**congregarse**
peregrinar	**domar**
no tener ni voz ni voto	**se palpó**
la monja	

Prisma

1. Complete the following phrases, supplying the past participle used in the video.
   a. la han _____ la ciudad más mexicana de México
   b. la ha _____ famosa
   c. le ha _____ mucho orgullo a su país
   d. 63 colonos españoles _____ por el conquistador
   e. Guadalajara ha _____ conservar muchas de sus joyas arquitectónicas
   f. a los mexicanos, a los _____ aquí
2. Which phrases are used in the video?
   a. música, cultura, historia y tradiciones populares

   b. fue una mujer, no un hombre
   c. el gran muralista tapatío, José Clemente Orozco
   d. las abuelas de la ciudad
   e. la mujer hace un papel muy importante
   f. somos gente alegre
3. Preguntas
   a. ¿Cuáles son los "dos mundos" de Guadalajara?
   b. Nombra dos tradiciones de Guadalajara. ¿Son atracciones turísticas?

B. Sevilla en el año de la Expo

La Exposición '92 en Sevilla y las Olimpiadas en Barcelona han sido dos grandiosos logros de España en su proceso de conmemorar los 500 años del viaje de Colón a América. Estos segmentos son de un programa el período inaugural de la Expo.

Frases claves

atraer como un imán	**la sombra vegetal**
no fue casualidad	

Habla brevemente sobre alguno(s) de los siguientes elementos que se encuentran en el video.

1. el monasterio de Santa María de las Cuevas
2. el verano sevillano
3. Goya, Velázquez, Picasso, Miró
4. "visitar la Expo no es caro, pero..."

◆ ¡A CONVERSAR!

12-29   En la recepción. Pair up with a classmate. One of you plays the role of a tourist who makes inquiries at a hotel. The other will play the role of front desk clerk. Discuss the following information.

- If there is a double room available.
- If the room has a private bath.
- If the room is air-conditioned.
- How much the room costs.
- If there is a restaurant nearby.
- What other services the hotel offers.
- Which credit cards they accept.

12-30 Mis observaciones. The management at the hotel where you are staying has solicited your opinion concerning their service. Complete the form provided along with your comments. Then read your comments to the class.

¿Cuáles son sus observaciones sobre los puntos siguientes?
Quelles sont vos observations sur les points suivants?
What are your opinions as to the following points?
Welches sind Ihre Bemerkungen zu folgenden Punkten?

— Tache, con una ×, el recuadro de la figura que corresponda.
— Mettre une croix dans la case de la figure correspondante.
— Mark, with a cross, the compartment of the corresponding figure.
— Bezeichnen mit ein × das rechteck des entsprechenden Bildes.

Recepción y Conserjería . . . .
Réception . . . .
Recepction . . . .
Empfang und Pförtnerei . . . .

Tres figuras	Bien
Trois figures	Bien
Three figures	Good
Drei bilde	Gut

Habitaciones . . . .
Chambres . . . .
Rooms . . . .
Zimmer . . . .

Dos figuras	Regular
Deux figures	Regulier
Two figures	Fair
Zwei bilde	Normal

Cocina . . . .
Cuisine . . . .
The cooking . . . .
Küche . . . .

Una figura	Mal
Une figure	Mal
Une figure	Bad
Ein bild	Schlecht

Restaurante . . . .
Restaurant . . . .
Restaurant . . . .
Restaurant . . . .

Bar . . . .
Bar . . . .
Bar . . . .
Bar . . . .

La red de Paradores . . . .
Réseau de Paradors . . . .
Chain of «Paradores» . . . .
Das Beherbergungsnetz der Paradore.

Observaciones generales . . . . . .
Observations générales . . . .
General remarks . . . .
Allgemeine Anmerkungen . . . . .

Nombre y dirección _____

Nom et adresse _____

Your name and address _____

Ihr Name und Anschrift _____

12-31 Entrevista. Ask a classmate to tell you two things he/she has done to make someone happy this week and two things he/she has done to make someone angry. Use the present perfect.

LECTURA   UNA CARTA A DIOS (PART I)
Gregorio López y Fuentes

◆ ANTES DE LEER

A.   Palabras claves. Study the following key words from the reading. Then complete the statements that follow with the most appropriate words or expressions from the list.

el corral	*pen, corral*	**el granizo**	*hail*
la cosecha	*harvest*	**soplar**	*to blow*
la esperanza	*hope*	**la tempestad**	*storm*
las gotas	*drops*	**el valle**	*valley*

1. Lencho guarda los caballos en un _____ para que no se escapen.
2. El campesino no tiene ni casa ni dinero. Sin embargo, tiene mucha _____ de que las cosas le vayan mejor.
3. Ayer cayó mucho _____ y destruyó el maíz.
4. En el otoño los hijos del campesino no van a la escuela porque tienen que ayudar a su padre con la _____.
5. Es tradición echar a la fuente de Trevi una _____ para asegurar su regreso a Italia.
6. Fue una _____ de mucha lluvia y viento.

B.   Anticipar. Quickly preview the reading by looking at the illustrations and reading the title and introduction. Based on the information you already know, answer the following questions to help you anticipate what the first part of the story might be about.

1. Where does the story take place?
2. Who is the main character? Who are the secondary characters? What are their occupations?
3. What problem confronts the characters in the story?
4. What seems to be the attitude the characters have towards their predicament?

C. Estrategias de lectura. Before reading the story implement the following strategies.

1. Read the first sentence of each paragraph. If you come across any unfamiliar words or expressions try to establish their meaning from context.
2. Based on your reading of brief parts of each paragraph, try to create a brief story map in which you try to predict the sequence of events that takes place in the story.
    Event 1: _____
    Event 2: _____
    Event 3: _____
    Event 4: _____
    Event 5: _____
3. After you have read the first part of the story completely, review your predictions and make any necessary corrections.

Una carta a Dios (Part 1)

Gregorio López y Fuentes was born in Veracruz, Mexico in 1897. As a young man he fought in the Mexican Revolution on the side of General Carranza. His novels and stories deal primarily with the plight of peasant farmers and indians in the Mexican countryside.

The story "Una carta a Dios" is taken from the collection Cuentos campesinos de México. *It tells the story of Lencho and his family, hardworking farmers whose harvest is destroyed in a storm. How the protagonist confronts this dilemma is the central theme of the story.*

◆ ◆ ◆

La casa —única en todo el valle— estaba en lo alto de un cerro° bajo. Desde allí se veían el río y, junto al corral, el campo de maíz maduro° con las flores del frijol que siempre prometían una buena cosecha.

5   Lo único que necesitaba la tierra era una lluvia, o a lo menos un fuerte aguacero°. Durante la mañana, Lencho —que conocía muy bien el campo— no había hecho más que examinar el cielo hacia el noreste.

—Ahora sí que viene el agua, vieja°.

10   Y la vieja, que preparaba la comida, le respondió:
—Dios lo quiera°.

hill
ripe

heavy shower

dear *(colloquial)*

God willing

Los muchachos más grandes trabajaban en el campo, mientras que los más pequeños jugaban cerca de la casa, hasta que la mujer les gritó a todos:

15   —Vengan a comer…

Fue durante la comida cuando, como lo había dicho Lencho, comenzaron a caer grandes gotas de lluvia. Por el noreste se veía avanzar grandes montañas de nubes°. El aire estaba fresco y dulce.   *clouds*

20   El hombre salió a buscar algo en el corral solamente para darse el gusto de sentir la lluvia en el cuerpo, y al entrar exclamó:

—Estas no son gotas de agua que caen del cielo; son monedas nuevas; las gotas grandes son monedas de diez centavos

25 y la gotas chicas son de cinco…

Y miraba con ojos satisfechos el campo de maíz maduro con las flores del frijol, todo cubierto por la transparente cortina de la lluvia. Pero, de pronto, comenzó a soplar° un fuerte   *to blow* viento y con las gotas de agua comenzaron a caer granizos°   *hail*

30 muy grandes. Esos sí que parecían monedas de plata nueva. Los muchachos, exponiéndose a la lluvia, corrían a recoger°   *to gather* las perlas heladas.

—Esto sí que está muy malo —exclamaba mortificado el hombre —ojalá que pase pronto…

35 No pasó pronto. Durante una hora cayó el granizo sobre la casa, la huerta°, el monte°, el maíz y todo el valle. El campo   *vegetable garden / forest* estaba blanco, como cubierto de sal°. Los árboles, sin una   *salt* hoja°. El maíz, destruido. El frijol, sin una flor. Lencho, con el   *leaf*

alma llena de tristeza. Pasada la tempestad, en medio del
40 campo, dijo a sus hijos:

—Una nube de langostas° habría dejado más que esto… El
granizo no ha dejado nada: no tendremos ni maíz ni frijoles
este año…

La noche fue de lamentaciones:
45 —¡Todo nuestro trabajo, perdido!

—¡Y nadie que pueda ayudarnos!

—Este año pasaremos hambre…

Pero en el corazón de todos los que vivían en aquella casa
solitaria en medio del valle, había una esperanza: la ayuda de
50 Dios.

swarm of locusts

◆ DESPUÉS DE LEER

A.   Preguntas de comprensión. Answer the following questions based on your understanding of what happens in the story.

1.   ¿Qué se podía ver desde la casa de Lencho?
2.   ¿Qué era lo que esperaban Lencho y su familia en esos días?
3.   ¿Qué pasó cuando comenzaron a comer?
4.   Después de llover, ¿qué ocurrió de pronto?
5.   ¿Qué resultó de la caída del granizo sobre el campo?
6.   ¿Cómo reaccionaron Lencho y su famila a esto?
7.   ¿Cuál era la esperanza que tenían ellos?

B.   Temas de discusión. Get together with several classmates and briefly discuss the following topics related to the reading.

1.   Expresen sus opiniones acerca de la actitud que demuestra tener el protagonista en la primera parte del cuento.
2.   ¿Qué nos enseña el cuento sobre la vida de los campesinos?
3.   Traten de predecir qué es lo que va a a hacer Lencho para resolver su problema en la segunda parte del cuento (que se presentará en la *Lección 12*).

LECCIÓN 13
Los empleos

COMUNICACIÓN

- Talking about future plans and events
- Describing your job
- Reading the want ads
- Writing a brief business letter
- Interviewing for a job

CULTURA

- El desempleo en el mundo hispánico
- Los empleos y las relaciones personales

ESTRUCTURAS

Primera parte
- The Future Tense and the Future of Probability
- The Future Perfect
- **Pero** vs. **sino**

Segunda parte
- The Conditional Tense and the Conditional of Probability
- The Conditional Perfect

¡**Lengua viva!**: Los empleos
Lectura: Una carta a Dios (Part 2)
Mundo hispánico: Los hispanos en los Estados Unidos (I)

¡Así es la vida!

El mundo del trabajo

María Cardona Gómez

Abogada

Oficina
Edificio Girasol

Calle 42 No. 235
Santiago de Chile

Teléfono 234-7954
Telefax 234-7933

Raúl Jiménez Esguerra
Ingeniero Industrial

Oficina
Centro Comercial Las Torres
Plaza Junín 32, Suite 202
Quito, Ecuador
Teléfono 34 81 42

Dra. Mercedes Fernández de Robles
Psicóloga Clínica

Oficina
Hospital del Instituto Nacional de la Salud
Paseo de la Reforma 345
México, Distrito Federal
Teléfonos 367-7812 / 367-5434

Ramón Gutiérrez Sergil
ANALISTA DE SISTEMAS

Informática S.A.
Torre Las Brisas
Avenida Fernández Juncos No. 500
San Juan, Puerto Rico
Teléfono (804) 597-8000
Telex: Informat

Dra. Julia R. Mercado
Contadora/Asesora Financiera

Plaza Letamendi 54
Barcelona, 564, España
Teléfono 892-5612
Fax 892-6709

¡Así lo decimos!

Las profesiones

el (la) arquitecto(a)	architect
el (la) analista de sistemas	systems analyst
el (la) contador(a)	accountant
el (la) dentista	dentist
el (la) enfermero(a)	nurse
el (la) ingeniero(a)	engineer
el (la) médico(a)	doctor
el (la) periodista	journalist
el (la) psicólogo(a)	psychologist
el (la) veterinario(a)	veterinarian

Los oficios

el (la) bombero(a)	firefighter
el (la) carpintero(a)	carpenter
el (la) cartero(a)	mailman, mailwoman
el (la) cocinero(a)	cook
el (la) electricista	electrician
el (la) intérprete	interpreter
el (la) mecánico(a)	mechanic
el (la) peluquero(a)	hair stylist
el plomero	plumber
el (la) secretario(a)	secretary
el (la) vendedor(a)	salesperson
el (la) viajante	traveling salesperson

Términos y expresiones de trabajo

el desempleo	unemployment
el entrenamiento	training
el horario de trabajo	work schedule
la meta	goal
el puesto	position
las responsabilidades	responsibilities
el salario, el sueldo	salary, wages
trabajar a comisión	to work on commission

Cargos

el (la) coordinador(a)	coordinator
el (la) director(a)	director
el (la) gerente	manager
el (la) jefe(a)	boss
el (la) supervisor(a)	supervisor

Verbos

apagar	to extinguish
curar	to cure
diseñar	to design
escribir a máquina	to type
reparar	to repair
repartir	to deliver

¡A escuchar!

Las profesiones y oficios. You will hear several statements related to the business cards that appear in **¡Así es la vida!** on page 425 of your text. Indicate the person to which the statements apply by placing a check mark next to their names in the appropriate column. You will hear the correct answers on the tape.

1. _____   4. _____

2. _____   5. _____

3. _____

◆ PRÁCTICA

13-1   ¿Qué es lo que hace? Identify the profession or occupation that corresponds to what you see in the illustration.

13-2   A escoger. Choose the best word to complete each sentence.

1. No había agua en el baño y llamé a un _____.
   a. mecánico   b. electricista   c. plomero
2. La _____ me hizo una entrevista.
   a. periodista   b. electricista   c. bombero
3. La _____ ayuda a sus pacientes a resolver problemas emocionales.
   a. dentista   b. psicóloga   c. abogada
4. El _____ arregló el coche en el garaje.
   a. médico   b. mecánico   c. bombero
5. Llevé el perro al _____.
   a. enfermero   b. dentista   c. veterinario
6. El _____ hizo los muebles de mi casa.
   a. carpintero   b. abogado   c. ingeniero

◆ PRÁCTICA COMUNICATIVA

13-3   Adivina. Get together in groups of four or five. A group leader writes the name of a profession or occupation on a piece of paper, which is folded and left out of view. The other members of the group will try to guess what is written on the piece of paper by asking questions as in the model. Have different students take turns being group leaders.

MODELO: COMPAÑERO: ¿Trabajas en un hospital?
                    TÚ: Sí, trabajo en un hospital.
                         No, no trabajo en un hospital. Otra pregunta.

13-4   Entrevista. Ask a classmate to provide information about the following:

1. his/her present job
2. his/her former job
3. his/her spouse's job
4. his/her father's job
5. his/her mother's job

13-5   Los oficios y profesiones. A classmate will play the role of a counselor at your university career center. The counselor will ask questions about your interests and abilities and try to help you decide on a career. Tell the counselor what you like and dislike about each profession or occupation suggested.

Estructuras

1. The Future Tense

	tomar	**comer**	**vivir**
yo	tomar**é**	comer**é**	vivir**é**
tú	tomar**ás**	comer**ás**	vivir**ás**
Ud./él/ella	tomar**á**	comer**á**	vivir**á**
nosotros(as)	tomar**emos**	comer**emos**	vivir**emos**
vosotros(as)	tomar**éis**	comer**éis**	vivir**éis**
Uds./ellos/ellas	tomar**án**	comer**án**	vivir**án**

- The Spanish future tense is formed with the present tense endings of the verb **haber.** The silent **h** is dropped. There is only one set of endings for the **-ar,** **-er** and **-ir** verbs. Note that all endings, except for the **nosotros** forms, have a written accent mark.

Mañana **comeremos** en casa.	*Tomorrow **we will eat** at home.*
El año próximo **viviré** en España.	*Next year **I will live** in Spain.*
¿**Tomarás** café con leche con tostadas?	***Will you have** coffee and milk with toast?*

- As in English, the Spanish future tense expresses what will happen in the future. The English equivalent is **will** + *verb.*

- There are other ways of expressing future action in Spanish. The present tense, for example, is often used to express the immediate future as in the following examples.

Regresan ahora mismo.	***They will return** right now.*
Vengo a las cuatro.	***I will come** at four.*

- The future may also be conveyed with the present tense of **ir a** + *infinitive.*

Voy a cenar contigo esta noche.	***I'm going to have dinner** with you tonight.*

- The Spanish future tense does *not* express the idea of **willingness,** as does the English future.

¿**Quieren** ayudarme a hacer las maletas?	***Will you** help me pack the suitcases?*

- There are twelve Spanish verbs that have irregular forms in the future. These verbs form the future by adding the future endings to an irregular stem. The irregular stems can be grouped into three categories.

  A. The future stem is different from the stem of the regular verb.

decir	**dir-**	diré, dirás,...
hacer	**har-**	haré, harás,...

  B. The **e** of the infinitive is dropped to form the stem of the future.

caber	**cabr-**	cabré, cabrás,...
haber	**habr-**	habré, habrás,...
poder	**podr-**	podré, podrás,...
querer	**querr-**	querré, querrás,...
saber	**sabr-**	sabré, sabrás,...

  C. The **e** of the infinitive is replaced by **d** to form the stem of the future.

poner	**pondr-**	pondré, pondrás,...
salir	**saldr-**	saldré, saldrás,...
tener	**tendr-**	tendré, tendrás,...
valer	**valdr-**	valdré, valdrás,...
venir	**vendr-**	vendré, vendrás,...

EXPANSIÓN
The future to express probability or conjecture

- Probability or conjecture in the present is often expressed in Spanish with the future tense.

¿**Estará** Juan en el trabajo?	*I wonder if John is at work.*
¿Qué hora **será? Serán** las dos.	*What time can it be? **It's** **probably** two o'clock.*

◆ PRÁCTICA

13-6 En busca de empleo. You and some friends are looking for part-time jobs. Change the verbs in the following paragraph from the construction **ir a +** *infinitive* to the future tense.

Mañana Ana y yo vamos a buscar empleo en la Agencia Ruiz. Vamos a levantarnos temprano y vamos a reunirnos con Pedro en la Cafetería Manila, que está cerca de la agencia. Yo voy a tratar de obtener un puesto de cocinero en un restaurante y Ana va a buscar uno de camarera en el mismo lugar. Pedro dice que él va a buscar un puesto mejor. Como somos novios, para Ana y para mí va a ser muy agradable trabajar juntos.

13-7 Nuestro viaje a España. Two North American students, Stephanie Lippo and Brenda White, will be going to Spain this summer. Find out what their plans are by changing the infinitives to the future verb forms.

MODELO: Este verano **ir** a España.
          Este verano iremos a España.

1. Primero **viajar** en avión de Johnson City a Nueva York.
2. Allí **reunirse** con el resto del grupo en la terminal de Iberia.
3. En Madrid **vivir** en una residencia de estudiantes.
4. **Tomar** nuestro almuerzo en una cafetería.
5. **Tener** las clases en nuestro colegio mayor.
6. **Visitar** Pamplona para ver los sanfermines.
7. **Ver** muchos monumentos y palacios interesantes en Madrid.
8. **Bañarse** en la piscina de la universidad todas las tardes.
9. **Conversar** con los españoles que estudian en la universidad.
10. **Regresar** a Nueva York el 6 de agosto.

13-8 ¿Qué hora será? Guess at what time your roommate does the following actions. Follow the model.

MODELO: Está acostándose.
          Serán las once de la noche.

1. Está lavándose los dientes por la mañana.
2. Está entrando en la clase de español.
3. Está almorzando en la cafetería.
4. Está volviendo a la residencia de estudiantes.
5. Está cenando con su amiga Marla.
6. Está estudiando en la biblioteca.

◆ PRÁCTICA COMUNICATIVA

13-9 Un posible trabajo. You have decided to interview for a job at a large international firm and are interested in finding out the details about the job. With a classmate, act out a conversation with the supervisor. Use the future tense and follow the model questions.

MODELO: trabajar desde las 9:00 hasta las 5:00
          ESTUDIANTE: ¿Trabajaré desde las nueve hasta las cinco?
               JEFE: Trabajará desde las ocho hasta las seis de la tarde.

1. recibir un buen entrenamiento
2. trabajar solo/sola en un distrito o con otros viajantes
3. haber oportunidades para ascender en la compañía
4. me dar un automóvil o tener que usar el mío
5. me pagar las comidas y la gasolina
6. pagar comisión o salario fijo (*fixed*)
7. tener cuántos días de vacaciones
8. tener muchas responsabilidades

A PROPÓSITO... El desempleo en el mundo hispánico

En el mundo hispano hay un alto nivel de desempleo. Por ejemplo, mientras que *(while)* en los Estados Unidos el desempleo fluctúa entre el 5% y el 8%, en España hay un 18% y en Latinoamérica varía muchísimo. Además, cuando el joven universitario termina su carrera y encuentra trabajo, el salario es bastante bajo y va a pasar varios años antes de adquirir un nivel económico razonable. Un fenómeno típico de esta situación económica es **el pluriempleo** *(moonlighting)*, porque para cubrir sus gastos *(expenses)* los jóvenes tienen que tener a veces dos o tres trabajos diferentes. La mala situación económica también obliga a los jóvenes a posponer sus matrimonios, y después de casarse las parejas muchas veces tienen que vivir varios años con los padres de uno de los dos.

¡Vamos a comparar!

¿Qué nivel de desempleo hay actualmente en los Estados Unidos? ¿Tienes amigos que tengan más de un trabajo? ¿Es el pluriempleo común en los Estados Unidos o Canadá? ¿Por qué? ¿En qué sentido se diferencia de los hispanos la situación económica de los matrimonios de los norteamericanos?

ESPAÑA

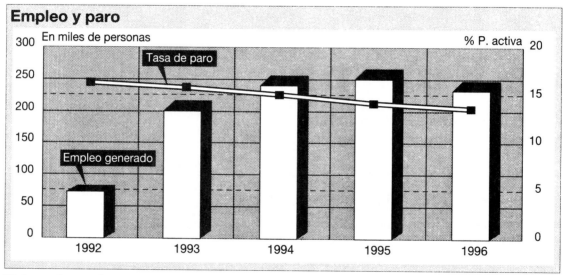

El desempleo, o el paro como se le conoce en España, va bajando. ¿A qué se deberá?

13-10 Nuestras metas. Discuss your career goals with two or three classmates. Each person should mention several things he/she will do in the coming months in order to accomplish his/her goals. Follow the models.

MODELOS: —Yo estudiaré medicina en la Universidad de Pamplona.
—Yo haré una especialización en pediatría.
—En diciembre escribiré varias cartas a la Facultad de Ingeniería.
—Yo trabajaré en un banco este verano.

2. The Future Perfect

> PERO, ¿QUIÉN HABRÁ MANDADO ESTAS FLORES TAN HERMOSAS?

● The future perfect is formed with the future of the auxiliary verb **haber** + *past participle*.

	Future	**Past Participle**
yo	**habré**	
tú	**habrás**	**tomado**
Ud./él/ella	**habrá**	**comido**
nosotros(as)	**habremos**	**vivido**
vosotros(as)	**habréis**	
Uds./ellos/ellas	**habrán**	

● The future perfect is used to express an action which *will have occurred* by a certain point in time.

| ¿**Habrás comido** esta noche para las ocho? | *Will you have eaten tonight by eight o'clock?* |
| No, no **habré comido** para las ocho. | *No, I will not have eaten by eight o'clock.* |

● The future perfect can also be used to express probability or conjecture about what may have happened in the past, yet has some relation to the present.

| ¿**Habrá venido** el cartero ya? | *I wonder if the mailman **has come** already?* |
| ¿**Habremos sacado** una A en el examen? | *I wonder if we got an A on the exam?* |

◆ PRÁCTICA

13-11 Completar. Complete the following exchanges with the correct future perfect form of the verbs in parentheses.

1. —¿Nosotros (terminar) _____ la visita a la peluquería antes de las diez de la mañana?
    —¡Qué va! La peluquera todavía no (llegar) _____ de su casa a esa hora.
2. —¿Ustedes (aprender) _____ a arreglar el televisor para la semana próxima?
    —Seguro, nosotros (arreglar) _____ cosas más difíciles en menos tiempo.
3. —¿Tú (diseñar) _____ la casa para el mes próximo?
    —Lo dudo mucho, con todo el trabajo que tengo, no (tener) _____ tiempo para hacerlo.
4. —¿(escribir a máquina) _____ usted la carta en una hora?
    —Sí señor, la (hacer) _____ en media hora.
5. —¿(empezar) _____ a preparar la comida los cocineros?
    —No sé si ellos (empezar) _____ todavía.

13-12 ¿Qué habrá pasado? In each case, you are wondering if something has happened recently. Follow the model, adding appropriate pronouns as necessary.

MODELO: Siempre tienen hambre a eso de las 4. Ya son las 4:30. / comer
         ¿Habrán comido?

1. Dijeron que iban a estar aquí a las ocho. Son las ocho y cuarto. / llegar
2. Fueron a ver al profesor para hacerle unas preguntas. / contestar
3. Iban a hablar con sus padres para pedirles el carro. / dar
4. Acabo de llamar a mi novio(a) y me dijo que no estaba enfadado(a).
    / mentir
5. Llevé el carro esta mañana al mecánico. / arreglar
6. Decía que tenía mucho sueño y está mirando la televisión. / dormirse

13-13 Las profesiones y los oficios. What is the profession or job being described? Make sure you account for gender!

1. el hombre que pone las cartas en los buzones de las residencias
2. la mujer que traduce palabras de otro idioma
3. la mujer que investiga las noticias
4. el hombre que prepara la comida en un restaurante
5. la mujer que cura a los enfermos
6. el hombre que ayuda a la policía; su trabajo principal es apagar los fuegos
7. la mujer que corta y arregla el pelo
8. la mujer que vende cosas de una ciudad a otra
9. el hombre que cura a los animales
10. la mujer que limpia y lava los dientes de las personas
11. el hombre que construye casas
12. la mujer que construye muebles

3. Pero vs. sino

- The conjunction *but* is usually expressed in Spanish by **pero.**

  Quiero un trabajo, **pero** un   *I want a job, **but** a good job.*
  trabajo bueno.

  Ser dentista es una buena   *To be a dentist is a good profession,*
  profesión, **pero** no me gusta.   ***but** I don't like it.*

- However, when *but* means *on the contrary* or *rather,* **sino** is used instead of **pero. Sino** is always used in an affirmative statement which contradicts a preceding negative statement.

  No quiero hablar contigo **sino**   *I don't want to talk with you **but***
  con Paco.   *with Paco.*

  No es este libro **sino** aquél.   *It's not this book **but** that one.*

◆ PRÁCTICA

13-14   ¡Lo que yo quiero ser! You and your friends have different career goals. Find out what they are by completing the following sentences with either **pero** or **sino.**

1. Quiero ser ingeniero _____ no soy muy bueno en matemáticas.
2. María no desea ser dentista _____ médica.
3. Evelio y Pepe no estudian para maestros _____ para intérpretes.
4. Tú aspiras a ganar mucho dinero _____ no te gusta trabajar.
5. Mirta pretende ser azafata _____ teme volar en avión.
6. No piensan ser psicólogos _____ psiquiatras.

Charles Kamasaki

¡EL ESPAÑOL EN ACCIÓN!

CHARLES KAMASAKI

Vice President for Research, Advocacy, and Legislation
NATIONAL COUNCIL OF LA RAZA, WASHINGTON, DC
History and Political Science courses, Pan American University, 1976–79

Charles joined The National Council of La Raza (NCLR) in 1980 as a specialist in community development. A nonprofit organization incorporated in Arizona in 1968, NCLR serves as an advocate for Hispanic Americans and as a national umbrella organization for community-based organizations which serve Hispanics in 35 states, Puerto Rico, and the District of Columbia.

"I suppose I first studied Spanish in high school because I wanted to be able to communicate better with others in my immediate community (South Texas). After completing a variety of History and Political Science courses, I left college to dedicate my life to community service. Presently, my reading knowledge of Spanish is far superior to my conversational ability—most important to me is an appreciation for the subtle cultural nuances one best gains through reading literary and historical works published in a foreign language..."

◆ PRÁCTICA COMUNICATIVA

13-15   La marcha del tiempo. Ask a classmate about specific plans or activities for the future. Follow the model, using the cues provided.

MODELO: —¿Habrás terminado la tarea antes de las cinco?
              —No, de ninguna manera. ¿Y tú?

1. para la semana que viene
2. antes del fin del semestre
3. a eso de las tres de la tarde mañana
4. en dos años
5. el mes que viene
6. para este fin de semana

¡Así es la vida!

En busca de empleo

Isabel Pastrana Ayala es una chica colombiana que acaba de graduarse de la universidad. Ahora está leyendo los avisos clasificados porque quiere conseguir un puesto como analista programadora.

La carta de Isabel

*Después de leer los avisos clasificados,
Isabel escribe una carta.*

...tengo tres años de experiencia práctica...

18 de julio de 1993

Sr. Germán Posada Turbay, Gerente
Centro de Cómputo, S.A.
Apartado Postal 1620
Bogotá, Colombia

Estimado señor:
La presente es para solicitar el puesto de analista programadora que anunció su empresa en *El Tiempo*.

Acabo de graduarme de la Universidad de Los Andes con especialización en informática y contabilidad. También tengo tres años de experiencia práctica.
  Soy bilingüe y me considero una persona entusiasta, responsable y trabajadora. Adjunto mi curriculum vitae.

Atentamente,
Isabel Pastrana Ayala
Isabel Pastrana Ayala
Anexo

La entrevista

*Isabel llega al despacho del señor
Posada para una entrevista.*

SR. POSADA: Pase, señorita. Siéntese, por favor.
ISABEL: Muchas gracias.
SR. POSADA: He examinado su expediente.
Sus recomendaciones son excelentes.
ISABEL: Gracias.
SR. POSADA: Dígame, ¿por qué le gustaría trabajar en nuestra empresa?
ISABEL: Porque me han dicho que es una gran empresa y que ustedes realmente se interesan por el bienestar de sus empleados.
SR. POSADA: Si le ofrecemos el puesto, ¿podría empezar a trabajar inmediatamente?
ISABEL: Sí, señor, pero querría saber cuál es el sueldo.
SR. POSADA: El sueldo es de trescientos mil pesos al mes. ¿Qué le parece?
ISABEL: Me parece bien.
SR. POSADA: ¡Enhorabuena! ¡El puesto es suyo!

¿Por qué te gustaría trabajar en nuestra empresa?

¡Así lo decimos!

Términos relacionados a la búsqueda de empleo

la agencia de empleos	employment agency
el (la) aspirante	applicant
la calificación	qualification
la carta de recomendación	letter of recommendation
el contrato	contract
la evaluación	evaluation
el expediente	file, dossier
la experiencia práctica	practical experience
el curriculum vitae	résumé
la oferta	offer
el puesto	job
la recomendación	recommendation
la referencia	reference
la solicitud de empleo	job application form

Los beneficios

el aumento	raise
la bonificación anual	yearly bonus
el plan de retiro	retirement plan
el seguro médico	health insurance
el seguro de vida	life insurance

Verbos

ascender	to promote
contratar	to hire
dejar	to quit
despedir	to fire
renunciar	to resign
retirarse	to retire

Adjetivos

entusiasta	enthusiastic
capaz	capable
honrado(a)	honest
justo(a)	just

Otras expresiones

¡Enhorabuena!	Congratulations!
¡Felicitaciones!	Congratulations!

La carta comercial

Saludos	Salutations, greetings
Estimado señor(a):	Dear Sir/Madam:
Muy señores míos:	Dear Sirs:
Muy señora nuestra:	Dear Madam:

Despedidas

Atentamente	Sincerely yours
Cordialmente	Cordially yours
Lo saluda atentamente	Very truly yours

¿Puedes completar este formulario (p. 440)?

¡A ESCUCHAR!

A. La carta de Isabel. You will hear a recording of the letter that appears in **¡Así es la vida!** (page 437). After listening to the letter, indicate whether the statements that you hear are **Cierto, Falso** or **No se sabe.** You will hear the correct answers on the tape.

	Cierto	Falso	No se sabe			Cierto	Falso	No se sabe
1.	____	____	____		5.	____	____	____
2.	____	____	____		6.	____	____	____
3.	____	____	____		7.	____	____	____
4.	____	____	____		8.	____	____	____

B. La entrevista. You will now hear a recording of the interview that appears in **¡Así es la vida!** (page 437). After listening to the interview, indicate whether the statements that you hear are **Cierto, Falso** or **No se sabe.**

	Cierto	Falso	No se sabe			Cierto	Falso	No se sabe
1.	____	____	____		5.	____	____	____
2.	____	____	____		6.	____	____	____
3.	____	____	____		7.	____	____	____
4.	____	____	____		8.	____	____	____

◆ PRÁCTICA

13-16 Completar. Complete the following sentences with the correct words from the box below. Make changes when necessary.

evaluación	comisión	dejar
aumento	¡Enhorabuena!	agencia de empleos
referencia	plan de retiro	capaz
despedir	contrato	curriculum vitae

1. Isabel recibió un _____ de sueldo porque es muy _____.
2. Yo _____ ese puesto la semana pasada porque me pagaban poco.
3. El profesor Blanco es una de mis _____.
4. Ayer firmé un _____ con esa empresa.
5. Fui a una _____ a buscar trabajo.
6. Esa empresa no tiene un buen _____.
7. Enviaré mi _____ junto con mi solicitud.
8. Reinaldo está muy triste porque ayer lo _____ del trabajo.

13-17 La solicitud. Fill out the following job application.

Solicitud de empleo

Fecha: _____   Referido por: _____

Información personal

Apellidos: _____   Nombre: _____

Dirección: _____

Teléfono: _____   Fecha de nacimiento: _____

Empleo deseado

Puesto: _____   Fecha de comienzo: _____

¿Está Ud. actualmente empleado? _____   Sueldo deseado: _____

¿Podemos ponernos en contacto con su jefe actual? _____

Educación

	Nombre	Lugar
Primaria:	_____	_____
Secundaria:	_____	_____
Universidad:	_____	_____
Idiomas:	_____	Otras habilidades: _____

Empleos anteriores

Fechas	Compañía	Puesto	Sueldo	Jefe

Referencias

Nombre	Dirección		Teléfono

◆ PRÁCTICA COMUNICATIVA

13–18 El anuncio. With a classmate, enact a brief job interview based on the following ad. One of you plays the part of the **Gerente,** the other plays the part of the job applicant.

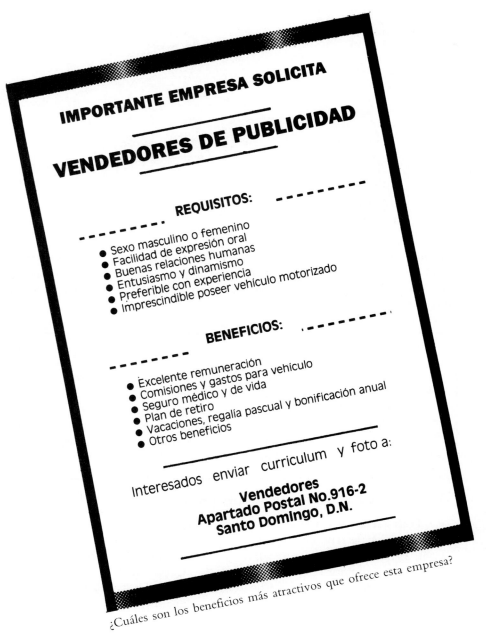

IMPORTANTE EMPRESA SOLICITA

VENDEDORES DE PUBLICIDAD

REQUISITOS:

- Sexo masculino o femenino
- Facilidad de expresión oral
- Buenas relaciones humanas
- Entusiasmo y dinamismo
- Preferible con experiencia
- Imprescindible poseer vehículo motorizado

BENEFICIOS:

- Excelente remuneración
- Comisiones y gastos para vehículo
- Seguro médico y de vida
- Plan de retiro
- Vacaciones, regalía pascual y bonificación anual
- Otros beneficios

Interesados enviar curriculum y foto a:

**Vendedores
Apartado Postal No.916-2
Santo Domingo, D.N.**

¿Cuáles son los beneficios más atractivos que ofrece esta empresa?

Estructuras

4. The Conditional Tense

In Spanish, the conditional tense is formed by adding the imperfect endings for **-er** and **-ir** verbs to the infinitive. The same endings are used for **-ar, -er** and **-ir** verbs. The conditional has three basic uses in Spanish (two of them are discussed in this chapter).

	tomar	**comer**	**vivir**
yo	tomar**ía**	comer**ía**	vivir**ía**
tú	tomar**ías**	comer**ías**	vivir**ías**
Ud./él/ella	tomar**ía**	comer**ía**	vivir**ía**
nosotros(as)	tomar**íamos**	comer**íamos**	vivir**íamos**
vosotros(as)	tomar**íais**	comer**íais**	vivir**íais**
Uds./ellos/ellas	tomar**ían**	comer**ían**	vivir**ían**

- The conditional is used to state what you **would** do in some future situation.

¿**Trabajarías** tú conmigo para preparar la reunión?

Sí, Pablo **iría** a California. ¿Por qué preguntas?

Yo **comería** la paella, pero no me gustan los camarones.

Would you work with me in order to prepare the meeting?

*Yes, **Pablo would go** to California. Why do you ask?*

I would eat the paella, but I don't like shrimp.

● The conditional is also used when the speaker is referring to an event that is future to another past event.

Creíamos que **habría** más   *We thought that **there would be***
  comida en la fiesta.   *more food at the party.*
Ellos me dijeron que **vendrías**   *They told me that **you would***
  más tarde.   ***come** later.*
Me aseguraron que **estarían** allí.   *They assured me that **they would***
                                               ***be** there.*

● The verb **deber,** when used in the conditional tense, is equivalent to **should.**

Deberías buscar empleo.   ***You should** look for employment.*
Deberíamos hablar con él.   ***We should** talk with him.*

● The conditional has the same irregular stems as the future.

decir	**dir-**	diría, dirías,...
hacer	**har-**	haría, harías,...
haber	**habr-**	habría, habrías,...
caber	**cabr-**	cabría, cabrías,...
poder	**podr-**	podría, podrías,...
querer	**querr-**	querría, querrías,...
saber	**sabr-**	sabría, sabrías,...
poner	**pondr-**	pondría, pondrías,...
salir	**saldr-**	saldría, saldrías,...
tener	**tendr-**	tendría, tendrías,...
valer	**valdr-**	valdría, valdrías,...
venir	**vendr-**	vendría, vendrías,...

⊚ EXPANSIÓN
The conditional to express conjecture or probability

Probability or conjecture in the past is often expressed in Spanish with the conditional tense.

¿**Estaría** Juana en el cine?   *I wonder if Juana **was** at the*
                                             movies.

¿Qué hora **sería? Serían** las   *I wonder what time it was. It*
  doce.   *was probably twelve.*

A PROPÓSITO... **Los empleos y las relaciones personales**

Las relaciones personales son muchas veces claves *(key)* para obtener un puesto en los países hispanos. Éste es un factor más importante que en los Estados Unidos, donde es mucho más frecuente obtener un puesto mediante *(through)* agencias de empleos o a través de anuncios clasificados.

Para obtener un trabajo, muchas veces los hispano-hablantes acuden *(turn to)* a sus familiares o a amigos íntimos cuando saben que uno de ellos los puede ayudar. Los amigos íntimos o familiares se ayudan porque es parte de la ética *(ethics)* de la familia hispana, y los amigos íntimos son considerados parte de la familia. Es costumbre que las personas que ocupan cargos y puestos importantes ayuden a los jóvenes que están dentro de su círculo de amistades. A su vez, estos jóvenes deberán pagar el favor más adelante, una vez que estén establecidos en sus puestos.

¡Vamos a comparar!

¿Por qué crees que en los Estados Unidos no son tan importantes las relaciones personales para obtener trabajo? ¿Te han ayudado alguna vez tus amigos a obtener trabajo? ¿Cómo?

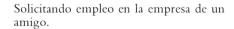
Solicitando empleo en la empresa de un amigo.

◆ PRÁCTICA

13-19   ¡Sugerencias! You work at a travel agency that has a suggestion box for employees. Offer several suggestions using cues from the box below. Follow the model.

MODELO: darles a los empleados un mes de vacaciones
         Les daría a los empleados un mes de vacaciones.

- aumentarles el salario a los empleados responsables
- ofrecerles a todos un plan de retiro
- sorprender a los buenos empleados con una bonificación anual
- pagarles el seguro médico a los empleados
- pedirles tres recomendaciones a los empleados nuevos

13-20   Un empleado responsable. Say what a responsible employee in a restaurant would and wouldn't do. Follow the model.

MODELO: hablar siempre con los otros empleados
        No hablaría todo el tiempo con los otros empleados.

1. llegar generalmente tarde al restaurante
2. ayudar a los empleados que están ocupados
3. tratar de atender bien a los clientes
4. ser siempre amable con los clientes
5. poner bien las mesas
6. hacer todas las cosas que el dueño desea

13-21   Adivinar. Look at the following illustrations and speculate as to what is happening or will happen by answering the questions.

1. ¿Adónde iría Juana de vacaciones?

4. ¿Qué película verían Ana y Martina?

2. ¿Dónde estaría Luis la semana pasada?

5. ¿Qué pedirían de comer Roberto y Javier?

3. ¿Con quién hablaría José ayer por la tarde?

◆ PRÁCTICA COMUNICATIVA

13-22   Diferentes situaciones. State specifically what you would do in each of these places.

MODELO: en la playa
⠀⠀⠀⠀⠀⠀⠀⠀Me bañaría en el mar.

1. en el cine
2. en el restaurante
3. en la clase de español
4. en la piscina de la universidad
5. en el Museo del Prado
6. en la agencia de empleos
7. en el campo
8. en casa de mi amigo

13-23   ¿Qué harías? Discuss with a classmate what would you do if the following situations were to come true.

1. consigues un empleo fantástico
2. te suspenden *(they flunk you)* en un examen
3. un(a) chico(a) muy guapo(a) te invita a salir
4. te ganas un millón de dólares en la lotería
5. el jefe tuyo no te aumenta el sueldo
6. tu mejor amiga(o) se enamora de tu novio(a)

5. The Conditional Perfect

- The conditional perfect is formed with the conditional of the auxiliary verb **haber** + *past participle*.

	Conditional	**Past Participle**
yo	**habría**	
tú	**habrías**	**tomado**
Ud./él/ella	**habría**	**comido**
nosotros(as)	**habríamos**	**vivido**
vosotros(as)	**habríais**	
Uds./ellos/ellas	**habrían**	

● The conditional perfect is used to express an action which would or should have occurred but did not.

> **Habría ido** al baile, pero me enfermé.
>
> *I would have gone to the dance, but I got sick.*
>
> **Habríamos estudiado** más para el examen, pero no creíamos que fuera difícil.
>
> *We would have studied more for the exam, but we didn't think that it would be difficult.*

● The conditional perfect is also used to express probability or conjecture in the past perfect.

> **¿Habrían hablado** con ella?
>
> *I wonder if they had talked with her.*
>
> ¿Me **habría visto?**
>
> *I wonder if he had seen me.*

◆ PRÁCTICA

13-24 ¿Qué habría pasado? Guillermo and Raúl are speculating about what happened to their friend María at a job interview she had today. Complete the dialog using the conditional perfect.

GUILLERMO: ¿_____ estado presente el gerente y la secretaria en la entrevista?

RAÚL: No sé si la secretaria _____ asistido a la entrevista, pero el gerente, seguro.

GUILLERMO: ¿_____ llegado a tiempo María para la entrevista?

RAÚL: Con este tráfico tan terrible quién sabe si María _____ tenido complicaciones para llegar a la oficina.

GUILLERMO: ¿Crees que le _____ ofrecido un trabajo a María?

RAÚL: Con la situación económica tan difícil en el país, no sé si el gerente le _____ dado un contrato.

¿Qué harías si te ganaras un millón de dólares en la lotería?

SÍNTESIS
¡Al fin y al cabo!

◆ ¡A REPASAR!

13-25 Emparejar. Match the occupation or profession in column A with the related phrase in column B.

A	B
_____ 1. el bombero	a. curó a mi perro
_____ 2. el cartero	b. escribió las cartas
_____ 3. la arquitecta	c. operó al enfermo
_____ 4. la abogada	d. apagó el incendio
_____ 5. el electricista	e. diseñó la casa
_____ 6. el secretario	f. repartió las cartas
_____ 7. la veterinaria	g. arregló las luces
_____ 8. el médico	h. defendió a su cliente

13-26 Completar. Find out what benefits the **Protexto** company offers its employees by filling in the blanks with words and expressions from the box.

plan de retiro	sueldo	seguro de vida
seguro médico	comisión	bonificación anual

Todos los vendedores de la compañía Protexto tienen dos opciones: o reciben un _____ fijo o trabajan a _____. Los empleados que tienen una evaluación muy alta al final de año recibirán una _____. Todos los empleados tienen un _____ magnífico que cubre todos los gastos en el hospital. También hay un _____ excelente que le dará $200.000 a la esposa o al esposo del empleado que muera en un accidente relacionado con el trabajo.

13-27 Nuestro futuro. Complete the following description of Alicia's plans with the future forms of the verbs in parentheses.

Mi novio y yo (empezar) _____ a estudiar en la universidad el año que viene. (Estudiar) _____ para profesores de español y después de terminar, (enseñar) _____ los dos español en una escuela secundaria de una ciudad grande. (Casarse) _____ y (trabajar) _____ varios años para ahorrar dinero. (Viajar) _____ con nuestros estudiantes a países hispanoamericanos. Más tarde (comprar) _____ una casa pequeña y eventualmente (tener) _____ tres hijos. (Ser) _____ muy felices.

13-28   Pero o sino. Complete the following statements with the conjunctions **pero** or **sino.**

1. No es ingeniero, _____ psicólogo.
2. No quiero estudiar, _____ viajar.
3. Estudiará para ser profesor, _____ no ganará mucho dinero.
4. Iré a ver al gerente general, _____ primero necesito llamarlo por teléfono.
5. Vi al gerente hoy, _____ no pude hablar con él.
6. Me gustaría ser cocinero, _____ no me gusta el olor a comida.
7. El horario de trabajo es bueno, _____ no me ofrecen suficiente dinero.
8. No buscaba un arquitecto, _____ un diseñador.

13-29   ¿Qué harías? Say what you would do in the following situations. Use the conditional tense.

1. Es el último día de clases y mañana saldrás de vacaciones.
2. Tienes un examen final de español mañana.
3. Tienes un dolor de cabeza y te sientes muy mal.
4. Tu profesor(a) te dice que has sacado una buena nota en el examen de español.
5. Tus padres te han regalado un coche nuevo.
6. En el banco te informan que no tienes dinero en tu cuenta.
7. Tienes muchísima hambre, pero no tienes mucho dinero.
8. Quieres hacer un viaje por España.

13-30   ¿Qué habrán hecho? Say what the following people will have done by the indicated dates and time periods. Follow the model and use the cues.

MODELO: para marzo Mario y Adela / aprender francés
Para marzo Mario y Adela habrán aprendido francés.

1. para la próxima semana tú / ganar mucho dinero
2. para mañana nosotros / comprar un coche nuevo
3. para el próximo año Elena / graduarse de la universidad
4. para agosto el profesor / viajar por toda Suramérica
5. para el jueves Pedro y José / terminar la composición de español
6. para este verano nosotros / aprender a hablar español perfectamente

◆ ¡A CONVERSAR!

13-31   En busca de trabajo. With a classmate, discuss job hunting strategies you would use to look for summer employment. Use the model as a starting point and verbs in the conditional tense.

MODELO: Yo primero leería los avisos clasificados en el periódico. ¿Y tú qué harías primero?

13-32   Planes de vacaciones. Ask several classmates what their plans are for this coming summer. Write six statements using the future as in the model.

MODELOS: Catalina trabajará como gerente en la librería de la universidad.
Armando viajará a Perú y explorará la selva del Amazonas.

13-33   Entrevistas. Enact the following situation with several classmates. One student role plays a manager who is interviewing candidates for the positions advertised in the ad below. Other members of the group role play the candidates. Each interview should last no longer than two minutes. Use the interview that appears on page 437 of your text as a guide.

Compañía Multinacional

Requiere para su departamento de mercadeo y ventas.

1. **Profesionales en administración de empresas, mercadeo, Ingeniería** en alguna de las siguientes áreas: industrial, química o de alimentos. Edad máxima: 30 años, experiencia deseable en ventas. Dominio del inglés, vehículo propio.

2. **Secretaria ejecutiva departamento comercial.** Requisitos: a) Experiencia mínima 3 años. b) Experta mecanógrafa. c) Excelente presentación personal. d) Edad máxima 30 años.

3. **Secretaria: Asistente Depto. Comercio Exterior.** Requisitos: a) Experiencia mínima de 3 años. b) Excelente presentación personal. c) Experta mecanógrafa. d) Experiencia con procesador de palabras y Lotus.

Enviar hoja de vida con fotografía reciente, informando sueldo actual al Anunciador No. 390, EL TIEMPO.

13-34   La carta. Write a short letter in which you apply for one of the jobs advertised below. Describe your background qualifications and don't forget the proper salutation and closing.

SE NECESITA
ANALISTA PROGRAMADOR

para realizar trabajos por contrato

Requisitos:
Experiencia mínima de 2 años en Análisis y Diseño de Sistemas.
Conocimiento del Sistema 36 IBM.
Empezar de inmediato, el contrato es por 6 meses

Interesados llamar al Tel:

53-53-70

Centro de Cómputo

Compañía de Telecomunicaciones

De reconocido nombre nacional, requiere para su departamento de ventas, damas o caballeros preferiblemente profesionales. No indispensable experiencia en ventas.
Necesario poseer vehículo.
Atractivo paquete salarial.
También requerimos mensajero y cobrador, indispensable moto propia.

Enviar hoja de vida al Apartado Aéreo No. 35818 de Bogotá.

EMPRESA CONSTRUCTORA
necesita
INGENIERO CIVIL

Requisitos:

1- Incorporado al respectivo colegio
2- Experiencia en inspección de proyectos de vivienda (tres años mínimo)
3- Experiencia en el control y avance de obras.
4- Edad, 25-40 años
5- Vehículo propio

Enviar currículum vitae y foto reciente, indicando pretensiones de salario (indispensable) al apartado 2674-1000 San José.
Nota: El apartado no es de la compañía.

¡A ESCUCHAR!

Una carta a Humberto. You will hear a recording of a letter written by Ana Luisa to her friend Humberto. After listening to the letter, indicate whether the statements that you hear are **Cierto, Falso** or **No se sabe.** You will hear the correct answers on the tape.

	Cierto	Falso	No se sabe			Cierto	Falso	No se sabe
1.	____	____	____		5.	____	____	____
2.	____	____	____		6.	____	____	____
3.	____	____	____		7.	____	____	____
4.	____	____	____		8.	____	____	____

UNIVISION

¡LENGUA VIVA! ◆ ◆ ◆

Los empleos

De antemano

Futuro incierto trata de las esperanzas, preocupaciones y desilusiones de unos alumnos que acaban de graduarse de New York University. Cuando tú te gradues, ¿será tu situación parecida a la de ellos?

Palabras y frases claves

la hotelería　　　　　　　**el mercado laboral**
competir　　　　　　　　　**a partir de**
aumentar　　　　　　　　　**el recurso**
Oficina de Colocaciones

Prisma

Match the elements in the column at the left with the corresponding references on the right.

1. maestra bilingüe
2. Trinidad y Juan Cartagena
3. usar todos los recursos para encontrar empleo
4. los graduados universitarios de este año
5. tiene maestría en salud pública
6. Diana Díaz
7. acaba de recibir la maestría en hotelería
8. Blanca Rosa Vílchez

a. Oficina de Colocaciones
b. No fue difícil para mí.
c. Volverá a México, donde tiene familia y conexiones.
d. Están compitiendo con un millón de gerentes sin empleo.
e. 17.000 más los gastos de afuera
f. Reportera de Univisión
g. Quisiera trabajar en un hospital...

LECTURA   UNA CARTA A DIOS (PART 2)
Gregorio López y Fuentes

◆ ANTES DE LEER

A.   Palabras claves. Study the following key words from the reading. Then complete the statements that follow with the most appropriate words or expressions from the list.

la alegría	*happiness*	**negar**	*to deny*
la bestia	*beast*	**la obra de caridad**	*act of charity*
la buena voluntad	*good will*	**el sello**	*stamp, seal*
el cartero	*postman, mailman*	**sembrar**	*to plant*
la confianza	*trust, confidence*	**el sobre**	*envelope*
echar al correo	*to mail*	**la ventanilla**	*booth, ticket window*

1.   Ayudar a la gente pobre es una _____.
2.   Después de _____ el maíz y los frijoles, los campesinos esperaban que lloviera.
3.   Lencho se acercó a _____ de la oficina de correos para comprar unas estampillas.
4.   Lencho se _____ a creer que Dios no lo iba a ayudar.
5.   Después de escribir la carta la puso en _____ y la echó al buzón.
6.   La familia de Lencho sintió mucha _____ cuando comenzó a llover.

B.   Anticipar. Quickly preview the reading by looking at the illustrations and reading the title and introduction. Based on the information you already know, answer the following questions to help you anticipate what the second part of the story might be about.

1.   What new location is introduced in the second part of the story?
2.   Are there any new characters? Do we know their names or their titles?
3.   How do you think Lencho will try to solve his problem?
4.   How do you think the story might end?

Una carta a Dios (Part 2)

In the conclusion of the first part of "Una carta a Dios," Lencho, the protagonist, is thinking about how he will be able to feed and take care of his family after the destruction of his crops by a hail storm. Lencho has decided to write a letter to God to ask for help. When the postmen receive the letter at the Post Office they are moved to try to help this poor peasant and his family. Does Lencho get an answer to his prayers? Find out by reading the conclusion of the story.

◆ ◆ ◆

—No te aflijas° tanto, aunque el mal es muy grande. ¡Recuerda que nadie se muere de hambre!

—Eso dicen: nadie se muere de hambre…

Y durante la noche, Lencho pensó mucho en su sola° espe-
5   ranza: la ayuda de Dios, cuyos° ojos, según le habían explicado, lo miran todo, hasta lo que está en el fondo° de las conciencias.

Lencho era un hombre rudo°, trabajando como una bestia en los campos, pero sin embargo sabía escribir. El domingo
10   siguiente, con la luz del día, después de haberse fortificado° en su idea de que hay alguien que nos protege, empezó a escribir una carta que él mismo° llevaría al pueblo para echarla al correo.

No era nada menos que una carta a Dios.

15   "Dios —escribió— si no me ayudas, pasaré hambre con toda mi familia durante este año. Necesito cien pesos para volver a sembrar y vivir mientras viene la nueva cosecha, porque el granizo…"

don't be distressed

only
whose
depth

crude

after having convinced
   himself

he himself

Escribió "A Dios" en el sobre, metió° la carta y, todavía
20 preocupado, fue al pueblo. En la oficina de correos, le puso un
sello a la carta y echó ésta en el buzón°.

Un empleado, que era cartero° y también ayudaba en la
oficina de correos, llegó riéndose mucho ante su jefe, y le
mostró la carta dirigida° a Dios. Nunca en su existencia de
25 cartero había conocido esa casa. El jefe de la oficina —gordo y
amable— también empezó a reír, pero muy pronto se puso
serio, y mientras daba golpecitos° en la mesa con la carta,
comentaba:

—¡La fe! ¡Ojalá que yo tuviera° la fe del hombre que
30 escribió esta carta! ¡Creer como él cree! ¡Esperar con la confianza con que él sabe esperar! ¡Empezar correspondencia con
Dios!

Y, para no desilusionar aquel tesoro° de fe, descubierto por
una carta que no podía ser entregada°, el jefe de la oficina tuvo
35 una idea: contestar la carta. Pero cuando la abrió, era evidente que para contestarla necesitaba algo más que buena
voluntad, tinta° y papel. Pero siguió con su determinación:
pidió dinero a su empleado, él mismo dio parte de su sueldo, y
varios amigos suyos tuvieron que darle algo "para una obra°
40 de caridad."

put in

mailbox
mailman

addressed

tapped

I wish that I had

treasure
delivered

ink

deed

Fue imposible para él reunir los cien pesos pedidos por
Lencho, y sólo pudo enviar al campesino un poco más de la
mitad°. Puso los billetes en un sobre dirigido a Lencho y con   half
ellos una carta que tenía sólo una palabra como firma: DIOS.

45   Al siguiente domingo, Lencho llegó a preguntar, más
temprano que de costumbre, si había alguna carta para él.
Fue el mismo cartero quien le entregó la carta, mientras que
el jefe, con la alegría de un hombre que ha hecho una buena
acción, miraba por la puerta desde su oficina.

50   Lencho no mostró la menor sorpresa al ver los billetes
—tanta era su seguridad— pero se enfadó al contar el dinero… ¡Dios no podía haberse equivocado°, ni negar lo que   mistaken
Lencho le había pedido!

Inmediatamente, Lencho se acercó a la ventanilla para
55 pedir papel y tinta. En la mesa para el público, empezó a escribir, arrugando° mucho la frente a causa del trabajo que le   creasing
daba expresar sus ideas. Al terminar, fue a pedir un sello, que
mojó° con la lengua y luego aseguró con un puñetazo°.   moistened / punch with
                                                                  one's fist
Tan pronto como la carta cayó al buzón, el jefe de correos
60 fue a abrirla. Decía:

"Dios: del dinero que te pedí, sólo llegaron a mis manos
sesenta pesos. Mándame el resto°, como lo necesito mucho;   the rest
pero no me lo mandes por la oficina de correos, porque los
empleados son muy ladrones.—Lencho."

◆ DESPUÉS DE LEER

A. Preguntas de comprensión. Answer the following questions based on your understanding of what happens in the story.

1. ¿Qué hizo Lencho esa noche en su casa?
2. ¿Qué se puso a escribir Lencho al día siguiente?
3. ¿Qué resultados esperaba Lencho de su carta?
4. ¿Qué sucedió después de que Lencho echó la carta en el buzón?
5. ¿Qué decidió hacer el jefe de la oficina de correo?
6. ¿Cuál fue la reacción de Lencho al recibir la respuesta a su carta?
7. ¿Qué le dijo Lencho a Dios en su segunda carta?

B. Temas de discusión. Get together with several classmates and briefly discuss the following topics related to the reading.

1. ¿Por qué piensan que los empleados de la oficina de correos querían ayudar a Lencho?
2. Den sus comentarios sobre la reacción que tuvo Lencho al recibir la carta. ¿Fue positiva o negativa? ¿Por qué?
3. ¿Qué aspectos de la sociedad y la cultura mexicana se reflejan en el cuento?

MUNDO HISPÁNICO

Los hispanos en los Estados Unidos (I)

Hoy día viven más de 24 millones de hispanos en los Estados Unidos. Esto significa que los hispanos constituyen el grupo minoritario más numeroso de este país después de los africanoamericanos. Se espera que para el año 2.000 los hispanos sobrepasarán a los africanoamericanos como la minoría más numerosa. Los hispanos en los EE.UU. se pueden dividir en tres grupos principales: los mexicanoamericanos, los puertorriqueños y los cubanoamericanos.

◆ Los puertorriqueños

Se calcula que hay aproximadamente 1.800.000 puertorriqueños viviendo en los Estados Unidos hoy día. La mayoría de éstos se encuentran en Nueva York, Nueva Jersey y Chicago. La inmigración puertorriqueña se debe en gran parte al hecho de que, desde el final de la Guerra Hispanoamericana, España cedió la isla de Puerto Rico a los EE.UU. En 1953, Puerto Rico llegó a ser un estado libre asociado a los EE.UU. aunque sus habitantes son ciudadanos de los EE.UU. desde 1917.

Celebrando a Puerto Rico en Nueva York.

Restaurante puertorriqueño en Brooklyn, Nueva York.

◆ **Los cubanos**

La presencia cubana en los Estados Unidos se remonta al siglo XIX, cuando en Tampa, Florida se estableció una pequeña comunidad de cubanos que vinieron a trabajar en las fábricas de tabaco. Pero la inmigración masiva de cubanos a la Florida ocurrió en 1960, después de la revolución del líder Fidel Castro. Los cubanos llegaron a Florida buscando libertad política y se establecieron principalmente en la ciudad de Miami. La mayoría de los cubanos que abandonaron la isla pertenecían a la clase media culta y les fue bastante fácil adaptarse a la nueva vida en los EE.UU. Hay más de un millón de cubanoamericanos en los EE.UU. y más de medio millón de ellos viven en la ciudad de Miami.

MINIPRUEBA

Indica si las siguientes oraciones son **Ciertas** o **Falsas**.

1. Hoy día hay más de 24 millones de hispanos en los EE.UU.
2. Para el año 2.000 habrá más africanoamericanos que hispanos en los EE.UU.
3. Puerto Rico es un estado de los Estados Unidos.
4. Puerto Rico pertenece a los EE.UU. desde la guerra Hispanoamericana.
5. Hay más puertorriqueños en Atlanta que en Nueva York.
6. Los primeros cubanos llegaron a los EE.UU. el siglo pasado.
7. El motivo de la inmigración cubana de los años 60 fue escapar de la dictadura de Fidel Castro.
8. La mayoría de los cubanos se establecieron en la ciudad de Nueva York.

Gloria Estefan, difundiendo el ritmo latino.

Tienda hispana en la Pequeña Habana, en Miami.

ACTIVIDADES

1. Investigación. Con un(a) compañero(a) de clase, investiga los siguientes temas. Puedes hacer uso de los libros de consulta disponibles en tu biblioteca universitaria. Escribe un breve ensayo *(essay)* resumiendo lo que has aprendido.

¿De qué otros países hispanoamericanos ha habido inmigraciones recientes a los Estados Unidos? ¿En qué ciudades o estados se han concentrado estos grupos? ¿Cuáles han sido las causas de la inmigración?

2. Entrevistas. Entrevista a un(a) puertorriqueño(a) o a un(a) cubanoamericano(a) que se encuentre estudiando en tu universidad sobre su experiencia y la de sus padres en este país. Toma apuntes *(notes)* durante la entrevista y prepara una breve presentación oral en español para tu clase.

Jugando al dominó en el centro de Miami.

Tienda hispana en Harlem.

LECCIÓN 14

La tecnología y el medio ambiente

COMUNICACIÓN

- Expressing attitudes and opinions
- Expressing uncertainty
- Talking about contrary-to-fact situations
- Expressing conditions

CULTURA

- La tecnología y el idioma
- Los problemas que afectan el medio ambiente

ESTRUCTURAS

Primera parte

- The Present Perfect Subjunctive
- The Subjunctive or Indicative after Certain Conjunctions

Segunda parte

- The Imperfect Subjunctive
- The Pluperfect Subjunctive
- The Indicative or Subjunctive in If-Clauses

¡Lengua viva!: Advertencias ecológicas
Lectura: Origen de las raíces culturales hispanas
Mundo hispánico: Los hispanos en los Estados Unidos (II): Los mexicanoamericanos

PRIMERA PARTE
¡Así es la vida!

El impacto de la tecnología

En el mundo moderno es casi imposible vivir sin tener contacto con la tecnología. Las computadoras, los aparatos electrónicos, los nuevos medios de comunicación son parte de nuestra vida diaria. En los países de habla española, particularmente los de América Latina, la tecnología ha tenido un gran impacto en los últimos años. Veamos la opinión de algunos hispanoamericanos.

Lorenzo Valdespino, estudiante de ingeniería

"Yo no podría trabajar sin la computadora. En la universidad hacemos todos nuestros diseños en computadoras. Además yo tengo en casa una microcomputadora que utilizo para mis trabajos y asuntos personales. Manejo todas mis cuentas en una hoja electrónica. Tengo también una impresora que me sirve para escribir mis cartas y hacer todas mis tareas universitarias."

Hortensia Gómez Correa, abogada

"La tecnología ha revolucionado el trabajo en nuestra oficina en los últimos años. Hace sólo tres años, por ejemplo, todas las cartas se escribían a máquina con papel carbón. Hoy día usamos un procesador de textos en nuestra computadora y sacamos copias en la fotocopiadora. Antes, cuando necesitaba enviar un mensaje urgente usábamos el telex, pero hoy día con el fax podemos enviar cartas instantáneamente a cualquier parte del mundo."

Adolfo Manotas Suárez, agricultor

"La tecnología ha cambiado la forma de hacer las cosechas en nuestra finca. Usamos una computadora para hacer un análisis del clima y de los suelos y también para determinar el mejor momento para cosechar. De esta forma sabemos cuándo es el mejor momento para sembrar y cosechar y cuáles son los mejores cultivos. Además de los equipos electrónicos, hoy día la maquinaria agrícola está muy avanzada. Las cosas que antes hacíamos a mano en nuestra finca, hoy las hacemos con máquinas modernas. ¡Espero no tener que trabajar en el futuro!"

¡Así lo decimos!

La computadora y sus partes

el disco duro	hard disk
el disquette	diskette
la impresora	printer
la micro-computadora	personal computer, microcomputer
la pantalla	screen
el teclado	keyboard

Programas de computadora

la base de datos	data base
el procesador de textos	word processor
la hoja electrónica	spreadsheet

Los aparatos electrónicos

el cajero automático	automatic teller machine
la calculadora	calculator
el cómpact disc	compact disc
el contestador automático	answering machine
la fotocopiadora	photocopying machine
el fax	fax
el juego electrónico	electronic game
la máquina de escribir	typewriter
el teléfono inalámbrico	cordless telephone
el teléfono portátil	portable telephone
la videograbadora	video cassette recorder (VCR)

Verbos

apagar	to turn off
archivar	to file
calcular	to calculate
borrar	to erase
cosechar	to harvest
encender (ie)	to turn on
fotocopiar	to photocopy
funcionar	to work
grabar	to record
imprimir	to print
instalar	to install
manejar	to manage; to handle
programar	to program
sembrar (ie)	to plant

Adjetivos

electrónico(a)	electronic
tecnológico(a)	technological
encendido(a)	on
apagado(a)	off

Otras palabras y expresiones

la cosecha	harvest
los cultivos	crops
el diseño	design
la finca	farm, ranch
hacer a mano	to make by hand
la maquinaria agrícola	agricultural machinery
el papel carbón	carbon paper

¿En qué país se encontraría este anuncio?

¡A ESCUCHAR!

El impacto de la tecnología. You will hear the opinions that appear in **¡Así es la vida!** (page 461). Indicate to which of the three speakers the following statements refer. You will hear the correct answers on the tape.

Lorenzo V.	Hortensia G.	Adolfo M.
1. _____	_____	_____
2. _____	_____	_____
3. _____	_____	_____
4. _____	_____	_____
5. _____	_____	_____
6. _____	_____	_____
7. _____	_____	_____
8. _____	_____	_____

◆ PRÁCTICA

14-1   Fuera de lugar. Circle the letter corresponding to the word or phrase that is out of place.

1. a. apagar
   b. funcionar
   c. bailar
   d. encender

2. a. calculadora
   b. impresora
   c. base de datos
   d. máquina de escribir

3. a. máquina de escribir
   b. pantalla
   c. computadora
   d. teclado

4. a. hoja electrónica
   b. base de datos
   c. procesador de textos
   d. videograbadora

5. a. papel carbón
   b. finca
   c. escribir a máquina
   d. carta

14-2   Completar. Complete the following statements with words from **¡Así lo decimos!**

1. La parte de la computadora que te permite visualizar los programas es _____.

2. Es mejor que uses una _____ para hacer tus cuentas.

3. Usé mi _____ para llamar a Pedro desde el jardín de mi casa.

4. No pude sacar fotocopias del artículo porque la _____ no funcionaba.

5. Hay que _____ la videograbadora porque está apagada.

6. Si llamas por teléfono y no estoy en casa, puedes dejar un mensaje en _____.

7. Se puede conseguir dinero en efectivo las 24 horas del día de _____.

8. En las fábricas modernas los productos ya no se hacen _____; los productos se hacen a máquina.

14-3 El fax. Read the advertisement and answer the following questions.

1. ¿Cuál es la marca del fax?
2. ¿Por qué dice el anuncio que los Fax Fujitsu hablan el mismo idioma que el lector?
3. ¿Cuál es el modelo pequeño?
4. ¿Qué tipo de papel utiliza el dex 455?
5. ¿Qué ofrece la Fujitsu?
6. ¿Cuál es uno de los lemas de la Fujitsu?

Facsímiles **dex** de FUJITSU

Los Fax Fujitsu se entienden a la primera. Porque el display, el teclado y hasta el manual están en castellano.

Y hay un Fax Fujitsu para cada necesidad. Desde el pequeño dex 11 con las prestaciones de los grandes como marcación automática, 16 tonos de gris, display, etc. Hasta el dex 455, que utiliza papel normal. Y todos con la garantía tecnológica y el buen servicio Fujitsu.

Facsímiles Fujitsu. Hablan tu mismo idioma.

Tecnología hasta donde lleguen tus sueños

¿Cuántos tipos de fax ofrece Fujitsu?

◆ PRÁCTICA COMUNICATIVA

14-4 Entrevista. Interview a classmate using the following questions, then exchange roles.

1. ¿Usas una computadora para hacer tus trabajos universitarios? ¿Qué clase de computadora es?
2. ¿Qué programa de computadora usas? ¿Te gusta o no te gusta?
3. ¿Tienes un contestador automático en tu casa o apartamento?
4. ¿Con qué frecuencia usas los cajeros automáticos?
5. ¿Con qué frecuencia usas el fax? ¿Qué opinas de esta máquina?
6. ¿Tienes un teléfono inalámbrico en tu casa o apartamento? ¿Cuáles son las ventajas y desventajas de este tipo de teléfono?

14–5 Aparatos. In small groups discuss the office/home appliances listed below. Begin the conversation with each person expressing his/her opinion about the following.

- ¿Cuál es el aparato más útil? ¿Por qué?

- ¿Cuál es el aparato menos útil? ¿Por qué?

- ¿Cuál es el aparato más divertido? ¿Por qué?

- ¿Cuál es el aparato menos divertido? ¿Por qué?

1. el contestador automático
2. el fax
3. la calculadora
4. la videograbadora
5. los teléfonos portátiles

 Estructuras

1. The Present Perfect Subjunctive

- The present perfect subjunctive is formed with the present subjunctive of the auxiliary verb **haber** + *past participle*.

	Present Subjunctive	**Past Participle**
yo	haya	
tú	hayas	tomado
Ud./él/ella	haya	comido
nosotros(as)	hayamos	vivido
vosotros(as)	hayáis	
Uds./ellos/ellas	hayan	

(Our discussion of the Present Perfect Subjunctive continues on the following page.)

● The present perfect subjunctive is, as its name suggests, a combination of the present perfect and the subjunctive. Thus, the present perfect subjunctive is used when the conditions for using the subjunctive are met and the speaker is referring to a completed event that has some bearing on the present. Generally, the verb in the main clause is in the present tense.

Dudamos que **hayan comprado** una computadora.	**We doubt** that **they have bought** a computer.
¿**Crees** que Anita **haya estudiado** para el examen?	**Do you believe** that Anita **has studied** for the test?
Espero que Pepe **se haya comunicado** por fax con Rodrigo.	**I hope** that Pepe **has communicated** with Rodrigo by fax.

◆ PRÁCTICA

14-6 Completar. Complete the following sentences with the correct present perfect subjunctive forms.

1. Dudo que ellos (conseguir) _____ ese modelo de computadora.
2. Lamento que tú no (venir) _____ a ver mi nueva videograbadora.
3. Temo que Juan y él no (poder) _____ arreglar el disco duro.
4. ¡Ojalá que nosotros (copiar) _____ bien el disquette!
5. Ellos sienten que no te (saber) _____ dar las instrucciones del procesador de textos.
6. Es probable que el contestador automático no (funcionar) _____.
7. Es imposible que el técnico (poder) _____ arreglar la impresora.
8. Es una lástima que ustedes no (aprender) _____ a usar un procesador de textos.
9. Niego que el mecánico le (decir) _____ una pequeña mentira.
10. Me sorprende que (descubrir) _____ el virus tan rápido.
11. Es increíble que la fotocopiadora (romperse) _____ en este momento tan crítico.

14-7 El sábado por la noche. You and your roommate have invited some friends to watch a movie on your VCR. You're both wondering whether you've done everything necessary to prepare for the evening. Form sentences with the present perfect subjunctive, using the cues and following the model.

MODELO: nosotros / dudar / Manuel / ir a buscar / video
Nosotros dudamos que Manuel haya ido a buscar el video.

1. Pepe / no creer / Luisa / invitar / Mari Carmen
2. nosotros / no pensar / Ramiro / conseguir / película
3. Marcos / no estar seguro de / tú / venir a ver / video
4. Alfonso y Adolfo / esperar / Guille / traer / refrescos
5. Juana y Eloísa / dudar / Pedro / preparar / sándwiches
6. Aida y Marisa / no creer / Pablo / arreglar / videograbadora
7. yo / esperar / Manuel / limpiar / apartamento
8. todos nosotros / desear / invitados / pasar un buen rato

14-8 Reacciones. Imagine that you are the manager of a small office who has been away for several days. Your assistant reports to you what happened while you were gone. React positively or negatively to the statements, according to the cues and following the model.

MODELO: Ayer instalamos todos los programas de hoja electrónica en la computadora.
   / Es bueno → Es bueno que hayan instalado los programas de hoja electrónica en la computadora.

1. Ayer calculamos todos los gastos de la oficina.
   / Es fabuloso
2. La secretaria no escribió a máquina las cartas.
   / Es malo
3. Esta mañana enviamos un fax a los vendedores.
   / Es bueno
4. Ayer se dañó la fotocopiadora de la oficina.
   / Es un desastre
5. Yo terminé el informe sobre los ingresos mensuales.
   / Es fantástico
6. Esta mañana instalamos la base de datos en la computadora.
   / Es maravilloso
7. El martes compré unos teléfonos portátiles.
   / Es bueno

◆ PRÁCTICA COMUNICATIVA

14-9 Mis vacaciones. Describe your last vacation trip to a classmate. Have him/her react using the present perfect subjunctive as in the models, then switch roles.

MODELOS: En mis últimas vacaciones estuve en la selva del Amazonas.
   —Es fabuloso que hayas estado en la selva del Amazonas.
   —Un día fuimos a cazar cocodrilos y yo cacé cinco cocodrilos.
   —¡No es verdad! No creo que hayas cazado cocodrilos.

14-10 Espero que... With a partner, discuss three things that you wish to have done by the end of the year. Then tell your partner what you wish he/she will have done by the end of the year. Follow the model.

MODELO: Para fin de año, quiero tener un trabajo nuevo.
   Para fin de año, espero que hayas comprado una nueva computadora.

A PROPÓSITO... **La tecnología y el idioma**

Podríamos decir que mientras la tecnología avanza a un ritmo muy acelerado, éste no es el caso con el idioma que tiene que adaptarse constantemente a los inventos que surgen todos los días. Debido a que una gran mayoría de los nuevos productos electrónicos provienen de países industrializados como los Estados Unidos, Canadá y algunos países de Europa, con frecuencia se utilizan anglicismos o extranjerismos *(foreign words)* en español para nombrar estos inventos. En esta lección hemos presentado algunos, como **fax, cómpact disc** y **disquette.** A continuación ofrecemos una lista de otros aparatos o instrumentos que se denominan mediante anglicismos.

módem	estéreo
cassette	láser
sóftware	monitor

Con frecuencia los aparatos electrónicos varían de nombre de país en país. En España, por ejemplo, se dice "ordenador" para referirse a una computadora. En ciertos países de América Latina también se dice "computador" o "microcomputador."

¡Vamos a comparar!

¿Puedes nombrar algunas palabras que se usan en inglés que vienen de otros idiomas? ¿Qué palabras o expresiones que se usan en inglés vienen del español?

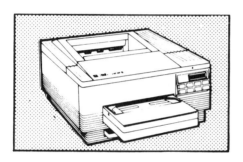

HP LaserJet III

214.000 pts.

8 páginas por minuto. 300 ppp. de Resolución Mejorada. Tipos escalables hasta de 999 puntos en incrementos de cuarto de punto. Estándar del mercado en tecnología láser.

Ya no se concibe un PC sin Microsoft Windows. La nueva versión 3.1 lo hace más fácil y productivo.

Soporte Técnico Gratuito

™

DISPONEMOS DE OTRAS BUENAS OFERTAS

── CARACTERÍSTICAS COMUNES ──

- Caja minitower.
- Memoria RAM de 1 Mb.
- Floppys de 5 1/4" y 3 1/2" alta densidad.
- 2 salidas serie, 1 paralelo, 1 GAME.
- Disco duro de 60 Mb de capacidad real.

- Tarjeta vídeo Super VGA 1 Mb (1.024 x 768).
- Monitor color 14" 1.024 x 768.
- 6 slots libres.
- Sistema operativo DR. DOS 5.0 castellano.
- Teclado expandido. • Ratón.

2. The Subjunctive After Certain Conjunctions

Conjunctions that Always Require the Subjunctive

¿Te cubre tu póliza los préstamos y el crédito?

- Certain conjunctions are always followed by the subjunctive when they introduce a dependent clause, because they express *purpose, intent, condition* or *anticipation*. The use of these conjunctions presupposes that the action described in the dependent clause is uncertain or has not yet taken place.

antes (de) que	before
a fin de que	in order that
a menos (de) que	unless
con tal (de) que	provided (that)
en caso de que	in case
para que	in order that, so that
sin que	without

Díselo **para que** sepa la verdad.	*Tell him **so that** he knows the truth.*
No estudiaremos con ellos **a menos que** lleguen a tiempo.	*We will not study with them **unless** they arrive on time.*
No me enojaré **con tal que** él no trate de hablarme.	*I will not get angry **provided that** he doesn't try to talk to me.*
Llevaré el cuaderno **en caso de que** lo necesite.	*I'll bring the notebook **in case** I need it.*
La veré **antes de que** ella regrese del trabajo.	*I will see her **before** she returns from work.*

- When there is no change in subject, the following prepositions are used with the infinitive: **a fin de, a menos de, antes de, con tal de, en caso de, para** and **sin.**

Tomamos clases **a fin de aprender.**	*We are taking classes **in order to learn.***
No puedes sacar buenas notas **sin estudiar.**	*You cannot get good grades **without studying.***
El equipo practica mucho **para ganar** el campeonato.	*The team practices a lot **in order to win** the championship.*

Conjunctions with Either Subjunctive or Indicative.

- After conjunctions that introduce time clauses, the subjunctive is used because we can't speak with certainty about an action that has not yet taken place. Some conjunctions that introduce time clauses are:

cuando	when
después (de) que	after
en cuanto	as soon as
hasta que	until
luego que	as soon as
mientras que	as long as
tan pronto como	as soon as

Hablaré con él **cuando entre.**	*I will talk to him **when he enters.***
Le diremos la verdad **en cuanto llegue.**	*We'll tell her the truth **as soon as she arrives.***
No te darán más dinero **hasta que seas** más cortés.	*They will not give you more money **until you're** more polite.*

- However, if the action referred to by the time clause is habitual or has already happened, the present or past indicative is used, because we can speak with certainty about things that have already occurred.

  Hablaron con la joven **hasta que se fue.**   *They talked with the young lady until she left.*

  Cuando veo a mi novia me siento muy bien.   *When I see my girlfriend I feel very good.*

Aunque

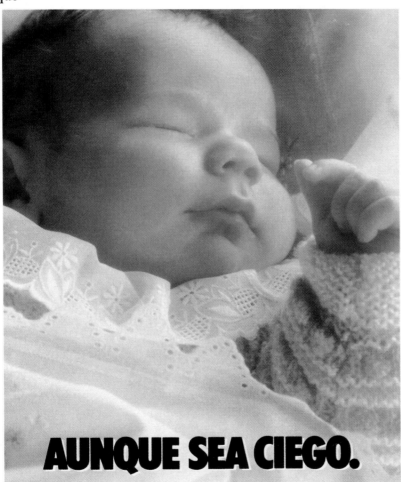

AUNQUE SEA CIEGO.

- The conjunction **aunque** *(although, even if, even though)* is followed by the subjunctive when the speaker wishes to convey uncertainty. If the speaker wishes to express certainty or refer to a completed event, the indicative is used.

  Aunque llueva, iré a verte.   ***Even though it may rain,** I'll go to see you.*

  Aunque es caro, no me gusta.   ***Although it's** expensive, I don't like it.*

  Aunque estabas en la fiesta, no me viste.   ***Although you were** at the party, you didn't see me.*

◆ PRÁCTICA

14-11   ¿Indicativo o subjuntivo? Complete the sentences with the appropriate indicative or subjunctive form of the verbs in parentheses.

1. Compraré una computadora cuando (tener) _____ dinero.
2. Te voy a enseñar la videograbadora con tal de que (venir) _____ a casa.
3. Ayer instalamos la fotocopiadora después de que tú (llegar) _____ del trabajo.
4. Harán la cuenta tan pronto como (conseguir) _____ una calculadora.
5. ¿Me enviará usted un fax antes de que ellos me (llamar) _____ por teléfono?
6. Les voy a comprar una computadora para que ellos (poder) _____ hacer su trabajo.
7. Hablé con Mario cuando él (volver) _____ de su clase de computación.
8. Ellos aprenderán a usar las computadoras luego que tú les (explicar) _____ cómo usarlas.
9. No vimos nada en la pantalla aunque ya la (arreglar) _____ .

14-12   Completar. Complete the following phrases with personal information, using the indicative or subjunctive as appropriate.

MODELO: Estudiaré español hasta que...
           Estudiaré español hasta que pueda hablarlo tan bien como un mexicano.

1. Seré feliz cuando...
2. Buscaré un trabajo tan pronto como...
3. Mis amigos(as) y yo nos iremos de vacaciones en cuanto...
4. Mi familia celebrará las navidades aunque...
5. No seré millonario(a) hasta que...
6. Esta noche voy a estudiar cuando....
7. Siempre me duermo después que...
8. Por lo general, yo no salgo de casa hasta que...

◆ PRÁCTICA COMUNICATIVA

14-13   Mis planes para hoy. Discuss your plans for the day with a classmate. Have your partner say what he/she will do in the same situation. Use the incomplete phrases given as a starting point for your conversation. Follow the model.

MODELO: Voy a estudiar tan pronto como...
           —Voy a estudiar tan pronto como llegue a casa.
           —Yo no quiero estudiar. Tan pronto como llegue a casa me voy a acostar.

1. Voy a cenar en cuanto...
2. Voy a ver la televisión cuando...
3. Voy a hacer mi tarea antes de que...
4. Voy a hablar con mis amigos después de que...
5. Voy a salir con mi novio(a) cuando...
6. Voy a dormir hasta que...

¡EL ESPAÑOL EN ACCIÓN!

CHRIS CRAWLEY

Vice President, Technical Services
FIDUS INSTRUMENT CORPORATION, Richmond VA

Electrical Engineering, Norwood Technical College, 1971

In 1984, Chris was appointed sales manager for Latin America for Fidus Instrument Corporation. Though he does not conduct all of his business in Spanish, his limited knowledge of the language and culture has enabled him to build better relationships with customers, many of whom have become good friends.

"I travel throughout Latin America three or four times per year. Though I am only now beginning to study Spanish formally in an evening program, I can already obtain almost anything I want abroad in terms of transportation, meals, and essential information. I enjoy the diversity of cultures, peoples, and geography throughout the world, specifically in Central and South America, and the Caribbean..."

Chris Crawley

14-14   Entrevista. Find a partner and interview each other about your future plans. Use the questions and the given cues. Follow the model.

MODELO: ¿Cuándo vas a casarte? (cuando)
         Voy a casarme cuando tenga mucho dinero.

1. ¿Cuándo vas a graduarte? (después de)
2. ¿Cuándo comprará tu familia un coche? (tan pronto como)
3. ¿Cuánto tiempo vas a estudiar español? (hasta que)
4. ¿Cuándo vas a saber usar la computadora de tu hermano? (en cuanto)
5. ¿Cuándo buscarás un(a) novio(a)? (luego que)
6. ¿Cuándo tendrás suficiente dinero? (después de)

¡Así es la vida!

El medio ambiente: Hablan los jóvenes

Entre los jóvenes de Hispanoamérica de hoy día existe una preocupación por la protección del medio ambiente. Esto se debe en gran parte al hecho de que los países hispanos se encuentran en pleno desarrollo industrial y que los gobiernos se han preocupado muy poco por proteger los recursos naturales de sus países. A continuación se presentan las opiniones de varios jóvenes residentes en diferentes países del mundo hispano.

Liliana Sánchez Sandoval. El gran problema de la Ciudad de México es el de la contaminación del aire. Aquí hay más de 20 millones de habitantes y la contaminación que producen los carros y los camiones es algo serio. Imagínense que los expertos dicen que respirar el aire de nuestra ciudad cada día equivale a fumar un paquete de cigarrillos. Si el gobierno tomara medidas más fuertes, podríamos comenzar a resolver el problema.

María Isabel Cifuentes Betancourt. El cólera en algunos países de nuestro hemisferio ha alcanzado proporciones epidémicas. Hoy día tenemos casos de cólera tanto en América del Sur como en muchos países de América Central. La causa principal de esta enfermedad es la contaminación del agua. Mucha gente bebe agua que está contaminada con deshechos humanos y contrae esta enfermedad. Si la gente practicara mejores medidas de higiene, no existiría esta enfermedad.

Fernando Haya Bustamante. Uno de los principales problemas de Costa Rica es la despoblación forestal. Hace unos treinta años, el cincuenta por ciento de nuestro país estaba cubierto de bosques tropicales. Hoy sólo tenemos un diez por ciento. Los bosques y las selvas tropicales son esenciales para la producción de oxígeno. Nosotros no tendríamos este problema, si el gobierno controlara el desarrollo industrial y la explotación de los bosques.

¡ASÍ LO DECIMOS!

Problemas que afectan el medio ambiente

la basura	*garbage*
la contaminación	*pollution, contamination*
la despoblación forestal	*deforestation*
los deshechos	*waste, trash*
la lluvia ácida	*acid rain*
la radioactividad	*radioactivity*

El medio ambiente

el aire	*air*
la atmósfera	*atmosphere*
la naturaleza	*nature*

Otros sustantivos

el basurero	*trash/garbage can*
la energía	*energy*
la escasez	*shortage*
la fábrica	*factory*
la fuente	*source, fountain*
el humo	*smoke*
la medida	*measure*
la multa	*fine*
la planta nuclear	*nuclear plant*
el petróleo	*oil*
el reciclaje	*recycling*
la repoblación forestal	*reforestation*
el recurso natural	*natural resource*

Verbos

arrojar	*to throw out*
conservar	*to save*
consumir	*to consume, use*
contaminar	*to pollute*
emprender	*to undertake*
extender (ie)	*to expand*
multar	*to fine*
proteger	*to protect*

Adjetivos

industrial	*industrial*
mandatorio(a)	*mandatory*

¡A ESCUCHAR!

Hablan los jóvenes. You will hear the opinions that appear in **¡Así es la vida!** (page 474). Indicate whether the statements that follow are **Cierto** or **Falso.** You will hear the correct answers on the tape.

	Cierto	Falso		Cierto	Falso
1.	___	___	5.	___	___
2.	___	___	6.	___	___
3.	___	___	7.	___	___
4.	___	___			

◆ PRÁCTICA

14-15 Emparejar. Match the problems listed in column A with the solutions in column B.

	A		B
_____ 1.	la contaminación del aire	a.	usar basureros en el parque
_____ 2.	la despoblación forestal	b.	no lavar frecuentemente el coche
_____ 3.	arrojar botellas a la calle	c.	conservar electricidad
_____ 4.	los deshechos industriales	d.	multar las fábricas
_____ 5.	la escasez de energía	e.	establecer programas de reciclaje
_____ 6.	la escasez de agua	f.	plantar árboles
_____ 7.	echar basura en el parque	g.	programa de inspección de emisiones de coche

14-16 Completar. Complete the following statements with words and expressions from **¡Así lo decimos!**

1. _____ es un producto con el cual se produce la gasolina.
2. Los automóviles y las fábricas producen la mayor parte de la _____ de la atmósfera.
3. _____ es uno de los problemas que resultan del uso de plantas nucleares.
4. Los bosques, el aire y la naturaleza son parte de _____.
5. El proceso por medio del cual reusamos productos y materiales es _____.
6. Para prevenir la contaminación del medio ambiente, es necesario imponer _____ a las fábricas que contaminan la atmósfera.

◆ PRÁCTICA COMUNICATIVA

14-17 Preguntas y respuestas. Pair up with a classmate and ask each other the following questions.

1. ¿Crees que la contaminación del medio ambiente es un problema serio? Explica.
2. ¿Crees que un programa de reciclaje debe ser mandatorio?
3. ¿Hay un sistema de transporte público en tu ciudad? Explica.
4. ¿Qué ideas tienes para conservar energía?
5. ¿Cuál es tu opinión sobre la energía nuclear?
6. ¿Crees que el gobierno debería tomar medidas más fuertes para proteger el medio ambiente? Explica.

14-18 Una mesa redonda. In groups of four, discuss one of the environmental issues listed below (or one more appropriate for the place where you live). Be sure to discuss the pros and cons of any proposed programs or those already in effect.

- los deshechos químicos
- la contaminación de los ríos
- la despoblación forestal
- los deshechos radioactivos
- la escasez de agua

A PROPÓSITO... Los problemas que afectan el medio ambiente

Los países hispanos de la América Latina hoy día sufren de serios problemas ecológicos. Las causas más importantes de estos problemas son la super-población, la industrialización desenfrenada *(rampant)* y la falta de recursos económicos. A continuación se resumen algunos de los problemas más graves.

La superpoblación. Se calcula que para el año 2.000 Hispanoamérica tendrá más de 360 millones de habitantes. El crecimiento de la población de estos países es tres veces mayor que el de los países industrializados. Los expertos piensan que este crecimiento creará aún más congestión en las grandes ciudades y hará más difícil el control de la contaminación ambiental.

La contaminación de la atmósfera. Las grandes ciudades de Hispanoamérica sufren de niveles muy altos de contaminación atmosférica. Debido a que los automóviles y las fábricas pueden funcionar sin aparatos de filtración, en muchas ciudades se hace difícil respirar. Los expertos opinan, por ejemplo, que la Ciudad de México es la capital más contaminada del mundo. Respirar el aire de esta ciudad durante un día es el equivalente a fumar un paquete de cigarrillos.

La destrucción del Amazonas. Se calcula que todos los días unos 50.000 acres son destruidos en la región amazónica. Esta destrucción es causada en mayor parte por grupos pequeños de agricultores que talan *(raze)* los bosques para obtener tierras donde sembrar sus cultivos. Pero una vez destruida la selva, el suelo sólo es productivo por dos o tres años. Hoy día hay varias organizaciones inter-nacionales dedicadas a tratar de salvar la selva amazónica.

¡Vamos a comparar!

¿Cuáles son algunos de los problemas ecológicos más serios en tu comunidad? ¿De qué manera piensas tú que se pueden solucionar?

Contaminación atmosférica en la ciudad de México.

3. The Imperfect Subjunctive

UPS United Parcel Service
Tan seguro como si lo llevara Vd. mismo.

- The Spanish imperfect subjunctive has two conjugations: one form has **-ra** endings and the other **-se** endings. The **-ra** form is more common in daily conversation, while the **-se** form is considered more formal and used primarily in the written language. The same endings are used for **-ar, -er** and **-ir** verbs.

- The imperfect subjunctive of regular and irregular verbs is formed by dropping the **-ron** ending of the third person plural form of the preterite and adding the endings below.

-ra form		-se form	
-ra	-ramos	-se	-semos
-ras	-rais	-ses	-seis
-ra	-ran	-se	-sen

- A written accent is required on the first person plural of both imperfect subjunctive forms.

arregl**á**ramos   arregl**á**semos
contrat**á**ramos   contrat**á**semos
pusi**é**ramos   pusi**é**semos

- The following chart shows the imperfect subjunctive forms of some common regular and irregular verbs.

Infinitive	3ʳᵈ Person Plural Preterite	1ˢᵗ Person Singular Imperfect Subjunctive
tomar	toma**ron**	toma**ra, -se**
beber	bebie**ron**	bebie**ra, -se**
escribir	escribie**ron**	escribie**ra, -se**
caer	caye**ron**	caye**ra, -se**
conducir	conduje**ron**	conduje**ra, -se**
decir	dije**ron**	dije**ra, -se**
estar	estuvie**ron**	estuvie**ra, -se**
ir	fue**ron**	fue**ra, -se**
poner	pusie**ron**	pusie**ra, -se**
querer	quisie**ron**	quisie**ra, -se**
tener	tuvie**ron**	tuvie**ra, -se**
traer	traje**ron**	traje**ra, -se**

- The imperfect subjunctive is required under the same conditions as the present subjunctive. However, the imperfect subjunctive is used to refer to events that were incomplete (in the future) to a past event. Compare the sentences below to the time line.

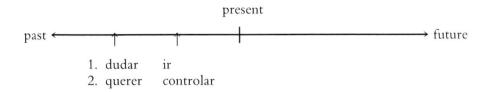

1. **Dudaba** que Ángela **fuera** a la reunión.
2. Ella **quería** que el gobierno **controlara** la contaminación.

1. *I doubted that Angela **was going** to the meeting.*
2. *She **wanted** the government **to control** pollution.*

⊙ NOTES ON USAGE

- A common use of the imperfect subjunctive is to make polite requests or statements. In such instances the forms of the verbs **querer, poder** and **deber** are used. Note the following examples.

  Quisiera pedir una sopa de pollo, por favor.
  ¿Pudiera prestarme un poco de dinero, Paco?
  Debiéramos salir temprano.

  *I **would like** to order some chicken soup, please.*
  ***Could you** lend me some money, Paco?*
  *We **should** leave early.*

◆ PRÁCTICA

14-19 ¡A practicar! Practice the Spanish imperfect subjunctive forms of the following verbs.

1. tú / caminar, beber, salir
2. usted / contaminar, vivir, dormirse
3. él / conservar, resolver, estar
4. nosotros / proteger, consumir, sentarse
5. ellas / emprender, arrojar, vestirse
6. yo / multar, escribir, sentirse

14-20 La conferencia. An environmental expert gave a talk to your class about how to protect the environment better. Summarize his suggestions by changing the infinitives to the imperfect subjunctive. Follow the model.

MODELO: El señor quería que…

　　　　　…yo reunirme con Uds. para explicarles sus ideas →

　　　　　El señor quería que yo me reuniera con ustedes para explicarles sus ideas.

1.　…nosotros consumir menos energía
2.　…la clase emprender un programa de reciclaje
3.　…todos los estudiantes proteger el medio ambiente
4.　…los científicos resolver el problema de la contaminación del aire
5.　…todo el mundo no arrojar basura en el parque
6.　…la ciudad empezar un programa de repoblación forestal
7.　…el senado de la universidad escribir una carta a nuestro representante
8.　…la población ser más consciente de nuestros recursos naturales

14-21 La mesa redonda. Report what happened at a round table on the environment. Complete the statements with the correct form of the verbs in parentheses.

1.　José Antonio dudaba que nosotros (poder) _____ buscar otras fuentes de energía.
2.　Adela temía que el gobierno (construir) _____ más plantas nucleares.
3.　Pilar quería que los representantes (tomar) _____ medidas más fuertes.
4.　Juan y yo no creíamos que el problema de la lluvia ácida (ser) _____ tan serio.
5.　Un profesor lamentaba que (haber) _____ tanto tráfico en las ciudades.
6.　Ana y Joaquín sentían que sus hijos no (saber) _____ nada de la contaminación.
7.　Yo esperaba que nosotros (hacer) _____ más para proteger el ambiente.
8.　Todos insistieron en que nosotros (emprender) _____ un programa de reciclaje.

◆ PRÁCTICA COMUNICATIVA

14-22 Cuando era niño(a). Get together with a classmate and ask each other the following questions about your childhood. Use the imperfect subjunctive in your answers.

1.　¿Qué querían tus padres que hicieras en la casa?
2.　¿Qué te prohibían que vieras?
3.　¿Qué te sugerían que hicieras en la escuela?
4.　¿Cómo deseaban tus padres que comieras?
5.　¿Qué profesión esperaban tus padres que estudiaras?
6.　¿Qué te pedían tus maestros que hicieras?

14-23   Hace cinco años. Pair up with a classmate and discuss how you felt about the following situations five years ago. Follow the model.

MODELO: Yo quería que mis amigos... →
          Hace cinco años yo quería que mis amigos me prestaran más
          atención.

1. Yo sentía que mi profesora favorita...
2. Yo quería que mi mejor amigo(a)...
3. Yo dudaba que mis padres...
4. Yo temía que la gente...
5. Yo me alegraba de que mi novio(a)...
6. Yo esperaba que todo el mundo...

4. The Pluperfect Subjunctive

- The pluperfect subjunctive is formed with the imperfect subjunctive of the auxiliary verb **haber** + *past participle*.

	Imperfect Subjunctive	**Past Participle**
yo	**hubiera**	
tú	**hubieras**	**tomado**
Ud./él/ella	**hubiera**	**comido**
nosotros(as)	**hubiéramos**	**vivido**
vosotros(as)	**hubierais**	
Uds./ellos/ellas	**hubieran**	

(Our discussion of the Pluperfect Subjunctive continues on the following page.)

● The pluperfect subjunctive is used in dependent clauses under the same conditions as the present perfect subjunctive. However, the pluperfect subjunctive is used to refer to events that occurred prior to another past event. Compare the sentences below to the time line.

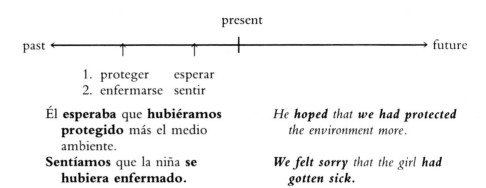

present

past ←————————————————————————————→ future

1. proteger   esperar
2. enfermarse sentir

Él **esperaba** que **hubiéramos protegido** más el medio ambiente.

He **hoped** that **we had protected** the environment more.

Sentíamos que la niña **se hubiera enfermado**.

We **felt sorry** that the girl **had gotten sick**.

◆ PRÁCTICA

14-24   Cambiar. Change the following sentences from the imperfect subjunctive to the pluperfect subjunctive.

1. Esperábamos que empezaran un programa de reciclaje.
2. Era imposible que esos países resolvieran el problema de la contaminación atmosférica.
3. No creían que nosotros protegiéramos el medio ambiente.
4. No pensaba que nuestro gobierno tomara medidas más fuertes.
5. Era probable que esa fábrica contaminara el aire.
6. El reportero no creía que multaran al dueño de la fábrica.
7. Dudaban que les escribieras cartas a nuestros representantes.
8. Temían que hubiera una epidemia de cólera.

14-25   ¡No es cierto! Indicate that the following actions, which presumably took place last month, did not really happen. Follow the model and use the pluperfect subjunctive.

MODELO: Carlos y Anita salieron a bailar. →
         No era cierto que Carlos y Anita **hubieran salido** a bailar.

1. Pedro se fue de vacaciones a Mongolia.
2. El profesor Ramírez se enfermó gravemente.
3. María y Lola sacaron notas muy malas en español.
4. La señora Sánchez perdió su billetera en el Teatro Nacional.
5. Eduardo y Pepe tuvieron una discusión muy animada.
6. Marisa obtuvo un empleo en una fábrica de zapatos.
7. Los estudiantes universitarios protestaron en contra de la contaminación del aire.
8. Mario se ganó un millón de dólares en la lotería.

◆ PRÁCTICA COMUNICATIVA

14-26 ¡Ojalá que…! With a classmate, discuss things that you wish had happened in the past few weeks. Follow the model.

MODELO: ¡Ojalá que…!
         ¡Ojalá que yo hubiera sacado una buena nota en el examen de español!

5. The Indicative or Subjunctive in If-Clauses

Simple If-Clauses

¿Te interesa la oferta?

- An if-clause states a condition that must be met in order for something to occur. The verb in a simple if-clause is usually in the present indicative, while the verb in the result clause is in the present or future tense.

Si **vas** al parque, **iré** contigo.	If **you go** to the park, **I'll go** with you.
Si **trabajas** muy fuerte, **vas a ganar** mucho dinero.	If **you work** very hard, **you'll earn** a lot of money.
Si **quieres, veremos** la película.	If **you want, we'll see** the movie.

Contrary-to-Fact Conditional Clauses

- When an if-clause contains implausible or contrary-to-fact information, the imperfect subjunctive is used in the **si** clause and the conditional tense is used in the result clause.

Si **tuviera** mucho dinero me **compraría** un Porsche.	If **I had** a lot of money **I would buy** myself a Porsche.
Si **fuéramos** a la piscina, la **veríamos.**	If **we went** to the pool, **we would see** her.
Sacaría mejores notas, **si estudiaras** conmigo.	**I would get** better grades, if **you studied** with me.

- Note that a conditional clause does not have a fixed position in the sentence; it may appear at the beginning or end of the sentence.

- When the if-clause containing contrary-to-fact information describes a past action, the pluperfect subjunctive is used in the **si** clause, while the conditional perfect is used in the main clause.

Si **hubiera tenido** dinero, **habría comprado** una corbata.	If **I had had** money, **I would have bought** a tie.
Si no **hubiéramos gastado** tanta agua, **habríamos tenido** suficiente para lavar la ropa.	If **we had not wasted** so much water, **we would have had** enough to wash the clothes.

◆ PRÁCTICA

14-27   Cambiar. Change the following sentences to reflect contrary-to-fact situations. Follow the model.

MODELO: Si hace fresco, voy al parque.
         Si hiciera fresco, iría al parque.

1. Si hay petróleo, seremos ricos.
2. Si tengo frío, me pongo un abrigo.
3. Si quieres conseguir un puesto, lee los avisos clasificados.
4. Si estamos cansados, nos sentamos a descansar.
5. Si te sientes mal, tomas una aspirina.
6. Si tienen mucha fiebre, llaman al médico.

14-28   Los comentarios de Lupe. Even though Lupe has never been in any of the following situations, she has an opinion about everything. Complete her statements with the correct form of the verbs in parentheses.

1. Si yo (ver) _____ a una persona arrojando basura en el parque, yo (llamar) _____ a un policía.
2. Si mi hermana (ser) _____ menos materialista, (dedicarse) _____ a combatir la deforestación.
3. Si mi primo Andrés (consumir) _____ mucha electricidad en su casa, yo le (sugerir) _____ un cambio de estilo de vida.
4. Si mis padres (tener) _____ otra alternativa, no (trabajar) _____ en una planta nuclear.
5. Si los norteamericanos (querer) _____ proteger el medio ambiente, (usar) _____ menos petróleo.
6. Si a nosotros (preocuparse) _____ nuestro planeta, (proteger) _____ más nuestros recursos naturales.

14-29   Ya es muy tarde. An environmentalist is proposing a series of measures to help control pollution in a particular area, but it's already too late. Nevertheless, we want to say what could have been done if he or she had been consulted earlier.

MODELO: Si el presidente emprende un programa de repoblación forestal, no
         tendrán el problema de la deforestación. →
         Si el presidente hubiera emprendido un programa de repoblación forestal, no habrían tenido el problema de la deforestación.

1. Si ahorran electricidad, conservarán energía.
2. Si usan menos los carros, resolverán el problema de la contaminación.
3. Si el gobierno aprueba leyes más fuertes, podrán proteger mejor los recursos naturales.
4. Si el gobierno no construye plantas nucleares, no habrá accidentes catastróficos.
5. Si los habitantes practican medidas higiénicas, no existirá el cólera.
6. Si el presidente desea cambiar la situación, podrá mejorar el medio ambiente.

◆ PRÁCTICA COMUNICATIVA

14–30   Si yo fuera… Pair up with a classmate and tell each other what you would do in the following situations. Follow the model.

MODELO: Si yo fuera el profesor…
              Si yo fuera el profesor, daría menos exámenes.

1. Si yo me ganara la lotería…
2. Si tuviera un Mercedes Benz…
3. Si mi novio(a) saliera con otra(o)…
4. Si aprendiera bien el español…
5. Si fuera famoso(a)…
6. Si viviera al lado del mar…
7. Si estuviera en España…
8. Si pudiera graduarme este año…

14–31   ¿Qué harías? Find a partner and ask each other the following questions.

1. ¿Qué harías si tu carro se dañara?
2. ¿Qué dirías si tus padres no te dieran dinero para tus estudios?
3. ¿Qué harías si quisieras salir con un(a) chico(a) que no conoces?
4. ¿Qué pensarías si vieras a tu mejor amigo(a) usando drogas?
5. ¿Adónde irías si tuvieras mucho tiempo libre?
6. ¿Qué harías si te graduaras hoy de la universidad?

Si te ganaras esta lotería,
¿qué harías con el dinero?

SÍNTESIS
¡Al fin y al cabo!

◆ ¡A REPASAR!

14-32 Emparejar. Match the items in Column A with related words or expressions in Column B.

	A		B
_____ 1.	la pantalla	a.	el disquette
_____ 2.	copiar	b.	el aire
_____ 3.	arrojar	c.	el humo
_____ 4.	la fábrica	d.	el televisor
_____ 5.	el disco duro	e.	el teléfono
_____ 6.	el cajero automático	f.	la fotocopiadora
_____ 7.	la atmósfera	g.	el dinero
_____ 8.	el contestador automático	h.	los deshechos

14-33 Un editorial. Complete the following excerpt from a newspaper editorial about the dangers of pollution and technology, using words and expressions you have learned in this chapter. In some instances, there may be more than one possible answer.

Los dos fenómenos que amenazan la destrucción de la tierra son la tecnología y la contaminación descontrolada del _____. Por un lado la tecnología nos ha dado numerosos aparatos electrónicos, como _____ y _____ que hacen nuestra vida más entretenida, y también _____ y _____, que hacen más fácil las comunicaciones. Pero no debemos hacernos ilusiones. Mientras más dependamos de la tecnología, más abusaremos de los recursos _____ que tiene nuestro planeta. ¿Saben Uds. que hoy día consumimos veinte veces más papel que hace diez años? ¿Y quién tiene la culpa? Pues claro que son las máquinas _____ que hoy día abundan en la oficinas. El _____ de papel es tan grande que estamos contribuyendo a la _____ de los bosques. ¡Muy pronto los bosques de Norteamérica y Suramérica serán desiertos si no se toman _____ para controlar el consumo del papel.

14-34   Subjuntivo o indicativo. Complete the following sentences with the appropriate form and tense of the verb.

1. Traje mi computadora portátil para que tú la (usar) _____.
2. Trata de salir de la hoja electrónica sin (perder) _____ información.
3. Aunque no (venir) _____ el técnico mañana, tenemos que terminar el proyecto.
4. Estudié matemáticas para (poder) _____ trabajar en el campo de las ciencias.
5. Espero irme temprano de la clase de computación, sin que el profesor me (ver) _____.
6. Vendré a las ocho mañana, con tal de que Ud. me lo (permitir) _____.
7. Terminamos de usar la calculadora antes de (empezar) _____ otra tarea.
8. En caso de que (romperse) _____ la pantalla, tenía una extra.
9. En cuanto (terminar) _____ de fotocopiar el documento, mi jefe apagó la máquina.
10. Me prometió traer un teclado nuevo, cuando (llegar) _____ de su viaje.

14-35   Completar. Complete the sentences, following the model.

MODELO: Si tuviéramos una computadora…
        Si tuviéramos una computadora trabajaríamos más rápido.

1. Si ellos tuvieran un fax…
2. Si yo comprara un teléfono portátil…
3. Si mi calculadora funcionara bien…
4. Si ustedes supieran informática…
5. Si compraras una videograbadora para tu casa…
6. Si usted tuviera un contestador automático…

14-36   Nuestra campaña. Complete the following speech by a leading environmentalist with the correct form of the verbs in parentheses.

Amigos, hasta que el gobierno no (aprobar) _____ leyes para proteger el medio ambiente, nosotros no podremos vivir en paz. Yo creo que tan pronto el gobierno (tomar) _____ medidas para reducir la contaminación del aire, tendremos resultados. Si todos nosotros (hacer) _____ una campaña y le (pedir) _____ al gobierno que (tomar) _____ medidas más fuertes para proteger el ambiente, entonces (poder) _____ lograr un mundo mejor. Gracias.

¡A ESCUCHAR!

La Feria de la Tecnología. You will hear a recording of an announcement for a technological fair that's taking place in Caracas, Venezuela. After it is read, you will hear several statements. Indicate whether they are **Cierto** or **Falso**. You will hear the correct answers on the tape.

Cierto	Falso		Cierto	Falso
1. ____	____	4. ____	____	
2. ____	____	5. ____	____	
3. ____	____	6. ____	____	

14-37 Mis opiniones. Express your opinion about the following issues. Combine the phrases with the conjunction given. Follow the model.

MODELO: No podremos vivir en paz (proteger el medio ambiente—hasta que)
         No podremos vivir en paz hasta que protejamos el medio ambiente.

1. Las fábricas seguirán arrojando deshechos (el gobierno tomar medidas fuertes—a menos que)
2. No habrá escasez de energía (nosotros ahorrar energía—cuando)
3. No echemos basuras en el parque (nosotros tener parques bonitos—para que)
4. Nuestro país no va a tener más problemas de despoblación forestal (tener un plan de repoblación forestal—en cuanto)
5. Todos tenemos que unirnos (ser demasiado tarde—antes que)
6. No podemos reducir el consumo de petróleo (disminuir el uso de automóviles—a menos que)

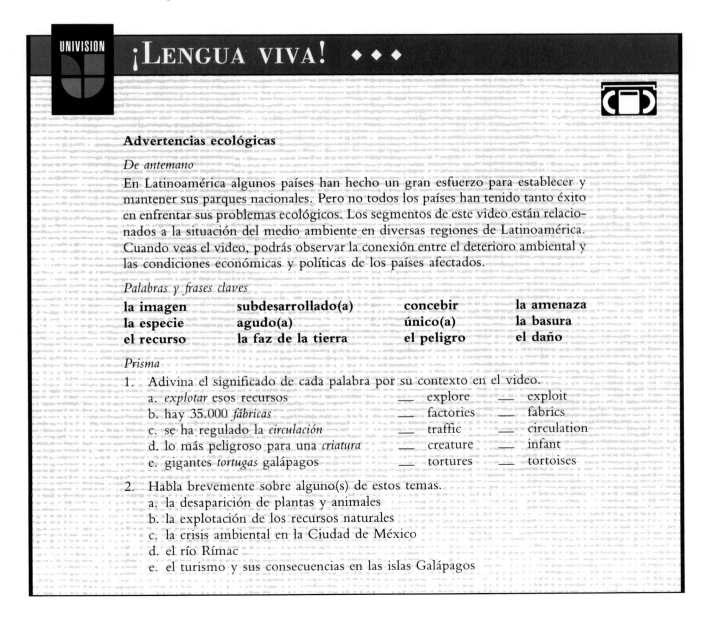

UNIVISION

¡LENGUA VIVA! ◆ ◆ ◆

Advertencias ecológicas

De antemano

En Latinoamérica algunos países han hecho un gran esfuerzo para establecer y mantener sus parques nacionales. Pero no todos los países han tenido tanto éxito en enfrentar sus problemas ecológicos. Los segmentos de este video están relacionados a la situación del medio ambiente en diversas regiones de Latinoamérica. Cuando veas el video, podrás observar la conexión entre el deterioro ambiental y las condiciones económicas y políticas de los países afectados.

Palabras y frases claves

la imagen	**subdesarrollado(a)**	**concebir**	**la amenaza**
la especie	**agudo(a)**	**único(a)**	**la basura**
el recurso	**la faz de la tierra**	**el peligro**	**el daño**

Prisma

1. Adivina el significado de cada palabra por su contexto en el video.
   a. *explotar* esos recursos ___ explore ___ exploit
   b. hay 35.000 *fábricas* ___ factories ___ fabrics
   c. se ha regulado la *circulación* ___ traffic ___ circulation
   d. lo más peligroso para una *criatura* ___ creature ___ infant
   e. gigantes *tortugas* galápagos ___ tortures ___ tortoises

2. Habla brevemente sobre alguno(s) de estos temas.
   a. la desaparición de plantas y animales
   b. la explotación de los recursos naturales
   c. la crisis ambiental en la Ciudad de México
   d. el río Rímac
   e. el turismo y sus consecuencias en las islas Galápagos

◆ ¡A CONVERSAR!

14-38   ¿Qué harías? Ask a classmate what he/she would do in the following situations. Then switch roles.

1.   ¿Qué harías si vieras a una persona arrojando deshechos en el parque?
2.   ¿Qué harías si vieras a alguien fumando en tu cuarto?
3.   ¿Qué harías si se dañara tu computadora?
4.   ¿Qué harías si una persona te llamara por teléfono y no quisieras hablar con ella?
5.   ¿Qué harías si hubiera escasez de agua en tu ciudad?
6.   ¿Qué harías para conservar energía?

14-39   Debate. Form groups of four or six students. Each group should divide into two equal teams and debate the following issues.

●   las ventajas y desventajas de la tecnología moderna

●   las plantas nucleares y el peligro para el medio ambiente

●   la destrucción de la selva del Amazonas

●   la superpoblación en Latinoamérica

14-40   Beneficios de la tecnología. With a partner, discuss the ways the items below have changed our lives.

 **LECTURA** ORIGEN DE LAS RAÍCES CULTURALES HISPANAS
(from *Más* magazine)

◆ ANTES DE LEER

A. Palabras claves. Study the following key words from the reading. Then complete the statements that follow with the most appropriate words or expressions from the list, making any necessary changes.

anexar	*to annex*
el auge	*growth, development*
el barrio	*neighborhood*
conceder	*to grant*
los derechos de propiedad	*property rights*
despojar	*to deprive, to strip away*
la enseñanza	*teaching*
la herencia	*heritage*
el movimiento	*movement*
el peregrino	*pilgrim*
la población	*population, inhabitants*
prohibir	*to prohibit*
la propiedad	*property*

1. Está _____ fumar en ciertas secciones de este restaurante.
2. En los últimos años ha tomado mucho auge en los Estados Unidos _____ del español.
3. Hay ciertos _____ de la ciudad de Los Angeles donde viven muchos hispanos.
4. Los mexicanos que vivían en Texas fueron _____ de sus tierras después de la guerra.
5. La _____ hispana en los Estados Unidos se concentra principalmente en los estados de California, Texas, Florida y Nueva York.
6. Los primeros _____ ingleses llegaron a Norteamérica a comienzos del siglo XVI.

B.   Anticipar. Quickly preview the reading by looking at the photographs and reading the title, subtitles and introduction. Based on the information you already know, answer the following questions to help you anticipate what the article might be about.

1.   Which of the following might best summarize the central theme of the article?
   _____ Conflicts between Hispanics and Native Americans
   _____ Importance of Hispanic sports figures in the U.S.
   _____ Importance of Hispanic culture in a historical and cultural context in the U.S.
   _____ European culture is inferior to Hispanic culture
2.   Identify which of the following might be key ideas presented in the reading.
   _____ Columbus, in spite of his great courage and vision, was a troubled man.
   _____ There was an important Spanish presence in North America since the early 1600s.
   _____ Latino music should be shunned because it is very different from the types of music with which Americans are familiar.
   _____ Hispanic influence in all aspects of daily life, culture and politics in the U.S. is growing.
   _____ Spain contributed greatly to the U.S. in its war of independence.
3.   What important historical events might be mentioned in this article?
   _____ Annexation of Florida to the U.S.
   _____ The Mexican American War
   _____ The First World War
   _____ The Russian Revolution
   _____ The Louisiana Purchase
   _____ The Spanish American War
   _____ The Korean War
4.   List a few of the well-known Hispanic personalities that might be mentioned in the article.
5.   What ideas might the author use to close the article?

C.   Estrategias de lectura. Reading an informative text such as the magazine article included in this selection should be done more slowly and carefully than reading fiction. In every sentence the author provides information that is critical to support the main ideas he/she is trying to present. While reading the article, use the following strategies.

1.   Scan the story for unfamiliar words and expressions. Underline or highlight them. Then try to establish their meaning from context. If this is not possible, consult a dictionary or get help from your instructor.
2.   Underline or highlight the main ideas of each paragraph.
3.   If you don't understand what you are reading, stop and think about what you have read so far. Think about the ideas the author has already presented and about ways in which you may be able to connect them to the passage in question. Reread the sentences you have highlighted to see if you missed anything.
4.   If you still don't understand what you have read, jump ahead and come back to the passage later.

Origen de las raíces culturales hispanas

The following article was published in a special supplement of Más *magazine issued in January-February of 1992 to commemorate 500 years of Hispanic presence and influence in the United States.* Más *was founded in 1989 and is distributed throughout the U.S. to Spanish speakers and readers interested in articles about Hispanic art, culture, politics and entertainment. This article traces the historical roots of the Hispanic presence in the United States and explains how Americans are discovering the continuing growth of this presence in modern times.*

◆ ◆ ◆

A lo largo° de cinco siglos la contribución hispana a la cultura nacional ha sido una corriente subterránea que ahora empieza a expresarse en todo su esplendor.

    A las puertas del siglo XXI y después de quinientos años
5 transcurridos° desde que Colón estableciera una vía de comunicación° entre el Viejo y el Nuevo Mundo, Estados Unidos está redescubriendo su herencia hispana. Entre los hallazgos° figura la presencia hispana en Norteamérica durante el período comprendido entre la llegada de Colón y la de los
10 peregrinos ingleses a Nueva Inglaterra. Este dato° nunca figuró en los textos de historia, como si antes de 1607 el sur de Estados Unidos, desde Florida a California, no hubiera existido.
    En 1803 comenzó la apropiación de un extenso territorio
15 de raíces históricas hispanas. Ese año Estados Unidos prác-

during

having passed
communication link
accomplishments

fact

ticamente dobló su tamaño° al comprar a Napoleón el te-   size
rritorio de Louisiana, que ocupaba 13 estados y que había per-
tenecido a España durante 37 años. En 1819 Estados Unidos
anexó Florida. En 1845 Texas y en 1848, el tratado° de Guada-   the treaty
20 lupe Hidalgo, al final de la guerra México-Americana, cerró
esta expansión estadounidense con la anexión° de lo que en   the annexation
aquel entonces° era casi una tercera parte del territorio mexi-   of what was then
cano.

En 1848 se selló° la suerte de los hispanos en este país. A   sealed
25 pesar de que el tratado de Guadalupe Hidalgo prometía
respetar los derechos de propiedad y conceder la ciudadanía a
todos los habitantes de los territorios, muchos de los granjeros
y rancheros° de origen mexicano, quienes nunca se tomaron la   farmers and ranchers
molestia° de registrar sus propiedades, fueron despojados de la   trouble; bother
30 tierra por los colonos° anglosajones venidos del Este. Los nue-   colonists
vos amos°, quienes apenas unos años antes tenían que pedir   lords; owners
permiso° para entrar, impusieron su ley, su idioma y sus cos-   permission
tumbres.

El "status" de los mexicanos, ahora convertidos en
35 mexicoamericanos, se redujo de inmediato. De dueños°   owners
pasaron a ser jornaleros° y a excepción de los criollos° "ricos"   laborers / creoles
de Nuevo México, fueron segregados y mantenidos aparte de
los blancos anglos. En muchas partes se prohibió el uso del
idioma español.

40 Otro hecho° decisivo en la presencia hispana en Estados   event
Unidos fue la guerra de 1898 en la que España perdió Cuba,
Puerto Rico y las Filipinas. Irónicamente, España había
desempeñado° un papel esencial en la emancipación es-   had played
tadounidense. El español Bernardo de Gálvez derrotó a los
45 ingleses en el Golfo de México y a lo largo del° Mississippi con   all along
tropas compuestas en su mayoría por soldados latinos. Fue
España, más que Francia, la que financió buena parte de las
campañas de la independencia norteamericana. La decisiva
batalla de Yorktown fue financiada en parte con dinero y
50 joyas donados por las damas° de La Habana.   ladies

A pesar de haber sido ignorada por la historia oficial, la
contribución hispana a la formación de Estados Unidos forma
una corriente subterránea que ha resurgido constantemente
en la historia del país a través de múltiples expresiones cul-
55 turales.

Los extraordinarios murales que hoy en día se ven en los
barrios de California son el resultado de la herencia dejada
por Orozco, Rivera y Siqueiros. La llamada música norteña y
tejana que se escucha en el suroeste es una amalgama de rit-

60 mos que incluyen la polca europea, la ranchera mexicana y la
cumbia colombiana. La música de Gloria Estefan es pariente
de los sones de su nativa Cuba. De Cuba también llegaron
Celia Cruz, el mambo y el chachachá.

65 Los detalles desconocidos de esta historia han ido
aflorando° a medida que° la población latina crece y cientos de [*have been uncovering themselves / as*]
miles de inmigrantes siguen llegando en busca de un futuro
mejor. Por ejemplo, ahora se reconoce la importancia de la
participación hispana en todos los conflictos bélicos de este
país, desde la guerra de independencia hasta la del golfo Pér-
70 sico. El hispano es el grupo étnico más condecorado° en los [*decorated with honors*]
anales bélicos de Estados Unidos.

En todos los estados de mayor población hispana existe un
movimiento para reescribir los textos de historia en las escuelas para que los niños sepan que esos hombres que oyen
75 bateando jonrones° y cantando, nombres de pintores, [*batting homeruns*]
escritores y músicos, atletas y políticos, no se encuentran aquí
por pura casualidad°. [*chance*]

Hoy en día los hispanos estamos representados en casi
todos los niveles de la vida nacional. Los más reconocidos son
80 las figuras del mundo deportivo y artístico que han logrado° la [*achieved*]
fama entre los anglosajones, pero hay más. Los hispanos están
presentes en la fuerza laboral°, en el ámbito cultural°, en las [*workforce / cultural circles*]
mesas de votación, en los departamentos de policía, en los
hospitales, en el ejército, en la educación, en los medios de
85 comunicación.

Por lo tanto, no todo lo que brilla° es en inglés. Existe en [*shines*]
ciertas ciudades del país un mundo de estrellas latinas. La
farándula°, como la llamamos —con sus cazadores de [*the movie and theater world / autograph*]
autógrafos°, sus fotoperiodistas al acecho°, sus promotores [*hunters / lying in ambush*]
90 semisiniestros, sus restaurantes de moda, sus entrevistadores
y chismógrafos°,— se desplaza deslumbrante° por un Estados [*gossip columnists / dazzling*]
Unidos que ríe y se divierte todas las noches en español.

Este mundo totalmente hispano, escondido del mundo que
llamamos, por falta de otra palabra, "americano", también
95 comienza a "descubrirse". Quizás, la contribución hispana de
mayor transcendencia para el futuro de esta nación sea el
auge de la enseñanza del idioma español en escuelas y univer-
sidades, en gran parte desempeñado por maestros hispanos.
Apenas vislumbramos° lo que esto puede significar: un país [*we glimpse*]
100 donde latinos y no latinos nos entendamos sin barreras lin-
güísticas, donde aprendamos unos de los otros sin complejos° [*complexes*]
ni prejuicios°, donde el proceso de asimilación se dé en ambas° [*prejudices / both*]
direcciones. Este podría ser el gran Encuentro, el mayor Descubrimiento.

◆ DESPUÉS DE LEER

A.   Preguntas de comprensión. Answer the following questions based on your understanding of what happens in the article.

1. ¿Puedes nombrar algunos de los territorios o estados de lo que hoy son los Estados Unidos que pertenecían a España en los siglos 16 y 17.
2. ¿A qué país pertenecía Texas antes de formar parte de los Estados Unidos?
3. ¿Qué parece ser la intención del autor al explicar cuáles han sido las contribuciones hispanas a la formación de los Estados Unidos?
4. ¿Qué famosos artistas hispanos se mencionan en el artículo?
5. Según el autor, ¿cómo han contribuido los hispanos a las guerras en las que ha participado los Estados Unidos.
6. ¿Por qué se están reescribiendo los textos de historia en los estados de mayor población hispana?
7. ¿Por qué dice el autor que no todo lo que brilla es en inglés?
8. Según el autor, ¿cuál es la contribución hispana más importante para el futuro de los Estados Unidos? ¿Estás de acuerdo?

B.   Temas de discusión. Get together with several classmates and briefly discuss the following topics related to the reading.

1. Traten de explicar por qué se tiende a *(tend to)* ignorar en la historia "oficial" la contribución hispana.
2. Hablen sobre la presencia hispana en su comunidad. ¿De dónde viene la mayoría de los hispanos que viven allí? ¿En qué barrios viven?
3. Comenten sobre artistas, escritores, políticos y personajes hispanos que no se mencionaron en el artículo.
4. Para el año 2.000 los hispanos serán el grupo étnico más numeroso en los Estados Unidos. Comenten sobre las implicaciones de este crecimiento en todos los aspectos de la sociedad norteamericana.

Los hispanos en los Estados Unidos (II):
Los mexicanoamericanos

Clase de educación bilingüe en Phoenix.

Por su cercanía a los Estados Unidos, cientos de miles de mexicanos inmigran todos los años a este país en busca de una vida mejor. Los mexicanoamericanos forman casi el 60% de la población hispana de los Estados Unidos, por lo que constituyen el principal grupo hispano del país. La mayoría vive en los estados de California y Texas, y el resto se concentra en Nuevo México, Colorado, Nevada y Arizona.

Hasta 1848 todo el suroeste de lo que hoy es los Estados Unidos pertenecía a México, así es que podemos decir que los antepasados[1] de los mexicanoamericanos llegaron al suroeste mucho antes que los anglosajones. Hoy día hay aproximadamente nueve millones de mexicanoamericanos viviendo en el suroeste y se espera que para el año 2.000 habrá unos 12 millones.

[1] ancestors

497

TRADICIONES MEXICANAS

El 5 de Mayo: En la ciudad de Los Ángeles, que tiene la población de mexicanoamericanos más alta de los Estados Unidos, tiene lugar una gran celebración en esta fecha con desfiles, ferias y bailes en el barrio latino de la ciudad. El 5 de mayo es el aniversario de la batalla de Puebla, en la que el ejército mexicano derrotó a las fuerzas del ejército francés.

Las Posadas de San Antonio: Todos los años, en la época de Navidad, los habitantes de San Antonio celebran las famosas Posadas. En estas celebraciones, los habitantes se pasean por las calles de la ciudad con velas encendidas anunciando que ofrecen posada a los Reyes Magos y peregrinos que vienen en busca del niño Jesús.

Joven mexicoamericana en un festival de Los Angeles.

Celebración de las Posadas navideñas en San Antonio.

Cesar Chávez,
líder sindical
de los
trabajadores agrícolas.

Típico plato de arroz mexicano.

MINIPRUEBA

Indique si las siguientes oraciones son **Ciertas** o **Falsas.**

1. Los mexicanoamericanos son el grupo de hispanos más pequeño de los Estados Unidos.
2. Muchos mexicanoamericanos viven en Nueva York.
3. Los estados de California y Texas tienen la mayor concentración de mexicano-americanos.
4. El territorio del suroeste de Estados Unidos pertenecía a México antes de 1848.
5. El 5 de mayo se celebra en toda la América Latina.
6. La batalla de Puebla tuvo lugar el 5 de mayo.
7. La tradición de las Posadas se celebra en la época navideña.

ACTIVIDADES

A. Investigación. Con un(a) compañero(a) de clase investiga uno de los siguientes temas en tu biblioteca universitaria. Luego escribe un breve ensayo resumiendo lo que has aprendido.

- César Chávez y la UFWA (United Farm Workers Association)
- las rutas de los conquistadores españoles por el suroeste de los Estados Unidos
- la guerra entre México y los Estados Unidos

B. Entrevista. Entrevista a un(a) mexicoamericano(a) que sea estudiante en tu universidad sobre su experiencia y la de sus padres en este país. Toma apuntes durante la entrevista y prepara una breve presentación oral para la clase.

APPENDIX 1

Translations of *¡Así es la vida!*

LECCIÓN 1

PRIMERA PARTE

Conversation 1

Hi! What's your name?
Hi! My name is Juan Carlos Fernández.
It's a pleasure to meet you. I'm Elena Acosta.
The pleasure is mine.

Conversation 2

Hello. What's your name? (*formal*)
My name is María Luisa Gómez.
It's a pleasure to meet you. I'm Professor López.
Delighted.

Conversation 3

Good morning, Rosa. What's up? How are you?
Fine, Jorge, and you?
So-so.

Conversation 4

Good evening, Mrs. Peñalver. How are you doing?
Pretty well, José Manuel. How are you?
Not very well.
Really? I'm sorry, José Manuel.

Conversation 5

See you tomorrow, Raúl.
Good-bye, Eduardo.

LECCIÓN 2

PRIMERA PARTE

Who am I?

Hi! My name is José Ortiz. I want to introduce my friends to you.

Her name is Isabel Rojas Lagos. She's Argentinean. She is intelligent and very hardworking. She's also very nice. Where are you from?

His name is Daniel Gómez Mansur. He's from Madrid, the capital of Spain. He's tall and thin. What are you like?

Where are you from?

PACO: Where are you from, María?
MARÍA: I'm from Miami, but my parents are from Cuba. And you, where are you from?
PACO: I'm from Puerto Rico.

CARLOS: Are you Colombians?
LUPE: No, we are Venezuelan.
CARLOS: Really? I'm also from Venezuela.
LUPE: Is that right? What city do you come from?
CARLOS: From Maracaibo.
LUPE: Gee! So are we!
CARLOS: What a small world!

SEGUNDA PARTE

What do you do?

I speak Spanish and German, and I'm studying medicine at the University of Chile. Today I have to study a lot because I have a biology exam tomorrow.

I speak Spanish and a little English. I am studying law at the National University and in the evenings I work in a bookstore. Today I have to play soccer with my friends.

I am studying engineering. Tonight my friends and I are going to go dancing in a discotheque. We don't have classes tomorrow.

LECCIÓN 3

PRIMERA PARTE

What subjects are you going to take?

ALBERTO: Hey, Luis! You already have your class
schedule, right?

LUIS: Yes. And you? What subjects are you going to
take?

ALBERTO: My schedule is rather complicated. I'm
going to take five subjects: Algebra, Chemistry,
History, English, and Computer Science.

LUIS: You're crazy! I'm only going to take four subjects this semester... And that's already a lot!

ALBERTO: Are you going to take Professor Smith's
English class?

LUIS: No way, kiddo! It's a very difficult class.

What time is it?

LUISA: Carmen, what time is it?

CARMEN: It's nine o'clock sharp.

LUISA: Really? It's already nine?

CARMEN: Yes, look at the clock.

LUISA: I'm leaving right now. My Biology class is in
five minutes! You don't have class now?

CARMEN: No, on Tuesdays I don't have classes in the
morning.

Where are you going?

ANA: Hi, Roberto! How are you?

ROBERTO: Very well, Ana! And you? Where are you
going?

ANA: I'm going to the foreign language department.
I have French class at quarter after ten.

ROBERTO: But, you're going to take languages?

ANA: Of course, Roberto. In today's world, learning
languages isn't a luxury, it's a necessity.

SEGUNDA PARTE

Where is the bookstore?

It's eleven thirty in the morning. Ana Rosa and Carmen are chatting in a café near the university while
eating a sandwich and drinking a soda.

CARMEN: What are you going to do after lunch?

ANA ROSA: Girl, I have to go to the bookstore to
buy an English-Spanish Dictionary. I need to write
a composition for tomorrow.

CARMEN: And where is the bookstore? I also have to
go tomorrow.

ANA ROSA: It's behind the library. Why don't we go
together now?

CARMEN: No thanks, Ana Rosa. I have to go to my
boyfriend's house now. He's sick and lives very
far away.

LECCIÓN 4

PRIMERA PARTE

A letter

Dan Geary receives a letter from his friend Marilú Suárez, a young Mexican woman who studies at the university with him. Marilú is spending a few days with her family.)

March 10, 1994

Dear Dan:

Here I am with my family in Guadalajara. It's really fabulous to be able to be with them and to rest.

Since you asked about my family, I'll tell you that we are very close. My father is a dentist and my mother works as a professor at a high school. My oldest sister is named Carmen and she is a lawyer. Ernesto is younger than I am and goes to school. Finally, there is the youngest one, my little sister Lucía.

My grandparents, on my father's side, live with us and my Aunt Julia and Uncle Rosendo don't live far away. They have an only child, my cousin Pedrito, who is as mischievous as my brother Ernesto and is as big a nuisance. They are now playing and are making so much noise that I can hardly write. Thank God that I am finishing this letter.

I will return to the university next Sunday. When are you returning? I hope to see you soon.

Love,
Marilú

SEGUNDA PARTE

Among young people

LAURA: Hello?
RAÚL: Yes, I'd like to speak with Laura, please.
LAURA: This is Laura speaking.
RAÚL: Laura, it's Raúl. How are you?
LAURA: Very well. And to what do I owe this surprise?
RAÚL: Well, I'm calling you to see if you want to go to the movies tonight.
LAURA: What are they showing?
RAÚL: At the Rialto Theater they are showing one of your favorite movies, "Tears of love."
LAURA: Yeah! Well, let's go. What time is the show?
RAÚL: It's at seven. I'll come by for you at six thirty.
LAURA: OK!

At a party

1. Do you want to dance, my darling?
   No, dear. There's my boyfriend.
2. That guy is very handsome, isn't he?
   Yes, but he doesn't know how to dance very well.
3. You look so beautiful tonight!
   Thank you, you are also very handsome.
4. The truth is that the party is not very fun. Do you want to go to a café or go for a ride?
   Yes, the party is a bit boring.

LECCIÓN 5

PRIMERA PARTE

The weekend

Scene 1

Karen Banks, Ricardo Rubio, Linnette Ortiz and Scott Breslow study at the University of Puerto Rico. It's Saturday morning. Karen and her boyfriend Ricardo don't know what they are going to do and are reading some announcements that are posted at the Student Center at their university.

RICARDO: Hey, Karen, why don't we go to the basketball game?

KAREN: I don't know. It's nice out today and I don't want to be inside a gym.

RICARDO: You're right. How about if we go to the international festival?

KAREN: Good idea! But, look, there's Scott and Linnette. Let's go see what they are thinking of doing.

Scene 2

KAREN: Hi, what's new? What are you planning to do today?

LINNETTE: Well, today is a perfect day for going to the beach. It's sunny and very hot. Why don't we go to Luquillo to swim in the ocean and afterwards we'll have a picnic?

RICARDO: Awesome! It's a terrific idea!

SCOTT: I'll make sandwiches.

LINNETTE: No, it's better if I make them.

SCOTT: Then I'll buy the soft drinks.

KAREN: And who will bring the sun umbrella?

RICARDO: Don't worry. I'll bring it.

Scene 3

Upon arriving at the beach

KAREN: How beautiful the ocean is!

SCOTT: Great! It's ideal for swimming.

LINNETTE: Listen, Scott, where is the beach bag with our bathing suits? I don't see it in the trunk.

SCOTT: What a shame! They are at the dorm.

LINNETTE: Oh no! What bad luck! We're not going to be able to swim in the ocean.

SEGUNDA PARTE

Sports

María Luján Wierna (Argentinian)

I love sports. In the summer when it's hot, I play tennis and do cycling and swimming. In the winter when it's cold, I like to ski in Bariloche. My favorite sports figure is the Argentinian tennis player Gabriela Sabatini.

Daniel Prenat Anzola (Uruguayan)

I am a soccer team coach. I teach my players how to be aggressive and disciplined. When they are playing well, I encourage them by yelling: "Yea! Good play! What a pass!" I don't like referees, but I respect their decisions.

Fernando Vázquez Soto (Dominican)

I practice volleyball, basketball and baseball, but the sport I like the most is baseball. I am the left fielder on the university's team. I'm not a star but I usually hit the ball rather well. The Dominican baseball season is from November to January.

Alejandra Sánchez Sandoval (Mexican)

There are sports that I like a lot, and there are others that I don't. I love tennis because it's a very fast sport, but I don't like golf because I find it slow and very boring. I don't like boxing because it's violent and, although I don't understand football, I find it exciting.

LECCIÓN 6

PRIMERA PARTE

Enjoy your meal!

Scene 1

MARTA: I'm dying of hunger, Arturo. ¿Why don't we go have lunch?

ARTURO: Fine. Let's go to this restaurant. They serve delicious hamburgers with french fries.

MARTA: But I don't like hamburgers. It's better if we go to the restaurant Don Pepe. There they serve local dishes.

Scene 2

ARTURO: Waiter, could you bring us the menu, please.

WAITER: I'll bring it to you right away. In the meantime, would you like something to drink?

ARTURO: Marta, do you want something to drink?

MARTA: Yes. Could you bring me a glass of wine, please.

ARTURO: And I would like a Coca-Cola, please.

Scene 3

MARTA: Could you tell me what the specialty of the house is?

WAITER: Gladly. The chef's specialty is raw snails in vinegar.

MARTA: Raw?

WAITER: Yes, miss. They're really delicious. Do you want to try them?

MARTA: No way! I'm allergic to snails. It's better if I order a sirloin steak with a salad.

ARTURO: But *I* will order the snails.

Scene 4

MARTA: How can you eat raw snails! Do you *really* like them?

ARTURO: Mmm! These snails are finger-licking good! How is your food?

MARTA: Horrible! The steak is raw and the french fries are cold. I'm never coming back to this res-restaurant!

SEGUNDA PARTE

In the kitchen

TV Screen 1

Good evening, ladies and gentlemen. Today on the program "Aunt Julia Cooks" we will show you how to make a delicious dish: chicken and rice. There isn't a more popular dish than this one in the Caribbean region. We now offer you one of the best recipes.

TV Screen 2

First, cut the chicken into small pieces and then place it in a container. Add lemon juice and some chopped garlic to it.

TV Screen 3

Now, heat up a little olive oil in a casserole pot, add the chicken pieces, and let them fry at medium heat. Add one onion and one green pepper, well-chopped. Let all of this cook for about five minutes.

TV Screen 4

Add one cup of tomato sauce, a tablespoon of salt, a pinch of pepper and saffron, half a cup of white wine, and two cups of chicken broth. Let it cook for about five more minutes.

TV Screen 5

Now add two cups of white rice to the casserole pot. Mix everything well and when it boils again, cover the pot and let it cook at low heat for about twenty-five minutes.

TV Screen 6

The delicious chicken and rice dish is now ready. Serve it hot and enjoy the meal!

LECCIÓN 7

PRIMERA PARTE

Shopping

Victoria Prado and her brother Manuel, two young Peruvians, are thinking of going shopping. Before leaving, they turn on the TV to see what specials are being offered today in the shops and stores of Lima.

(TV Screen 1)

Almacén Vigo offers you many bargains today. Come and visit Almacén Vigo. Take advantage of our large discounts. Today we have cotton shirts, silk ties, leather jackets and belts at a 30% discount. Buy them today and pay on credit later. Almacén Vigo, where you always have a friend.

(TV Screen 2)

Attention! Attention! There's a big clearance sale today at La Gran Vía Shopping Center. We have more than fifty stores and sell clothes for all tastes. Day or night, come to La Gran Vía to buy fashionable clothes, shoes, gifts, products for your home. Remember that at La Gran Vía shopping is a pleasure.

At Almacén Vigo

CLERK: Good morning, young man. How may I help you?

MANUEL: I want to see the jackets and shirts that are on sale.

CLERK: The jackets are on the fourth floor and the shirts are here. They're a real bargain! What's your size?

MANUEL: I believe it's forty. May I try on that shirt?

CLERK: Please take this receipt and present it at the register.

(A few minutes later)

MANUEL: How does it fit me?

CLERK: It fits you very well.

MANUEL: Then, I'll take it.

CLERK: Please take this receipt and present it to the cashier.

(Manuel goes to the cashier)

MANUEL: Darn it! My wallet is at home.

CASHIER: Don't worry. You can go look for your wallet; I'll hold the shirt for you.

MANUEL: Thanks. Now I see why I always have a friend at Almacén Vigo.

SEGUNDA PARTE

What did you buy?

Victoria is already back home and is chatting about her purchases with her brother Manuel when the phone rings.

VICTORIA: Hello?

LUCÍA: Hello, Victoria. It's Lucía. How are you?

VICTORIA: Fine. What's up, Lucía?

LUCÍA: Hey, I called your home three times and nobody answered. What did you do today? Where did you go?

VICTORIA: I went shopping at La Gran Vía and was there all day long.

LUCÍA: Oh, really! …Tell me, what did you buy?

VICTORIA: I bought one of those pairs of jeans that are very much in style. Then, I went to the jewelry store and bought a silver key ring for my boyfriend, Gustavo. Finally, at the drugstore, I bought a bottle of cologne for Dad and a bottle of perfume for Mom.

LUCÍA: Did you spend a lot?

VICTORIA: A bit, but the good thing is that I didn't have to pay cash. I used my Dad's credit card.

LUCÍA: But, Victoria!

VICTORIA: Don't worry. I'll pay him back everything next month.

MANUEL: That's what you always say, but you never do it. Poor Dad!

LECCIÓN 8

PRIMERA PARTE

Personal routine

Antonio, Beatriz and Enrique Castillo are three siblings who live in Barquisimeto, Venezuela. Here are their morning routines.

Antonio is an early riser. He always wakes up at six in the morning. After he gets up, he brushes his teeth, showers and dries himself with a towel. Later, he makes breakfast for his mother and she becomes very happy.

Beatriz is also an early riser, but since she didn't sleep well last night she didn't wake up early today. When she got up this morning, she washed her face, got dressed quickly and left home without putting on makeup. She became very nervous when she arrived at the university because she was running late.

Enrique never wakes up when the alarm clock rings. He likes to sleep in the morning because at night he always goes to bed very late. After getting up, he shaves, puts on shaving lotion, combs his hair and looks at himself in the mirror. He often arrives late for work and his boss becomes angry.

SEGUNDA PARTE

Household chores

Today at the home of the Reals, they are expecting the visit of an Ecuadorian family living in Quito. Mrs. Real asks her children for help in doing some household chores.

MRS. REAL: Kids, help me, please. Our guests will be arriving soon. Salvador, you have to vacuum the living room, dust the dining room furniture and set the table. Clemencia, you have to clean the bathroom and sweep the terrace.

SALVADOR: Oh, our life was so great when we were children and lived at our grandparents' house. We had Rafaela, the servant who used to do these tedious household chores for us.

CLEMENCIA: Oh, how I miss that tall, strong boy with green eyes! He sometimes came to mow the lawn at our grandparents' house. I used to watch him from the terrace. He was so handsome!

MRS. REAL: Salvador and Clemencia, what's the matter with you? Are you daydreaming or what? Come on, hurry up!

CLEMENCIA: Oh mom, don't you know that to remember is to relive the past?

LECCIÓN 9

PRIMERA PARTE

A honeymoon trip

Jorge Suárez and Susana García are two young Cuban-Americans from Miami who are going to get married soon. They are at the office of Rosario Díaz, a friend of Susana who works at a travel agency.

ROSARIO: Hello, how are you? What do the soon-to-be newlyweds have to say?

SUSANA: Well, here we are, running around from one place to the other.

ROSARIO: Fine, and do you already know where you are going on your honeymoon?

JORGE: I want to go to Cancún because that's where we met.

SUSANA: No my darling. None of that. In Cancún there are too many tourists.

ROSARIO: *(Showing them a brochure)* Just a minute. Don't start fighting now. Look, here they're offering a two-week trip to Costa Rica.

SUSANA: What does the trip include?

ROSARIO: It includes roundtrip airfare, lodging, meals and excursions. All this for only $800 per person!

SUSANA: Great!

JORGE: They say that women are in charge. Let's go to Costa Rica!

Jorge and Susana get married a month later. After the wedding they leave on their honeymoon for Costa Rica. They are now in the LACSA waiting room at Miami's international airport. A bit later they hear the voice of the airline agent ...

AGENT: Good afternoon, passengers. LACSA announces the departure of flight 621 to San José. Please go to gate 22. Have a nice trip!

SEGUNDA PARTE

A letter to Raquel

Upon returning from her honeymoon trip, Susana writes a letter to her friend Raquel.

June 23, 1993

Dear Raquel:

It's too bad you couldn't come to our wedding! We went to Costa Rica for our honeymoon and had a wonderful time. We were in San Jose for three days and there we visited the National Museum and the National Theater. Later we took several excursions throughout the seven provinces of Costa Rica. On one of the excursions we visited the city of Heredia which is known as "The City of Flowers." The orchids that we saw there were beautiful. On another excursion we stayed near the volcano, Irazú. During our stay, we got up early in the morning and could see the volcano from our balcony. The view was breathtaking. From time to time, we went horseback riding or strolled in the woods. Every afternoon, Jorge would take a walk around the garden and bring me flowers. How romantic! Excuse me Raquel, but I have to leave you now because my mother-in-law is calling me on the phone. By God, she drives me crazy! I promise that I will call you on the phone next week to tell you about the other events of our trip.

A hug from your friend,
Susana

LECCIÓN 10

PRIMERA PARTE

I feel really bad!

Remigio Campoamor is not feeling well. His whole body aches. He is now talking with his wife, Refugio.

DON REMIGIO: Aaaw, Refu! I feel really bad!

DOÑA REFUGIO: Remigio, you've been sick for three days. I want you to go to the doctor right now.

DON REMIGIO: No way!

DOÑA REFUGIO: Remi! I insist that you make an appointment with Dr. Estrada.

DON REMIGIO: All right! I don't know why you trust physicians so much.

At Dr. Estrada's office

DR. ESTRADA: Don Remigio, how are you feeling? What's wrong?

DON REMIGIO: I have a really sore throat and my chest and stomach also hurt.

DR. ESTRADA: Let's see…Breathe! Cough!… Well, look, what you have is a cold. Are you allergic to antibiotics?

DON REMIGIO: No, I don't think so.

DR. ESTRADA: Well, don Remigio, take these pills, and I guarantee that you are going to feel better. I want you to come back next week for a checkup.

DON REMIGIO: Come to visit you again? But you know how I hate visits to the doctor.

DR. ESTRADA: Come on, don Remigio, calm down. You know that for me your health comes first.

SEGUNDA PARTE

A good diet for a healthy heart

We all know how important it is to watch our nutrition in order to stay healthy. Controlling the sugar intake in your diet contributes to your well-being. Other things one has to keep in mind are those foods that contribute to heart disease.

Heart disease causes more deaths than any complication that may be generated by diabetes. This shouldn't happen. Changes in your diet can significantly reduce the risk of heart disease. In order to lessen these risks, The American Diabetes Association has made the following dietary recommendations:

- Limit your cholesterol intake to 300 mg or less per day. Cholesterol is present in all animal products. Also, try to eat more foods that are rich in protein, such as oatmeal or beans.
- Stay away from foods with a high fat content. Use vegetable and olive oils when cooking instead of butter or lard.
- Get 50 to 60 percent of your daily calories from carbohydrates (breads, cereals), 12 to 20 percent from protein (meat, fish, milk) and no more than 30 percent from fat.
- Don't eat more than necessary. Excess eating increases the sugar level in your blood.

Of course, maintaining an ideal weight, exercising, controlling your glucose level and avoiding alcohol are important for good health. Talk to your doctor, who will help you plan an adequate diet.

LECCIÓN 11

PRIMERA PARTE

The media

The following editorial appeared in *Novedades,* a Mexican newspaper. The author of the editorial offers an opinion about the situation of Mexican immigrants in the United States. The editorial was written during a visit of Mexican president, Carlos Salinas de Gortari, to Chicago.

The Mexican Outside His Country

A great deal of the capacity for growth that distinguishes the city of Chicago is the product of the work of thousands of Mexicans who migrated many years ago and settled there. They found favorable conditions to develop their plans and have been very useful. However, they still have feelings that identify them as Mexicans, which were enthusiastically expressed during the welcome they gave to President Salinas de Gortari.

The outside Mexicans, as they are known because they have not stopped being Mexicans, have not been forgotten by Mexico either. Mexico still considers them an integral part of our national character. Speaking before an audience of more than 3,000 Mexicans and Mexican-Americans, President Salinas de Gortari clearly stated that the Mexican government will fervently continue working to protect the rights and guarantee the freedoms of Mexican migrant workers.

As long as Mexico can not offer living conditions that satisfy the aspirations of those who migrate in search of a better life, the migratory flow will continue. That doesn't mean that our leaders are not interested in the emigrants. On the contrary, this has always been a topic in the negotiations between Mexico and the United States, as is occurring now while the president of the Republic of Mexico is traveling through some cities in our neighboring country.

SEGUNDA PARTE

Politics

Amado Bocagrande is a candidate for the presidency of the Republic of Paloquemado. He is now delivering a speech.

Comrades and friends,
Are you looking for a candidate who truly represents the people? I am that candidate. As you know, our country faces very serious problems. I doubt that the government of my rival, President Pocopelo, can solve them. It is important that we all come together and that you vote for me. If I am elected, I assure you that I will make good on the following promises:

- I will increase social welfare programs
- I will eliminate taxes
- I will lower the unemployment rate
- I will fight crime

Remember my slogan—If you want a great country, vote for Bocagrande. Thank you.

LECCIÓN 12

PRIMERA PARTE

In Madrid

Peggy and Terry McGuire are two tourists from Toronto who are in Madrid and need to change money. They ask the concierge at their hotel how to get to the bank.

PEGGY: Please, can you tell us where the bank is?
CONCIERGE: It's very close. Look, go out the main door, turn right and continue on that street until the next corner. There turn right and only two blocks away you'll see the bank.
TERRY: Thank you very much.
CONCIERGE: You're welcome.

At the bank

TERRY: Good morning. Could you tell me what the exchange rate is?
TELLER: It's at 105 pesetas to the dollar. How much do you want to change?
TERRY: Five hundred dollars. What do I have to do?
TELLER: I need your passport; then sign your traveler's checks and present this receipt at the cashier's window.
PEGGY: By the way, do you know where can I buy stamps?
TELLER: The post office is far, but you can buy them at the kiosk on the corner. There they sell stamps, envelopes and postcards.
PEGGY: Thank you.
TELLER: At your service.

SEGUNDA PARTE

Hotel Riogrande, Inc.

- 80 rooms with private baths including apartments and suites
- air conditioned
- central heating
- convention rooms
- snack bar and room service 24 hours a day
- radio, music
- color TV in all rooms
- national and international Telex
- direct-dial phones allow local and international calls from all rooms
- individual safe-deposit boxes
- covered parking garage connected to hotel
- racquetball courts

LECCIÓN 13

PRIMERA PARTE

The working world

Card 1
María Cardona Gómez
Lawyer
Office
Girasol Building
Street 42 No. 235
Santiago de Chile
Telephone 234-7954
FAX 234-7933

Card 2
Raúl Jiménez Esguerra
Industrial Engineer
Office
Las Torres Shopping Center
Plaza Junín 32, Suite 202
Quito, Ecuador
Telephone 34 81 42

Card 3
Dr. Mercedes Fernández de Robles
Clinical Psychologist
Office
Hospital of the National Institute of Health
Paseo de la Reforma 345
Mexico, Federal District
Telephones 367-7812 / 367-5434

Card 4
Ramón Gutiérrez Sergil
Systems Analyst
Informática, S.A.
Torre Las Brisas
Avenida Fernández Juncos No. 500
San Juan, Puerto Rico
Telephone (804) 597-800
Telex: Informat

Card 5
Dr. Julia R. Mercado
CPA/Financial Advisor
Letamendi Plaza 54
Barcelona, 564, Spain
Telephone 892-56-12
FAX 892-6709

SEGUNDA PARTE

In search of employment

Isabel Pastrana Ayala is a young Colombian woman who has just graduated from college. She is now reading the classified ads because she wants to find a job as a computer programmer.

Isabel's letter
After reading the classifieds, Isabel writes a letter.

July 18, 1993

Mr. Germán Posada Turbay, Manager
Centro de Cómputo, Inc.
P.O. Box 1620
Bogotá, Colombia

Dear Sir:

I am writing this letter to apply for the position of computer programmer that your firm advertised in *El Tiempo*.

I have just graduated from the University of the Andes with a major in computer science and accounting. I also have three years of practical experience. I am bilingual and consider myself to be an enthusiastic, responsible and hardworking person. Attached is my résumé.

Sincerely yours,
Isabel Pastrana Ayala
Enclosure

The interview
Isabel arrives at Mr. Posada's office for an interview.

MR. POSADA: Come on in, Miss. Sit down, please.
ISABEL: Thank you very much.
MR. POSADA: I have examined your file. Your recommendations are excellent.
ISABEL: Thank you.
MR. POSADA: Tell me, why would you like to work in our firm?
ISABEL: Because I've been told that it is a great firm and that you are really interested in your employees' well-being.
MR. POSADA: If we offer you the job, could you start to work immediately?
ISABEL: Yes, sir, but I would like to know what the salary is.
MR. POSADA: The salary is three hundred thousand pesos a month. What do you think?
ISABEL: It seems good to me.
MR. POSADA: Congratulations! The job is yours!

LECCIÓN 14

PRIMERA PARTE

Technology's impact

In the modern world it is almost impossible to live without having contact with technology. Computers, electronic appliances, the new means of communication are part of our daily life. In Spanish-speaking countries, particularly those in Latin America, technology has had a great impact in the last few years. Let's see the opinions of some Spanish Americans.

Lorenzo Valdespino, engineering student

"I couldn't work without a computer. At the university we do all our designs on the computer. Besides, I have a personal computer at home that I use for my work and personal matters. I manage all my accounts on a spreadsheet. I also have a printer that I use to write my letters and to do all my university assignments."

Hortensia Gómez Correa, lawyer

"In the last few years technology has revolutionized work in our office. Only three years ago, for example, all letters were written on typewriters with carbon paper. Nowadays we use a word processor in our computer, and we make copies with the photocopying machine. Before, when I needed to send an urgent message, we would use the telex, but nowadays with a fax we can send letters instantly to any part of the world."

Adolfo Manotas Suárez, farmer

"Technology has changed the way we do harvests at our farm. We use a computer to make an analysis of the climate and of the soil and also to determine the best moment to harvest. In this way we know when the best time to plant and gather the harvest is and which are the best crops. In addition to the electronic equipment, nowadays farm machinery is very advanced. Things that we used to do by hand on our farm we now do with modern machinery. I hope that in the future I will not have to work!"

SEGUNDA PARTE

Young people talk about the environment

Among the young people in Spanish America today there is a concern about protecting the environment. This is due in great part to the fact that Hispanic countries are in full industrial development and that governments have hardly been concerned about protecting the natural resources of their countries. What follows are opinions of several young people who live in different countries in the Hispanic world.

Liliana Sánchez Sandoval

"Mexico City's greatest problem is one of air pollution. There are 20 million people here and the contamination produced by cars and buses is something else. Imagine that experts say that to breathe the air in our city every day is equivalent to smoking a pack of cigarettes. If the government were to take stronger measures, we could begin to solve the problem."

Fernando Haya Bustamante

"In some countries of our hemisphere, cholera has reached epidemic proportions. Nowadays we have as many cholera cases in South America as in many Central American countries. The principal cause for this disease is water pollution. Many people drink water that is contaminated with human waste and contract this disease. If people practiced better measures of hygiene, this disease would not exist."

María Isabel Cifuentes Betancourt

"One of the main problems of Costa Rica is deforestation. About thirty years ago, fifty percent of our country was covered by tropical forests. Today we have only about ten percent. Tropical forests and tropical jungles are essential for the production of oxygen. We would not have this problem if the government controlled industrial development and the exploitation of the forests."

APPENDIX 2

Supplementary Vocabulary

Introduction: In the main text we aimed to present a general body of vocabulary that will be useful wherever you travel in the Spanish-speaking world. In this *Supplementary Vocabulary,* however, we have provided a ready reference for you to personalize and enhance your Spanish. The *Supplementary Vocabulary* corresponds as closely as possible to the organization of the divisions and function lists of each chapter. Each *Lesson Part* begins with synonyms and variations of words presented in the chapter and is followed by a list of expressions and other function lists that are topically related to it.

LECCIÓN 1 / PRIMERA PARTE

SYNONYMS/VARIATIONS

más o menos = así, así
muchas gracias = mil gracias

GREETINGS

How 'ya doin'.	*¿Cómo andas? (fam.)*
How are you this morning? (literally, **How did you wake up?**)	*¿Qué tal amaneciste? (fam.)*
How are you this morning?	*¿Qué tal amaneció? (formal)*
What's new?	*¿Qué hay de nuevo?*

TITLES

Dr.	*doctor(a)*
sir (term of respect)	*don*
madam (term of respect)	*doña*

LECCIÓN 1 / SEGUNDA PARTE

SYNONYMS/VARIATIONS

Conteste(n). = Responda(n).
marrón = color café, pardo, castaño
morado = violeta, púrpura
la pizarra = el pizarrón, el tablero

COMMON TEACHER PHRASES

Be quiet.	*Cálle(n)se.*
Get into groups of...	*Pónganse en (Formen) grupos de...*
Quiet!	*Silencio.*
Review...	*Repase(n)...*
Sit down.	*Siénte(n)se.*
Speak quietly (softly).	*Hable(n) en voz baja.*

COMMON STUDENT PHRASES/QUESTIONS

How do you say...in Spanish?	*¿Cómo se dice...en español?*
How do you spell...?	*¿Cómo se escribe...?, ¿Cómo se deletrea...?*
I'm sorry, I don't know.	*Lo siento, no sé.*
In Spanish or in English?	*¿En español o en inglés?*
What does...mean?	*¿Qué significa...?, ¿Qué quiere decir...?*

COLORS

beige	*beige, de color beige*
dark	*oscuro (e.g., azul oscuro = dark blue)*
golden	*dorado(a)*
light	*claro (e.g., azul claro = light blue)*
navy blue	*azul marino*
olive green	*verde olivo*
silvery	*plateado(a)*
sky blue	*celeste*

LECCIÓN 2 / PRIMERA PARTE

SYNONYMS/VARIATIONS

delgado(a) = flaco(a)
simpático(a) = amable
los padres = los papás

NATIONALITIES

Central and South American

Bolivian	*boliviano(a)*
Brazilian	*brasileño(a)*
Costa Rican	*costarricense*
Ecuadorian	*ecuatoriano(a)*
Guatemalan	*guatemalteco*
Honduran	*hondureño(a)*
Nicaraguan	*nicaragüense*
Paraguayan	*paraguayo(a)*
Peruvian	*peruano(a)*
Salvadoran	*salvadoreño(a)*
Uruguayan	*uruguayo(a)*

Other nationalities

Afghan	*afgano*
Algerian	*argelino(a)*
Australian	*australiano(a)*
Austrian	*austriaco(a)*
Belgian	*belga*
Bulgarian	*búlgaro(a)*
Canadian	*canadiense*
Chinese	*chino(a)*
Czechoslovakian	*checoslovaco(a)*
Danish	*danés(esa)*
Dutch	*holandés(esa)*
Egyptian	*egipcio(a)*
Ethiopian	*etíope*
Finnish	*finlandés(esa)*
French	*francés(esa)*
German	*alemán(ana)*
Greek	*griego(a)*
Haitian	*haitiano(a)*
Hungarian	*húngaro(a)*
Indian	*indio(a)*
Iranian	*iraní, iranio(a)*
Iraqi	*iraquí*
Irish	*irlandés(esa)*
Israeli	*israelí*
Italian	*italiano(a)*
Jamaican	*jamaiquino(a)*
Japanese	*japonés(esa)*
Lebanese	*libanés(esa)*
Korean	*coreano(a)*
Moroccan	*marroquí*
New Zealander	*neocelandés(esa)*
Nigerian	*nigeriano(a)*
Norwegian	*noruego(a)*
Philippines	*filipino(a)*
Portuguese	*portugués(esa)*
Rumanian	*rumano(a)*
Saudi Arabian	*árabe saudita (saudí)*
Scottish	*escocés(esa)*
Sudanese	*sudanés(esa)*
Swedish	*sueco(a)*
Swiss	*suizo(a)*
Thai	*tailandés(esa)*
Vietnamese	*vietnamita*
Yugoslav	*yugoslavo(a)*

LECCIÓN 2 / SEGUNDA PARTE

SYNONYMS/VARIATIONS

conversar = charlar, platicar (Méx.)

LECCIÓN 3 / PRIMERA PARTE

GENERAL UNIVERSITY-RELATED EXPRESSIONS

degree	*el título*
diploma	*el diploma*
final exam	*el examen final*
midterm *(U.S.)* exam	*el examen parcial*
quarter	*el trimestre*
roommate	*el (la) compañero(a) de cuarto*
to follow a course of study	*cursar*
to fail an exam	*no aprobar/suspender un examen*
to pass an exam	*aprobar un examen*
to have an exam	*tener un examen*

PHRASES/EXPRESSIONS FOR THE ACADEMIC ENVIRONMENT

I have a horrible schedule this semester.	*Tengo un horario espantoso este semestre.*
What luck! Professor Solar never takes attendance.	*¡Qué suerte! La profesora Solar nunca pasa lista.*
What's your major?	*¿Cuál es tu especialización?*
My major is…	*Mi especialización es…*
How expensive books are here!	*¡Qué caros son los libros aquí!*

ACADEMIC SUBJECTS

agronomy	*la agronomía*
anthropology	*la antropología*
architecture	*la arquitectura*
astronomy	*la astronomía*
biology	*la biología*
geometry	*la geometría*
history	*la historia*
humanities	*las humanidades*
linguistics	*la lingüística*
philosophy	*la filosofía*
physics	*la física*
political science	*las ciencias políticas*
psychology	*la psicología*
social sciences	*las ciencias sociales*
sociology	*la sociología*
theology	*la teología*

LA BIBLIOTECA

(book) stacks	*la estantería*
almanac	*el almanaque*
atlas	*el atlas*
card catalog	*el fichero*
encyclopedia	*la enciclopedia*
librarian	*el (la) bibliotecario(a)*
magazine	*la revista*
reference book	*el libro de consulta*
reference library	*la biblioteca de consulta*
shelf	*el estante*

TIME EXPRESSIONS

sundown	*el atardecer*
sunrise	*el amanecer*
early morning	*la madrugada*

LECCIÓN 3 / SEGUNDA PARTE

SYNONYMS/VARIATIONS

beber = tomar
el jugo = el zumo
la lengua = el idioma

PHRASES/EXPRESSIONS FOR USE IN A CAFE

I would like a cup of coffee, please.	Quisiera un café, por favor.
A coke for my friend, and a beer for me.	Una coca-cola para mi amigo, y una cerveza para mí.
I'll have coffee with milk and some cookies.	Me trae un café con leche y unas galletas.
The check, please.	La cuenta, por favor.

OTHER UNIVERSITY BUILDINGS

auditorium	el auditorio
chapel	la capilla
medical clinic	la clínica médica
observatory	el observatorio
stadium	el estadio

UNIVERSITY OFFICIALS

board of directors	la junta directiva
dean	el (la) decano(a)
full professor	el (la) catedrático(a)
president	el (la) presidente(a)
provost	el (la) director(a)
chancellor	el rector

LECCIÓN 4 / PRIMERA PARTE

SYNONYMS/VARIATIONS

bonito(a) = precioso(a), hermoso(a), mono(a), lindo(a)
mamá = mami
realmente = de veras, de verdad
papá = papi

SPECIAL GREETINGS

Merry Christmas.	Feliz Navidad. Felicidades. Felices pascuas.
Happy New Year.	Feliz año, Feliz año nuevo.
Happy Easter.	Felices pascuas.
Happy Birthday.	Feliz cumpleaños.
Congratulations!	¡Felicidades! ¡Enhorabuena! ¡Felicitaciones!

HOLIDAYS/FESTIVALS

All Saints' Day (Nov. 1)	El Día de Todos los Santos
All Soul's Day (Nov. 2)	El Día de los Fieles Difuntos, El Día de los Muertos
carnival (Feb.)	El Carnaval
Christmas Eve	La Nochebuena
Christmas	La(s) Navidad(es)
Columbus Day (Oct. 12)	El Día del Descubrimiento de América, El Día de la Raza
Easter	La Pascua Florida
Epiphany (Jan. 6)	El Día de los Reyes, la Epifanía
Father's day	El Día del Padre
Good Friday	Viernes Santo
Holy (Maundy) Thursday	Jueves Santo

LECCIÓN 4 / PRIMERA PARTE (continued)

HOLIDAYS/FESTIVALS (continued)		GENERAL	
Mother's day	El Día de la Madre	day care center	la guardería/el jardín infantil
New year	Año Nuevo		
Saint's day	El día del santo	divorce	el divorcio
Valentines day	El Día de los Enamorados	godson, goddaughter	el (la) ahijado(a)
		home	el hogar
Passover	la Pascua	in-law, related by marriage	político(a) (adj.) (e.g., tío político = uncle by marriage)
		lineage, family relationship	el parentesco
		marriage	el casamiento

LECCIÓN 4 / SEGUNDA PARTE

SYNONYMS/VARIATIONS

aló, bueno = Dígame., Dime., Oigo.
la función = el show, el espectáculo
¿Qué están presentando? = ¿Qué están dando (pasando)?

May I speak with Alfredo, please. (informal)	Con Alfredo, por favor.
I'll put him (her) on.	Se (te) lo (la) paso.

PHRASES/EXPRESSIONS FOR THE TELEPHONE

With whom do I have the pleasure? (formal)	¿Con quién tengo el gusto?
I would like to speak with...	Me gustaría comunicarme con...(formal)
One moment, please.	Un momento, por favor.
Who's calling?	¿De parte de?

EVENTS TO WHICH YOU GET INVITED

baptism	el bautismo
engagement party	la fiesta de compromiso
first communion	la primera comunión
get-together	la reunión
graduation	la graduación
reception	la recepción
Saint's day party	la fiesta del santo
wedding	la boda

LECCIÓN 5 / PRIMERA PARTE

SYNONYMS/VARIATIONS

el baúl = el maletero
la heladera = la nevera
el traje de baño = la trusa

PHRASES/EXPRESSIONS FOR THE BEACH

How beautiful!	¡Qué bello(a)!
How white this sand is!	¡Qué blanca la arena!
The sea is very choppy.	El mar está muy bravo.
What great waves!	¡Qué olas más buenas!
You're so pale!	¡Qué pálido(a) estás!
You're so tan!	¡Qué bronceado(a)/ tostado(a)/quemado estás!

ADDITIONAL BEACH EQUIPMENT

blanket	la frazada, la manta
bucket	el cubo, el balde
fishing net	la red de pescar
fishing pole	la caña de pescar
sail	la vela

sailboat	el barco de vela
shovel	la pala
suntan lotion	la loción bronceadora
water skis	los esquís acuáticos

BEACH ACTIVITIES

to make sand castles	hacer castillos de arena
to sunbathe	tomar el sol
to play volley ball	jugar al vólibol
to play paddle ball	jugar a la paleta
to walk along the shore	caminar en la orilla del mar
to water ski	esquiar en el mar
to fish	pescar
to watch the sun set	ver la puesta del sol
to watch the sun rise	ver la salida del sol

GENERAL

dry	seco(a)
horizon	el horizonte
humid	húmedo(a)
humidity	la humedad
shore	la orilla (del mar)
wet	mojado(a)

LECCÍON 5 / SEGUNDA PARTE

PHRASES/EXPRESSIONS ABOUT SPORTS

What bad luck! They always end up in a tie.	¡Qué mala suerte! Siempre terminan empatados.
What balance s/he has!	¡Qué equilibrio tiene!
I bet you that horse #12 wins in this race.	Te apuesto que en esta carrera gana el caballo 12.
The only thing my husband/wife does is watch sports on T.V.	Lo único que hace mi esposo(a) es ver deportes en la televisión.
I hate sports.	Yo odio los deportes.
My father is a rugby fan.	Mi padre es fanático del rugby.

LECCIÓN 5 / SEGUNDA PARTE (continued)

SPORTS AND SPORTS-RELATED TERMINOLOGY

Verbs

to hit (a ball)	dar a
to jog	trotar
to pass	pasar
to run	correr
to serve (a ball)	sacar
to tackle	atajar
to throw	lanzar, tirar

Nouns

amateur	el (la) aficionado(a)
bowling	el boliche
fencing	la esgrima
field	el campo
forward pass	el pase adelantado
game (a match)	el partido
goal post	el poste
goal	el gol o la meta
hockey	el hockey
home run	el jonrón

meet	el concurso
net	la red
pass	el pase
point	el punto, el tanto
race	la carrera
skating	el patinaje
spectator	el (la) espectador(a)
tie	el empate
wrestling	la lucha
rugby	el rugby

BASEBALL POSITIONS

catcher	el atrapador, el receptor
first baseman	el primera base
second baseman	el segunda base
third baseman	el tercera base
shortstop	el entrebases
pitcher	el lanzador
left fielder	el jardinero izquierdo
center fielder	el jardinero central
right fielder	el jardinero derecho

LECCIÓN 6 / PRIMERA PARTE

SYNONYMS/VARIATIONS

el (la) camarero(a) = el (la) mozo(a)
la carne medio cruda = la carne a punto
la legumbre = la verdura
la papa = la patata (Spain)
el sándwich = el bocadillo, el emparedado

PHRASES/EXPRESSIONS ABOUT BUYING FOOD

I'd like a half kilo of tomatoes and two kilos of onions.	Me da medio kilo de tomates y dos kilos de cebollas.
Please slice the cheese thin.	Por favor, me corta el queso en rebanadas (lascas) finitas.
Carlitos, get me a bottle of mineral water and a container of milk.	Carlitos, búscame una botella de agua mineral y una cajita de leche.
I always do the grocery shopping late at night.	Siempre hago la compra tarde por la noche.
Elvira, go to the corner store and get me two lemons.	Elvira, ve al colmado/a la tienda de la esquina y consígueme dos limones.

Some typical dishes

A cuban dish of shredded beef with a light tomato sauce, peppers and onions	la ropa vieja
A Spanish dish of saffron-seasoned rice with seafood, chicken, sausages and sweet peppers	la paella
An Argentine dinner consisting of grilled meat and innards from all parts of the steer/cow	la parrillada
Mexican peppers (chiles poblanos) filled with meat and cheese, served with a white sauce	los chiles poblanos
A very darkly colored, thick vegetable and plantain soup with pork or beef from the Dominican Republic	el sancocho prieto
A Venezuelan fried dough something like a fritter	las arepas
A Nicaraguan dish of rice and kidney beans	el gallo pinto
A chilean pot pie-like dish whose main ingredient is corn	el pastel de choclo
A typical sandwich of Uruguay with many variations; the basic version is made with grilled steak, tomato and lettuce on a special roll	el chivito
A thick Colombian stew-like dish consisting of vegetables and meat	el puchero—

Pescados y mariscos

clam	la almeja
cod	el bacalao
crab	el cangrejo
mussel	el mejillón
octopus	el pulpo
oyster	la ostra
prawn	el langostino
red snapper	el pargo (rojo), (el huachinango, Méx.)
sole	el lenguado
squid	el calamar
trout	la trucha

Carnes

ham	el jamón
lamb	el cordero
veal	la ternera

Vegetables

alfalfa sprouts	la alfalfa
artichoke	la alcachofa
avocado	el aguacate
beet	la remolacha
broccoli	el bróculi
cabbage	la col, el repollo
cassava	la yuca
cauliflower	la coliflor
celery	el apio
corn	el maíz
cucumber	el pepino
eggplant	la berenjena
green beans	las habichuelas verdes
jicama	la jícama
lima beans	las habas limas
lentils	las lentejas
lettuce	la lechuga
mushroom	el champiñón, la seta, el hongo

LECCIÓN 6 / PRIMERA PARTE (continued)

VEGETABLES (continued)

peas	los guisantes
potato	la papa, la patata
radish	el rábano
spinach	las espinacas
taro root	la malanga
tomato	el tomate
turnip	el nabo
watercress	el berro
yam	el boniato

FRUIT

apricot	el albaricoque, el damasco, el chabacano
blackberry	la zarzamora
coconut	el coco
cherry	la cereza
fig	el higo
grapefruit	la toronja, el pomelo
guava	la guayaba
mango	el mango
papaya	la papaya
peach	el durazno, el melocotón
pear	la pera
pineapple	la piña, el ananá
plantain	el plátano
plum	la ciruela
pomegranate	la granada
raspberry	la frambuesa
sour cherry (Maraschino)	la guinda

BEVERAGES

capuccino	el capuchino
champagne	la champaña (el champán)
strong coffee with a little milk	el café cortado
sherry	el jerez

LECCIÓN 6 / SEGUNDA PARTE

SYNONYMS/VARIATIONS

la cazuela = la caserola
el fuego = la candela
el fuego bajo = el fuego lento
el recipiente = la fuente

EXPRESSIONS WHEN DINING AT SOMEONE'S HOME

No, thank you. I'm full.	No, gracias. Ya estoy satisfecho(a).
The meal is exquisite.	La comida está exquisita.
Could you pass the salt, please?	¿Me puede pasar la sal, por favor?
Just a little.	Un poco/poquito, nada más.
Yes, I would like a little more...	Sí, quisiera un poco más de...
Yes, I'll try it.	Sí, déjame/déjeme probarlo.

COOKING TERMINOLOGY

Verbs

to bread	empanizar
to brown	dorar
to cover	tapar
to crush (to pound)	machacar
to grate	rayar
to grease	engrasar
to grind	moler (ue)

COOKING TERMINOLOGY (continued)

to heat	calentar (ie)
to knead	amasar
to melt	derretir (i)
to rinse	enjuagar
to sautée	sofreír (i)
to season	sazonar
to sift	cernir (ie)
to soak	remojar (poner, dejar en remojo)
to stir	revolver (ue)
to stuff	rellenar

Nouns

aluminum foil	el papel de aluminio
baking powder	el polvo de levadura, el polvo Royal
baking soda	el bicarbonato
collander	el colador
condensed milk	la leche condensada
cornstarch	la maicena, harina fina de maíz
double boiler	el baño (de) María
flour	la harina

melted butter	la mantequilla derretida
toothpick	el palillo
wax paper	el papel encerado

HERBS AND SPICES

basil	la albahaca
bay leaves	el laurel
capers	las alcaparras
cinnamon	la canela
chives	las cebolletas
cloves (ground)	el clavo (molido)
coriander	el cilantro
cumin	el comino
curry	el curry
ginger	el jengibre
leek	el puerro
mustard	la mostaza
nutmeg	la nuez moscada
parsely	el perejil
saffron	el azafrán
tarragon	el estragón
vanilla	la vainilla

LECCIÓN 7 / PRIMERA PARTE

SYNONYMS/VARIATIONS

el abrigo = el sobretodo, la gabardina
el cinturón = el cinto
la chaqueta = la americana (Col.), la campera, (Arg.), la chamarra (Méx.)
la falda = la saya
el impermeable = la capa de agua, el piloto (Arg.)
los jeans = los vaqueros, los mahones, los pantalones de mezclilla

USEFUL SHOPPING EXPRESSIONS

It's the latest (fashion)!	¡Es lo último!
It's too big (tight).	Me queda un poco grande (apretado).
It makes me look fat/ skinny/tall.	Me hace ver gordo(a)/ flaco(a)/alto(a).
How handsome/ pretty you look!	¡Qué bonito(a) luces!
Well, it doesn't become you.	Pues, no te favorece.
Do you accept credit cards?	¿Se aceptan tarjetas de crédito?
I'm sorry. You have to pay in cash.	Lo siento. Hay que pagar al contado (en efectivo).
It's already gone out of style.	Ya pasó de moda.

LECCIÓN 7 / PRIMERA PARTE (continued)

CLOTHES

brassiere	*el sostén*
panties	*las pantaletas, las bragas*
shorts	*los pantalones cortos, los bermudas, los shorts*
socks	*los calcetines*
sweat shirt	*la sudadera*
t-shirt, polo shirt, undershirt	*la camiseta, la playera, la polera, el pulover, el buzo*
tuxedo	*el smoking, el esmoquin, la etiqueta*
underwear	*la ropa interior (gen.), el calzón, los calzoncillos (bottoms)*

MATERIALS

flannel	*la franela*
lace	*el encaje*
linen	*el hilo, el lino*
nylon	*el nilón*
polyester	*el poliéster*
rayon	*el rayón*

velvet	*el terciopelo*
wool	*la lana*

PLACES TO SHOP

boutique	*la boutique*
grocery shore, wine shop	*la bodega*
grocery store	*la tienda de alborrotes*
small local convenience store	*el colmado*
small shop/store in a market or mall-like area	*el local*
supermarket	*el supermercado*
vendor's stand	*el puesto*

ACCESSORIES

brooch, pin	*el prendedor, el broche*
cap	*el(la) gorro(a)*
handkerchief	*el pañuelo*
heels, high-heels	*los tacos, los tacones*
scarf	*la bufanda*
suspenders	*los tirantes*

LECCIÓN 7 / SEGUNDA PARTE

SYNONYMS/VARIATIONS

el anillo = la sortija
hacer(le) juego = pegar
los pendientes = los aretes

TYPES OF STORE/SHOPS

bakery (for pastries)	*la repostería*
bakery (for bread)	*la panadería*
butcher shop	*la carnicería*

chocolate shop	*la chocolatería*
dry cleaner	*la tintorería*
florist shop	*la florería*
fruit store	*la frutería*
furniture store	*la mueblería*
hair salon	*la peluquería*
hardware store	*la ferretería*
hat store	*la sombrerería*
stationery store	*la papelería*
tobacco shop	*la tabaquería*
tailorshop	*la sastrería*
toy store	*la juguetería*

LECCIÓN 8 / PRIMERA PARTE

SYNONYMS/VARIATIONS

afeitarse = rasurarse
la cara = el rostro (more formal)
el lápiz labial = el pintalabios
la secadora = el secador (para el pelo)

EXPRESSIONS FOR PERSONAL CARE

I have to get my hair cut.	*Me tengo que cortar el pelo.*
My alarm didn't go off.	*No sonó el despertador.*
I hate waking up to an alarm clock; I prefer music.	*Odio despertarme con la alarma; prefiero la música.*
John always arrives at the office well-groomed.	*Juan siempre llega a la oficina muy bien arreglado.*

MAKEUP

eyeliner	*el delineador*
eyeshadow	*la sombra*
lipstick	*el pintalabios, la pintura de labios*
mascara	*la mascara, el rimel*
powder	*el polvo*

PERSONAL CARE ITEMS

conditioner	*el acondicionador*
dental floss	*el hilo dental*
hair dye	*el tinte*
hair roller	*el rulo*
hair spray	*la laca*
nail file	*la lima*
nailpolish remover	*la acetona, el quitaesmalte*
tweezers	*las pinzas*

HAIR

bald	*calvo(a)*
baldness	*la calvicie*
beard	*la barba*
braid	*la trenza*
curls	*los rizos, los bucles*
curly hair	*el pelo rizado*
straight hair (limp)	*el pelo lacio*
highlights	*las mechas*
moustache	*el bigote*
permanent	*el permanente*
sideburns	*las patillas*
wavy hair	*el pelo ondulado*
wig	*la peluca*

LECCIÓN 8 / SEGUNDA PARTE

SYNONYMS/VARIATIONS

barrer el piso = pasar la escoba
cocinar la carne = preparar la carne
el cuarto = el dormitorio, la alcoba
el cubo = el balde

hacer la cama = tender la cama
la hierba = el pasto, la grama, el césped
lavar los platos = fregar
lavar ropa = hacer el lavado
ordenar = recoger
sacudir los muebles = pasar el plumero

LECCIÓN 8 / SEGUNDA PARTE (continued)

EXPRESSIONS FOR THE HOME

Plumbers charge so much money nowadays.	¡Qué caro cobran los plomeros (fontaneros, cañeros) hoy día!
I don't have enough money to pay the rent this month.	No tengo dinero suficiente para pagar el alquiler de este mes.
Should we take out a second mortgage on the house?	¿Le sacamos una segunda hipoteca a la casa?
The toilet got clogged up on me.	Se me tupió el inodoro.
S/he doesn't even know how to change a light bulb!	¡No sabe ni poner un bombillo!
My nephews left the house a mess.	Mis sobrinos me dejaron la casa hecha un desorden.
We have to call the...	Hay que llama al (a la)...
carpinter	carpintero(a)
decorator	decorador(a)
electrician	electricista
exterminator	fumigador(a)
gardener	jardinero(a)
painter	pintor(a)
plumber	plomero(a)
superintendent	administrador(a)

PARTS OF A HOUSE

(bathroom) sink	el lavabo
attic	la azotea
balcony	el balcón
basement	el sótano
bathtub	la bañadera, la tina
closet	el clóset
door	la puerta
doorbell	el timbre
electrical outlet	el enchufe
faucet	la pila, el grifo
fence	la verja
fireplace	la chimenea

foyer, entryway	la entrada
kitchen sink	el fregadero
mailbox	el buzón
roof	el techo
swimming pool	la piscina, la alberca, la pileta
toilet bowl	el inodoro
yard, courtyard	el patio

HOUSEHOLD CHORES

paint the walls	pintar las paredes
to take the dog out for a walk	sacar el perro a pasear
to serve a meal	servir la comida
to raise the blinds	subir las persianas
to throw out the garbage	botar la basura
to open the drapes	abrir las cortinas
wax the floor	encerar el piso

HOUSEHOLD APPLIANCES AND ACCESSORIES

bedspread	la cubrecama, la sobrecama
blender	la licuadora
coffeepot	la cafetera
cushion	el cojín
dish rack	el escurreplatos
electric mixer	la batidora
freezer	el congelador
hanger	el perchero, la percha
ironing board	la tabla de planchar
mattress	el colchón
microwave	el microondas
mop	el palo de trapear
pillow	la almohada
refrigerator	la nevera, el refrigerador
rug	la alfombra
stereo	el estéreo
toaster	la tostadora

LECCIÓN 9 / PRIMERA PARTE

SYNONYMS/VARIATIONS

el (la) aduanero(a) = el (la) agente de aduana
la azafata = el (la) aeromozo(a), el (la) sobrecargo
facturar las maletas = despachar las maletas
el hospedaje = el alojamiento
la llegada = el arribo
la maleta = la valija
la torre de mando = la torre de control

TRAVEL EXPRESSIONS

I would like to confirm my reservation.	Quisiera confirmar mi reservación.
I would like to change my ticket/ flight.	Me gustaría cambiar mi pasaje.
One of my suitcases got lost.	Se me perdió una maleta.
Flight 224 will arrive early (ahead of schedule).	El vuelo 224 llegará adelantado.
Do you have a flight schedule (timetable).	¿Tiene Ud. un itinerario de vuelos?
Please put your seatbacks in their upright position in preparation for landing.	Favor de poner sus asientos en posición vertical en preparación para el aterrizaje.

Go through immigration first; have your visa and passport ready (in your hand).	Pasen primero por inmigración; tengan la visa y el pasaporte en la mano.
Do you have anything to declare?	¿Tiene Ud. algo que declarar?

AIRPORT/AIRPLANES

airline	la línea aérea
delay	la demora
flap (on wing)	el alerón
hangar	el hangar
immigration	la inmigración
landing gear	el tren de aterrizaje
life preserver	el salvavidas
light (small) aircraft	la avioneta
money exchange	la casa de cambio
propeller	la hélice
runway	la pista
tourist card	la tarjeta de turista
tray	la bandeja
visa	la visa

LECCIÓN 9 / SEGUNDA PARTE

SYNONYMS/VARIATIONS

asolearse = broncearse, quemarse, tomar el sol
escalar montañas = trepar montañas
la estadía = la estancia
las gafas = los lentes, los espejuelos, los anteojos
¡Qué lástima! = ¡Qué pena!

TOURIST EXPRESSIONS

No thanks, I prefer traveling on my own.	No gracias, prefiero viajar por mi cuenta.
Could you take us to...	Nos puede llevar a...

LECCIÓN 9 / SEGUNDA PARTE (continued)

TOURIST EXPRESSIONS (continued)

That exhibit was awful (a disaster).	*Esa exhibición fue un desastre.*
What a waste of time!	*¡Qué pérdida de tiempo!*
It's the most...I've seen in my life. [e.g., beautiful, interesting, boring]	*Es lo más...que he visto en mi vida. [p.ej., bello, interesante, aburrido]*

OTHER COMMON TOURIST SPOTS

botanical gardens	*el jardín botánico*
catacombs	*las catacumbas*
cathedral	*la catedral*
cemetery	*el cementerio*
handicrafts gallery	*el centro de artesanía*
mines of salt, gold, precious stone	*las minas de sal, oro, piedras preciosas*
pyramid	*la pirámide*
ruins	*las ruinas*
temple	*el templo*
waterfall	*la catarata, la cascada*
zoo	*el (parque) zoológico*

COMMON TOURIST/VACATION ACTIVITIES

to rent a car	*alquilar un carro (coche, auto)*
write postcards	*escribir (tarjetas) postales*
to go camping	*hacer camping*
to take a tour	*hacer turismo*
to play in a casino	*jugar en un casino*
to row (a boat)	*remar*
to go up by funicular (train for very steep mountains)	*subir en funicular*
to go up by cable car	*subir en teleférico*
to suntan	*tomar el sol, broncearse, quemarse*
to do "touristy" things	*turistear, hacer de turista*
to sail (a small boat)	*velear*
to see a folkloric show	*ver un espectáculo folclórico*

LECCIÓN 10 / PRIMERA PARTE

SYNONYMS/VARIATIONS

la dieta = el régimen
el farmacéutico = el farmacólogo
el (la) paciente = el (la) enfermo(a)
la radiografía = los rayos X, la placa
el resfriado = el resfrío, el catarro
romperse = quebrarse, fracturarse
tener fiebre = tener calentura
tener náuseas = tener mareos

MEDICAL-RELATED EXPRESSIONS

Help!	*¡Socorro!*
It's a very sharp pain.	*Es un dolor muy agudo.*
I have some discomfort.	*Tengo una molestia.*
S/He is suffocating.	*Se está ahogando/ sofocando.*

MORE BODY PARTS

artery	la arteria
back	la espalda
bladder	la vejiga
brain	el cerebro
buttocks	las nalgas
calf	la pantorilla
cheek	el cachete, la mejilla
chin	el mentón, la barbilla
elbow	el codo
eyebrow	la ceja
eyelash	la pestaña
fist	el puño
forehead	la frente
hand	la mano
thumb	el pulgar (el dedo gordo)
index finger	el índice
middle finger	el dedo cordial (del corazón)
ring finger	el dedo anular
little finger, pinky	el meñique
heel	el talón
hip	la cadera
jaw	la mandíbula
joint	la articulación, la coyuntura
kidneys	los riñones
knuckle	el nudillo
large intestine	el intestino grueso
liver	el hígado
palm	la palma
skin	la piel, la tez
skull	el cráneo
small intestine	el intestino delgado
temple	la sien
thigh	el muslo
tonsils	las amígdalas
vein	la vena
wrist	la muñeca

KINDS OF DOCTORS

cardiologist	el (la) cardiólogo(a)
dentist	el (la) dentista
gynecologist	el (la) ginecólogo(a)
oncologist	el (la) oncólogo(a)
ophthalmologist	el (la) oftalmólogo(a)
pediatrician	el (la) pediatra
radiologist	el (la) radiólogo(a)

COMMON ILLNESSES

AIDS	el SIDA (síndrome de inmunodeficiencia adquirida)
cancer	el cáncer
chicken pox	la varicela
diabetes	la diabetes
diarrhea	la diarrea
disentery	la disentería
heart attack (infarct)	el infarto cardiaco
heartburn	la acidez
hepatitis	la hepatitis
hypertension	la hipertensión
laryngitis	la laringitis
measles	el sarampión
migrain (headache)	la migraña
mumps	las paperas
pneumonia	la pulmonía
rapid heart beat	la taquicardia
smallpox	la viruela
tetanus	el tétano
tonsillitis	la amigdalitis

GENERAL

dose	la dosis
to get hurt	lastimarse, lesionarse
infection	la infección
scar	la cicatriz

THE HOSPITAL

bandage	la venda
blood pressure	la presión sanguínea
emergency room	la sala de emergencia
first aid	los primeros auxilios
gown, bathrobe	la bata
operating room	la sala de operaciones, el quirófano
paramedic	el(la) paramédico
stethoscope	el estetoscopio
wound	la herida

LECCIÓN 10 / SEGUNDA PARTE

SYNONYMS/VARIATIONS

las bebidas alcohólicas = los tragos
el cigarrillo = el cigarro

LECCIÓN 11 / PRIMERA PARTE

SYNONYMS/VARIATIONS

los avisos clasificados = los anuncios clasificados
la esquela = el obituario, la nota necrológica, la nota
  mortuoria

PHRASES/EXPRESSIONS ABOUT MASS MEDIA

We have to renew our subscription to ¡Hola!	*Tenemos que renovar el abono (la subscripción) de ¡Hola!*
I saw in El País that you sent a letter to the editor.	*Vi en El País que mandaste una carta al director.*
Change the station; I can't stand that music.	*Cambia la estación; no soporto esa música.*
Take your umbrella; the weatherman said it was going to rain.	*Lleva el paraguas; el meteorólogo dijo que iba a llover.*
That book is very poorly edited.	*Ese libro está muy mal redactado.*

SOME POPULAR HISPANIC NEWSPAPERS

Argentina—*La Nación, El Clarín*
Bolivia—*El Diario*
Colombia—*El Tiempo, El Espectador*
Costa Rica—*La Gaceta, La Nación*
Cuba—*Granma*
Chile—*El Mercurio*
Ecuador—*El Comercio*
El Salvador—*El Mundo*
Guatemala—*Diario de Centro América, Prensa Libre*
Honduras—*La Gaceta, El Tiempo*
México—*Excelsior, El Universal*
Nicaragua—*La Prensa, Nuevo Diario*
Panamá—*La República, The Star and Herald*
Paraguay—*La Tribuna*
Perú—*El Comercio, El Peruano*
Puerto Rico—*El Nuevo Día, San Juan Star*
La República Dominicana—*El Caribe, El Nacional*
Spain—*El País, El ABC*
Uruguay—*El Día, El País*
Venezuela—*El Nacional, El Universal*

PRINT MEDIA

advertising	*la publicidad*
to censor	*censurar*
censorship	*la censura*
circulation	*la tirada, circulación*
correspondent	*el (la) corresponsal*
to edit	*redactar, editar*
editor	*el (la) redactor(a)*
galleys	*las galeras*
manuscript	*el manuscrito*
proofreader	*el (la) corrector(a)*
to publish	*publicar, editar*

LECCIÓN 11 / SEGUNDA PARTE

SYNONYMS/VARIATIONS

el crimen = el delito
el desempleo = el paro
las elecciones = los comicios

POLITICAL IDEOLOGIES

capitalism	*el capitalismo*
capitalist	*el (la) capitalista*
communism	*el comunismo*
communist	*el (la) comunista*
fascism	*el fascismo*
fascist	*el (la) fascista*
socialism	*el socialismo*
socialist	*el (la) socialista*
nationalism	*el nacionalismo*
nationalist	*el (la) nacionalista*

POLITICAL TENDENCIES

center	*el centro*
left	*la izquierda*
leftist	*el/la izquierdista*
right	*la derecha*
rightist	*el/la derechista*
ultra-right	*la extrema, ultra-derecha*

TYPES OF GOVERNMENT

civil government	*el gobierno civil*
military junta	*la junta militar*
republic	*la república*

GENERAL

cabinet	*el gabinete*
civil code	*el código civil*
conservative	*conservador(a)*
constitution	*la constitución*
constitutional guarantees	*las garantías constitucionales*
decree	*el decreto*
executive power	*el poder ejecutivo*
freedom	*la libertad*
of press	*de prensa*
of worship	*de conciencia*
of association	*de asociación*
legislation	*la legislación*
liberal	*liberal*
ministry	*el ministerio*
opposition	*la oposición*
to pass a law	*aprobar una ley*
penal code	*el código penal*
presidency	*la presidencia*
state	*el estado*

VOTING

absolute majority	*la mayoría absoluta*
to abstain	*abstenerse*
abstention	*la abstención*
ballot box	*la urna*
to cast a vote	*emitir un voto*
suffrage	*el sufragio*
tally (of votes)	*el escrutinio*
voting	*la votación*

LECCIÓN 12 / PRIMERA PARTE

SYNONYMS/VARIATIONS

doblar a la... = girar a la..., agarrar a la...
endosar = firmar
enviar = mandar
el estanco = el kiosko, el puesto
el sello = la estampilla, el timbre

PHRASES/EXPRESSIONS ABOUT BANKING AND POSTAL SERVICES

I would like to open a savings account.	*Quisiera abrir una cuenta de ahorros.*
What interest rate is it paying?	*¿Qué tipo de interés tiene?*
I hate having to balance my checkbook.	*Detesto tener que cuadrar la chequera.*
In my neighborhood, one needs a P.O. box.	*En mi barrio hace falta un apartado postal.*
This mailman is so lazy!	*¡Qué perezoso este cartero!*
How much postage is necessary for this package?	*¿Cuánto franqueo hace falta para este paquete?*

BANKING EXPRESSIONS

to balance	*cuadrar*
banker	*el (la) banquero(a)*
bonds	*los bonos*
cash	*el efectivo*
certificate of deposit	*el depósito a plazo*
checkbook	*la chequera, el talonario de cheques*
deposit slip	*el formulario de depósito*
guard	*el (la) guardia*
interest	*los intereses*
interest rate	*la tasa (el tipo) de interés*
loan	*el préstamo*
mortgage	*la hipoteca*
passbook	*la libreta de banco*
stock market	*la bolsa*
stocks	*las acciones*
to borrow	*pedir prestado*
to invest	*invertir (ie, i)*
to lend	*prestar*
vault, safe	*la caja fuerte*
withdrawal slip	*el formulario de retiro*

POSTAL EXPRESSIONS

airmail	*el correo aéreo, por avión*
C.O.D.	*de cobro a la entrega*
delivery	*la entrega*
express mail	*el correo por expreso*
home delivery	*el reparto a domicilio*
mail carrier	*el (la) cartero(a)*
P.O. box	*el apartado postal*
package	*el paquete*
special delivery	*la entrega inmediata*
to deliver	*entregar, repartir*
zip code	*el distrito postal*

LECCIÓN 12 / SEGUNDA PARTE

SYNONYMS/VARIATIONS

el aire acondicionado = la climatización
al ascensor = el elevador
la camarera = la mucama
el casillero = el buzón
el lobby = el vestíbulo

PHRASES/EXPRESSIONS FOR HOTELS

I need for you to send someone; the bathroom floor has flooded.	Necesito que manden a alguien; el piso del baño se inundó.
I need for you to send someone; the bathroom floor has flooded.	
Yes, thank you. I would like it for tomorrow at 3 P.M.	Sí, gracias. La/Lo quisiera para mañana a las 15 horas.

Is breakfast included (in the price) if I eat it in my room?	¿Está el desayuno incluido si lo tomo en la habitación?
Is there a sauna?	¿Tienen un sauna?
Where does the tour for…leave from?	¿De dónde sale la excursión para…?
Is there somewhere to leave my suitcases for safekeeping?	¿Se puede dejar las maletas en custodia?

GENERAL

coaster	el portavaso
double bed	la cama doble (matrimonial)
heat	la calefacción
ice	el hielo

LECCIÓN 13 / PRIMERA PARTE

SYNONYMS/VARIATIONS

el (la) cocinero(a) = el chef
el (la) contador(a) = el (la) contable
el desempleo = el paro
escribir a máquina = escribir/pasar a maquinilla, mecanografiar
el (la) médico(a) = el (la) doctor(a)
el plomero = el fontanero, el cañero

OFFICE EXPRESSIONS

We have a meeting at 3 o'clock.	Tenemos una reunión a las tres.
I need his file.	Necesito su expediente.
Did the fax for me from Mr. Pereira arrive?	¿Me llegó el fax del Sr. Pereira?

PROFESSIONS

archeologist	el arqueólogo
economist	el (la) economista
editor	el (la) director(a)
minister	el (la) pastor(a), el ministro
pilot	el (la) piloto(a)
politician	el (la) político(a)
priest	el cura
specialist	el (la) especialista
teacher	el (la) maestro(a)

TRADES

butcher	el (la) carnicero(a)
gardner	el (la) jardinero(a)
painter	el (la) pintor(a)

LECCIÓN 13 / PRIMERA PARTE (continued)

TRADES (continued)		to employ	emplear
		employee	el (la) empleado(a)
seamstress	la costurera	executive	el (la) ejecutivo(a)
shoemaker	el (la) zapatero(a)	file folder	el archivo, la carpeta
tailor	el sastre	invoice	la factura
		office worker	el (la) oficinista
GENERAL		salary	el sueldo, el salario
		sales	la venta, las ventas
bill, invoice	la factura	sales manager	el (la) jefe(a) de ventas
businessman/woman	el hombre/la mujer de negocios	salesmanship	el arte de vender
		workday	la jornada de trabajo
client	el (la) cliente(a)		

LECCIÓN 13 / SEGUNDA PARTE

SYNONYMS/VARIATIONS

la agencia de empleos = la agencia de colocaciones
el (la) aspirante = el (la) solicitante
la bonificación = el aguinaldo
la calificación = la capacidad
el expediente = el archivo
el curriculum vitae = la hoja de vida
el plan de retiro = el plan de jubilación
retirarse = jubilarse

PHRASES/EXPRESSIONS ABOUT JOB SEARCHES

How often are raises given?	¿A cada cuánto dan un aumento?
No, I don't have a lot of sales experience, but I'm very enthusiastic.	No, no tengo mucha experiencia en ventas, pero tengo mucho entusiasmo.
Would you be willing to write a recommendation for me?	¿Estaría Ud. dispuesto(a) a escribirme una recomendación?
Is the retirement plan obligatory?	¿Es obligatorio el plan de retiro?
I worked in a law firm for four summers.	Trabajé cuatro veranos en un bufete de abogados.
In addition, I have a very good command of Spanish.	Además, domino muy bien el español.
I would like to work in a bilingual environment.	Me gustaría trabajar en un ambiente bilingüe.

GENERAL

advancement possibilties	la posibilidad de ascenso
career	la carrera

GENERAL (continued)

		pension	la pensión
child care	la guardería infantil	to retire	jubilarse, retirarse
educational benefits	los beneficios	sabbatical, to be on	estar de sabático
	educacionales	to show up (for work)	reportarse (al trabajo)
flex time	las horas flexibles	vacation, to be on	estar de vacaciones

LECCIÓN 14 / PRIMERA PARTE

SYNONYMS/VARIATIONS

el cómpact disc = el disco compacto
el contestador automático = la contestadora automática
el disquette = el floppy
la finca = la granja, la hacienda
la hoja electrónica = la planilla electrónica
la máquina de escribir = la maquinilla
sembrar = plantar
la videograbadora = la videocasetera

FARMING

barn	el granero
farmer	el (la) agricultor(a), el (la) granjero(a)
field	el campo
to graze	pacer
season	la temporada
stable	el establo
to store	almacenar
tool	la herramienta
tractor	el tractor

GENERAL

battery	la pila, la batería
cable	el cable
cartridge	el cartucho, el cartridge
dictaphone	la máquina de dictar, el dictáfono
drive	la disketera, la disquetera, el drive
fax paper	el papel (de) fax
internal clock	el reloj interno
key (of a machine)	la tecla
magnetic tape	la cinta magnética
mouse	el ratón
network	la red
pliers	los alicates
to plug in	enchufar
to press (a key)	oprimir
scalable font	la letra escalable
screwdriver	el destornillador
software	el software
VGA card	la tarjeta VGA
wire	el alambre
wrench, adjustable	la llave inglesa

LECCIÓN 14 / SEGUNDA PARTE

SYNONYMS/VARIATIONS

los deshechos   los desperdicios

PHRASES/EXPRESSIONS ABOUT THE ENVIRONMENT

Pollution should be a global concern. — La contaminación deber ser una preocupación mundial.

The local factories dump their waste products illegally in the river. — Las fábricas locales echan sus desperdicios ilegalmente al río.

There is a lack of political leadership regarding the environment. — Hay una falta de liderazgo político en cuanto al medio ambiente.

Recycling programs are becoming more popular. — Los programas de reciclaje se están popularizando.

Consumers need to demand less packaging for the majority of products. — El consumidor tiene que exigir una envoltura más sencilla para la mayoría de los productos.

GENERAL

biodegradable	la descomposición biológica
bird	el pájaro
bush	el arbusto
carbon monoxide	el monóxido de carbono
carginogen	el carcinógeno
chemicals	los químicos
dehydration	la deshidratación
desert	el desierto
ecology	la ecología
environmentalist	el (la) medio ambientalista
famine	el hambre, la escasez (de alimentos)
fish	los peces
forest	la selva
gasoline	el pétrol, la gasolina, la nafta
hill	el cerro, la colina
woods	el bosque
jungle	la jungla
lagoon	la laguna
ozone	el ozono
pesticide	el pesticida
plains	la llanura, el llano
plants	las plantas, las matas
poisonous	venenoso(a)
preservatives	los preservativos (para comida)
raw material	la materia prima
shortage	la carencia
smog	el (e)smog, neblina espesa con humo
stream	el arroyo, el riachuelo
thermal inversion	la inversión térmica
toxic	tóxico(a)
tree	el árbol
vegetation	la vegetación,
waterfall	la catarata, la cascada, el salto de agua
wildlife	la fauna, los animales

APPENDIX 3

Verb Charts

A. Regular Verbs: Simple Tenses

Infinitive Present Participle Past Participle	Indicative					Subjunctive		Imperative
	Present	Imperfect	Preterite	Future	Conditional	Present	Imperfect	
hablar hablando hablado	hablo hablas habla hablamos habláis hablan	hablaba hablabas hablaba hablábamos hablabais hablaban	hablé hablaste habló hablamos hablasteis hablaron	hablaré hablarás hablará hablaremos hablaréis hablarán	hablaría hablarías hablaría hablaríamos hablaríais hablarían	hable hables hable hablemos habléis hablen	hablara hablaras hablara habláramos hablarais hablaran	habla tú, no hables hable usted hablemos hablen Uds.
comer comiendo comido	como comes come comemos coméis comen	comía comías comía comíamos comíais comían	comí comiste comió comimos comisteis comieron	comeré comerás comerá comeremos comeréis comerán	comería comerías comería comeríamos comeríais comerían	coma comas coma comamos comáis coman	comiera comieras comiera comiéramos comierais comieran	come tú, no comas coma usted comamos coman Uds.
vivir viviendo vivido	vivo vives vive vivimos vivís viven	vivía vivías vivía vivíamos vivíais vivían	viví viviste vivió vivimos vivisteis vivieron	viviré vivirás vivirá viviremos viviréis vivirán	viviría vivirías viviría viviríamos viviríais vivirían	viva vivas viva vivamos viváis vivan	viviera vivieras viviera viviéramos vivierais vivieran	vive tú, no vivas viva usted vivamos vivan Uds.

B. Regular Verbs: Perfect Tenses

	Indicative						Subjunctive		
	Present Perfect	**Past Perfect**	**Preterite Perfect**	**Future Perfect**	**Conditional Perfect**		**Present Perfect**	**Past Perfect**	
he hablado	había hablado	hube hablado	habré hablado	habría hablado	haya hablado	hubiera hablado		
has comido	habías comido	hubiste comido	habrás comido	habrías comido	hayas comido	hubieras comido		
ha vivido	había vivido	hubo vivido	habrá vivido	habría vivido	haya vivido	hubiera vivido		
hemos	habíamos	hubimos	habremos	habríamos	hayamos	hubiéramos		
habéis	habíais	hubisteis	habréis	habríais	hayáis	hubierais		
han	habían	hubieron	habrán	habrían	hayan	hubieran		

C. Irregular Verbs

Infinitive Present Participle Past Participle	Indicative					Subjunctive		Imperative
	Present	**Imperfect**	**Preterite**	**Future**	**Conditional**	**Present**	**Imperfect**	
andar andando andado	ando andas anda andamos andáis andan	andaba andabas andaba andábamos andabais andaban	anduve anduviste anduvo anduvimos anduvisteis anduvieron	andaré andarás andará andaremos andaréis andarán	andaría andarías andaría andaríamos andaríais andarían	ande andes ande andemos andéis anden	anduviera anduvieras anduviera anduviéramos anduvierais anduvieran	anda tú, no andes ande usted andemos anden Uds.
caer cayendo caído	caigo caes cae caemos caéis caen	caía caías caía caíamos caíais caían	caí caíste cayó caímos caísteis cayeron	caeré caerás caerá caeremos caeréis caerán	caería caerías caería caeríamos caeríais caerían	caiga caigas caiga caigamos caigáis caigan	cayera cayeras cayera cayéramos cayerais cayeran	cae tú, no caigas caiga usted caigamos caigan Uds.
dar dando dado	doy das da damos dais dan	daba dabas daba dábamos dabais daban	di diste dio dimos disteis dieron	daré darás dará daremos daréis darán	daría darías daría daríamos daríais darían	dé des dé demos deis den	diera dieras diera diéramos dierais dieran	da tú, no des dé usted demos den Uds.

C. Irregular Verbs (continued)

Infinitive Present Participle Past Participle	Indicative						Subjunctive		Imperative
	Present	Imperfect	Preterite	Future	Conditional		Present	Imperfect	
decir diciendo dicho	digo dices dice decimos decís dicen	decía decías decía decíamos decíais decían	dije dijiste dijo dijimos dijisteis dijeron	diré dirás dirá diremos diréis dirán	diría dirías diría diríamos diríais dirían		diga digas diga digamos digáis digan	dijera dijeras dijera dijéramos dijerais dijeran	di tú, no digas diga usted digamos digan Uds.
estar estando estado	estoy estás está estamos estáis están	estaba estabas estaba estábamos estabais estaban	estuve estuviste estuvo estuvimos estuvisteis estuvieron	estaré estarás estará estaremos estaréis estarán	estaría estarías estaría estaríamos estaríais estarían		esté estés esté estemos estéis estén	estuviera estuvieras estuviera estuviéramos estuvierais estuvieran	está tú, no estés esté usted estemos estén Uds.
haber habiendo habido	he has ha hemos habéis han	había habías había habíamos habíais habían	hube hubiste hubo hubimos hubisteis hubieron	habré habrás habrá habremos habréis habrán	habría habrías habría habríamos habríais habrían		haya hayas haya hayamos hayáis hayan	hubiera hubieras hubiera hubiéramos hubierais hubieran	
hacer haciendo hecho	hago haces hace hacemos hacéis hacen	hacía hacías hacía hacíamos hacíais hacían	hice hiciste hizo hicimos hicisteis hicieron	haré harás hará haremos haréis harán	haría harías haría haríamos haríais harían		haga hagas haga hagamos hagáis hagan	hiciera hicieras hiciera hiciéramos hicierais hicieran	haz tú, no hagas haga usted hagamos hagan Uds.
ir yendo ido	voy vas va vamos vais van	iba ibas iba íbamos ibais iban	fui fuiste fue fuimos fuisteis fueron	iré irás irá iremos iréis irán	iría irías iría iríamos iríais irían		vaya vayas vaya vayamos vayáis vayan	fuera fueras fuera fuéramos fuerais fueran	ve tú, no vayas vaya usted vayamos vayan Uds.

C. Irregular Verbs (continued)

Infinitive Present Participle Past Participle	Indicative — Present	Indicative — Imperfect	Indicative — Preterite	Indicative — Future	Indicative — Conditional	Subjunctive — Present	Subjunctive — Imperfect	Imperative
oír oyendo oído	oigo oyes oye oímos oís oyen	oía oías oía oíamos oíais oían	oí oíste oyó oímos oísteis oyeron	oiré oirás oirá oiremos oiréis oirán	oiría oirías oiría oiríamos oiríais oirían	oiga oigas oiga oigamos oigáis oigan	oyera oyeras oyera oyéramos oyerais oyeran	oye tú, no oigas oiga usted oigamos oigan Uds.
poder pudiendo podido	puedo puedes puede podemos podéis pueden	podía podías podía podíamos podíais podían	pude pudiste pudo pudimos pudisteis pudieron	podré podrás podrá podremos podréis podrán	podría podrías podría podríamos podríais podrían	pueda puedas pueda podamos podáis puedan	pudiera pudieras pudiera pudiéramos pudierais pudieran	
poner poniendo puesto	pongo pones pone ponemos ponéis ponen	ponía ponías ponía poníamos poníais ponían	puse pusiste puso pusimos pusisteis pusieron	pondré pondrás pondrá pondremos pondréis pondrán	pondría pondrías pondría pondríamos pondríais pondrían	ponga pongas ponga pongamos pongáis pongan	pusiera pusieras pusiera pusiéramos pusierais pusieran	pon tú, no pongas ponga usted pongamos pongan Uds.
querer queriendo querido	quiero quieres quiere queremos queréis quieren	quería querías quería queríamos queríais querían	quise quisiste quiso quisimos quisisteis quisieron	querré querrás querrá querremos querréis querrán	querría querrías querría querríamos querríais querrían	quiera quieras quiera queramos queráis quieran	quisiera quisieras quisiera quisiéramos quisierais quisieran	quiere tú, no quieras quiera usted queramos quieran Uds.
saber sabiendo sabido	sé sabes sabe sabemos sabéis saben	sabía sabías sabía sabíamos sabíais sabían	supe supiste supo supimos supisteis supieron	sabré sabrás sabrá sabremos sabréis sabrán	sabría sabrías sabría sabríamos sabríais sabrían	sepa sepas sepa sepamos sepáis sepan	supiera supieras supiera supiéramos supierais supieran	sabe tú, no sepas sepa usted sepamos sepan Uds.
salir saliendo salido	salgo sales sale salimos salís salen	salía salías salía salíamos salíais salían	salí saliste salió salimos salisteis salieron	saldré saldrás saldrá saldremos saldréis saldrán	saldría saldrías saldría saldríamos saldríais saldrían	salga salgas salga salgamos salgáis salgan	saliera salieras saliera saliéramos salierais salieran	sal tú, no salgas salga usted salgamos salgan Uds.

C. Irregular Verbs (continued)

Infinitive Present Participle Past Participle	Indicative					Subjunctive		Imperative
	Present	Imperfect	Preterite	Future	Conditional	Present	Imperfect	
ser siendo sido	soy eres es somos sois son	era eras era éramos erais eran	fui fuiste fue fuimos fuisteis fueron	seré serás será seremos seréis serán	sería serías sería seríamos seríais serían	sea seas sea seamos seáis sean	fuera fueras fuera fuéramos fuerais fueran	sé tú, no seas sea usted seamos sean Uds.
tener teniendo tenido	tengo tienes tiene tenemos tenéis tienen	tenía tenías tenía teníamos teníais tenían	tuve tuviste tuvo tuvimos tuvisteis tuvieron	tendré tendrás tendrá tendremos tendréis tendrán	tendría tendrías tendría tendríamos tendríais tendrían	tenga tengas tenga tengamos tengáis tengan	tuviera tuvieras tuviera tuviéramos tuvierais tuvieran	ten tú, no tengas tenga usted tengamos tengan Uds.
traer trayendo traído	traigo traes trae traemos traéis traen	traía traías traía traíamos traíais traían	traje trajiste trajo trajimos trajisteis trajeron	traeré traerás traerá traeremos traeréis traerán	traería traerías traería traeríamos traeríais traerían	traiga traigas traiga traigamos traigáis traigan	trajera trajeras trajera trajéramos trajerais trajeran	trae tú, no traigas traiga usted traigamos traigan Uds.
venir viniendo venido	vengo vienes viene venimos venís vienen	venía venías venía veníamos veníais venían	vine viniste vino vinimos vinisteis vinieron	vendré vendrás vendrá vendremos vendréis vendrán	vendría vendrías vendría vendríamos vendríais vendrían	venga vengas venga vengamos vengáis vengan	viniera vinieras viniera viniéramos vinierais vinieran	ven tú, no vengas venga usted vengamos vengan Uds.
ver viendo visto	veo ves ve vemos veis ven	veía veías veía veíamos veíais veían	vi viste vio vimos visteis vieron	veré verás verá veremos veréis verán	vería verías vería veríamos veríais verían	vea veas vea veamos veáis vean	viera vieras viera viéramos vierais vieran	ve tú, no veas vea usted veamos vean Uds.

D. Stem-changing and Orthographic-changing Verbs

Infinitive / Present Participle / Past Participle	Indicative — Present	Imperfect	Preterite	Future	Conditional	Subjunctive — Present	Imperfect	Imperative
incluir (y) incluyendo incluido	incluyo incluyes incluye incluimos incluís incluyen	incluía incluías incluía incluíamos incluíais incluían	incluí incluiste incluyó incluimos incluisteis incluyeron	incluiré incluirás incluirá incluiremos incluiréis incluirán	incluiría incluirías incluiría incluiríamos incluiríais incluirían	incluya incluyas incluya incluyamos incluyáis incluyan	incluyera incluyeras incluyera incluyéramos incluyerais incluyeran	incluye tú, no incluyas incluya usted incluyamos incluyan Uds.
dormir (ue, u) durmiendo dormido	duermo duermes duerme dormimos dormís duermen	dormía dormías dormía dormíamos dormíais dormían	dormí dormiste durmió dormimos dormisteis durmieron	dormiré dormirás dormirá dormiremos dormiréis dormirán	dormiría dormirías dormiría dormiríamos dormiríais dormirían	duerma duermas duerma durmamos durmáis duerman	durmiera durmieras durmiera durmiéramos durmierais durmieran	duerme tú, no duermas duerma usted durmamos duerman Uds.
pedir (i, i) pidiendo pedido	pido pides pide pedimos pedís piden	pedía pedías pedía pedíamos pedíais pedían	pedí pediste pidió pedimos pedisteis pidieron	pediré pedirás pedirá pediremos pediréis pedirán	pediría pedirías pediría pediríamos pediríais pedirían	pida pidas pida pidamos pidáis pidan	pidiera pidieras pidiera pidiéramos pidierais pidieran	pide tú, no pidas pida usted pidamos pidan Uds.
pensar (ie) pensando pensado	pienso piensas piensa pensamos pensáis piensan	pensaba pensabas pensaba pensábamos pensabais pensaban	pensé pensaste pensó pensamos pensasteis pensaron	pensaré pensarás pensará pensaremos pensaréis pensarán	pensaría pensarías pensaría pensaríamos pensaríais pensarían	piense pienses piense pensemos penséis piensen	pensara pensaras pensara pensáramos pensarais pensaran	piensa tú, no pienses piense usted pensemos piensen Uds.

D. Stem-changing and Orthographic-changing Verbs (continued)

Infinitive Present Participle Past Participle	Indicative					Subjunctive		Imperative
	Present	Imperfect	Preterite	Future	Conditional	Present	Imperfect	
producir (zc) produciendo producido	produzco produces produce producimos producís producen	producía producías producía producíamos producíais producían	produje produjiste produjo produjimos produjisteis produjeron	produciré producirás producirá produciremos produciréis producirán	produciría producirías produciría produciríamos produciríais producirían	produzca produzcas produzca produzcamos produzcáis produzcan	produjera produjeras produjera produjéramos produjerais produjeran	produce tú, no produzcas produzca usted produzcamos produzcan Uds.
reír (i, i) riendo reído	río ríes ríe reímos reís ríen	reía reías reía reíamos reíais reían	reí reíste rio reímos reísteis rieron	reiré reirás reirá reiremos reiréis reirán	reiría reirías reiría reiríamos reiríais reirían	ría rías ría riamos riáis rían	riera rieras riera riéramos rierais rieran	ríe tú, no rías ría usted riamos rían Uds.
seguir (i, i) (ga) siguiendo seguido	sigo sigues sigue seguimos seguís siguen	seguía seguías seguía seguíamos seguíais seguían	seguí seguiste siguió seguimos seguisteis siguieron	seguiré seguirás seguirá seguiremos seguiréis seguirán	seguiría seguirías seguiría seguiríamos seguiríais seguirían	siga sigas siga sigamos sigáis sigan	siguiera siguieras siguiera siguiéramos siguierais siguieran	sigue tú, no sigas siga usted sigamos sigan Uds.
sentir (ie, i) sintiendo sentido	siento sientes siente sentimos sentís sienten	sentía sentías sentía sentíamos sentíais sentían	sentí sentiste sintió sentimos sentisteis sintieron	sentiré sentirás sentirá sentiremos sentiréis sentirán	sentiría sentirías sentiría sentiríamos sentiríais sentirían	sienta sientas sienta sintamos sintáis sientan	sintiera sintieras sintiera sintiéramos sintierais sintieran	siente tú, no sientas sienta usted sintamos sientan Uds.
volver (ue) volviendo vuelto	vuelvo vuelves vuelve volvemos volvéis vuelven	volvía volvías volvía volvíamos volvíais volvían	volví volviste volvió volvimos volvisteis volvieron	volveré volverás volverá volveremos volveréis volverán	volvería volverías volvería volveríamos volveríais volverían	vuelva vuelvas vuelva volvamos volváis vuelvan	volviera volvieras volviera volviéramos volvierais volvieran	vuelve tú, no vuelvas vuelva usted volvamos vuelvan Uds.

Spanish-English Vocabulary

A

abajo *adv.* **5** down with; below, downstairs

el/la **abogado(a) 4** lawyer

a bordo 6 on board

el **aborto 11** abortion

abrazar 7 to embrace

el **abrazo 4** hug

el **abrigo 7** coat

abril 3 April

abrir 3 to open

la **abuela 4** grandmother

el **abuelo 4** grandfather

abundar 5 to be abundant

aburrido(a) 3 bored, boring

acabar de + *inf.* 3 to have just—

el **accesorio 8** accessory

la **acción en ejecución 4** action in progress

el **aceite de oliva 2** olive oil

aceptar 7 to accept

acerca de *prep.* **6** about

el **acero 2** steel

acogedor(a) 5 friendly

aconsejar 10 to advise

el **acontecimiento 11** happening

acordarse (ue) (de) 8 to remember

acostar (ue) 8 to put to bed

acostarse (ue) 8 to go to bed

la **actriz 1** actress

acudir 13 to turn to

adelgazar 10 to lose weight

además *adv.* **1** besides, moreover

además de *prep.* **14** besides, in addition to

adiós 1 good-bye

el **adjetivo 1** adjective

la **administración de empresas 2** business administration

admirar 2 to admire

adoquinado(a) 4 tiled, paved with cobblestones

la **aduana 9** customs

el/la **aduanero(a) 9** customs agent

el **adverbio 3** adverb

la **aerolínea 3** airline

el **aeropuerto 3** airport

a eso de 6 at about

el **afecto 4** affection

afeitarse 8 to shave

el/la **aficionado(a) 5** fan

a fin de que 14 in order that

afrontar 11 to face

la **agencia de empleos 13** employment agency

la **agencia de viajes 9** travel agency

agosto 3 August

agradable *adj.* **5** pleasant

el **agua** *f.* **4** water

el **agua caliente 12** hot water

el **agua de lluvia 5** rain water

el **agua mineral 6** mineral water

ahora 1 now

ahora mismo 2 right now

ahorrar 7 to save

el **aire 14** air

el **aire acondicionado 12** air conditioning

el **ají verde 6** green pepper

el **ajo 6** garlic

el **ala** *f.* **9** wing

el **albergue estudiantil 12** student hostel

el **alcalde 11** mayor

el **alcázar 2** palace; fortress

al comienzo 5 at the beginning

alegrarse (de) 8 to become happy; to be glad (about)

el **alemán 2** German

alérgico(a) 10 allergic

la **alfarería 4** pottery

la **alfombra 8** rug

el **álgebra** *f.* **3** algebra

algo 6 something

el **algodón 7** cotton

alguien 6 someone, anyone

alguno(a) 6 any, some

al lado (de) *prep.* **3** next to

allí 2 there

el **almacén 7** department store

la **almohada 12** pillow

almorzar (ue) 6 to have lunch

el **almuerzo 3** lunch

aló 4 hello *(answering the phone)*

el **alojamiento 12** lodging

los **alrededores 4** surrounding areas

el **altiplano 10** high plateau

alto(a) 1 tall

la **altura 9** altitude

el **ama** *f.* **de casa 6** housewife

amarillo(a) 1 yellow

el **ambiente 11** environment

a menos que *conj.* **14** unless

a menudo *adv.* **8** often

América Central 1 Central America

América del Norte 1 North America

América del Sur 1 South America

el/la **amigo(a) 2** friend

el **amor 4** love

amplio(a) 2 wide

el/la **analista 13** analyst

el/la **analista de sistemas 13** systems analyst

anaranjado(a) 1 orange
el **ancho 7** width
anclado(a) 6 anchored
andar con cuidado 5 to be careful
el/la **anfitrión(a) 11** show host (hostess)
anidado(a) 10 nestled
el **anillo 7** ring
a principios de 5 at the beginning of
el **antepasado 14** ancestor
antes *adv.* **8** before, sooner
antes de *prep.* **2** before
antes de Cristo 4 B.C.
antes (de) que *conj.* **14** before
el **antiácido 10** antacid
el **antibiótico 10** antibiotic
antiguo(a) 2 ancient
antipático(a) 2 unfriendly
el **anuncio 5** announcement
añadir 3 to add
apacible *adj.* **4** pleasant, calm
apagado(a) 14 (turned) off
apagar 13 to extinguish; to turn off
el **aparador 8** china cabinet
el **aparato de la cocina 6** kitchen appliance
el **aparato electrónico 14** electrical appliance
apenas *adv.* **4** hardly, barely
el **aperitivo 2** apéritif
apoyar 11 to support
aprender (a) 3 to learn
aprovechar 5 to take advantage of
el **apunte 13** note
apurado(a) 3 in a hurry
apurarse 8 to hurry
aquí 2 here
el **árbitro 5** referee
archivar 14 to file
el **arco 2** arch
el **área** *f.* **de estudio 2** field of study
la **arena 4** sand
el **arete 7** earring
argentino(a) 2 Argentine, Argentinian
la **arqueología 4** archaeology
el/la **arquitecto(a) 2** architect
la **arquitectura 2** architecture
arraigado(a) 8 rooted, fixed

arreglar 7 to fix
arreglar la cuenta 12 to take care of the bill
el **arreglo personal 8** personal care
arriba 5 yea; above; up; high
arriba de *prep.* **8** on top of
arrojar 14 to throw out
el **arroz 6** rice
el **arte** *m./f.* **2** art
el **arte dramático** dramatic art
la **artesanía 4** handicraft
el **artículo 7** article, item
el **artículo de tocador 7** personal care product
el **artículo de uso personal 8** personal care item
ascender (ie) 13 to promote
el **ascensor 12** elevator
asegurarse (de) 6 to be sure
el/la **asesor(a) 13** advisor
así 1 thus, that way
así lo decimos 1 this is how we say it
el **asiento 9** seat
asistir (a) 3 to attend
asolearse 9 to get some sun, to tan
la **aspiradora 8** vacuum cleaner
el/la **aspirante 13** applicant
la **aspirina 10** aspirin
el **asunto 3** matter
atar 7 to tie
atentamente 13 sincerely
el **aterrizaje 9** landing
a tiempo 8 on time
el **Atlántico 2** Atlantic Ocean
el **atletismo 5** track and field
la **atmósfera 14** atmosphere
atracar 5 to hold up, rob
atractivo(a) 2 attractive
atraer 5 to attract
atravesado(a) 10 crossed
a través de 6 through
el **atún 6** tuna
aumentar 11 to increase
el **aumento 13** raise
aunque *conj.* **1** although, even if, even though
a veces 8 sometimes
la **avena 10** oatmeal
la **avenida 2** avenue
el **avión 1** airplane
el **aviso clasificado** classified ad

la **ayuda 7** help
ayudar (a) 5 to help
la **azafata 9** stewardess
el **azafrán 6** saffron
azteca 4 Aztec
el/la **azúcar 6** sugar
azul 1 blue

B

bailar 2 to dance
bajar de peso 10 to lose weight
bajo(a) 1 short
el **balcón 9** balcony
el **balón 5** ball (soccer, basketball, volleyball)
la **banana 6** banana
bañarse 8 to bathe
el **baño 8** bathroom
el **baño privado 12** private bath
barato(a) 1 cheap, inexpensive
bárbaro(a) 5 awesome
barrer el piso 8 to sweep the floor
el **barrio 6** neighborhood
la **base de datos 14** data base
el **básquetbol 5** basketball
bastante *adj.* **2** enough, sufficient
bastante *adv.* **2** rather
el **basurero 8** garbage can
el **bate 5** bat
el **batido 6** shake
batir 6 to beat
beber 3 to drink
la **bebida 6** drink
la **bebida alcohólica 10** alcoholic beverage
el **béisbol 1** baseball
bello(a) 2 beautiful
el **beneficio 13** benefit
el **beso 4** kiss
la **biblioteca 3** library
bien *adv.* **1** fine; well
bienvenida 7 welcome
el **bigote 1** moustache
el **billete 12** bill (bank note)
la **billetera 7** wallet
los **binoculares 9** binoculars
la **biología 3** biology

el **bistec de solomillo 6** sirloin steak

blanco(a) 1 white

la **blusa 7** blouse

la **boca 10** mouth

la **boletería 3** ticket office

el **boleto 9** (airline) ticket

el **bolígrafo 1** ball-point pen

la **bolsa 7** purse

el **bolso 7** purse, handbag

el/la **bombero(a) 13** firefighter

la **bonificación anual 13** yearly bonus

bonito(a) 2 pretty

el **borrador 1** eraser

borrar 14 to erase

el **bosque 9** forest

el **bosque pluvial 7** rain forest

la **bota 7** boot

la **botella 6** bottle

el **botones 12** bellhop

el **boxeo 5** boxing

el **brazo 10** arm

buenas noches 1 good evening

buenas tardes 1 good afternoon

bueno(a) 2 good

bueno 4 hello *(answering the phone)*

buenos días 1 good morning

buen provecho 6 enjoy your meal!

la **butaca 8** armchair

el **buzón 12** mailbox

C

el **cabaret 7** nightclub

la **cabeza 10** head

la **cabina 9** cockpit

el **cacique 8** Indian chief

cada vez más 5 more and more

la **cadena 7** chain; network

caer 4 to fall

caer bien 5 to like *(a person)*

caer mal 5 to dislike *(a person)*

el **café 1** coffee; brown (color)

el **café con leche 6** coffee with milk

el **café solo 6** black coffee

la **cafetera 6** coffeepot

la **cafetería 3** cafeteria

la **caja registradora 7** cash register

el/la **cajero(a) 12** teller

el **cajero automático 14** automatic teller machine

la **calculadora 3** calculator

la **calidad 7** quality

cálido(a) 9 warm

caliente *adj.* **6** hot

la **calificación 13** qualification

el **calzado 7** footwear

la **calle 3** street

la **cama 8** bed

la **cámara de representantes 11** house of representatives

la **cámara de video 9** cam recorder

la **cámara fotográfica 9** camera

la **camarera 12** maid

el/la **camarero(a) 6** waiter; waitress

el **camarón 6** shrimp

cambiar 12 to change; to exchange

el **cambio 12** exchange; change

caminar 2 to walk

la **camisa 7** shirt

la **campaña 11** campaign

el/la **campeón(a) 5** champion

el **campeonato 5** championship

el/la **campesino(a) 14** farmer

el **canal 11** channel

la **cancha 5** court, playing field

el/la **candidato(a) 11** candidate

cansado(a) 3 tired

capaz *adj.* **13** capable

la **capital 2** capital (city)

la **cara 8** face

el **carbohidrato 10** carbohydrate

el **cargo 11** post; position

el **cariño 4** love

cariñosamente 4 love (in letter closing)

la **carne 6** meat

la **carne de res 10** beef

la **carnicería 6** butcher shop

caro(a) 1 expensive

el/la **carpintero(a) 13** carpenter

el **carro 6** car

la **carta 1** letter

la **cartelera 11** entertainment section *(newspaper)*

el/la **cartero(a) 13** mailman, mailwoman

la **casa 2** home; house

la **casa de huéspedes 12** guest house

casado(a) 3 married

el **casillero 12** mailbox

el **caso 1** case

el **castillo 2** castle

castizo(a) 8 pure-blooded

la **caza 5** hunting

la **cazuela 6** stew pot, casserole dish, saucepan

la **cebolla 6** onion

la **cena 6** dinner

cenar 6 to have dinner

la **ceniza 7** ash

el **centro 2** center

el **centro comercial 7** shopping center

el **centro estudiantil 3** student center

el **centro naturalista 10** health store

cepillarse 8 to brush one's —

el **cepillo 8** brush

el **cepillo de dientes 8** toothbrush

cerca *adv.* **3** close, near

cerca de *prep.* **4** near, close to

el **cerdo 10** pig

el **cereal 6** cereal

el **certamen 11** (beauty) contest, pageant

la **cerveza 6** beer

la **cesta 4** basket

el **cesto 5** basket

el **ciclismo 5** bicycling

las **ciencias naturales 2** natural sciences

cierto(a) 1 true

el **cigarrillo 6** cigarette

el **cinc 10** zinc

el **cine 3** movie

el **cinturón 7** belt

el **cinturón de seguridad 9** seat belt

el **cirujano 10** surgeon

la **ciudad 1** city

claro(a) 5 clear

la **clase 1** class

la **clase turista 9** coach class

la **clave 13** key

el/la **cliente(a) 7** customer, client

el **clima 2** climate, weather

cobrar 12 to cash

el **cobre 10** copper

la *coca-cola* **6** Coca-Cola

el **coche 1**   car
cocido(a) 6   cooked
la **cocina 6**   kitchen
cocinar 6   to cook
el/la **cocinero(a) 13**   cook
el **código postal 12**   ZIP code
la **cola 9**   tail
la **colección 2**   collection
el **colesterol 10**   cholesterol
el **collar 7**   necklace
colombiano(a) 1   Colombian
la **colonia 7**   cologne
el **color 1**   color
el **colorete 8**   rouge, blush
el/la **comandante 1**   major
combatir 11   to fight, to combat
el **comedor 8**   dining room
el/la **comentarista 11**   newscaster, commentator
el/la **comentarista deportivo(a) 11**   sportscaster
comenzar (ie) (a) 7   to begin
comer 3   to eat
el **comercio 7**   business
el **comestible 6**   food, foodstuff
la **comida 6**   meal
la **comisaría de policía 1**   police headquarters
¿cómo? 2   how?
como 2   as, since
la **cómoda 8**   dresser
cómodo(a) 12   comfortable
el **cómpact disc** *(Anglicism)* **14**   compact disc
el **compartimiento 6**   compartment
la **complexión 10**   body structure
complicado(a) 3   complicated
comprar 3   to buy
la **computación 3**   computer science
la **computadora 3**   computer
con 1   with
el **concierto 5**   concert
el **concurso 11**   game show
el **condimento 6**   condiment
con frecuencia 3   frequently
el **congelador 6**   freezer
el **congreso 11**   congress
conmigo 5   with me
conocer 3   to know (to be acquainted with a person)
conocido(a) 2   known
con permiso 3   excuse me

conseguir (i, i) 6   to get, to obtain
el **conserje 12**   concierge
conservar 14   to save
construido(a) 2   constructed
el **consultorio 10**   doctor's office
el **consultorio sentimental 11**   advice column
consumir 14   to consume, to use
el/la **contador(a) 13**   accountant
con tal (de) que 14   provided (that)
la **contaminación 14**   pollution, contamination
contaminar 14   to pollute
contar (ue) 5   to tell; to count
contener 2   to contain
contento(a) 3   happy
el **contestador automático 14**   answering machine
contestar 1   to answer
contigo 5   with you *(fam.)*
el **continente 1**   continent
continuar 2   to continue
contra 8   against
contratar 13   to hire
el **contrato 13**   contract
el/la **contrincante 11**   opponent
controlar 11   to control
conversar 2   to converse, to chat
el/la **coordinador(a) 13**   coordinator
la **copa de vino 6**   cup of wine
el **corazón 2**   heart
la **corbata 7**   tie
cordialmente 13   cordially
la **cordillera 2**   mountain chain
el **correo 12**   mail
el **correo aéreo 12**   air mail
correr 5   to run; to jog
la **corrida de toros 5**   bullfighting
cortar 6   to cut
cortar la hierba 8   to mow the lawn
la **cortesía 3**   courtesy
la **corte suprema 11**   Supreme Court
la **cosa 5**   thing
la **cosecha 14**   harvest
cosechar 14   to gather the harvest
la **costa 4**   coast
costar (ue) 5   to cost
el **crecimiento 14**   growth

creer 3   to believe
la **crema de afeitar 8**   shaving cream
el **crimen 11**   crime
la **crítica 11**   criticism
el/la **crítico(a) 11**   critic
la **crónica 11**   news story
la **crónica social 11**   social page *(newspaper)*
crudo(a) 6   rare; raw
el **cuaderno 1**   notebook
la **cuadra 12**   block *(Spanish America)*
cuadrado(a) 1   square
el **cuadro 8**   painting, picture
el **cuadro comparativo 7**   table
¿cuál? 2   which (one)?
cualquier 5   any
¿cuándo? 2   When?
cuando 14   when
el **cuarto 2**   quarter; room; bedroom
cuarto(a) 7   fourth
cubano(a) 2   Cuban
el **cubierto 6**   place setting
cubierto(a) 2   covered
el **cubo 8**   bucket, pail
cubrir 12   to cover
la **cucaracha 12**   roach
la **cuchara 6**   spoon
la **cucharada 6**   tablespoon
la **cucharadita 6**   teaspoon
el **cucharón 6**   large spoon
la **cuchilla de afeitar 8**   razor blade
el **cuchillo 6**   knife
el **cuello 10**   neck
la **cuenca 8**   river basin
la **cuenta 6**   bill
la **cuenta corriente 12**   checking account
la **cuenta de ahorros 12**   savings account
el **cuero 7**   leather
el **cuerpo 8**   body
cuidadosamente 6   carefully
cuidar 5   to take care of
cuidarse 10   to take care of oneself
el **cultivo 14**   crop
la **cultura 2**   culture
la **cumbre 7**   peak
la **cuñada 4**   sister-in-law
el **cuñado 4**   brother-in-law
el **cupo 9**   space, quota, share

curar 13 to cure
el **curso 3** course, class
cuyo(a)/s 4 whose

CH

el **champú 7** shampoo
la **chaqueta 7** jacket
el **cheque de viajero 12** traveler's check
el/la **chico(a) 3** man, kid, boy, girl (*colloquial*)
chileno(a) 2 Chilean
el **chisme 7** gossip
chismear 7 to gossip
chismoso(a) 5 gossip, fond of gossip
el **chocolate 6** chocolate
la **chuleta de cerdo 6** pork chop

D

dar 5 to give
dar igual 5 to be all the same
dar la bienvenida 7 to welcome
dar guerra 4 to cause trouble
dar un paseo 4 to take a stroll, walk
datar de 4 to date back to
de 1 of; from
de acuerdo 4 fine with me; OK
debajo (de) 6 below; under
deber 3 to ought to
el **deber 11** duty
decidir 3 to decide
décimo(a) 7 tenth
decir (i) 4 to say, to tell
de cuadros 7 plaid
el **dedo de la mano 10** finger
el **dedo del pie 10** toe
la **defensa 11** defense
dejar 13 to quit
delante de *prep.* **3** in front of
delgado(a) 2 thin
delicioso(a) 6 delicious
el/la **delincuente 4** hoodlum

de lo que 2 than
de manga corta 7 short-sleeved
de manga larga 7 long-sleeved
demasiado(a) 9 too many
demasiado *adv.* **5** too much
la **democracia 2** democracy
demonios 7 darn it!
de nada 1 you're welcome
el/la **dentista 13** dentist
dentro de *prep.* **9** inside of
el/la **dependiente(a) 7** clerk
el **deporte 5** sport
de pronto 1 suddenly
de rayas 7 striped
la **derecha 2** right (side)
derecho *sust.* **2** law; straight
desaparecido *p.p.* **1** disappeared
la **desaparición 3** disappearance
desayunar 6 to have breakfast
el **desayuno 6** breakfast
descansar 4 to rest
descompuesto(a) 12 broken
el/la **desconocido(a) 3** unknown person
descriptivo(a) 2 descriptive
el **descubrimiento 4** discovery
descubrir 5 to discover
el **descuento 7** discount
desde 2 since; from
desear 10 to wish
el **desempleo 11** unemployment
desenfrenado(a) 14 rampant
los **deshechos 14** waste, trash
el **desodorante 7** deodorant
la **despedida 1** farewell
despedir (i, i) 13 to fire
el **despegue 9** takeoff
el **despertador 8** alarm clock
despertarse (ie) 8 to wake up
la **despoblación forestal 14** deforestation
después (de) 2 after; later
el/la **destinatario(a) 12** addressee
destruido(a) 2 destroyed
de todas partes 2 from all parts
detrás de *prep.* **3** behind
de vez en cuando 8 from time to time, once in a while
devolver (ue) 7 to return (something)
el **día 1** day
la **diabetes 10** diabetes
el **diccionario 3** dictionary
diciembre 3 December
el/la **dictador(a) 11** dictator

la **dictadura 11** dictatorship
el **diente 8** tooth
difícil 3 hard
dígame (*formal*) **2** tell me (*answering telephone*)
los **dioses 4** gods
el/la **director(a) 13** director
el **disco duro 14** hard disk
la **discoteca 5** discotheque
el **discurso 11** speech
diseñado(a) 2 designed
diseñar 13 to design
el **diseño 14** design
disfrutar (de) 6 to enjoy
disparar 6 to shoot
disponible 12 available
divertido(a) 4 fun, enjoyable
divertirse (ie, i) 8 to have fun
divorciado(a) 3 divorced
doblar 3 to turn
doblar a la izquierda 12 to turn left
doblar a la derecha 12 to turn right
doler (ue) 10 to hurt
el **dolor de cabeza 10** headache
el **dolor de estómago 10** stomachache
el **dolor de garganta 10** sore throat
el **domingo 3** Sunday
dominicano(a) 2 Dominican
¿dónde? 2 where?
dormir (ue, u) 4 to sleep
dormir hasta tarde 8 to sleep late
dormirse (ue, u) 8 to fall asleep
el **dormitorio 8** bedroom
dos veces a — 8 twice a —
la **dosis 10** dose
la **droguería 7** drugstore
ducharse 8 to shower

E

la **economía 3** economics
ecuestre 2 equestrian
echar 6 to add
echar (al correo) 12 to toss (in the mailbox)
edificarse 2 to be built

el **edificio 2** building
el **editorial 11** editorial page
la **editorial 11** publishing house
el **ejemplo 2** example
los **ejercicios aeróbicos 10** aerobics
las **elecciones 11** elections
el/la **electricista 13** electrician
electrónico(a) 14 electronic
elegir (i, i) 11 to elect
elevado(a) 2 elevated
eliminar 11 to end
el/la **embajador(a) 2** ambassador
la **emisora 11** radio station *(business entity)*
empatar 5 to tie (the score)
empezar (ie) (a) 7 to begin
el **empleo 13** employment
emprender 14 to undertake
enamorarse (de) 8 to fall in love (with)
en busca de 2 in search of
encantado(a) 1 delighted
encantar 7 to enchant; to fascinate
en caso de que 14 in case that
encender (ie) 14 to turn on
encendido(a) 14 (turned) on
encima de *prep.* **8** on top of
encontrar (ue) 2 to find
encontrarse (ue) 4 to meet; to be found
en cuanto 14 as soon as
en directo 11 live *(on television)*
endosar 12 to countersign, to endorse
la **energía 14** energy
enero 3 January
enfadado(a) 3 angry
enfermarse 8 to get or become sick
la **enfermedad 10** sickness, illness
el/la **enfermero(a) 13** nurse
enfermo(a) 3 sick
enfrente (de) 3 in front of
engordar 10 to gain weight
enhorabuena 13 congratulations!
enojarse (con) 5 to get angry (with)
enorme *adj.* **1** enormous
la **ensalada 3** salad
el **ensayo 13** essay
enseguida 6 right away
enseñar 4 to teach; to show

enterarse (de) 11 to find out (about)
entonces 2 then; therefore
entrar (en) 7 to enter
entre 1 divided by; among; between
el/la **entrenador(a) 5** coach
el **entrenamiento 13** training
la **entrevista 3** interview
el **entusiasmo 5** enthusiasm
entusiasta *adj. m/f* **13** enthusiastic
en vez de 6 rather than
enviar 7 to send
en vivo 11 live *(on television)*
la **época 4** time, era
equipado(a) 6 equipped
el **equipaje 9** luggage, baggage
el **equipaje de mano 9** hand luggage
el **equipo 5** team
escalar montañas 9 to climb mountains
la **escalera 8** stairs
la **escalerilla 6** gangplank
el **escaño 11** seat *(in Congress);* judge's bench
la **escasez 14** shortage
la **escoba 8** broom
escribir 3 to write
escrito(a) *p.p.* **2** written
escuchar 2 to listen
la **escuela 1** school
la **escuela secundaria 4** high school
España 1 Spain
el **español 1** Spanish
español(a) 1 Spanish
esparcido(a) 8 scattered
el **espárrago 6** asparagus
la **espátula 6** spatula
la **especialidad 6** specialty
la **especialización 13** specialization
el **espejo 8** mirror
esperar 4 to wait for; to hope; to expect
espeso(a) 7 dense
espléndido(a) 2 splendid
la **esposa 2** wife
el **esposo 4** husband
la **esquela 11** obituary
el **esquí 5** ski, skiing
el **esquí acuático 5** water ski, water skiing

esquiar 5 to ski
la **esquina 12** corner
establecer 11 to establish; to set
la **estación de radio 11** radio station *(on the dial)*
la **estadía 9** stay
las **estadísticas 2** statistics
el **estado 2** state
Estado Libre Asociado 1 Commonwealth
Estados Unidos 1 United States
estadounidense *adj.* **2** of the U.S.A.
el **estanco 12** kiosk
esta noche 2 tonight
el **estante 8** shelf
el **estaño 10** tin
estar a dieta 10 to be on a diet
estar a tiempo 9 to be on time
estar atrasado(a) 8 to be late
estar contento(a) (de) 10 to be happy (that)
estar de moda 7 to be in style
estar demorado(a) 9 to be delayed
estar de vuelta 7 to have returned
estar en manos (de) 4 to be in the hands (of)
estar guapo(a) 4 to look handsome/pretty
la **estatua 2** statue
la **estatura 10** height
este 1 this
el **estilo 2** style
el **estómago 10** stomach
estos 2 these
estrecho(a) 7 tight
la **estrella 5** star
el/la **estudiante** student
estudiar 2 to study
la **estufa 6** stove
¡Estupendo! 5 Terrific!
la **ética 13** ethics
la **etiqueta 7** price tag
Europa 1 Europe
europeo(a) 2 European
la **evaluación 13** evaluation
el **examen 2** exam, test
el **examen físico 10** checkup
la **excursión 9** tour, excursion
exigente *adj.* **3** challenging, demanding
el **expediente 13** file

la **experiencia práctica 13** practical experience
explicar 5 to explain
la **expresión 2** expression
la **expresión clave 2** key expression
la **expresión de tiempo** time expression
exquisito(a) 6 exquisite, delicious
extender (ie) 14 to expand
la **extensión 1** length
el **extranjerismo 14** foreign word or phrase
el/la **extranjero(a) 2** foreigner
extrañar 8 to miss
extraño(a) 11 strange

F

la **fábrica 10** factory
fabuloso(a) 4 fabulous, great
fácil 3 easy
facturar el equipaje 9 to check in luggage
la **Facultad de Arte 3** art school
la **Facultad de Ciencias 3** science school
la **Facultad de Derecho 3** law school
la **Facultad de Ingeniería 3** engineering school
la **Facultad de Medicina 3** medical school
la **faja 10** strip
la **falda 7** skirt
falso(a) 1 false
faltar 5 to lack, to miss
famoso(a) 1 famous
el/la **fanático(a) 5** fan
el/la **fanfarrón(a) 4** braggart
fantástico(a) 5 fantastic
el/la **farmacéutico(a) 10** pharmacist
la **farmacia 7** pharmacy, drugstore
el **fax** *(Anglicism)* **14** fax
febrero 3 February
la **fecha 3** date
felicitaciones 13 congratulations
felicitar 7 to congratulate

feo(a) 2 ugly
la **feria 14** fair
fijo(a) 13 fixed
el **filete de pescado 6** fish fillet
el **filete de res 6** beef fillet
filosofía y letras 2 humanities/ liberal arts
la **finca 14** farm, ranch
el **fin de semana 5** weekend
fino(a) 1 fine
firmar 5 to sign
el **flan 6** caramel custard
la **flor 9** flower
el **folleto 9** brochure
formar 1 to form
formado(a) 2 formed
la **foto (fotografía) 2** photo
la **fotocopiadora 14** photocopying machine
fotocopiar 14 to photocopy
el **francés 2** French
el **franqueo 12** postage
el **frasco 7** bottle
la **frazada 12** blanket
frecuente *adv.* **8** frequent
el **fregadero 6** sink
freír (i, i) 6 to fry
la **frente 10** forehead
frente a 2 in front of
la **fresa 6** strawberry
el **frijol 6** bean
frío(a) 2 cold
la **fruta 2** fruit
la **frutería 6** fruit store
el **fuego 2** fire
el **fuego alto 6** high heat
el **fuego bajo 6** low heat
el **fuego mediano 6** medium heat
la **fuente 2** fountain
fuerte *adj.* **4** strong
fumar 6 to smoke
la **función 4** show
funcionar 7 to function, to work
el **fútbol 1** soccer
el **fútbol americano 5** football

G

las **gafas de sol 9** sunglasses
la **galería 2** gallery
la **ganadería 10** cattle raising

ganar 7 to win
la **ganga 7** bargain
el **garaje 8** garage
la **garganta 10** throat
la **gaseosa 6** soft drink
gastar 7 to spend
el **gasto 13** expense
generalmente 8 generally
la **geografía 2** geography
geográfico(a) 2 geographical
el/la **gerente 6** manager
la **gimnasia 5** gymnastics
el/la **gobernador(a) 11** governor
el **gobierno 2** government
el **golf 5** golf
el **golfo 4** gulf
gordo(a) 1 fat, heavy, overweight
el/la **gorila 5** gorilla
grabar 14 to record
gracias 1 thanks
gracias a Dios 4 thank God
grande *adj.* **1** big, large; great
las **Grandes Ligas 5** Major Leagues
el **grano 6** grain
la **grasa 10** fat
la **gripe 10** flu
gris 1 gray
gritar 5 to shout
el **guante 5** glove
guapo(a) 4 handsome
guardar cama 10 to stay in bed
guardar la línea 10 to stay trim
el/la **guía 2** tour guide
la **guía turística 9** guide book
gustar 5 to like, to be pleasing to

H

la **habichuela 6** green bean
la **habitación 2** room
la **habitación doble 12** double room
la **habitación sencilla 12** single room
el/la **habitante 1** inhabitant
hablador(a) 5 talkative
hablar 2 to talk
hablar por teléfono 2 to talk on the phone

hacer 3 to do, to make
hacer a mano 14 to make by hand
hacer buen (mal) tiempo 5 to be good (bad) weather
hacer calor (frío, fresco, sol, viento) 5 to be hot (cold, cool, sunny, windy)
hacer ejercicios 10 to exercise
hacer juego 7 to match, to go well with
hacer la cama 8 to make the bed
hacer una cita 10 to make an appointment
hacer un picnic 5 to have a picnic
hace tres días que 2 it has been three days since
la **hacienda 4** ranch
la **hamaca 4** hammock
la **hamburguesa 3** hamburger
la **harina de pescado 10** fishmeal
hasta 1 until
hasta luego 1, 2 see you later, so long
hasta mañana 1 see you tomorrow
hasta pronto 1 see you soon
hasta que 14 until
hay 1 there is, there are
hay que 3 one has to
he aquí 9 here is
la **heladera 5** cooler
la **heladería 6** ice cream shop
el **helado 6** ice cream
la **herencia 4** heritage
la **hermana 4** sister
la **hermanastra 4** stepsister
el **hermanastro 4** stepbrother
el **hermano 4** brother
el **héroe 5** hero
hervir (ie, i) 6 to boil
el **hielo 5** ice
el/la **hijo(a) único(a) 4** only son/daughter
la **hijastra 4** stepdaughter
el **hijastro 4** stepson
la **hija 4** daughter
el **hijo 4** son
el/la **hispanohablante 1** Spanish speaker
la **historia 2** history
el **hockey** (*Anglicism*) **5** hockey
la **hoja de vida 13** resumé
la **hoja electrónica 14** spreadsheet

hola 1 hello, hi
el **hombre 1** man
el **hombro 10** shoulder
honrado(a) 13 honest
la **hora 3** hour, time
la **hora de llegada 3** arrival time
el **horario de clases 3** class schedule
el **horario de trabajo 13** work schedule
hornear 6 to bake
el **horno 6** oven
el **horóscopo 11** horoscope
horrible 6 horrible
el **hospedaje 9** lodging
el **hostal 12** hostel
el **hotel 9** hotel
hoy día 5 nowadays
el **hueso 10** bone
el **huésped 12** guest
el **huevo frito 6** fried egg
el **huevo revuelto 6** scrambled egg
humano(a) 10 human
el **humo 14** smoke

I

el **idioma 1** language
la **iglesia 2** church
igualmente 1 likewise
imaginarse 4 to imagine
el **impermeable 7** raincoat
impresionante 2 impressive
la **impresora 14** printer
imprimir 14 to print
el **impuesto 11** tax
inaugurado(a) 2 inaugurated
incomparable 2 incomparable, matchless
el/la **inconforme 6** finnicky customer
increíble *adj.* **11** incredible
independiente *adj.* **1** independent
industrial 14 industrial
la **infección 10** infection
la **inflación 11** inflation
la **información 2** information
informar 4 to inform; to report
la **ingeniería 2** engineering
el/la **ingeniero(a) 13** engineer
el **inglés 2** English
el **ingrediente 6** ingredient

inmediatamente 2 immediately
el **inodoro 12** toilet
insistir (en) 2 to insist
inteligente 1 intelligent
intentar 6 to try
interesante 1 interesting
interesar 5 to be interested
el/la **intérprete 13** interpreter
invertir (ie, i) 12 to invest
el **invierno 3** winter
el/la **invitado(a) 6** guest
la **inyección 10** shot
ir 2 to go
ir de compras 7 to go shopping
ir de excursión 9 to go on an outing
irse 8 to go away, to leave
la **isla 1** island
el **italiano 2** Italian
la **izquierda 3** left (side)

J

el **jabón 8** soap
jamás 6 never
el **jamón 6** ham
el **jarabe 10** cough syrup
el **jardín 8** garden; yard
el/la **jardinero(a) 5** outfielder
los **jeans** (*Anglicism*) **7** jeans
el/la **jefe(a) 1** head, chief; boss
el **jogging** (*Anglicism*) **10** jogging
el/la **joven 4** young
las **joyas 7** jewelry
la **joyería 7** jewelry store
el **juego electrónico 14** electronic game
el **jueves 3** Thursday
el **juez 11** judge
la **jugada 5** play (*in a game*)
el/la **jugador(a) 5** player
jugar (a) 5 to play
jugar a las cartas 6 to play cards
el **jugo 3** juice
el **jugo de limón 6** lemon juice
el **jugo de naranja 6** orange juice
julio 3 July
la **jungla 4** jungle
junio 3 June
junto(a) 1 together
la **juventud 1** youth

K

el **kilo 6** kilogram *(equivalent to 2.2 pounds)*
el **kilómetro cuadrado 2** square kilometer

L

el **labio 8** lip
el **laboratorio de lenguas (idiomas) 3** language laboratory
el **lado 5** side
el **lago 9** lake
la **lágrima 4** tear
  lamentar 10 to regret
la **lámpara 8** lamp
la **lana 7** wool
la **langosta 6** lobster
el **lápiz 1** pencil
el **lápiz labial 8** lipstick
el **largo 5** length
la **lástima 9** pity
el **lavabo 12** sink
la **lavadora 8** washer
el **lavaplatos 6** dishwasher
  lavar 8 to wash
  lavarse 8 to wash (oneself)
la **lección 2** lesson
la **leche 3** milk
la **lechuga 6** lettuce
la **lectura 2** reading
  leer 3 to read
la **legumbre 1** vegetable
  lejos (de) 3 far (from); far away
la **lengua 10** tongue
  levantar pesas 10 to lift weights
  levantarse 8 to get up
la **ley 11** law
la **leyenda 4** legend
la **librería 2** bookstore
el **libro 1** book
  ligero(a) 6 light
  limpiar 8 to clean
  limpio(a) 12 clean
  lindo(a) 4 pretty
la **lista de espera 9** waiting list

la **literatura 3** literature
el **litro 6** liter *(equivalent to 1.057 quarts)*
  lo antes posible 2 as soon as possible
el **lobby** *(Anglicism)* **12** lobby
la **loción 8** shaving lotion
  loco(a) 3 crazy
el/la **locutor(a) 11** announcer
  lograr 4 to manage; to be successful
  lo más pronto posible 2 as soon as possible
  lo siento 1 I'm sorry
  luego 8 then; later
  luego que 14 as soon as
el **lugar 2** place
los **lugares universitarios 3** university places
el **lujo 3** luxury
  lujoso(a) 6 luxurious
la **luna de miel 9** honeymoon
el **lunes 3** Monday
la **luz 1** light

LL

la **llamada telefónica 1** telephone call
la **llamada 3** telephone call
  llamar 2 to call
  llamarse 8 to be called
el **llano 8** plain
la **llave 12** key
el **llavero 7** keychain
la **llegada 9** arrival
  llegar (a) 2 to arrive
  lleno(a) 2 full
  llevar 5 to take; to wear
  llevar a cabo 7 to accomplish
  llover (ue) 5 to rain
  lluvioso(a) 10 rainy

M

la **madera 10** wood
la **madrastra 4** stepmother
la **madre 4** mother
  madrugador(a) 8 likes to rise early

el/la **maestro(a) 4** teacher
  magnífico(a) 2 magnificent; great; wonderful
  mal 1 bad, badly, not well
  malcriado(a) 4 spoiled
la **maleta 9** suitcase
el **maletero 5** trunk
  malo(a) 2 bad
la **mamá 4** mother
  mandar 9 to govern; to command, to order
  mandatorio(a) 14 mandatory
  manejar 14 to manage, to handle
la **mano 1** hand
la **mano de obra 8** manual labor
  manos arriba 6 hands up!
la **manta 12** blanket
la **manteca 10** lard
el **mantel 6** tablecloth
  mantenerse en forma 10 to stay in shape
la **mantequilla 6** butter
la **manzana 6** apple; block *(Spain)*
la **mañana 2** tomorrow
el **mapa 1** map
el **maquillaje 8** makeup
  maquillarse 8 to put on makeup
la **máquina de afeitar 8** shaver
la **máquina de escribir 14** typewriter
la **maquinaria agrícola 14** agricultural machinery
las **maquinarias 2** machinery
  maravilloso(a) 2 marvelous
el **Mar Caribe 1** Caribbean Sea
  marcharse 12 to leave
el **marisco 6** seafood
  marrón 1 brown
el **martes 3** Tuesday
  marzo 3 March
  más 1 plus
  más de 1, 2 more than
  más grande 1 larger, largest
  más o menos 1 more or less, so-so
las **matemáticas 3** math
la **materia 3** (academic) subject
el **material 7** fabric
  maya 4 Mayan
  mayo 3 May
  mayor 1 greater; bigger, biggest; older, oldest
la **mayoría 2** majority
el/la **mecánico(a) 13** mechanic

mecanografiar **13** to type
la **mecedora 8** rocking chair
la **medalla 7** medal
mediano(a) 7 medium
mediante 13 through
las **medias 7** stockings
la **medicina 10** medicine
el/la **médico(a) 13** physician
la **medida 6** measurement;
    measure
el **medio ambiente 14**
    environment
el **Mediterráneo 2** Mediterranean
    Sea
mejor 2 best; better
mejorar 11 to improve
mencionar 5 to mention
menor 4 smaller, smallest;
    younger, youngest
menos 1 minus; less
mentir (ie, i) 8 to lie
la **merienda 6** afternoon snack
la **merluza 6** hake (fish from Bay
    of Biscay)
la **mermelada 6** marmalade
la **mesa 1** table
la **mesa de noche 8** nightstand
mestizo(a) 5 of mixed blood
la **meta 13** goal
el/la **meteorólogo(a) 11**
    weatherman, weatherwoman
mexicano(a) 1 Mexican
mezclar 6 to mix
mi 2 my
mi cielo 4 sweetheart, darling
    (figurative)
la **microcomputadora 14**
    personal computer,
    microcomputer
el **microondas 6** microwave
el **microscopio 3** microscope
la **miel 6** honey
el **miembro 4** member
mientras 3 while
mientras tanto 6 in the
    meantime, meanwhile
mientras que 13 as long as;
    while
el **miércoles 3** Wednesday
los **millones 1** millions
la **miniprueba 1** quiz, minitest
mirar 2 to look at, to watch
mirarse 8 to look at oneself
la **mitad 1** half
mi vida darling *(figurative)*
la **mochila 1** backpack

los **modales 5** manners
el **molde 6** baking pan
molestar 5 to bother
la **molestia 10** discomfort
la **monarquía 11** monarchy
la **moneda 4** currency; coin
la **montaña 2** mountain
montañoso(a) 2 mountainous
montar a caballo 9 to ride
    horses
el **monumento 9** monument
morado(a) 1 purple
morir (ue, u) 7 to die
morirse (ue, u) de hambre 6
    to be starving; to die of hunger
el **mostrador 7** counter
mostrar (ue) 5 to show
el **motor 9** engine
mover (ue) 6 to move
la **muchacha 1** girl
el **muchacho 1** boy
muchas veces 1 often
mucho 2 a lot, plenty, much
mucho gusto 1 it's a pleasure
    (to meet you)
los **muebles 8** furniture
muerto(a) 3 dead
la **mujer 1** woman
la **multa 14** fine
multar 14 to fine
el **mundo 1** world
el **mundo hispánico 1** Hispanic
    world
el **mundo de hoy 3** today's world
la **muralla 8** wall
el **músculo 10** muscle
el **museo 2** museum
la **música 3** music
muy 2 very

la **nación 1** nation
la **nacionalidad 2** nationality
nada 6 nothing
nadar 2 to swim
nadie 6 nobody, no one, not
    anybody
la **naranja 6** orange
la **nariz 10** nose
la **natación 1** swimming

la **naturaleza 14** nature
la **navaja de afeitar 8** razor blade
necesario(a) 3 necessary
la **necesidad 3** necessity
negro(a) 1 black
neoclásico(a) 2 neoclassical
nevado(a) 10 snow-covered
ni...ni 6 neither...nor
la **nieta 4** granddaughter
el **nieto 4** grandson
ninguno(a) 6 none, not any
nocivo(a) 10 hazardous
la **noche 1** night, evening
el **nombre 2** name
norteamericano(a) 2
    American; North American
la **nota 2** note
notablemente 9 notably
la **noticia 2** news item
el **noticiero 11** newscast
noveno(a) 7 ninth
la **novia 3** girlfriend
noviembre 3 November
el **novio 3** boyfriend
la **nuera 4** daughter-in-law
numeroso(a) 2 numerous
nunca 5 never

o...o 6 either...or
obligar 7 to force
la **obra 2** work; deed
obtener 7 to obtain
occidental *adj.* **7** western
octavo(a) 7 eighth
octubre 3 October
ocupado(a) 3 busy
ocurrírsele (a uno) 12 to cross
    one's mind, to occur
la **oferta 7** offer *(in a sale)*
la **oficina 1** office
el **oficio 13** occupation
ofrecer 4 to offer
el **oído 10** inner ear
oír 5 to hear
ojalá 11 I hope that
olvidarse (de) 8 to forget
operar 10 to operate
ordenar el cuarto 8 to pick up
    one's room
la **oreja 10** ear

oriental *adj.* **7** eastern
el **oriente 2** east
originalmente 2 originally
el **oro 7** gold
la **orquesta 4** orchestra
la **orquídea 9** orchid
el **otoño 3** fall
otro(a) 2 other; another
oye listen!

P

el/la **paciente 10** patient
el **pacto de paz 5** peace pact
el **padrastro 4** stepfather
el **padre 2** father
los **padres 2** parents
pagar a plazos 7 to pay in installments
pagar al contado 7 to pay cash
pagar en efectivo 7 to pay cash
el **pago 7** payment
el **país 1** country
el **paisaje lunar 7** moonscape
el **pájaro 7** bird
la **palabra 2** word
la **palabra interrogativa 2** interrogative word
el **palacio 2** palace
la **palmera 5** palm tree
el **pan 6** bread
la **panadería 6** bakery
panameño(a) 2 Panamanian
el **panecillo 6** roll
la **pantalla 14** screen
los **pantalones 7** pants, slacks
las **pantimedias 7** pantyhose
el **pañuelo 7** handkerchief
la **papa 6** potato
el **papá 4** father
las **papas fritas 6** french fries
el **papel 1** paper
la **papelería 7** stationery store
el **papel higiénico 12** toilet paper
el **par 7** pair
para 1 for, in order
para chuparse los dedos 6 finger-licking good
el **parador 12** government inn
para que 14 in order that, so that

parecer 2 to appear, to seem
la **pared 1** wall
parlamentario(a) 2 parliamentary
el **parque 2** park
el **parque nacional 9** national park
la **parte 1** part
el **partido 5** game
el **pasado 4** past
el **pasaje 9** ticket, fare
el **pasaje de ida y vuelta 9** roundtrip fare
el/la **pasajero(a) 9** passenger
el **pasaporte 9** passport
pasar la aspiradora 8 to vacuum
pasar una película 4 to show a movie
el **pasatiempo 4** pastime
el **pase 5** pass (in a game)
pasear por el centro 4 to take a walk downtown
el **pasillo 8** hall; aisle
la **pasta de dientes 7** toothpaste
el **pastel 6** pastry
la **pastelería 6** pastry shop
la **pastilla 10** pill; lozenge
patear 5 to kick
patinar 5 to skate
el/la **patrocinador(a) 11** sponsor
patrocinar 11 to sponsor
el **pecho 10** chest
pedir (i, i) 4 to ask for, to request; to order
peinarse 8 to comb (one's hair)
el **peine 8** comb
la **peinilla 8** comb
pelar 6 to peel
pelearse 8 to have a fight
la **peletería 7** fur store
el **peligro 2** danger
el **pelo 8** hair
la **pelota 5** baseball, tennis ball
el **pelotero 5** baseball player
el/la **peluquero(a) 13** hair stylist
el **pendiente 7** earring
la **penicilina 10** penicillin
la **Península Ibérica 1** Iberian Peninsula
pensar (ie) 3 to think; to intend
pensar en las musarañas 8 to be daydreaming
la **pensión 12** boarding house
peor 4 worse, worst

pequeño(a) 2 small
la **pera 6** pear
perder (ie) 5 to lose
perdido(a) 3 lost
¡Perdón! 3 Pardon me!
perdurable 4 everlasting
perezoso(a) 2 lazy
el **perfume 7** perfume
la **perfumería 7** perfume store
el **perímetro 2** perimeter
el **periódico 11** newspaper
el/la **periodista 11** journalist, newspaper man/woman
la **perla 8** pearl
permitir 10 to permit
pero 2 but
la **persona 1** person
la **persona desaparecida 1** missing person
pertenecer 5 to belong
la **pesadez 1** heaviness
pesado(a) 8 tedious, dull
la **pesca 5** fishing
la **pescadería 6** fish market
el **pescado 6** fish
pescar 4 to fish
el **peso 10** weight
el **petróleo 10** oil
picado(a) 6 chopped
el **pie 5** foot
la **pierna 10** leg
el **piloto 9** pilot
pintarse (las uñas) 8 to polish (one's nails)
pintoresco(a) 4 picturesque
la **pirámide 4** pyramid
el **piso 7** floor
la **pista 3** trail
la **pistola 6** pistol
la **pizarra 1** blackboard
la **pizca 6** pinch (salt, pepper, etc.)
el **placer 5** pleasure
la **plancha 8** iron
el **plan de retiro 13** retirement plan
la **planta 7** floor *(Spain)*
la **planta alta 8** upstairs; upper floor
la **planta baja 8** downstairs, main floor
la **planta nuclear 14** nuclear plant
la **plata 7** silver
el **plátano 6** plantain; banana
la **platería 4** items made of silver

el **plato 8** dish
la **playa 2** beach
el/la **plomero(a) 13** plumber
la **pluma 1** pen
el **pluriempleo 13** moonlighting
la **población 1** population
poblado(a) 10 populated
poder (ue, u) 4 to be able, can
el **policía 2** police officer
la **policía 2** police force
político(a) 5 political
el **pollo 6** chicken
poner 5 to put; to place
poner la mesa 8 to set the table
ponerse 8 to put on
ponerse a dieta 10 to go on a diet
ponerse contento 8 to become happy
ponerse en forma 10 to get in shape
ponerse furioso 8 to become angry
ponerse impaciente 8 to become impatient
ponerse nervioso 8 to become nervous
ponerse triste 8 to become sad
por 1 times (multiplication); for
por ahí (allí) 9 around there
por ahora 9 for now
por aquí 9 around here
por cierto 9 by the way
por Dios 9 for God's sake
por donde 2 through which
por ejemplo 9 for example
por eso 1 that's why
por favor 2 please
por fin 9 finally
por la mañana 3 in the morning
por la noche 3 in the evening
por la tarde 3 in the afternoon
por lo general 9 in general, generally
porque 2 because
¿por qué? 2 why?
por supuesto 9 of course
portugués(a) 2 Portuguese
la **posada 14** lodging; inn, lodge
el **postre 6** dessert
la **práctica** practice
practicar 2 to practice
el **precio 7** cost

preciso(a) 11 essential
preferir (ie, i) 8 to prefer
la **pregunta 1** question
preguntar por 4 to ask about (somebody or something)
la **prensa 11** press; news media
preocupado(a) 2 worried
preocuparse 5 to worry
preparar 2 to prepare
la **presentación 1** introduction
presentar 5 to present
presentar una película 4 to show a movie
el/la **presidente(a) 11** president
prestar 5 to lend
presuntamente 6 presumably
el **presupuesto 12** budget
prevenir 11 to prevent, to warn
la **primavera 3** spring
la **primera clase 9** first class
la **primera plana 11** front page (newspaper)
primero(a) 7 first
el/la **primo(a) 4** cousin
el **prisionero 2** prisoner
privilegiado(a) 2 privileged
el **probador 7** fitting room
probar (ue) 6 to try (taste); to try on
el **problema 3** problem
la **procedencia 3** origin
el **procesador de textos 14** word processor
el **producto interno bruto (PIB) 5** gross national product (GNP)
la **profesión 13** profession
el/la **profesor(a) 1** professor
programar 14 to program
el **programa radial 11** radio program
los **programas sociales 11** social welfare programs
prohibir 10 to prohibit
la **propina 6** tip
proteger 14 to protect
próximo(a) 2 next
la **prueba 10** test
el/la **psicólogo(a) 13** psychologist
la **puerta 1** door
la **puerta de salida 9** gate; exit door
el **puerto 6** port
el **puerto libre 8** duty-free port

puertorriqueño(a) 2 Puerto Rican
pues sí 3 yes, indeed
el **puesto 6** stand; position; job
el **pulmón 10** lung
la **pulsera 7** bracelet
la **punta 1** tip; point
el **pupitre 1** student desk

Q

¿qué? 2 what?
que 1 that
quedar 5 to have left
quedar bien 7 to fit well
quedarse 9 to stay
el **quehacer doméstico 8** household chore
la **queja 12** complaint
quejarse 12 to complain
querido(a) 2 dear
¿quién? 2 who
el **queso 6** cheese
la **química 3** chemistry
quinto(a) 7 fifth
quisiera… 6 I would like…
quitar 8 to remove
quitar la mesa 8 to clear the table
quitarse 8 to take off
quizá(s) 11 perhaps, maybe

R

el **radio** radio set
la **radio** radio (in general)
la **radioactividad 14** radioactivity
la **radiografía 10** x-ray
el **radioyente 11** (radio) listener
raptado(a) 3 kidnapped
la **raqueta 5** racquet
raro(a) 5 strange
reaccionar 5 to react
real *adj.* **2** royal

realmente 4 really

la **rebaja 7** sale

rebajar 7 to lower

la **recepción 12** front desk

el/la **recepcionista 12** front desk clerk

la **receta 6** recipe; prescription

recetar 10 to prescribe

rechazar 4 to reject

recibido(a) 3 received

recibir 3 to receive

el **recibo 7** receipt

el **reciclaje 14** recycling

recientemente 5 recently

el **recipiente 6** generic pot, bowl, dish, etc.

la **reclamación de equipaje 9** baggage claim

la **recomendación 13** recommendation

recomendar (ie) 10 to recommend

recorrer el país 9 to go around (across) the country

la **rectoría 3** administration building

el **recurso natural 14** natural resource

redondo(a) 1 round

la **referencia 13** reference

el **refresco 3** refreshment, soda

el **refrigerador 6** refrigerator

regatear 7 to bargain

el **registro 12** guest register

regresar 4 to return

regular 1 so-so

la **reina 11** queen

el **reinado 2** reign

el **reino 2** kingdom

reír (i, i) 4 to laugh

reírse (de) 8 to laugh (at)

el **reloj 1** clock

el **reloj pulsera 7** wristwatch

el/la **remitente 12** sender

renunciar 13 to resign

reñir (i, i) 6 to quarrel

reparar 13 to repair

repartir 13 to deliver; to distribute

repetir (i, i) 4 to repeat; to have a second helping

la **repoblación forestal 14** reforestation

el/la **reportero(a) 11** reporter

el **reposo 10** rest

el/la **representante 11** representative

la **República Dominicana 1** Dominican Republic

el **rescate 3** ransom; rescue operation

la **reseña 11** review

reservar 6 to reserve

el **resfriado 10** cold

la **residencia estudiantil 2** student residence, dorm

resolver (ue) 1 to solve; to resolve

la **respiración 14** breathing

respirar 10 to breathe

responder (a) 7 to answer

la **responsabilidad 13** responsibility

la **respuesta 1** answer

el **restaurante 2** restaurant

el **retorno 7** return

reunirse 4 to get together

la **revista 11** magazine

el **rey 2** king

rico(a) 4 rich

el **río 9** river

la **rodilla 10** knee

rojo(a) 1 red

el **rollo de película 9** roll of film (for a camera)

romperse (un hueso) 10 to break (a bone)

la **ropa 7** clothing

rosado(a) 1 pink

roto(a) 12 broken

rubio(a) 1 blond(e)

el **ruido 4** noise

la **ruina 2** ruin

S

el **sábado 3** Saturday

la **sábana 12** sheet

saber 4 to know (facts, information)

sabroso(a) 6 savory, tasty

sacar la basura 8 to take out the garbage

sacar la lengua 10 to stick out one's tongue

el **saco 7** sportscoat

sacudir los muebles 8 to dust the furniture

la **sal 6** salt

la **sala de espera 9** waiting room

el **salario 13** salary, wages

la **salida 9** departure

la **salida de emergencia 9** emergency exit

salir 3 to leave, to go out

salir a 5 to go out to do something

salir con 5 to go out with, to date

salir de 5 to leave a place, to leave on a trip

el **salón de conferencias 12** convention hall

la **salsa de tomate 6** tomato sauce; ketchup

la **salud 10** health

saludable *adj.* **10** healthy

los **saludos 1** greetings

salvaje *adj.* **8** wild

la **sandalia 7** sandal

el **sándwich 6** sandwich

la **sangre 10** blood

sano(a) 10 healthy

el **sarape 4** colorful Mexican shawl

el/la **sartén 6** frying pan, skillet

la **sastrería 7** tailor shop

la **secadora 8** dryer; hair dryer

secar 8 to dry

secarse 8 to dry oneself

la **sección de no fumar 9** no-smoking section

la **sección deportiva 11** sports section *(newspaper)*

la **sección financiera 11** business section *(newspaper)*

el/la **secretario(a) 1** secretary

secuestrar 6 to kidnap

el **secuestro 7** kidnapping

la **seda 7** silk

la **sede 10** seat (of government)

seguir (i, i) 4 to follow; to continue

según 4 according to

segundo(a) 7 second

el **seguro de vida 13** life insurance

el **sello 12** stamp

la **selva 7** jungle

sembrar (ie) 14 to plant

el **semestre 3** semester
el **senado 11** senate
el/la **senador(a) 11** senator
sentarse (ie) 8 to sit down
sentir (ie, i) 8 to feel; to be sorry for; to regret
sentirse (ie, i) 10 to feel
el **señor (Sr.) 1** Mr.
la **señora (Sra.) 1** Mrs.
la **señorita (Srta.) 1** Miss
septiembre 3 September
séptimo(a) 7 seventh
ser 1 to be
serio(a) 3 serious
servicial *adj.* **4** helpful
el **servicio a la habitación 12** room service
el **servicio de camarera 12** cleaning service
el **servicio de lavandería 12** laundry service
la **servilleta 6** napkin
servir (i, i) 4 to serve
sexto(a) 7 sixth
si 2 if
sí 1 yes
siempre 5 always
la **silla 1** chair
el **sillón 8** armchair, overstuffed chair
simpático(a) 2 nice, friendly
sin 14 without
sin embargo 7 however
sino 13 but (on the contrary, rather)
sin que 14 without
el **síntoma 10** symptom
la **sirvienta 8** maid
el **sirviente 8** servant
situado(a) 1 situated
sobre 2 about; on
el **sobre 12** envelope
el/la **sobrecargo 9** flight attendant
el **sobrepeso 10** overweight
la **sobrina 4** niece
el **sobrino 4** nephew
el **sofá 8** sofa
el **sol 2** sun
solamente 3 only
solicitado(a) 3 requested
la **solicitud de empleo 13** job application form
sólo *adv.* **1** only
solo(a) *adj.* **6** alone

soltero(a) 3 single
la **sombrerería 7** hat store
el **sombrero 7** hat
la **sombrilla 5** sun umbrella
soñar (ue) (con) 5 to dream (about)
la **sopa 6** soup
la **sopa de vegetales 6** vegetable soup
sorprender 10 to surprise
la **sorpresa 4** surprise
subir (a) 6 to climb
subir de peso 10 to gain weight
el **subsuelo 8** subsoil
el **suceso 7** event
sucio(a) 12 dirty
el/la **suegro(a) 4** father/mother-in-law
el **sueldo 13** wages, salary
el **suelo 7** soil
el **suéter 7** sweater
la **sugerencia 5** suggestion
sugerir (ie, i) 10 to suggest
el **suite de lujo 12** deluxe suite
Suiza 2 Switzerland
la **suma 3** sum
la **superpoblación 14** overpopulation
el/la **supervisor(a) 13** supervisor
suponer 5 to suppose
el **sur 1** south
el **sustantivo 10** noun

T

el **tablero 9** information board
talar 14 to raze
el **talco 7** powder
tal vez 11 perhaps, maybe
la **talla 7** size
el **taller de reparaciones 5** repair shop
el **tamaño 5** size
también 2 also; too
tampoco 6 neither, not either
tan ... como 4 as ... as
tan pronto como 14 as soon as
tanto 4 so much
tanto ... como 4 as ... as
tarde *adj.* **5** late

la **tarjeta de crédito 7** credit card
la **tarjeta de embarque 9** boarding pass
la **taza 6** cup
el **té 6** tea
el **teclado 14** keyboard
tecnológico(a) 14 technological
el **teléfono inalámbrico 14** cordless telephone
el **teléfono portátil 14** portable telephone
la **telenovela 11** soap opera
el **televidente 11** television viewer
la **televisión 11** television (in general)
el **televisor 11** television set
temer 10 to fear
la **temporada 5** season
el **tenedor 6** fork
tener 2 to have
tener — años 1 to be (so many) years old
tener calor 2 to be hot
tener cuidado 2 to be careful
tener dolor 10 to have a pain
tener fiebre 10 to have a fever
tener frío 2 to be cold
tener hambre 2 to be hungry
tener miedo (de) 10 to fear
tener náuseas 10 to be nauseated
tener prisa 2 to be in a hurry
tener que + inf. 2 to have to do (something)
tener razón 5 to be right
tener un resfriado 10 to have a cold
tener sed 2 to be thirsty
tener sueño 2 to be sleepy
el **tenis 2** tennis
el **tenis de mesa 5** table tennis
el/la **tenista 5** tennis player
tercero(a) 7 third
el **tercio 5** third
el **término deportivo 5** sports term
la **terraza 8** terrace
el **territorio 2** territory
el/la **terrorista 4** terrorist
la **tía 4** aunt
la **tienda 6** store
la **tierra 2** homeland; land; earth
las **tijeras 8** scissors
tímido(a) 4 timid

el **tío 4** uncle
el **tipo 7** type
tirar 8 to throw
las **tiras cómicas 11** comics
el **titular 11** headline
el **título 1** title
la **tiza 1** chalk
la **toalla 5** towel
el **tobillo 10** ankle
el **tocadiscos 8** record player
tocar 4 to play (a musical instrument); to touch
todavía 6 yet, still
todos los días 1 every day
tomar 3 to take
tomar apuntes 13 to take notes
tomar el sol 4 to sunbathe
tomarse la presión 10 to take one's blood pressure
tomarse la temperatura 10 to take one's temperature
el **tomate 6** tomato
torcerse el tobillo 10 to twist one's ankle
la **torre de mandos 9** control tower
la **torta 6** cake
la **tortilla de papas 6** egg and potato omelet
toser 10 to cough
la **tostada 6** toast
la **tostadora 6** toaster
tostar (ue) 6 to toast
trabajador(a) 1 hardworking
trabajar 2 to work
trabajar a comisión 13 to work on commission
el **trabajo 1** work
traer 5 to bring
el **traje 7** suit
el **traje de baño 5** bathing suit
tranquilo(a) 4 calm, quiet
transmitir 11 to transmit
el **tratado 5** treaty
triste *adj.* **3** sad
trotar 10 to jog
tu 3 your (familiar)
el/la **turista 2** tourist
turístico(a) 2 tourist
turnarse 10 to take turns
turquesa 4 turquoise

U

la **ubicación 9** location; situation
último(a) 3 last
una vez a... 8 once a...
unido(a) 4 close
universitario(a) 3 pertaining to a university
un poco 1 a little
la **uña 8** finger/toenail
urgente *adj.* **1** urgent
el **utensilio 6** utensil
la **uva 6** grape

V

vacío(a) 5 empty
el **vaso 6** glass
el/la **vecino(a) 4** neighbor
la **vela 14** candle
el/la **vendedor(a) 13** salesperson
el/la **vendedor(a) ambulante 7** street vendor
vender 3 to sell
venezolano(a) 2 Venezuelan
la **venta-liquidación 7** clearance sale
la **ventana 1** window
la **ventanilla 6** porthole; small window
la **ventanilla de pagos 12** cashier window
ver 5 to see
el **verano 3** summer
la **verdad 1** truth
verdadero(a) 7 real
verde 1 green
la **verdura 6** vegetable
el **vestido 7** dress
vestirse (i, i) 8 to get dressed
el/la **veterinario(a) 13** veterinarian
la **vez 3** time
el/la **viajante 13** traveling salesperson

el **viaje 5** trip
el/la **viajero(a) 4** traveler
la **videograbadora 14** video cassette recorder (VCR)
viejo(a) 4 old
el **viernes 3** Friday
el **vino tinto 6** red wine
virar 6 to turn
la **visita 8** guests
el/la **visitante 2** visitor
visitar 4 to visit
la **vista 9** view
la **vitrina 7** display case or window
viva 5 hurray!
vivir 1 to live
vivo(a) 4 alive; smart, alert
volar (ue) 5 to fly
el **volcán 9** volcano
el **vólibol 5** volleyball
volver (ue) 4 to return, to come back
votar 11 to vote
el **vuelo 3** flight
el **vuelo sin escalas 9** nonstop flight

Y

y 2 and
ya 3 already
el **yate de lujo 6** luxury yacht
el **yerno 4** son-in-law

Z

la **zanahoria 6** carrot
la **zapatería 7** shoe store
el **zapato 7** shoe
los **(zapatos de) tenis 7** tennis shoes

APPENDIX 5

English-Spanish Vocabulary

abortion el aborto 11
about sobre 2; acerca de 6
above arriba de *prep.* 8
accept aceptar 7
accesory el accesorio 8
accomplish llevar a cabo 7
according to según 4
accountant el/la contador(a) 13
achieve lograr 4
action in progress la acción en ejecución 4
actress la actriz 1
add añadir 3; echar 6
addressee el/la destinatario(a) 12
adjective el adjetivo 1
administration building la rectoría 3
admire admirar 2
adverb el adverbio 3
advice column el consultorio sentimental 11
advise aconsejar 10
advisor el/la asesor(a) 13
aerobics los ejercicios aeróbicos 10
affection el afecto 4
after después (de) 2
afternoon la tarde 3
afternoon snack la merienda 6
against contra 8
agricultural machinery la maquinaria agrícola 14
air el aire 14
air conditioning el aire acondicionado 12
airline la aerolínea 3
airline counter el mostrador de la aerolínea 9

airline ticket el boleto 9
air mail el correo aéreo 12
airplane el avión 1
airport el aeropuerto 3
aisle el pasillo 8
alarm clock el despertador 8
alcoholic beverages las bebidas alcohólicas 10
alert vivo(a) 4
algebra el álgebra *f.* 3
alive vivo(a) 4
allergic alérgico(a) 10
a lot mucho 2
already ya 3
also también 2
although aunque 1
altitude la altura 9
always siempre 5
ambassador el/la embajador(a) 2
American, North American norteamericano(a) 2
among entre 1
analyst el/la analista 13
ancestor el antepasado 14
anchored anclado(a) 6
ancient antiguo(a) 2
and y 2
angry enfadado(a) 3
ankle el tobillo 10
announcement el anuncio 5
announcer el/la locutor(a) 11
annual anual *adj.* 13
answer la respuesta 1
answer responder (a) 7
answering machine el contestador automático 14
antacid el antiácido 10
antibiotic el antibiótico 10
any cualquier(a) 5; alguno(a) 6
apéritif el aperitivo 2
appear parecer 5

apple la manzana 6
applicant el/la aspirante 13
application la solicitud 13
April abril 3
arch el arco 2
archaeology la arqueología 4
architect el/la arquitecto(a) 2
architecture la arquitectura 2
Argentinian argentino(a) 2
arm el brazo 10
armchair la butaca 8; el sillón 8
around here por aquí 9
around there por ahí (allí) 9
arrival la llegada 9
arrival time la hora de llegada 3
arrive llegar (a) 2
arrive late llegar tarde 3
art el arte *f.* 2
article el artículo 7
art school la facultad de arte 3
as ... as tan ... como *adv.* 4
as ... as tanto ... como *adj.* 4
ash la ceniza 5
ask about (somebody or something) preguntar por 4
ask for pedir (i, i) 4
as como 2
as long as mientras que 13
as soon as en cuanto, luego que, tan pronto como 14
as soon as possible lo más pronto posible, lo antes posible 2
asparagus el espárrago 6
aspirin la aspirina 10
at about a eso de 6
Atlantic Ocean el (Océano) Atlántico 2
atmosphere la atmósfera 14
attend asistir (a) 3
attract atraer 7
attractive atractivo(a) 2

August agosto 3
aunt la tía 4
automatic teller machine el cajero automático 14
available disponible 12
avenue la avenida 2
awesome bárbaro(a) 5
Aztec azteca 4

B

B.C. antes de Cristo (a.C) 4
backpack la mochila 1
bad malo(a) 2
badly mal *adv.* 1
baggage claim la reclamación de equipaje 9
bake hornear 6
bakery la panadería 6
baking pan el molde 6
balcony el balcón 9
ball (soccer, basketball, volleyball) el balón 5
ball-point pen el bolígrafo 1
banana la banana, el plátano 6
bargain la ganga 7
bargain regatear 7
baseball el béisbol 1; la pelota 5
baseball player el pelotero 5
basket la cesta 4; el cesto 5
basketball el básquetbol 5
bat el bate 5
bathe bañarse 8
bathing suit el traje de baño 5
bathroom el baño 8
be ser 1
be — years old tener — años 1
be able poder (ue, u) 4
be abundant abundar 5
beach la playa 2
be afraid tener miedo 2
beat batir 6
bean el frijol 6
beautiful bello(a) 2
be called llamarse 8
be careful tener cuidado 2; andar con cuidado 5
because porque 2
be cold tener frío 2

become angry ponerse furioso 8
become happy ponerse contento, alegrarse (de) 8
become impatient ponerse impaciente 8
become nervous ponerse nervioso 8
become sad ponerse triste 8
bed la cama 8
be daydreaming pensar en las musarañas 8
be delayed estar demorado(a) 9
bedroom el cuarto 2; el dormitorio 8
beef la carne de res 10
beef fillet el filete de res 6
beer la cerveza 6
before antes *adv.* 8; antes de *prep.* 2; antes (de) que *conj.* 14
begin comenzar (ie), empezar (ie) 7
beginning, at the al comienzo, a principios de 5
be happy estar contento (de) 10
be hot tener calor 2
be hungry tener hambre 2
be in the hands of estar en manos de 4
be in style estar de moda 7
be in a hurry tener prisa 2
be interested interesar 5
be late estar atrasado(a) 8
believe creer 3
bellhop el botones 12
belong pertenecer 7
below debajo (de) 6
belt el cinturón 7
be nauseated tener náuseas 10
benefit el beneficio 13
be on a diet estar a dieta 10
be on time estar a tiempo 9
be right tener razón 5
besides además (de) 1
be sleepy tener sueño 2
be sorry (for) sentir (ie, i) 8
best mejor 2
be starving morirse (ue, u) de hambre 6
be sure asegurarse (de) 6
be the same dar igual 5
be thirsty tener sed 2
better mejor 2
between entre 1
bicycling el ciclismo 5
big grande *adj.* 1
Big Leagues las Grandes Ligas 5

bill la cuenta 6; *(bank note)* el billete 12
binoculars los binoculares 9
biology la biología 3
bird el pájaro 5
black negro(a) 1
blackboard la pizarra 1
black coffee el café solo 6
blanket la manta, la frazada 12
block *(Spanish America)* la cuadra 12; *(Spain)* la manzana 6
blond(e) rubio(a) 1
blood la sangre 10
blouse la blusa 7
blue azul 1
boarding house la pensión 12
boarding pass la tarjeta de embarque 9
body el cuerpo 8
body structure la complexión 10
boil hervir (ie, i) 6
bone el hueso 10
bonus la bonificación 13
book el libro 1
bookstore la librería 2
boot la bota 7
bored aburrido(a) 3
boring aburrido(a) 3
boss el/la jefe(a) 1
bother molestar 5
bottle la botella 6
bottle of cologne el frasco de colonia 7
bottle of perfume el frasco de perfume 7
boxing el boxeo 5
boy el muchacho 1
boyfriend el novio 3
bracelet la pulsera 7
braggart el/la fanfarrón(a) 4
bread el pan 6
break (a bone) romperse (un hueso) 10
breakfast el desayuno 6
breathe respirar 10
breathing la respiración 14
bring traer 5
brochure el folleto 9
broiled asado(a) 6
broken descompuesto(a), roto(a) 12
broom la escoba 8
brother el hermano 4
brother-in-law el cuñado 4
brown marrón 1

brush　el cepillo 8
brush　cepillarse 8
bucket　el cubo 8
budget　el presupuesto 12
building　el edificio 2
bullfighting　la corrida de toros 5
business　el comercio 7
business administration　la administración de empresas 2
business section *(newspaper)*　la sección financiera 11
busy　ocupado(a) 3
but　pero 2; sino 13
butcher shop　la carnicería 6
butter　la mantequilla 6
buy　comprar 3
by the way　por cierto 9

C

cafeteria　la cafetería 3
cake　la torta 6
calculator　la calculadora 3
call　llamar 2
calm　tranquilo(a) 4
camera　la cámara fotográfica 9
campaign　la campaña 11
cam recorder　la cámara de video 9
candidate　el/la candidato(a) 11
candle　la vela 14
capable　capaz *adj.* 13
capital (city)　la capital 2
car　el coche 1; el carro 6
caramel custard　el flan 6
carbohydrate　el carbohidrato 10
carefully　cuidadosamente 6
Caribbean Sea　el Mar Caribe 1
carpenter　el/la carpintero(a) 13
carrot　la zanahoria 6
case　el caso 1
cash　cobrar 12
cashier window　la ventanilla de pagos 12
cash register　la caja registradora 7
casserole dish　la cazuela 6
castle　el castillo 2
cattle raising　la ganadería 10
cause trouble　dar guerra 4
center　el centro 2
Central America　América Central 1
cereal　el cereal 6

chain　la cadena 7
chair　la silla 1
chalk　la tiza 1
challenging　exigente *adj.* 3
champion　el/la campeón(a) 5
championship　el campeonato 5
change　cambiar 12; el cambio *n.* 12
channel　el canal 11
chat　conversar 4
cheap　barato(a) 1
checking account　la cuenta corriente 12
check in luggage　facturar el equipaje 9
checkup　el examen físico 10
cheese　el queso 6
chemistry　la química 3
chest　el pecho 10
chicken　el pollo 6
Chilean　chileno(a) 2
china cabinet　el aparador 8
chocolate　el chocolate 6
cholesterol　el colesterol 10
chopped　picado(a) 6
church　la iglesia 2
cigarette　el cigarrillo 6
city　la ciudad 1
class　la clase 1; el curso 3
classified ads　los avisos clasificados 11
classroom expressions　las expresiones para la clase 1
class schedule　el horario de clases 3
clean　limpio(a) 12
clean　limpiar 8
cleaning service　el servicio de camarera 12
clear　claro(a) 5
clearance sale　la venta-liquidación 7
clear the table　quitar la mesa 8
clerk　el/la dependiente(a) 7
client　el/la cliente(a) 7
climate　el clima 2
climb　subir (a) 6
climb mountains　escalar montañas
clock　el reloj 1
close　unido(a) 4
close　cerca *adv.;* cerca de *prep.* 3
clothing　la ropa 7
coach　el/la entrenador(a) 5
coach class　la clase turista 9
coast　la costa 4
coat　el abrigo, el saco 7
Coca-Cola　la *coca-cola* 6

cockpit　la cabina 9
coffee　el café 1
coffeepot　la cafetera 6
coffee with milk　el café con leche 6
coin　la moneda 4
cold　frío(a) 2; el resfriado *n.* 10
collection　la colección 2
Colombian　colombiano(a) 1
color　el color 1
comb　el peine, la peinilla 8
comb (one's hair)　peinarse 8
combat　combatir 11
comfortable　cómodo(a) 12
comics　las tiras cómicas 11
command　mandar 9
commentator　el/la comentarista 11
Commonwealth　Estado Libre Asociado 1
compact disc　el cómpact disc *(Anglicism)* 14
compartment　el compartimiento 6
complain　quejarse 12
complaint　la queja 12
complicated　complicado(a) 3
computer　la computadora 3
computer science　la computación 3; la informática 14
concert　el concierto 5
concierge　el conserje 12
condiment　el condimento 6
congratulate　felicitar 7
congratulations　felicitaciones, enhorabuena 13
congress　el congreso 11
constructed　construido(a) 2
consume　consumir 14
contest (beauty)　el certamen 11
continent　el continente 1
contract　el contrato 13
control　controlar 11
control tower　la torre de mandos 9
convention hall　el salón de conferencias 12
converse　conversar 2
cook　el/la cocinero(a) 13
cook　cocinar 6
cooked　cocido(a) 6
cooler　la heladera 5
coordinator　el/la coordinador(a) 13
copper　el cobre 10
cordially　cordialmente 13
cordless telephone　el teléfono inalámbrico 14
corner　la esquina 12

cost   el precio 7
cost   costar (ue) 5
cotton   el algodón 7
cough   toser 10
cough syrup   el jarabe 10
count   contar (ue) 3
counter   el mostrador 7
countersign   endosar 12
country   el país 1
course   el curso 3
court (*sports*)   la cancha 5
courtesy   la cortesía 3
cousin   el/la primo(a) 4
cover   cubrir 12
covered   cubierto(a) 2
crazy   loco(a) 3
credit card   la tarjeta de crédito 7
crime   el crimen 11
critic   el/la crítico(a) *n*. 11
critical   crítico(a) *adj*. 11
criticism   la crítica 11
crop   el cultivo 14
crossed   atravesado(a) 10
cross one's mind   ocurrírsele (a uno) 12
Cuban   cubano(a) 2
culture   la cultura 2
cup   la taza 6
cure   curar 13
currency   la moneda 4
customs agent   el/la aduanero(a) 9
customer   el/la cliente 7
customs   la aduana 9
cut   cortar 6

D

dance   bailar 2
danger   el peligro 2
darling (*figurative*)   mi cielo, mi vida 4
darn it!   ¡demonios! 7
data base   la base de datos 14
date   la fecha 3
date   salir con 5
date back to   datar de 4
daughter   la hija 4
daughter-in-law   la nuera 4
day   el día 1

dead   muerto(a) 3
dear   querido(a) 2
December   diciembre 3
decide   decidir 3
defense   la defensa 11
deforestation   la despoblación forestal 14
delicious   delicioso(a), exquisito(a) 6
delighted   encantado(a) 1
deliver   repartir 13
deluxe suite   el suite de lujo 12
demanding   exigente *adj*. 3
democracy   la democracia 2
dense   espeso(a) 5
dentist   el/la dentista 13
deodorant   el desodorante 7
department store   el almacén 7
departure   la salida 9
descriptive   descriptivo(a) 2
design   el diseño 14
design   diseñar 13
designed   diseñado(a) 2
desk (*student*)   el pupitre 1
dessert   el postre 6
destroyed   destruido(a) 2
diabetes   la diabetes 10
dictator   el/la dictador(a) 11
dictatorship   la dictadura 11
dictionary   el diccionario 3
die   morir (ue, u) 7
dining room   el comedor 8
dinner   la cena 6
director   el/la director(a) 13
dirty   sucio(a) 12
disappearance   la desaparición 3
disappeared   desaparecido *p.p.* 2
discomfort   la molestia 10
discotheque   la discoteca 5
discount   el descuento 7
discover   descubrir 5
discovery   el descubrimiento 4
dish   el plato 8
dishwasher   el lavaplatos 6
diskette   el disco duro 14
dislike (a person)   caer mal 5
display case or window   la vitrina 7
distribute   repartir 13
divided by (*math*)   entre 1
divorced   divorciado(a) 3
do   hacer 3
doctor's office   el consultorio 10
Dominican   dominicano(a) 2
Dominican Republic   la República Dominicana 1

door   la puerta 1
dorm   la residencia estudiantil 2
dose   la dosis 10
double room   la habitación doble 12
downstairs   la planta baja 8; abajo *adv*. 5
down with   abajo *exclam*. 5
dramatic art   el arte dramático
dream   soñar (ue) (con) 5
dress   el vestido 7
dress   vestirse (i, i) 7
dresser   la cómoda 8
drink   la bebida 6
drink   beber 3
drugstore   la droguería, la farmacia 7
dry   secar 8
dry oneself   secarse 8
dryer   la secadora 8
dust the furniture   sacudir los muebles 8
duty   el deber 11
duty-free port   el puerto libre 8

E

ear   la oreja 10
earring   el arete, el pendiente 7
earth   la tierra 2
east   el oriente 2
eastern   oriental 7
easy   fácil 3
eat   comer 3
economics   la economía 3
editorial page   el editorial 11
eighth   octavo(a) 7
either...or   o...o 6
elect   elegir (i, i) 11
elections   las elecciones 11
electrical appliance   el aparato electrónico 14
electrician   el/la electricista 13
electronic   electrónico(a) 14
electronic game   el juego electrónico 14
elevated   elevado(a) 2
elevator   el ascensor 12
embrace   abrazar 7
emergency exit   la salida de emergencia 9

employment el empleo 13
employment agency la agencia de empleos 13
empty vacío(a) 5
enchant encantar 7
end eliminar 11
endorse endosar 12
energy la energía 14
engine el motor 9
engineer el/la ingeniero(a) 13
engineering la ingeniería 2
engineering school la facultad de ingeniería 3
English el inglés 2
enjoy disfrutar (de) 6
enjoy your meal! ¡buen provecho! 6
enormous enorme *adj.* 1
enough bastante *adj.* 1
enter entrar (en) 6
entertainment section *(newspaper)* la cartelera 11
enthusiasm el entusiasmo 5
enthusiastic entusiasta 13
envelope el sobre 12
environment el ambiente 11; el medio ambiente 14
equestrian ecuestre 2
equipped equipado(a) 6
erase borrar 14
eraser el borrador 1
essay el ensayo 13
essential preciso(a) 11
establish establecer 11
ethics la ética 13
Europe Europa 1
European europeo(a) 2
evaluation la evaluación 13
even though aunque 1
event el suceso 7
everlasting perdurable *adj.* 4
every day todos los días 1
exam el examen 2
example el ejemplo 2
exchange el cambio 12
excuse me con permiso 3
exercise hacer ejercicios 10
expand extender (ie) 14
expense el gasto 13
expensive caro(a) 1
explain explicar 5
expression la expresión 2
exquisite exquisito(a) 6
extinguish apagar 13

F

fabric el material 7
fabulous fabuloso(a) 4
face la cara 8
face afrontar 11
factory la fábrica 10
fair la feria 14
fall el otoño 3
fall caer(se) 4
fall asleep dormirse (ue, u) 8
fall in love (with) enamorarse (de) 8
false falso(a) 1
famous famoso(a) 1
fan el/la aficionado(a), el/la fanático(a) 5
fantastic fantástico(a) 5
far (from) lejos (de) 3
farewell la despedida 1
farm la finca 14
farmer el/la campesino(a) 14
fascinate encantar 7
fat la grasa 10
fat gordo(a) 1
father el padre 2; el papá 4
father-in-law el suegro 4
fax *(Anglicism)* el fax 14
fear tener miedo (de), temer 10
February febrero 3
feel sentirse (ie, i) 10
field *(sports)* la cancha 5
field of study el área *f.* de estudio 2
fifth quinto(a) 7
fight combatir 11
file el expediente 13
file archivar 14
finally por fin 9
find encontrar (ue) 2
find out enterarse 11
fine fino(a) 1; bien *adv.* 1
fine la multa 14
fine multar 14
finger el dedo de la mano 10
finger-licking good para chuparse los dedos 6
finger/toe nails la uñas 8
finnicky person el/la inconforme 6
fire el fuego 2
fire despedir (i, i) 13

firefighter el/la bombero(a) 13
first primero(a) 7
first class la primera clase 9
fish el pescado 6
fish pescar 4
fish fillet el filete de pescado 6
fishing la pesca 7
fish market la pescadería 6
fishmeal la harina de pescado 10
fitting room el probador 7
fit well quedar bien 7
fix arreglar 7
fixed fijo(a) 13
flight el vuelo 3
flight attendant el sobrecargo 9
floor la planta *(Spain)* 7; el piso 7
flower la flor 9
flu la gripe 10
fly volar (ue) 5
follow seguir (i, i) 4
food el comestible 6
food and drink las comidas y bebidas 3
foot el pie 5
football el fútbol americano 5
footwear el calzado 7
for para, por 1
force obligar 7
forehead la frente 10
foreign word or phrase el extranjerismo 14
foreigner el/la extranjero(a) 2
forest el bosque 9
for example por ejemplo 9
forget olvidarse (de) 8
for God's sake por Dios 9
fork el tenedor 6
formed formado(a) 2
for now por ahora 9
fountain la fuente 2
fourth cuarto(a) 7
freezer el congelador 6
French el francés 2
french fries las papas fritas 6
frequent frecuente *adj.* 8
frequently con frecuencia 3
Friday el viernes 3
fried egg el huevo frito 6
friend el(la) amigo(a) 2
friendly acogedor(a) 7
from de 1
from time to time de vez en cuando 8
front desk la recepción 12

front desk clerk   el/la recepcionista 12

front page (newspaper)   la primera plana 11

fruit   la fruta 2

fruit store   la frutería 6

fry   freír (i, i) 6

frying pan   el/la sartén 6

full   lleno(a) 2

fun   divertido(a) 4

function   funcionar 7

furniture   los muebles 8

fur store   la peletería 7

G

gain weight   engordar, subir de peso 10

gallery   la galería 2

game   el partido 5

game show   el concurso 11

gangplank   la escalerilla 6

garage   el garaje 8

garbage can   el basurero 8

garden   el jardín 8

garlic   el ajo 6

gate   la puerta de salida 9

gather the harvest   cosechar 14

generally   generalmente 8; por lo general 9

geographical   geográfico(a) 2

geography   la geografía 2

German   el alemán 2

get   conseguir (i, i) 6

get angry   enojarse 5

get dressed   vestirse (i, i) 8

get in shape   ponerse en forma 10

get sick   enfermarse 8

get some sun   asolearse 9

get together   reunirse 4

get up   levantarse 8

girl   la muchacha 1

girlfriend   la novia 3

give   dar 5

glass   el vaso 6; la copa (for wine) 6

glove   el guante 5

go   ir 2

go around (across) the country   recorrer el país 9

go away   irse 8

go on an outing   ir de excursión 9

go on a diet   ponerse a dieta 10

go out with   salir con 5

go out to do something   salir a 5

go shopping   ir de compras 7

go to bed   acostarse (ue) 8

goal   la meta 13

gods   los dioses 4

gold   el oro 7

golf   el golf 5

good   bueno(a) adj. 2

good afternoon   buenas tardes 1

good-bye   adiós 1

good evening   buenas noches 1

good morning   buenos días 1

gorilla   el/la gorila 5

gossip   el chisme 7

gossip   chismear 7

gossipy   chismoso(a) 5

government   el gobierno 2

government inn   el parador 12

governor   el/la gobernador(a) 11

grain   el grano 6

granddaughter   la nieta 4

grandfather   el abuelo 4

grandmother   la abuela 4

grandson   el nieto 4

grape   la uva 6

gray   gris 1

great   grande adj. 1

greater   mayor 1

green   verde 1

green bean   la habichuela 6

green pepper   el ají verde 6

greeting   el saludo 1

gross national product (GNP)   el producto interno bruto (PIB) 5

growth   el crecimiento 14

guest   el/la invitado(a) 6; el/la huésped 12

guest house   la casa de huéspedes 12

guest register   el registro 12

guests   la visita 8

guide book   la guía turística 9

gulf   el golfo 4

gymnastics   la gimnasia 5

H

hair   el pelo 8

hair dryer   la secadora 8

hair stylist   el/la peluquero(a) 13

hake (fish from Bay of Biscay)   la merluza 6

half   la mitad 1

hall   el pasillo 8

hamburger   la hamburguesa 3

hammock   la hamaca 4

ham   el jamón 6

hand   la mano 1

handicraft   la artesanía 4

handkerchief   el pañuelo 7

hand luggage   la equipaje de mano 9

handsome   guapo(a) 4

hands up!   manos arriba 6

happening   el acontecimiento 11

happy   contento(a) 3

hard   difícil adj. 3

hardly   apenas 4

hardworking   trabajador(a) 1

harvest   la cosecha 14

hat   el sombrero 7

hat store   la sombrerería 7

have   tener 2

have a cold   tener un resfriado 10

have a fever   tener fiebre 10

have a fight   pelearse 8

have a pain   tener dolor 10

have a picnic   hacer un picnic 5

have breakfast   desayunar 6

have dinner   cenar 6

have fun   divertirse (ie, i) 8

have just + inf.   acabar de + inf. 3

have left   quedar 5

have lunch   almorzar (ue) 6

have returned   estar de vuelta 7

have to do (something)   tener que + inf. 2

hazardous   nocivo(a) 10

head   el/la jefe(a) 1; la cabeza 10

headache   el dolor de cabeza 10

headline   el titular 11

health   la salud 10

health store   el centro naturalista 10

healthy   saludable, sano(a) 10

hear   oír 5

heart   el corazón 2

heaviness   la pesadez 1

height   la estatura 10

hello (answering the phone)   bueno, aló 4

hello   hola 1

help   la ayuda 7

help   ayudar (a) 5

helpful   servicial 4

here aquí 2
here is he aquí 9
heritage la herencia 4
hero el héroe 5
high heat el fuego alto 6
high plateau el altiplano 10
high school la escuela secundaria 4
hire contratar 13
Hispanic world el mundo hispánico 1
history la historia 2
hockey *(Anglicism)* el hockey 5
hold up atracar 5
home la casa 2
homeland la tierra 2
honest honrado(a) 13
honey la miel 6
honeymoon la luna de miel 9
hoodlum el/la delincuente 4
hope esperar 4
horoscope el horóscopo 11
horrible horrible 6
hostel el hostal 12
hot caliente *adj.* 6
hotel el hotel 9
hot water el agua caliente 12
house la casa 2
household chore el quehacer doméstico 8
house of representatives la cámara de representantes 11
housewife el ama *f.* de casa 6
how cómo *interrogative* 2
however sin embargo 5
hug el abrazo 4
human humano(a) 10
humanities filosofía y letras 2
hunting la caza 7
hurray! viva 5
hurried apurado(a) 3
hurry apurarse 8
hurt doler (ue) 10
husband el esposo 4

I

I hope that ojalá 11
I would like... quisiera... 6
Iberian Peninsula la Península Ibérica 1
ice el hielo 5

ice cream el helado 6
ice cream shop la heladería 6
if si 2
imagine imaginarse 4
immediately inmediatamente 2
impressive impresionante 2
improve mejorar 11
in addition (to) además (de) 1
inaugurated inaugurado(a) 2
in case that en caso de que 14
incomparable incomparable *adj.* 2
increase aumentar 11
incredible increíble *adj.* 11
independent independiente *adj.* 1
Indian chief el cacique 8
industrial industrial 14
infection la infección 10
inflation la inflación 11
inform informar 4
information la información 2
information board el tablero 9
in front of frente a 2
ingredient el ingrediente 6
inhabitant el/la habitante 1
inn la posada 14
inner ear el oído 10
in order para *prep.* 2
in order that a fin de que, para que 14
in search of en busca de 2
inside of dentro de *prep.* 9
insist insistir (en) 2
intelligent inteligente 1
interesting interesante 1
interpreter el/la intérprete 13
interrogative word la palabra interrogativa 2
interview la entrevista 3
introduction la presentación 1
invest invertir (ie, i) 12
iron la plancha 8
island la isla 1
Italian italiano(a) 2
item el artículo 7

J

jacket la chaqueta 7
January enero 3
jeans *(Anglicism)* los jeans 7
jewelry las joyas 7

jewelry store la joyería 7
job application form la solicitud de empleo 13
jog correr 4; trotar 10
jogging *(Anglicism)* el jogging 10
journalist el/la periodista 11
judge el juez 11
juice el jugo 3
July julio 3
June junio 3
jungle la jungla 4; la selva 5

K

ketchup la salsa de tomate 6
key la llave 12; la clave 13
key expression la expresión clave 2
keyboard el teclado 14
key chain el llavero 7
kick patear 5
kidnap secuestrar 6
kidnapped raptado(a) 3
kidnapping el secuestro 7
kilogram *(equivalent to 2.2 pounds)* el kilo 6
king el rey 2
kingdom el reino 2
kiosk el estanco 12
kiss el beso 4
kitchen la cocina 6
kitchen appliance el aparato de la cocina 6
knee la rodilla 10
knife el cuchillo 6
know *(facts, information)* saber 4
know *(to be acquainted with a person)* conocer 3
known conocido(a) 2

L

lack faltar 5
lake el lago 9
lamp la lámpara 8
land la tierra 2
landing el aterrizaje 9
language el idioma 1; la lengua 3

language laboratory   el laboratorio de lenguas 3
lard   la manteca 10
large spoon   el cucharón 6
large   grande *adj.* 1
last   último(a) 3
late   tarde *adv.* 5
later   luego *adv.* 8
laundry service   el servicio de lavandería 12
laugh   reír (i, i) 4; reírse (de) 8
law   la ley 11
law   el derecho 2
law school   la facultad de derecho 3
lawyer   el/la abogado(a) 4
lazy   perezoso(a) 2
leather   el cuero 7
learn   aprender (a) 3
leave   salir 3; salir de 5; marcharse 12
leg   la pierna 10
legend   la leyenda 4
lemon juice   el jugo de limón 6
lend   prestar 5
length   la extensión 1; el largo 5
less   menos *adv.* 1
lesson   la lección 2
letter   la carta 1
lettuce   la lechuga 6
library   la biblioteca 3
lie   mentir (ie, i) 8
life insurance   el seguro de vida 13
lift weights   levantar pesas 10
light   ligero(a) 6
light   la luz 1
like   gustar 5
like *(a person)*   caer bien 5
likewise   igualmente 1
lip   el labio 8
lipstick   el lápiz labial 8
listen   escuchar 2
listener *(radio)*   el radioyente 11
liter *(equivalent to 1.057 quarts)*   el litro 6
literature   la literatura 3
live *(on television)*   en vivo, en directo 11
live   vivir 1
lobby *(Anglicism)*   el lobby 12
lobster   la langosta 6
location   la ubicación 9
lodging   el hospedaje 9; el alojamiento 12
long-sleeved   de manga larga 7
look (at)   mirar 2; mirarse 8
lose   perder (ie) 5

lose weight   bajar de peso, adelgazar 10
lost   perdido(a) 3
love   el cariño, el amor 4
love *(in letter closing)*   cariñosamente 4
lower   rebajar 7
low heat   el fuego bajo 6
luggage   el equipaje 9
lunch   el almuerzo 3
lung   el pulmón 10
luxurious   lujoso(a) 6
luxury   el lujo 3

M

machinery   las maquinarias 2
magazine   la revista 11
magnificent   magnífico(a) 2
maid   la sirvienta 8; la camarera 12
mail   el correo 12
mailbox   el casillero, el buzón 12
mailman *(mailwoman)*   el/la cartero(a) 13
main floor   la planta baja 8
major   el/la comandante 1
majority   la mayoría 2
make   hacer 3
make an appointment   hacer una cita 10
make by hand   hacer a mano 14
make the bed   hacer la cama 8
makeup   el maquillaje 8
man   el hombre 1; *(colloquial)* el/la chico(a) 3
manage   lograr 4; manejar 14
manager   el/la gerente 6
mandatory   mandatorio(a) 14
manners   los modales 5
manual labor   la mano de obra 8
map   el mapa 1
March   marzo 3
marmalade   la mermelada 6
married   casado(a) 3
marvelous   maravilloso(a) 2
match   hacer juego 7
math   las matemáticas 3
matter   el asunto 3
May   mayo 3
Mayan   maya 4
maybe   quizá(s), tal vez 11
mayor   el/la alcalde 11
meal   la comida 6

meantime   mientras tanto 6
measurement   la medida 6
meat   la carne 6
mechanic   el/la mecánico(a) 13
medal   la medalla 7
medical school   la facultad de medicina 3
medicine   la medicina 10
Mediterranean   el Mediterráneo 2
medium   mediano(a) 7
medium heat   el fuego mediano 6
meet   encontrarse 4
member   el miembro 4
mention   mencionar 5
Mexican   mexicano(a) 1
microscope   el microscopio 3
microwave   el microondas 6
milk   la leche 3
millions   millones 1
mineral water   el agua mineral 6
minitest   la miniprueba 1
minus *(math)*   menos 1
mirror   el espejo 8
Miss   la señorita (Srta.) 1
miss   faltar 5; extrañar 8
missing person   la persona desaparecida 1
mix   mezclar 6
mixed blood   mestizo(a) 5
monarchy   la monarquía 11
Monday   el lunes 3
monument   el monumento 9
moonlighting   el pluriempleo 13
moonscape   el paisaje lunar 5
more and more   cada vez más 5
more or less   más o menos 1
more than   más de 1
morning   la mañana 3
mother   la mamá, la madre 4
mother-in-law   la suegra 4
mountain   la montaña 2
mountain chain   la cordillera 2
mountainous   montañoso(a) 2
moustache   el bigote 1
mouth   la boca 10
move   mover (ue) 6
movie   el cine 3
mow the lawn   cortar la hierba 8
Mr.   el señor (Sr.) 1
Mrs.   la señora (Sra.) 1
much   mucho 2
muscle   el músculo 10
museum   el museo 2
music   la música 3
my   mi 2

N

name   el nombre 2
napkin   la servilleta 6
nation   la nación 1
national park   el parque nacional 9
nationality   la nacionalidad 2
natural resource   el recurso natural 14
natural sciences   las ciencias naturales 2
nature   la naturaleza 14
near   cerca *adv.* 3; cerca de *prep.* 3
necessary   necesario(a) 3
necessity   la necesidad 3
neck   el cuello 10
necklace   el collar 7
neighbor   el/la vecino(a) 4
neighborhood   el barrio 6
neither   tampoco 6
neither...nor   ni...ni 6
neoclassical   neoclásico(a) 2
nephew   el sobrino 4
nestled   anidado(a) 10
network   la cadena 7
never   nunca 5; jamás 6
newscast   el noticiero 11
newscaster   el/la comentarista 11
news item   la noticia 2
newspaper   el periódico 11
news story   la crónica 11
next   próximo(a) 2
nice   simpático(a) 2
niece   la sobrina 4
night   la noche 1
nightclub   el cabaret 7
nightstand   la mesa de noche 8
ninth   noveno(a) 7
nobody   nadie 6
noise   el ruido 4
none   ninguno(a) 6
nonstop flight   el vuelo sin escalas 9
North America   América del Norte 1
nose   la nariz 10
no-smoking section   la sección de no fumar 9
notably   notablemente 9
note   la nota 2
notebook   el cuaderno 1
notes   los apuntes 13

nothing   nada 6
noun   el sustantivo 10
November   noviembre 3
now   ahora 1
nowadays   hoy día 5
nuclear plant   la planta nuclear 14
numerous   numeroso(a) 2
nurse   el/la enfermero(a) 13

O

oatmeal   la avena 10
obituary   la esquela 11
obtain   obtener 5
occupation   el oficio 13
October   octubre 3
of   de 1
of course   por supuesto 9
off   apagado(a) 14
offer *(in a sale)*   la oferta 7
offer   ofrecer 4
office   la oficina 1
often   muchas veces 1; a menudo 8
oil   el petróleo 10
O.K.   de acuerdo 4
old   viejo(a) 4
older   mayor *adj.* 1
olive oil   el aceite de oliva 2
on   encendido(a) 14
on board   a bordo 6
onion   la cebolla 6
only   sólo *adv.* 1; solamente 3
only daughter/son   el/la hija(o) única/o 4
on time   a tiempo 8
on top of   arriba de, encima de 8
open   abrir 3
operate   operar 10
opponent   el/la contrincante 11
orange   anaranjado(a) *adj.* 1; la naranja *n.* 6
orange juice   el jugo de naranja 6
orchestra   la orquesta 4
orchid   la orquídea 9
order   pedir (i, i) 4; mandar 9
origin   la procedencia 3
originally   originalmente 2
other   otro(a) 2
ought to   deber 3
outfielder   el/la jardinero(a) 5
out of order   no funcionar 12

oven   el horno 6
overpopulation   la superpoblación 14
overweight   el sobrepeso 10

P

pail   el cubo 8
painting   el cuadro 8
pair   el par 7
palace   el palacio, el alcázar 2
palm tree   la palmera 7
Panamanian   panameño(a) 2
pants   los pantalones 7
pantyhose   las pantimedias 7
paper   el papel 1
pardon   perdonar 3
parents   los padres 2
park   el parque 2
parliamentary   parlamentario(a) 2
part   la parte 1
pass *(in a game)*   el pase 5
passenger   el/la pasajero(a) 9
passport   el pasaporte 9
past   el pasado 4
pastime   el pasatiempo 4
pastry   el pastel 6
pastry shop   la pastelería 6
patient   el/la paciente 10
pay cash   pagar en efectivo, pagar al contado 7
pay in installments   pagar a plazos 7
payment   el pago 7
peace pact   el pacto de paz 5
peak   la cumbre 5
pear   la pera 6
pearl   la perla 8
peel   pelar 6
pen   la pluma 1
pencil   el lápiz 1
penicillin   la penicilina 10
perfume store   la perfumería 7
perhaps   quizá(s), tal vez 11
perimeter   el perímetro 2
permit   permitir 10
person   la persona 1
personal care   el arreglo personal 8
personal care item   el artículo de uso personal 8
personal care product   el artículo de tocador 7

personal computer la microcomputadora 14
pharmacist el/la farmacéutico(a) 10
pharmacy la farmacia 7
photo la foto 2
photocopy fotocopiar 14
photocopying machine la
  fotocopiadora 14
physician el/la médico(a) 13
pick up one's room ordenar el
  cuarto 8
picturesque pintoresco(a) 4
pig el cerdo 10
pill la pastilla 10
pillow la almohada 12
pilot el piloto 9
pinch *(of salt, pepper, etc.)* la pizca 6
pink rosado(a) 1
pistol la pistola 6
pity la lástima 9
place el lugar 2
place setting el cubierto 6
plaid de cuadros 7
plain el llano 8
plant sembrar (ie) 14
plantain el plátano 6
play tocar 4; jugar (a) 5
play *(in a game)* la jugada 5
player el/la jugador(a) 5
pleasant apacible 4; agradable 5
please por favor 2
pleasure el placer 5
plumber el/la plomero(a) 13
plus *(math)* más 1
police force la policía 2
police headquarters la comisaría de
  policía 1
police officer el policía 2
polish *(one's nails)* pintarse *(las uñas)*
  8
political político(a) 5
pollute contaminar 14
pollution la contaminación 14
populated poblado(a) 10
population la población 1
pork chop la chuleta de cerdo 6
port el puerto 6
portable telephone el teléfono
  portátil 14
porthole la ventanilla 6
Portuguese portugués(a) 2
position el cargo 11; el puesto 13
postage el franqueo 12
pot el recipiente 6

potato la papa 6
pottery la alfarería 4
powder el talco 7
practical experience la experiencia
  práctica 13
practice la práctica 1
practice practicar 2
prefer preferir (ie, i) 8
prepare preparar 2
prescribe recetar 10
prescription la receta 10
present presentar 5
president el/la presidente(a) 11
press la prensa 11
presumably presuntamente 6
pretty bonito(a) 2; lindo(a) 4
pretty well bastante bien 1
prevent prevenir 11
price tag la etiqueta 7
print imprimir 14
printer la impresora 14
prisoner el prisionero 2
private bath el baño privado 12
privileged privilegiado(a) 2
problem el problema 3
profession la profesión 13
professor el/la profesor(a) 1
program programar 14
prohibit prohibir 10
promote ascender (ie) 13
protect proteger 14
provided (that) con tal (de) que 14
psychologist el/la psicólogo(a) 13
publishing house la editorial 11
Puerto Rican puertorriqueño(a) 2
pure-blooded castizo(a) 8
purple morado(a) 1
purse la bolsa, el bolso 7
put poner 5
put on ponerse 8
put on makeup maquillarse 8
put to bed acostar (ue) 8
pyramid la pirámide 4

Q

qualification la calificación 13
quality la calidad 7
quarrel reñir (i, i) 6
quarter el cuarto 2

queen la reina 11
question la pregunta 1
quiet tranquilo(a) 4
quit dejar 13

R

racquet la raqueta 5
radio la radio
radioactivity la radioactividad 14
radio program el programa radial
  11
radio set el radio
radio station *(business entity)* la
  emisora 11; *(on the dial)* la estación
  de radio 11
rain llover (ue) 5
raincoat el impermeable 7
rain forest el bosque pluvial 7
rain water el agua de lluvia 5
rainy lluvioso(a) 10
raise el aumento 13
rampant desenfrenado(a) 14
ranch la hacienda 4; la finca 14
ransom el rescate 3
rare crudo(a) 6
rather bastante *adv.* 2
rather than en vez de 6
raze talar 14
razor blade la cuchilla de afeitar,
  la navaja de afeitar 8
react reaccionar 5
read leer 3
reading la lectura 2
real verdadero(a) 7
really de veras 2; realmente 4
receipt el recibo 7
receive recibir 3
received recibido(a) 3
recently recientemente 5
recipe la receta 6
recommend recomendar (ie) 10
recommendation la recomendación
  13
record grabar 14
record player el tocadiscos 8
recycling el reciclaje 14
red rojo(a) 1
red wine el vino tinto 6
referee el árbitro 5

reference la referencia 13
reforestation la repoblación forestal 14
refreshment el refresco 3
refrigerator el refrigerador 6
regret lamentar 10
reign el reinado 2
reject rechazar 4
remember acordarse (ue) (de) 8
remove quitar 8
repair reparar 13
repair shop taller de reparaciones 5
repeat repetir (i, i) 4
reporter el/la reportero(a) 11
representative el/la representante 11
request pedir (i, i) 7
requested solicitado(a) 3
reserve reservar 6
resign renunciar 13
responsibility la responsabilidad 13
rest el reposo 10
rest descansar 4
restaurant el restaurante 2
résumé el curriculum vitae 13
retirement plan el plan de retiro 13
return el retorno 7
return regresar, volver (ue) 4
return *(something)* devolver (ue) 7
review la reseña 11
rice el arroz 6
rich rico(a) 4
ride horses montar a caballo 9
right derecho(a) 2
right away enseguida 6
right now ahora mismo 2
ring el anillo 7
river el río 9
river basin la cuenca 8
roach la cucaracha 12
rocking chair la mecedora 8
roll el panecillo 6
roll of film *(for a camera)* el rollo de película 9
room la habitación, el cuarto 2
room service el servicio a la habitación 12
rooted arraigado(a) 8
rouge el colorete 8
round redondo(a) 1
roundtrip de ida y vuelta 9
royal real 2
rug la alfombra 8
ruin la ruina 2
run correr 5

S

sad triste 3
saffron el azafrán 6
salad la ensalada 3
salary el salario 13
sale la rebaja 7
salesperson el/la vendedor(a) 13
salt la sal 6
sand la arena 4
sandal la sandalia 7
Saturday el sábado 3
save ahorrar 7; conservar 14
savings account la cuenta de ahorros 12
savory sabroso(a) 6
say decir (i) 4
scattered esparcido(a) 8
school la escuela 1
science school la facultad de ciencias 3
scissors las tijeras 8
scrambled egg el huevo revuelto 6
screen la pantalla 14
seafood el marisco 6
season la temporada 5
seat el asiento 9
seat *(of government)* la sede 10; *(in Congress)* el escaño 11
seat belt el cinturón de seguridad 9
second segundo(a) 7
secretary el/la secretario(a) 1
see ver 5
seem parecer 5
sell vender 3
semester el semestre 3
senate el senado 11
senator el/la senador(a) 11
send enviar 12
sender el/la remitente 12
September septiembre 3
serious serio(a) 3
servant el/la sirviente(a) 8
serve servir (i, i) 4
set the table poner la mesa 8
seventh séptimo(a) 7
shake el batido 6
shampoo el champú 7
shave afeitarse 8
shaver la máquina de afeitar 8
shaving cream la crema de afeitar 8

shaving lotion la loción 8
sheet la sábana 12
shelf el estante 8
shirt la camisa 7
shoe el zapato 7
shoe store la zapatería 7
shoot disparar 6
shopping center el centro comercial 7
short bajo(a) 1
shortage la escasez 14
short-sleeved de manga corta 7
shot la inyección 10
shoulder el hombro 10
shout gritar 5
show la función 4
show enseñar 4; mostrar (ue) 5
show a movie pasar o presentar una película 4
shower ducharse 8
show host (hostess) el/la anfitrión(a) 11
shrimp el camarón 6
sick enfermo(a) 3
sickness la enfermedad 10
side el lado 5
sign firmar 7
silk la seda 7
silver la plata 7
since desde, como 2
sincerely atentamente 13
single soltero(a) 3
single room la habitación sencilla 12
sink el fregadero 6; el lavabo 12
sirloin steak el bistec de solomillo 6
sister la hermana 4
sister-in-law la cuñada 4
sit (down) sentarse (ie) 8
situated situado(a) 1
sixth sexto(a) 7
size la talla, el tamaño 7
skate patinar 5
ski esquiar 5
skiing el esquí 5
skirt la falda 7
sleep dormir (ue, u) 4
sleep late dormir (ue, u) hasta tarde 8
small pequeño(a) 2
smaller menor 4
smoke el humo 14
smoke fumar 6
snow covered nevado(a) 10
soap el jabón 8

soap opera　la telenovela 11
soccer　el fútbol 1
social page *(newspaper)*　la crónica social 11
social welfare program　el programa social 11
sofa　el sofá 8
soft drink　la gaseosa 6
soil　el suelo 7
so long　hasta luego 2
solve　resolver (ue) 1
some　alguno(a) 6
someone　alguien 6
something　algo 6
sometimes　a veces 8
so much　tanto *adj.* 4
son　el hijo 4
son-in-law　el yerno 4
sore throat　el dolor de garganta 10
soup　la sopa 6
south　el sur 1
South America　América del Sur 1
so-so　regular 1; más o menos 1
Spain　España 1
Spanish　el español 1; español(a) *adj.* 1
Spanish speaker　el/la hispanohablante 1
spatula　la espátula 6
specialization　la especialización 13
specialty　la especialidad 6
speech　el discurso 11
spend　gastar 7
splendid　espléndido(a) 2
spoiled　malcriado(a) 4
sponsor　el/la patrocinador(a) 11
sponsor　patrocinar 11
spoon　la cuchara 6
sport　el deporte 5
sportscaster　el/la comentarista deportivo(a) 11
sports-related term　el término deportivo 5
sports section *(newspaper)*　la sección deportiva 11
spreadsheet　la hoja electrónica 14
spring　la primavera 3
square　cuadrado(a) 1
square kilometer　el kilómetro cuadrado 2
stairs　la escalera 8
stamp　el sello 12
stand　el puesto 6
star　la estrella 5

state　el estado 2
stationery store　la papelería 7
statistics　las estadísticas 2
statue　la estatua 2
stay　la estadía 9
stay　quedarse 9
stay in bed　guardar cama 10
stay in shape　mantenerse en forma 10
stay trim　guardar la línea 10
steel　el acero 2
stepbrother　el hermanastro 4
stepdaughter　la hijastra 4
stepfather　el padrastro 4
stepmother　la madrastra 4
stepsister　la hermanastra 4
stepson　el hijastro 4
stewardess　la azafata 9
stick out (one's tongue)　sacar (la lengua) 10
still　todavia *adv.* 6
stockings　las medias 7
stomach　el estómago 10
stomachache　el dolor de estómago 10
store　la tienda 6
stove　la estufa 6
straight ahead　derecho *adv.* 2
strange　raro(a) 5; extraño(a) 11
strawberry　la fresa 6
street　la calle 3
street vendor　el/la vendedor(a) ambulante 7
strip　la faja 10
striped　de rayas 7
strong　fuerte *adj.* 4
student　el/la estudiante 1
student center　el centro estudiantil 3
student hostel　el albergue estudiantil 12
student residence　la residencia estudiantil 2
study　estudiar 2
style　el estilo 2
subject *(academic)*　la materia 3
subsoil　el subsuelo 8
suddenly　de pronto 1
sufficient　bastante *adj.* 2
sugar　el/la azúcar 6
suggest　sugerir (ie, i) 10
suggestion　la sugerencia 5
suit　el traje 7
suitcase　la maleta 9
sum　la suma 3

summer　el verano 3
sun　el sol 2
sunbathe　tomar el sol 4
Sunday　el domingo 3
sunglasses　las gafas de sol 9
sun umbrella　la sombrilla 5
supervisor　el/la supervisor(a) 13
supreme court　la corte suprema 11
surgeon　el cirujano 10
surprise　la sorpresa 4
surrounding areas　los alrededores 4
support　apoyar 11
suppose　suponer 5
surprise　sorprender 10
sweater　el suéter 7
sweep the floor　barrer el piso 8
sweetheart *(figurative)*　mi cielo, mi vida 4
swim　nadar 2
swimming　la natación 1
Switzerland　Suiza 2
symptom　el síntoma 10
systems analyst　el/la analista de sistemas 13

T

table　la mesa 1; el cuadro comparativo 5
tablecloth　el mantel 6
tablespoon　la cucharada 6
table tennis　el tenis de mesa 5
tail　la cola 9
tailor shop　la sastrería 7
take　tomar 3; llevar 5
take advantage of　aprovechar 5
take a stroll　dar un paseo, pasear 4
take care of　cuidar 5; cuidarse 10
take care of the bill　arreglar la cuenta 12
take notes　tomar apuntes 13
takeoff　el despegue 9
take off　quitarse 8
take one's blood pressure　tomarse la presión 10
take one's temperature　tomarse la temperatura 10
take out the garbage　sacar la basura 8
take turns　turnarse 10

talk hablar 2
talkative hablador(a) 5
tall alto(a) 1
tasty sabroso(a) 6
tax el impuesto 11
tea el té 6
teach enseñar 4
teacher el/la maestro(a) 4
team el equipo 5
tear la lágrima 4
teaspoon la cucharadita 6
technological tecnológico(a) 14
tedious pesado(a) 8
telephone call la llamada (telefónica) 1
television la televisión 11
television set el televisor 11
television viewer el televidente 11
tell contar (ue) 5
teller el/la cajero(a) 12
tennis el tenis 2
tennis player el/la tenista 5
tennis shoes los (zapatos de) tenis 7
tenth décimo(a) 7
terrace la terraza 8
terrific estupendo 5
territory el territorio 2
terrorist el/la terrorista 4
test prueba 10
than de lo que 2; que 4
thank God gracias a Dios 4
thanks gracias 1
that que 1
that's why por eso 1, 9
then entonces *adv.* 2; luego *adv.* 8
there allí 2
there is (there are) hay 1
these esto(a)s 2
thin delgado(a) 2
thing la cosa 5
think pensar (ie) 3
third tercero(a) 7; el tercio *n.* 7
this este(a) 1
throat la garganta 10
through a través de 6; mediante 13
through which por donde 2
throw tirar 8
throw out arrojar 14
Thursday el jueves 3
thus así 1
ticket el pasaje 9
ticket office la boletería 3
tie la corbata 7
tie atar 7

tie (the score) empatar 5
tight estrecho(a) 7
tiled adoquinado(a) 4
time la vez 3; la época 4
times (multiplication) por 1
timid tímido(a) 4
tin el estaño 10
tip la propina 6
tip la punta 1
tired cansado(a) 3
title el título 1
toast la tostada 6
toast tostar (ue) 6
toaster la tostadora 6
today's world el mundo de hoy 3
toe el dedo del pie 10
together junto(a) 1
toilet el inodoro 12
toilet paper el papel higiénico 12
tomato el tomate 6
tomato sauce la salsa de tomate 6
tomorrow la mañana 2
tongue la lengua 10
tonight esta noche 2
too también 2
too many demasiado(a) 9
too much demasiado *adv.* 5
tooth el diente 8
toothbrush el cepillo de dientes 8
toothpaste la pasta de dientes 7
toss echar 12
tour la excursión 9
tour guide el/la guía 2
tourist el/la turista 2
touristic turístico(a) 2
towel la toalla 5
track and field el atletismo 5
trail la pista 3
training el entrenamiento 13
transmit transmitir 11
travel agency la agencia de viajes 9
traveler el/la viajero(a) 4
traveler's check el cheque de viajero 12
traveling salesperson el/la viajante 13
treaty el tratado 7
trip el viaje 5
true cierto(a) 1
trunk el maletero 5
truth la verdad 1
try intentar 6
try food probar (ue) 6
try on (clothes) probar (ue) 7

Tuesday el martes 3
tuna el atún 6
turn doblar 3; virar 6
turn left doblar a la izquierda 12
turn right doblar a la derecha 12
turn off apagar 13
turn on encender (ie) 14
turn to acudir 13
turquoise turquesa 4
twist one's ankle torcerse el tobillo 10
type el tipo 7
type pasar o escribir a máquina, mecanografiar 13
typewriter la máquina de escribir 14

ugly feo(a) 2
uncle el tío 4
under de bajo (de) 6
undertake emprender 14
unemployment el desempleo 11
unfriendly antipático(a) 2
United States Estados Unidos 1
university building el edificio universitario 3
unknown person el/la desconocido(a) 3
unless a menos que 14
until hasta 1; hasta que *conj.* 14
up arriba *adv.* 1
upstairs la planta alta 8
urgent urgente *adj.* 1
U.S.A., of the estadounidense *adj.* 2
utensil el utensilio 6

vacuum pasar la aspiradora 8
vacuum cleaner la aspiradora 8
vegetable la legumbre 1; la verdura 6
vegetable soup la sopa de vegetales 6
Venezuelan venezolano(a) 2
very muy 2
veterinarian el/la veterinario(a) 13

video cassette recorder (VCR) la videograbadora 14
view la vista 9
visit visitar 4
visitor el/la visitante 2
volcano el volcán 9
volleyball el vólibol 5
vote votar 11

W

wages el sueldo, el salario 13
wait for esperar 4
waiting list la lista de espera 9
waiting room la sala de espera 9
wake up despertarse (ie) 8
walk caminar 2
wall la pared 1; la muralla 8
wallet la billetera 7
warm cálido(a) 9
wash lavar 8; lavarse 8
washer la lavadora 8
waste los deshechos 14
water el agua *f.* 4
water ski el esquí acuático 5
wear llevar 7
weather el clima 2; el tiempo 2
weatherman (weatherwoman) el/la meteorólogo(a) 11
Wednesday el miércoles 3
weekend el fin de semana 5
weight el peso 10
welcome la bienvenida 7
welcome dar la bienvenida 7

well bien *adv*. 1
western occidental 7
when cuándo *interrogative* 2; cuando 14
which cuál(es) *interrogative* 2
while mientras 3; mientras que 13
white blanco(a) 1
whose cuyo(a)/s 4
wide amplio(a) 2
width el ancho 5
wife la esposa 2
wild salvaje *adj.* 8
win ganar 5
window la ventana 1
wing el ala *f.* 9
winter el invierno 3
wish desear 10
with con 1
with me conmigo 5
without sin, sin que 14
with you contigo 5
woman la mujer 1
wood la madera 10
wool la lana 7
word la palabra 2
word processor el procesador de textos 14
work el trabajo 1; la obra 2
work trabajar 2; funcionar 7
work on commission trabajar a comisión 13
work schedule el horario de trabajo 13
world el mundo 1
worried preocupado(a) 2
worry preocuparse 5
worse (worst) peor 4
wristwatch el reloj pulsera 7

write escribir 3
written escrito(a) *p.p.* 2

X

x-ray la radiografía 10

Y

yacht el yate 6
yard el jardín 8
yea! arriba 5
yellow amarillo(a) 1
yes sí 1
yet todavía 6
you're welcome de nada 1
young el/la joven 4
younger menor *adj.* 4
your *(familiar)* tu 3
youth la juventud 1

Z

zinc el cinc 10
ZIP code el código postal 12

Index

I-1

Credits

The authors and editors would like to thank the following authors and publishers for permission to use copyrighted material.

Text material
"No hay que complicar la felicidad" (pages 267–272). Reprinted by permission of the author. "El crimen perfecto" (pages 310–313). Reprinted by permission of the author. "Una buena dieta para un corazón saludable" (page 328). Reprinted from *El nuevo patria* by permission. "Primer encuentro" (pages 343–345). Reprinted by permission of the author. "Una carta a Dios" (pages 419–423 and 452–456). Reprinted from *Cuentos campesinos* by permission. "Origen de las raíces culturales hispanas" (pages 491–496). Reprinted by permission of *Más*.

Photos
Barbara Alper/Stock Boston 194; Philip Jon Bailey/Stock Boston 499 (top); Stuart Cohen/Comstock 29 (bottom), 63, 170 (left), 171 (bottom), 319, 457 (top), 459 (bottom); Arlene Collins/Monkmeyer Press 14, 458 (bottom), 499 (bottom); Comstock Photography 134 (bottom), 425 (bottom left); Martha Cooper/Viesti Associates, Inc. 457 (bottom); Rob Crandall/Stock Boston 169 (both); Crandall/The Image Works 29 (middle), 497; Hermine Dreyfuss/Monkmeyer Press 257; Laima Druskis/Prentice Hall Photo Archives 31 (top right); Owen Franken/Stock Boston 31 (middle), 425 (top left); Robert Frerck/Odyssey/Chicago 1 (both), 5 (left), 8, 27, 28 (both), 29 (top), 31 (top left), 31 (bottom left), 44 (all), 54 (all), 59 (both), 83, 85, 118, 124 (left), 135 (both), 137 (top), 148 (all), 153, 170 (right), 173, 181, 210, 224, 237, 238 (top), 273 (top), 275 (bottom), 277, 295, 348 (left), 387 (left), 406, 437 (both), 461 (bottom), 474 (all), 498 (bottom); Joe Gillespie, Viesti Associates, Inc. 239 (bottom); Murray Greenberg/Monkmeyer Press 275 (top); Renate Hiller 31 (bottom right); A. Kirschenbaum/Stock Boston 346; Grant LeDuc/Monkmeyer Press 134 (top); MacDonald Photography/The Picture Cube 459 (top); Steve Maines/Stock Boston 347 (left); Larry Mangino/The Image Works 141; Mike Mazzaschi/Stock Boston 105; Peter Menzel/Peter Menzel Photography 5 (right), 47, 60 (bottom), 61 (bottom), 71, 90, 137 (bottom), 246, 274 (left), 333, 347 (right), 348 (right), 349, 357, 387 (top), 388 (top), 389, 425 (top right), 425 (bottom center), 461 (top); Georges Merillon/Gamma-Liaison 274 (right); Preuss/The Image Works 133; Robert Rathe/Stock Boston 425 (bottom right); Hugh Rogers/Monkmeyer Press 273 (middle), 391 (middle), 461 (middle); Ken Ross/Viesti Associates, Inc. 498 (top); Nicholas Sapieha/Stock Boston 388 (bottom); Frank Siteman 444; Hugh Rogers/Monkmeyer Press 209, 213; Sunpath Enterprises/Light Sources, Stock 273 (bottom); Susan Van Etten/The Picture Cube 239 (top); The Image Works 391 (top and bottom); Viesti Associates, Inc. 60 (top left); Joe Viesti/Viesti Associates 124 (right), 171 (top), 238 (bottom); Wide World Photos, Inc. 60 (top right), 366 (both), 387 (bottom), 458 (top)

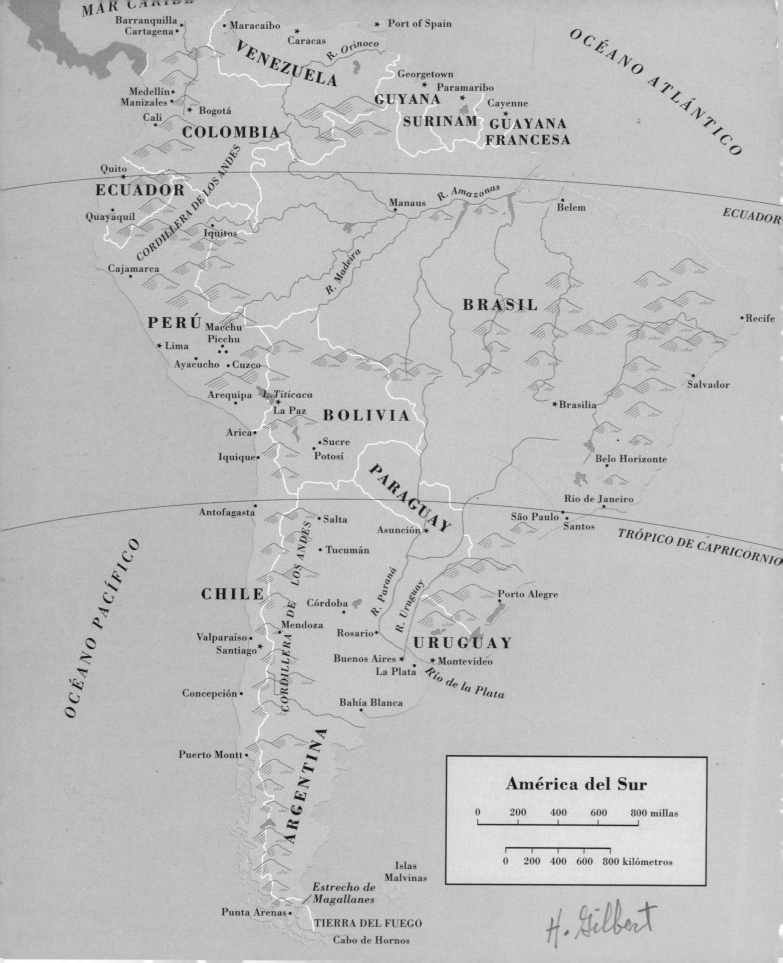